하도 · 낙서 ·
천부삼인 上

하도 · 낙서 · 천부삼인 上

長田 김윤식 · 如淵 유한철 공저

한국학술정보㈜

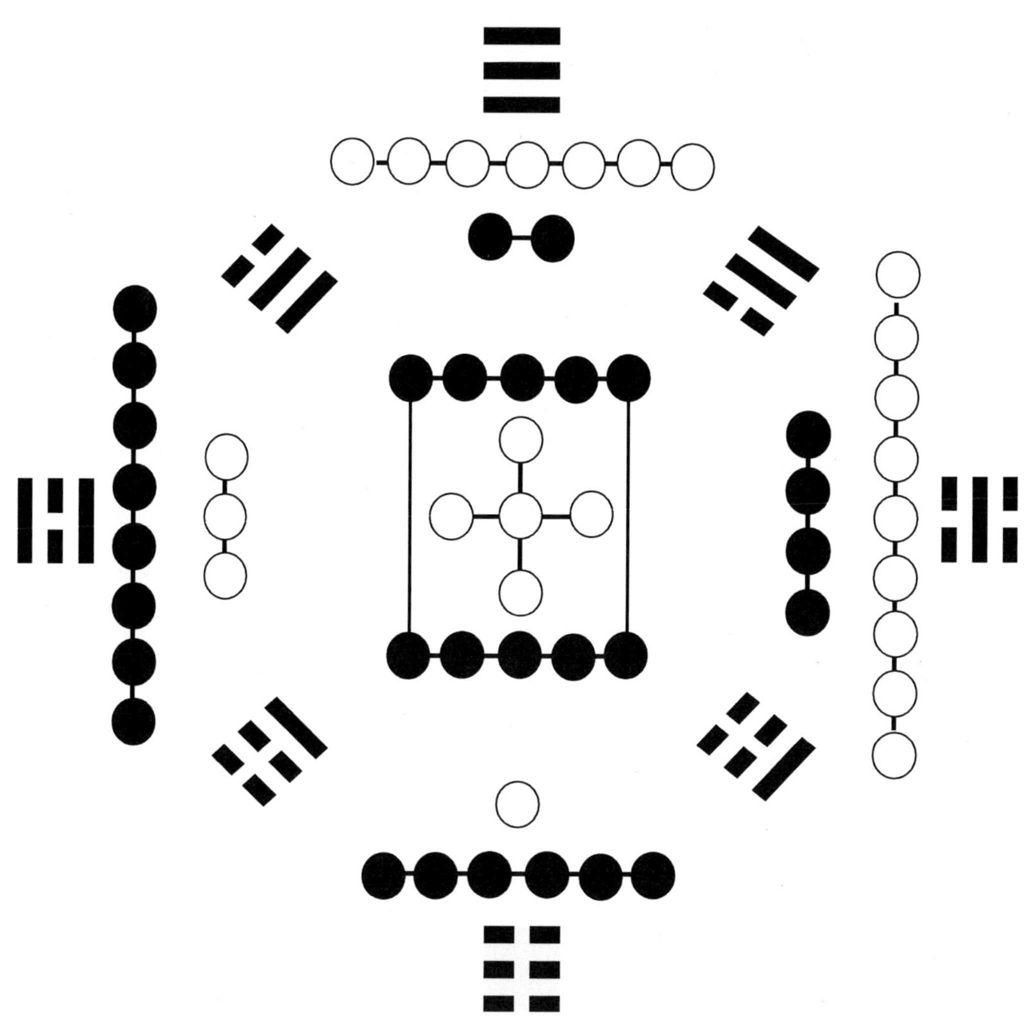

天圓龍馬河圖

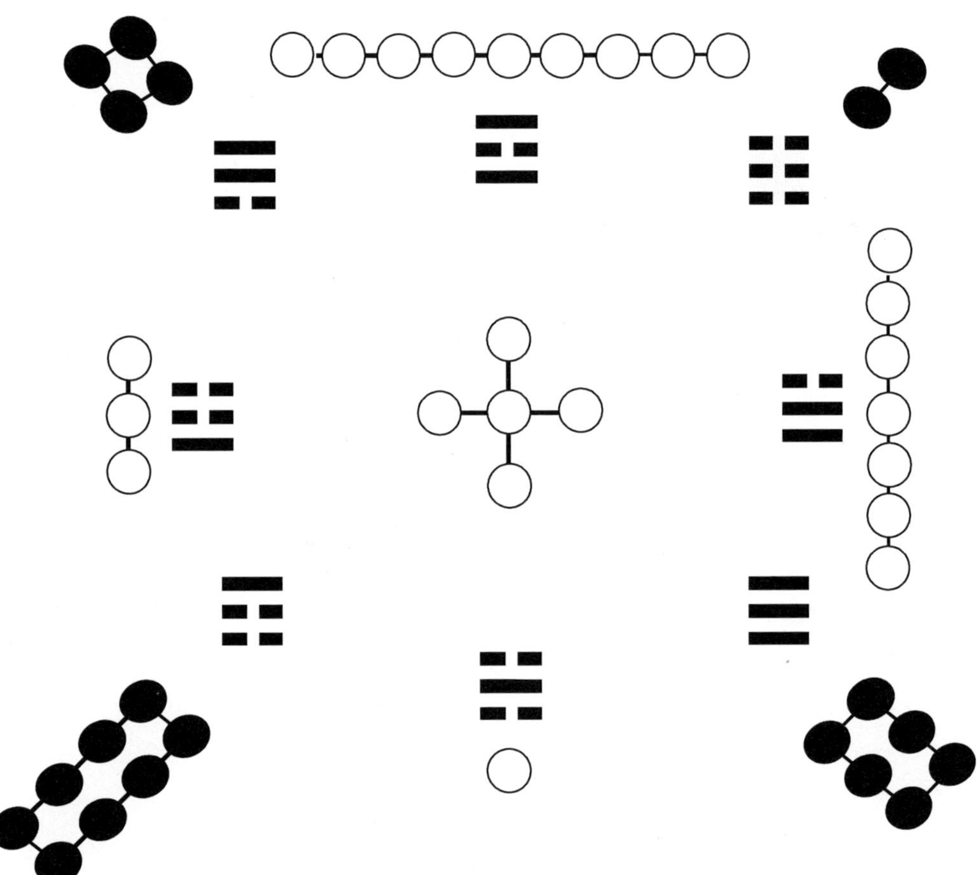

地方神龜洛書

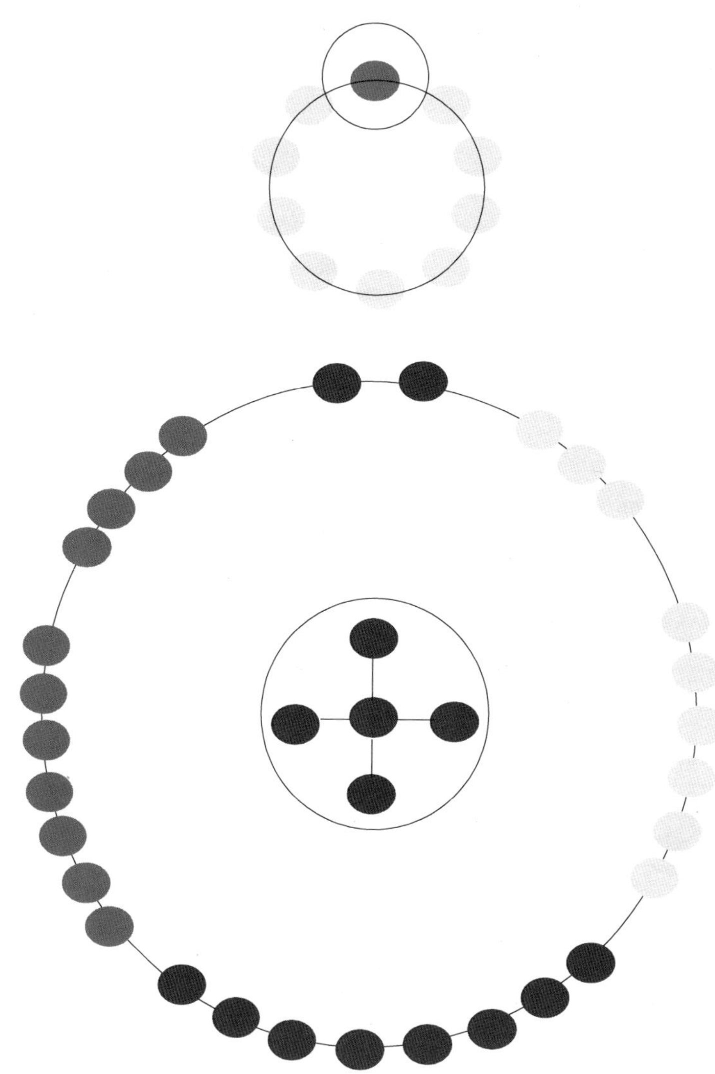

人角檀君天符

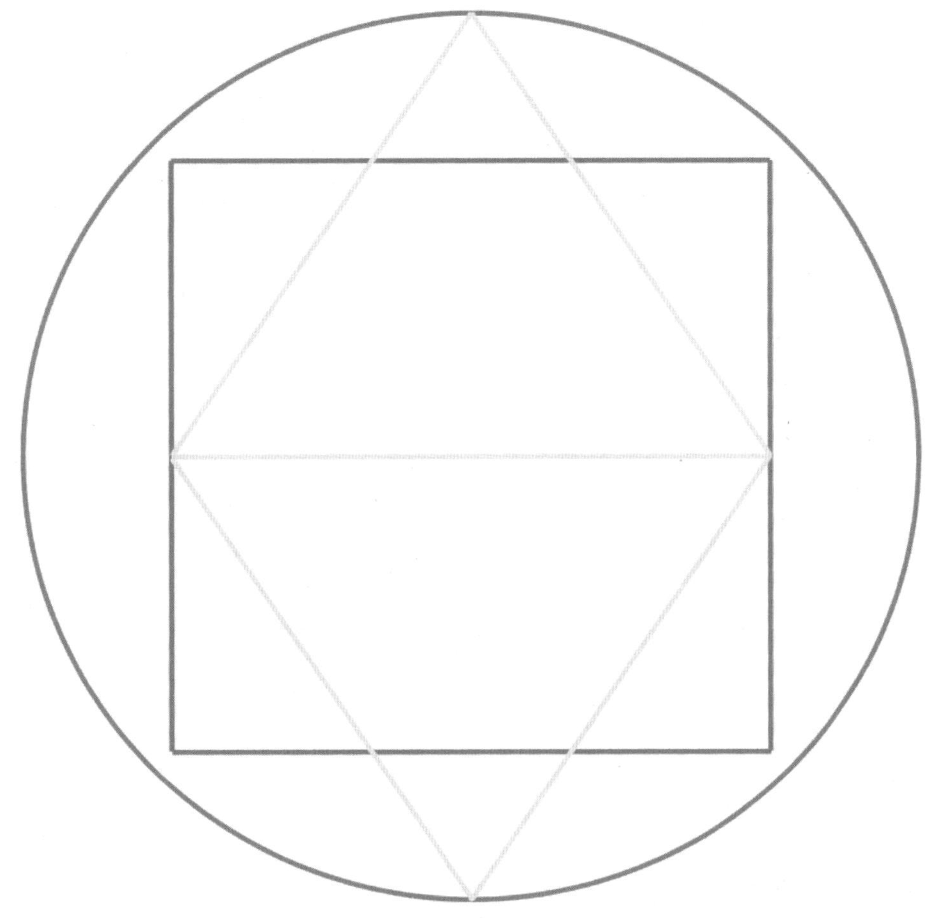

圓方角圖

符 印 圖

長田 金允植 선생의 삶과 思想
-韓易의 탄생을 축하하며-

玄菴 崔楨幹(河東玄菴陶藝研究所 所長)

독일 출신의 문명사학자(文明史學者)로 저명한 칼 비트 포겔(Karl August Wittfogel, 1896~1988)은 세계 7대 관개문명(灌漑文明)-수메르·이집트·인더스·황하(商)·마야·아즈텍·잉카-을 주창했다. 이들 대부분은 도전과 응전의 과정 중에 지표(地表)상에서 사라져 버렸지만 오직 중국 황하(혹은 商)문명만은 그 유장(悠長)한 맥을 유지해 왔고 21세기를 맞이한 지금 중화인민공화국으로 계승되고 있다.

그러나 그런 유구한 역사를 자랑하는 황하문명의 바로 인근(隣近)에 또 하나의 문명의 줄기가 도도히 흐르고 있었음을 기억하는 문명사학자들은 아주 드물다. 그것은 바로 단군으로 대표되는 한민족의 문화, 즉 韓문명 혹은 단군문명이다. 지리적으로 초강국인 중국에 인접해 있으면서도 그들 문명에 편입되지 않고 독자적인 문명을 찬란하게 꽃피운 불가사의한 문명의 강국, Korea!

21세기까지 극성한 기계 물질문명에 바탕을 둔 서양 문화 축(軸)은 이제 중국과 한반도를 필두로 한 동아시아의 정신문명으로 눈을 돌리고 있다. 이러한 사실은 일찍이 동학(東學)의 수운(水雲), 최제우(崔濟愚, 1824~1864) 선생이 예측한 대로 후천개벽의 역사가 시작되고 있다는 증거이다.

그렇다면 중국 고대의 황하문명이나 단군의 韓문명이 쇠락하지 않고 오늘날까지 명맥을 유지하면서 번영하는 그 비밀의 열쇠는 무엇일까?

단언하건대, 그것은 바로 '하도, 낙서, 천부의 삼인(三印)' 때문이다.

이번에 韓易의 大家이신 長田 金允植 선생이 무려 반세기 동안, 불철주야 각고의 노력 끝에 드디어 易의 상수리(象數理) 기반 위에 현대의 수학과 물리학을 접목하여 이러한 비밀의 열쇠를 찾게 되신 것이다.

송나라 신유학(Neo-Confucianism)의 대표 격으로 추앙받는 주희(朱熹, 1130~1200)를 필두로 한 고금의 어느 학자들도 여태까지 하도·낙서에 관해 시원한 해답을 주지 못한 것이 사실이다. 공자가 주장한 내용을 자의적으로 해석하는 답보적인 수준에 머문 상태였고 지금까지도 이러한 학문적 행태가 반복되고 있을 뿐이다.

최근 고고학적 발굴을 통해서 중국 고대 국가인 하(夏), 상(商), 주(周)의 도시문명과 국가 발생의 유적·유물들의 층위(層位)가 세상에 알려지게 되었다. 이것은 하도·낙서가 그 신화(神話)주의에서 벗어나 문화주의로 진입하였다는 것을 역설하는 것이다.

그중에서도 세계 최고(最古)의 청동기 문명을 대표하는 상(商)나라 문명의 유적지의 표층(表層)에 해당하는 중국 하남성(河南省) 안양(安陽)에서 갑골문자를 비롯해 고도의 정신문화와 관련된 문자가 출토됨으로써 신화처럼 여겨졌던 우왕(禹王)의 실존(實存)이 사실로 확인되었다.

이러한 夏·商·周 3대를 거쳐 황하문명이 현대까지 이어져 중화문명을 형성한 근저에는 하도·낙서라는 바코드가 골수에 깊이 박혀 유전자처럼 면면히 전해져 내려왔기 때문이다.

長田 선생님의 금번 저서는 고금의 학자들의 판에 박힌 연구와는 전혀 상반된다. 특히 수리와 차원을 통한 연구방법은 기실 전대미문의 하도·낙서로 탈바꿈되어 새로운 학설을 선보이고 있다. 선생의 학문적 접근은 과거의 전설(前說)을 앵무새처럼 반복하는 허학(虛學)이 아니라 감히 어느 누구도 따라 할 수 없는 참신하고 독창적인 실사구시(實事求是)의 방식이다. 특히 본서의 내용 중의 '하도와 장전8괘', '주사위로 드러난 제3의 역', '符印圖', '원방각 64괘도', '바둑판과 천부수리', '천부경과 단군도', '단군도와 피라미드' 등은 역(易)을 아는 사람이라면 반드시 필독해야 하는 핵심 정수라고 평가받기에 전혀 손색이 없다. 탁월한 우리 민족 고유의 사유를 바탕으로 한 長田 선생의 독창적인 학설은 진정한 韓易의 완성이라고 하겠다.

長田 선생의 祖父, 겸암(謙庵) 金長鎬 公은 일찍이 호남 유학의 정맥을 이은 노사(蘆沙) 기정진(奇正鎭) 선생의 문하로 70평생을 포의한사(布衣寒士)로 지내며 동양고전에만 전념하신 분이며 훗날 水雲 선생의 동경대전(東經大全)에 심취하여 동학사상(東學思想)에서도 一家를 이루신 志士였다. 조부, 겸암(謙庵) 公의 이러한 학풍을 고스란히 물려받은 長田 선생

은 어려서부터 경사자집(經史子集)을 늘 가까이하였고 동경대전 또한 깊이 있게 공부하셨다.

엄밀히 말해 長田 선생의 학맥은 그 연원이 동학에 닿아 있다고 말할 수 있다. 또한 단군사상을 비롯한 우리 민족의 고유사상에 관해 항상 의문을 품고 심오한 사유와 수행을 겸해 왔던 것도 사실이다.

선생과 본인의 첫 인연은 1978년 유신독재가 단말마의 기승을 부리던 암울한 시기까지 거슬러 올라간다. 당시 선생은 천도교 동학사상연구회를 주재하면서 동학사상의 구현을 통해서 사회정의와 인권회복, 민족정기수립, 남북통일의 완성이 가능하다고 역설하시고 여러 동지들을 규합하고 이끄셨던 장본인이다. 민족주의, 동학사상, 단군사상을 관념 속에서만 공허하게 부르짖었던 것이 아니라 동학혁명처럼 실제 몸소 행동으로 보여 주자는 철학을 가지셨던 것이다. 당시 본인은 장전 선생의 이런 실천적 행동에 더불어 학문적 지성까지 겸비하신 것을 보고 크나큰 감화를 입었다. 수없이 많은 밤을 지새우면서 이루어진 당시의 토론과 학습은 그 시절 가질 수 있는 유일한 희망이었다.

급기야 본인은 1980년 신군부의 정권찬탈에 항거하고 또 광주민주화운동에 연루되었다는 죄목으로 실형을 선고받아 남한산성의 육군 형무소에 영어(囹圄)의 몸이 되어 복역 중이었다. 당시 정보 당국으로부터 철저하게 감시받고 있는 삼엄한 상황 속에서도 선생은 세인의 만류를 뿌리치고 본인의 家兄인 최정대와 함께 면회를 와 주셨다. 어려운 처지에 있던 본인을 향한 長田 선생의 이러한 행동에서 나는 '어떠한 불의에도 꺾이지 않는 실천하는 양심의 일면'을 보았다. 아마도 그것은 선생의 몸에 체화(体化)되어 있는 우리 민족 고유의 사상의 발로가 아니었을까 하는 생각이 든다(無爲而化).

세월이 흘러 본인은 자유의 몸이 되었고 그 후 수차례에 걸쳐 동학사상의 유적지를 답사하였는데 특히 경남 남해군에 소재한 금산을 오를 당시 '바둑판과 천부수리'에 대해 강의해 주면서 말씀하신 일갈(一喝)이 아직도 뇌리에 깊이 남아 있다. "천하제일 명산이 금산(錦山)이며 금산의 정기를 받은 자가 후천의 진인(眞人)이다." 돌이켜 생각해 보면 당시의 답사는 '풍광(風狂)과 사유(思惟)의 답사'였고 본인으로서는 잊지 못할 추억으로 남아 있다.

덕은(德隱) 선생이 주장한 '대한민국 경제와 한민족 DNA'의 학설대로, 지금 우리 한민족은 세계 역사상 그 유례를 찾아볼 수 없는 경제성장과 더불어 정신문명의 조화라는 두 마리 토끼를 잡기 위해 암중모색하고 있다.

장전 선생이 펴내신 본서는 이러한 정신문명의 진화를 위한 훌륭한 도구가 될 것임을 믿어 의심치 않는다. 아무쪼록 長田 선생의 필사적인 노력의 결실인 『하도·낙서·천부삼인』의 탄생을 계기로 다시 한 번 한민족의 웅비(雄飛)를 우리 모두 함께 기원해 보자. 그리고 우리 한민족의 뿌리와 韓易에 관심 있는 강호 제현들께 삼가 일독을 권하는 바이다.

2011년 7월 평창 동계 올림픽이 결정된 날 새벽

玄菴 心告

추천사

長田 선생님을 처음 뵌 것은 대전대학교 한의학 학부생을 대상으로 주역에 관한 전반적인 강의가 있던 2009년 일이다. 그 당시 나는 예과생을 상대로 기공학(氣功學) 과목을 담당하고 있었는데 성성한 백발에 범상(虎象)과 홍안(紅顔)을 하시고 주역과 역상규론(易象竅論)에 관해 열변을 토하시던 모습이 어제처럼 생생하다.

기실 나는 주역에 관해 그다지 천착하지도 못했고 더구나 '역상규론'이라는 제목이 주는 생소함에 마음에 준비도 없이 자리만 지키자는 심산이었다. 그러나 당신의 입에서 쏟아지는 논리는 청중을 압도하기에 충분한 것이었고 강의가 끝난 후 점심식사 겸 간담회에 참석해서 그동안 마음속에 품어 왔던 여러 가지 질문을 드리자 거침없이 답을 내놓으시는 모습에 감탄사를 연발했었다.

세월이 벌써 2년이 훌쩍 지난 며칠 전 선배이자 같은 한의계에 종사하고 계시는 유한철 박사님으로부터 장전 선생님의 출간 소식을 전해 들었다. 초벌로 완성된 원고를 받아 읽어 보는 순간 이렇게 치밀하고 일목요연한 글을 쓰는 데 들였을 열정은 말할 것도 없거니와 웬만한 공력(功力)이 아니면 완성하기 힘든 글이라는 느낌이 들었다. 이에 추천사를 낼 용기가 없었으나 당신께서 손수 전화를 주시며 격려까지 해 주시니 감히 송구스러움을 감추고 이에 추천사를 드린다.

주역(周易)은 일반인에게 점서(占書) 내지는 역술(易術)이라는 일감(一感)이 지배적이다. 그러나 본서를 읽어 보면서 느낀 것은 술(術)이 아니라 과학이라는 생각이 든다.

특히 우리 민족으로부터 유래된 천부경이 주역보다 훨씬 고급 이론인데 그도 그럴 것이 주역에서 다루는 숫자와 천부경에서 다루는 수는 차원이 서로 다르기 때문이다.

주역이 라이프니츠에 의해서 서양에 소개되고 이후 독일의 심리학자 융(C. G. Jung)에 의해 서양 이론에 접목되어 논리학과 연결된 후 현대에 와서 서양의 많은 석학들이 연구에 박차를 가하고 있지만 그러나 한민족 고유의 것으로 평가받는 천부경은 그 가치를 제대로 인정받지 못하고 있는 실정이다. 물론 천부경의 진가를 알릴 만한 스승의 부재(不在)가 그 원인이라고 할 수 있을 것이다.

금번 長田 선생님께서 하도와 낙서의 이론과 더불어 천부경의 원리를 수리(數理)에 입각해 소상히 밝혀 놓으셨으니 후학들을 위한 귀중한 지남(指南)이 될 것을 확신한다.

단 81자밖에 안 되는 세상에서 가장 짧은 경전(經典)인 천부경은 그렇기 때문에 각인각색의 다양한 해석이 나올 수밖에 없는 태생적 한계를 안고 있다. 그러나 이런 문제를 단번에 불식시킬 효과적인 방법이 있는데 그것이 바로 이 책에서 사용한 수학적 논리이다. 시대가 변하면서 개념의 가치가 변하는 인문학과 달리 $1+1=2$는 변하지 않는 영원한 진리이기 때문이다. 또 수에 함축되어 있는 자연계의 변화까지 씨줄과 날줄로 엮은 이 책이야말로 주역과 천부경 그리고 동양학을 공부하는 강호의 제현들에게 큰 도움을 줄 것이라 생각한다.

대전대학교 한의과대학 기공학 겸임교수, 청담인 한의원 원장, 한의학박사 안상원

서 문

필자의 구도(求道)에 대한 열망은 치열했었다. 과거를 회상해 보면 그러한 구도심은 필자가 25세 되던 1975년 9월 군대에서 갓 제대한 후 장호원에 있던 선배를 방문하여 그의 서가에 꽂혀 있던 한 권의 책을 펴 보면서 시작되었던 것 같다.

그 책은 바로 주역(周易)이었고 그 안에 들어 있던 2장의 그림(河圖, 洛書)을 보는 순간 전생의 연(緣)이 닿아 있다는 전율을 느꼈고 그것이 곧 동양학으로 발걸음을 떼어 놓는 계기가 되었다. 젊은 시절, 필자에게 음양, 사상, 오행, 팔괘는 아주 낯선 화두였으나 어떤 연유에선지 그런 개념을 접할 때마다 가슴 뛰는 환희가 충만했었다. 본디 경영학이 전공이었지만 본업은 부전공이 되고 오히려 동양학이 전공이 되어 버린 모양새가 되어 버렸다.

구도에 관한 온갖 서적을 섭렵하고 만 권 서적을 탐독하였지만 갈증이 잦아드는 것이 아니라 오히려 새로운 갈증을 낳는 결과가 되었다. 궁극적인 해답이 이 산(山)중에 있는 줄은 알겠는데 구름이 깊어 정확한 장소를 찾을 수 없었던 것이다.

그러던 중 지인의 소개로 처음 접한 천부경(天符經)을 읽어 보고는 은산철벽에 부딪치는 것 같은 충격에 휩싸이면서 그야말로 맨손으로 바위를 긁는 느낌이었다.

큰 스승이 필요하다는 생각을 한 것이 그즈음이었다.

인연을 만나게 된 것은 1976년 1월 3일이었다. 당시 주역에 완전히 통달하셨고 완전히 대각하였다고 평가받으시던 도랑(道郎), 정희철(鄭熙哲, 1918~1994) 선생님을 조우하게 된 것이다. 졸업과 동시에 현대그룹에 입사한 후 바쁜 와중에도 선생님께서 칩거하고 계시던 함안까지 내왕하면서 지칠 줄 모르는 열정으로 공부에 집중하였다.

약 10여 년이 경과한 1985년, 필자는 선생님으로부터 천부경 속에 감추어져 있던 단군도(檀君圖)를 받았고 그때부터 피 마르는 연구가 시작되었다. 연구 방향은 단군도와 하도, 낙서를 비교 연구하면서 서로의 상관관계를 파헤치는 것이었다. 5년간의 연구는 성과가 있었다.

1990년 비로소 하도, 낙서의 상관관계에 대한 단서를 포착하였고 아울러 단군도에 나타난 천부수리(天符數理)의 기초를 완성하기에 이른 것이다. 기초를 더욱 다지는 가운데 논리도 진화했다. 다시 15년이 지난 2005년 「하도·낙서·천부삼인(天符三印)」이라는 제하의 논고를 탈고하였고, 때마침 필자의 절친한 친구의 제자인 한의사, 여연(如淵) 유한철 박사를 만나게 된다.

그는 한의학자이면서도 주역은 물론 수학과 물리에 상당한 조예가 있었는데 장시간의 토론과 좌담을 통하여 그는 필자의 본 논고가 가진 이론적 배경에 논리성이라는 날개를 달아 주었다.

필자가 본서를 탈고하면서 나름 뿌듯하고 자랑스럽게 생각하는 것은 다음과 같다.

첫째, 단군역사를 기록한 곳이면 언제나 등장하는 천부삼인(天符三印)의 정체를 밝혔다는 것이다.

천부(天符)는 혹자의 주장대로 거울, 칼, 북을 가리키는 것이 아님이 분명하다.

천부는 '하늘의 원리'라는 뜻이다. 천부삼인의 삼(三)은 天地人 三才라는 범우주적인 것을 뜻하고 인(印)은 도장처럼 증표로 삼을 수 있는 도형을 뜻한다. 결국 천부삼인은 하늘의 진리를 표상하는 3가지 그림을 뜻한다. 좀 더 구체적으로 말하면 천원인(天圓印), 지방인(地方印), 인각인(人角印)을 말한다.

둘째, 주역의 근간이 되는 하도(河圖)가 천원(天圓)에, 낙서(洛書)가 지방(地方)에, 그리고 천부경 속의 단군도가 곧 인각(人角)이라는 것을 밝히게 되었다.

그동안 수많은 학자들에 의한 하도·낙서의 활발한 연구 덕택에 하도가 圓의 형태로, 낙서가 方의 형태로 되었다는 것은 밝혀졌다. 하지만 이에 더해서 단군도가 각(角)의 형태로 이루어져 있고 그것이 곧 천부삼인의 실체라는 사실은 어느 누구도 밝히지 못했다.

결국 우주의 생성원리와 운행 변화 이치가 모두 천부삼인이라는 그림 속에 비장(秘藏)되어 면면히 내려왔고 현재 역학은 물론 동양학의 근간을 이루고 있다는 사실을 필자 본인이 최초로 발견한 것이다.

이 책의 구성은 하도, 낙서, 하도·낙서, 천부경 4부로 되어 있는데 제1부 하도에서는 하도에서 8괘가 도출되는 원리와 하도와 인체의 상관관계 및 하도와 연관된 다방면의 실생활 변화를 다루었다. 제2부 낙서에서는 낙서의 9궁도와 후천8괘도와의 관계를 밝혔고, 제3부 하도·낙서에서는 서괘(序卦)의 원리, 선천복희8괘도와 후천문왕8괘도를 잇는 제3의 역(易)으로서 도랑(道郞) 정희철(鄭熙哲) 선생님께서 창안하신 중천11부인도(中天11符印圖)를 정리하였다. 마지막 제4부 천부경에서는 단수(單數)와 본수(本數)의 원리를 도입하고 천부수리(天符數理)를 이용하여 원방각(圓方角)에서 도출된 64원방각도를 완성하고 천부경 원문을 세밀하게 분석하여 人角檀君天符를 완성하였다. 특히 단군도와 정8면체를 비교분석하여 고대 7대 불가사의 중 하나인 피라미드가 천부경과 불가분의 관계가 있음을 밝혔다.

필자가 본서에서 펼치는 이론에는 아직 미진한 점이 많다고 생각한다. 그러나 이런 결함은 곧이어 속간 예정인 「과학정역」에서 다시 보충해서 다루기로 약속드린다.

이 책이 나오기까지 음으로 양으로 많은 도움을 받았다. 먼저 그 많은 원고를 묵묵히 정리해 준 경희한의원 식구들(이은경 실장, 박영옥, 오현희, 박수지 간호사), 필자의 둔함을 탓하지 않고 진심으로 충고와 격려를 보내 주신 도랑 선생님의 초대 제자 허흔구 선생님, 그리고 친형제처럼 보살핌을 주신 이영택 선생님, 동문수학한 변광남, 김창수, 김동주, 허현강 선생께 심심한 사의를 표하며 진심 어린 추천사를 써 주신 현암(玄菴) 선생, 한의사 안상원 박사님, 주역의 도반 초운(草雲) 선생, 믿음직한 정인(聶印), 태림, 경산(炅山) 선생께 감사의 말씀을 전하며 늘 음지에서 필자를 보필해 온 남계(南桂) 선생, 사랑하는 두 딸, 삐바, 피가에게도 사랑의 말을 전한다.

끝으로 필자의 오늘이 있도록 정신적 기둥이 되어 주신 대성인(大聖人), 유불선전태존(儒佛仙佺太尊)이신 도랑(道郞) 정희철(鄭熙哲) 선생님과 부모님 영전에 이 글을 바친다.

辛卯年 大暑 零化齋에서

長田 金 允 植

제2부 낙서(洛書)　187

제3부 하도낙서(河圖洛書)　　229

제 1 부
하도(河圖)

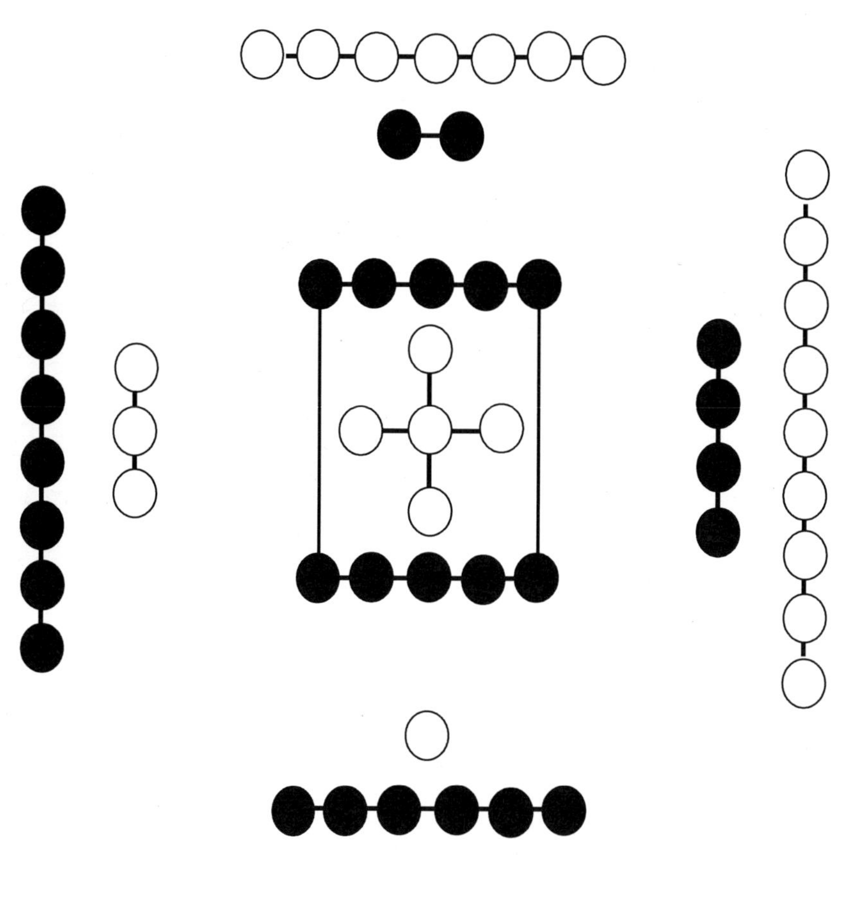

河圖

들어가는 말

하도(河圖)와 낙서(洛書)

동양에서는 천지자연과 만물의 구성 원리를 음양오행이라는 도구를 사용하여 파악하고 있다. 고도의 과학적 기계문명의 혜택을 누리고 있는 현대인에게 음양오행은 마치 미신적인 과거의 낡은 유산처럼 보인다. 그러나 우주를 구성하는 만사(萬事)의 실상을 파악하는 데 음양의 개념보다 더 근본적이고 절실한 것은 없다고 감히 단언한다. 따라서 우선 음양오행이라는 개념이 그 밑바탕에 깔려있는 하도와 낙서에 관해서 알아보기로 한다.

하도는 중국 황하(黃河)에서, 낙서는 낙수(洛水)에서 나온 그림이라고 알려져 있다.

중국 송나라 철학자 정이천(程伊川, 1033~1107)도 자신의 저서,『易傳』에서 "하수에서 도(圖)가 나오고 낙수에서 서(書)가 나오니 성인이 이를 법칙으로 삼았다"라고 언급하였을 만큼 하도와 낙서의 유래가 분명하다.

그 당시 정말 하수와 낙수에서 도(圖)와 서(書)가 나왔는지 지금으로서 확인할 길은 없다. 그러나 중국철학의 저변에 하도와 낙서가 중요한 비중을 차지하는 것만은 확실하다.

가령 중국 상고시대 하, 은, 주(夏, 殷, 周)에서도 하도와 낙서를 극히 중요시하여 국가에서 이를 관리하고 보존했다는 사실, 그리고 오늘날 도서관이라는 명칭이 하수에서 나온 '圖'와 낙수에서 나온 '書'에서 기원한 단어라는 것만 봐도 당시 중국인들이 하도와 낙서에 얼마나 중요한 가치를 부여했는지는 짐작하고도 남음이 있다.

그럼 하도와 낙서가 동양철학에서 왜 그렇게 중요한 위치를 차지하는지 한 번 살펴보자.

하도와 낙서에는 시간적인 우주변화와 공간적인 천지의 실상이 음양오행의 원리를 바탕으로 완전하게 표현되어 있다. 그러나 구체적인 설명이 빈약하고 오직 그림만 전해지고 있어서 정확한 의미를 파악하는 것이 사실상 어렵다. 설명이 있기는 하지만 학자마다 자의적인 의미만 부여하고 있어서 그 실상을 제대로 파악하기가 난해한 것이 현재까지의 진행상황이다. 수많은 해설서가 지금 이 순간까지도 쏟아져 나오고 있지만 딱히 하도와 낙서의 실상을 제대로 파악했다고 단언할 수 있는 것은 거의 없다고 해도 과언이 아니다. 그러나 그들이 하나같이 공통적으로 주장하는 것은 '범인의 안목과 다른 성인의 눈으로 봐야 하도와 낙서를 이해할 수 있다'고 한다는 사실이다. 성인으로 추앙받는 복희(伏羲)씨가 하도를 보고 팔괘(八卦)를 만들었고, 뒤이어 우(禹)임금은 낙서를 보고 홍범구주(洪範九

疇)1)를 만들었다고 전해진다. 성인의 안목이 아니면 그 의미를 파악할 수 없다는 말이다.

필자는 그러나 하도와 낙서를 깊이 연구해 보면 현대 물리학이 아직 해결하지 못한 난제들에 대한 단서를 찾을 수 있을 것이며 나아가 천지의 질서, 우주의 진면목을 알 수 있는 많은 증거들을 찾을 수 있을 것이라고 단언한다.

이번 장의 목적도 바로 그것을 한 번 살펴보려는 것이다.

공안국(孔安國)2)에 의하면 복희씨가 통치할 당시, 그는 황하에서 나온 용마(龍馬)의 등(背)에 나타난 무늬를 보고 팔괘를 만들었다고 전하며, 그 후 하우씨(夏禹氏)가 통치할 때, 낙수에서 나온 신귀(神龜)의 등(背)에 배열된 숫자의 상(象)을 보고 구주(九疇)를 만들었다고 한다.

유학의 태두인 주자(朱子) 역시 하도와 낙서에 대하여 다음과 같이 언급하였다.

"하도는 말[馬] 등에 그려져 있는 선모(旋毛) 55개로 하늘에 떠 있는 성상(星象)과 같으므로 도(圖)라 하였고 낙서는 거북의 등에 그려져 있는 45개의 갈라진 문채(文彩)로 그 모양이 자획(字劃)과 같으므로 서(書)라고 한다."

이상의 전해 오는 이야기를 종합해 보면 4~5천 년 전 당시에는 아직 인지(人智)가 계발되지 못하였고 더구나 문자가 아직 창제되지 않았던 몽매한 시기였을 것이며 또한 농사가 주업이었기 때문에 하늘의 기후변화에 따라 인간의 흥망성쇠가 결정되었을 것이다. 그러므로 위정자의 대업은 주로 하늘의 기후와 그 이치를 살펴서 치산치수(治山治水)하는 것에 크게 의존하고 있었다. 이때 영명한 지배자가 나타나 자연의 현상이나 또는 어느 물체에 드리워진 상(象)을 보고 국가를 통치할 목적으로 하도, 낙서라는 신물(神物)을 의도적으로 만들었을 개연성도 배제할 수 없다. 그러나 앞으로 진행되는 논의를 통해서 알게 되겠지만 하도와 낙서에는 고도의 세련된 수리(數理)가 담겨 있다. 무지몽매한 원시 미개인이 살았던 시기에 그러한 고도의 개념이 출현한 것은 어떤 연유일까? 그것에 대한 답변은 다음으로 미루고 우선은 하도와 낙서에 들어 있는 철리(哲理)를 우선 살펴보기로 하자.

천리(天理), 즉 '하늘의 이치'라는 것은 그 작용이 높은 곳에서 낮은 곳으로 흐르는 물과 같고, 또 하늘 길을 따라 물처럼 흘러가는 은하수 같아서 순리(順理)의 상징이 된다. 따라서 물 하(河) 字에 그림 도(圖) 字를 써서 하도라고 命名했을 것이다.

---

1) 우임금이 하늘의 계시에 따라 지은 정치도덕으로 아홉 개의 조목으로 된 대헌(大憲), 즉 오행(五行), 오사(五事), 팔정(八政), 오기(五紀), 황극(皇極), 삼덕(三德), 계의(稽疑), 서징(庶徵), 오복육극(五福六極).

2) 중국 전한(前漢) 때의 학자(?~?). 자는 자국(子國). 공자의 제11대 손(孫)으로, 공자가 살던 옛집에서 발견된 『상서』·『예기』·『논어』·『효경』 따위의 책을 해독하고 그 책들의 주석을 남겼다. 이때부터 고문학(古文學)이 시작되었다고 한다.

하도 출현 후 2,500여 년이 지나 우(禹)임금은 홍수가 지고, 또 가뭄에 땅이 거북이 등껍질처럼 갈라지는 것을 보고 강물의 수위를 인위적으로 조절하기 위하여 치수사업, 즉 요즘으로 말하면 댐(dam) 공사를 하여 땅의 이치(地理)를 정립하였으니 이것이 바로 낙서의 유래가 된다. 또한 댐에서 아래로 직하하는 물을 보고 물 이름 낙(洛) 字에 글 서(書) 字를 합쳐서 낙서라고 命名한 것 같다.

이 같은 주장은 현대적 논리에 맞도록 현대의 학자들이 하도와 낙서를 설명하는 방식인데 상당히 논리적이며 참고해 볼 만한 가치가 있는 주장이라고 생각된다.

대체로 복희시대에 하도가 나왔다는 설이 지배적이다. 하지만 우리 민족의 고대역사서 『환단고기(桓檀古記)』에는 다음과 같은 기록이 나온다.

"제1대 거발환 환웅천왕(B.C. 3898)이 괘(卦)를 처음 만든 이후 제5대 태우의 환웅천왕(B.C. 3512)의 12번째 막내아들 복희씨가 삼신산(三神山)에 가서 하늘에 제사를 지내고 천하(天河)에서 괘도(卦圖)를 얻었는데 그 괘도의 획은 세 번 끊어지고(坤卦: ☷), 세 번 이어져서(乾卦: ☰) 위치를 서로 바꾸면 미래의 일을 알 수 있어 그 오묘함이 끝이 없다"고 했다.

현재, 『환단고기』는 정사(正史)로 취급받지 못하고 있고 그 내용의 신빙성조차 제대로 평가받지 못하고 있는 실정이지만 중국의 역사서에 등장하는 복희보다 훨씬 더 구체적이고 사실적이다. 사실(史實)의 진위를 따지려는 것이 이 장(章)의 목적은 아니다. 다만 팔괘는 복희가 하도를 보고 획괘(畫卦)를 하였는데 환역(桓易)이나 천부경(天符經) 역시 이를 바탕으로 이루어졌다는 선후관계를 알고 넘어가면 된다.

제1대 환웅천왕이 괘를 만든 이후 다시 복희가 팔괘를 만들 때까지는 약 386년이 걸렸다. 386년 동안 괘에 대한 연구가 황실에서, 그것도 신선과 도인들 사이에서 꾸준히 계속되어 왔었음을 알 수 있다.

그 외에도 왕필(王弼)은 팔괘와 육십사괘를 모두 복희씨가 창안했다고 주장하였고 사마천(司馬遷)은 팔괘는 복희씨가, 64괘와 괘효사(卦爻辭)는 주나라 문왕(文王)이 창안했다고 했다.

한편 주례태복삼역(周禮太卜三易)에 일연산(一連山), 이귀장(二歸藏), 삼주역(三周易)이란 기록이 있고 또 정현(鄭玄)의 역찬(易贊)에 하왈연산(夏曰連山), 은왈귀장(殷曰歸藏), 주왈역(周曰易)이란 기록이 있는데 이런 기록이 만일 사실이라면 하도와 낙서는 팔괘나 역(易)보다 앞선 하은주(夏殷周) 이전에 이미 창안되어 유포되고 있었던 것으로 보인다.

하도는 생명이 어떠한 원리로 짜여 이 세상이 창조되고 변화해 가는지에 대한 자연 창조의 모습을 보여 주고 있다. 하도는 모두 10개의 숫자로 이루어져 있다. 10은 음토(陰土)로서 통일을 주도한다. 하도는 자연수가 통일하는 모습인 동시에 또 우주가 어떻게 통일해 가는지를 극적으로 보여 주는 그림이다. 용마(龍馬)에서 말[馬]은 수렵시대에 말을 타고 사냥하는 무(武)의 모습이며, 하도의 도(圖)는 글자가 있기 전에 그림으로 의사소통하던 신화시대(神化時代)의 상징이다.

이에 반해 낙서는 아홉 개의 숫자로 이루어져 있으며, 현실 속에서 만물이 순차적으로 풀려 나와 변화하는 모습을 담고 있다. 즉 하도가 천지 창조의 설계도라면 낙서는 그 설계도에 따라 만물이 나타나 변화해 가는 모습을 담고 있다. 낙서가 그려진 신귀(神龜)라는 거북이는 인지(人智)가 개화된 신물로 나아갈 때와 물러갈 때를 아는 표상이다. 거북의 특성은 적이 나타나면 머리와 네 발을 자신의 등껍질 속으로 감추고, 적이 사라지면 다시 내놓는데 주역의 이치도 바로 이러한 거북의 속성과 닮았다고 생각한 것이다. 낙서의 서(書)는 글자가 만들어진 후 글로 의사를 교환하는 문화시대(文化時代)를 상징하며 문(文)을 나타낸다.

이상을 종합해 보면, 하도는 신화시대의 무(武)를 상징하고 낙서는 문화시대의 문(文)을 상징한다고 할 수 있다.

어쨌든, 하도와 낙서는 동양 상수(象數)의 근원으로 그 이치가 심오하기 이를 데 없어서 그 이치를 깨닫지 못하고서는 동양철학에 한 발짝도 접근할 수 없다. 역을 공부하는 일부 학자들은 하도와 낙서를 그저 과거의 낡은 유산으로 치부하거나 혹은 음양오행을 이해하기 위한 근원 정도의 인식에 그치는 것은 크나큰 무지의 발로이며 지극히 위험한 발상이라고 생각한다.

하도, 낙서의 정밀하고도 오묘한 이치를 제대로 이해하지도 못한 채 역(易)의 괘, 효사(卦爻辭)를 함부로 쏟아내고 있는 작금의 세태가 한탄스러워 필자는 본서에서 하도, 낙서, 하도·낙서에 관해 분명하게 밝히고자 한다.

하도(河圖)가 수(數)를 얻는 과정

하도의 그림은 흰 점과 검은 점으로 구성되어 있는데 흰 점은 양(陽)을, 검은 점은 음 (陰)을 의미한다. 음수와 양수가 생기는 차례는 다음과 같다.

① 양좌우음(陽左右陰): 양이 왼쪽에 먼저 생기고 그 후 음이 오른쪽에 생긴다.

② 양하음상(陽下陰上): 양이 아래쪽에 먼저 생기고 그 후 음이 위쪽에 생긴다.

③ 양선후음(陽先後陰): 순서적으로 양이 먼저 생기고 뒤이어 음이 생긴다.

백점과 흑점이 만들어지는 과정은 하도를 보면서 비교하기 바란다.

① 양이 처음으로 아래쪽에 생겨 일점(一點)을 이룬다.

② 그 양 위에 음이 생겨 이점(二點)을 이룬다.

③ 또 다른 양이 왼쪽에 생겨 삼점(三點)을 이룬다.

④ 또 다른 음이 그 오른쪽에 생겨 사점(四點)을 이룬다.

⑤ 양이 그 한가운데 생겨 상, 하, 좌, 우, 중앙으로 오점(五點)을 이룬다.

이것을 특히 '중오(中五)의 상(象)을 이루는 陽三陰二 구조'라고 말하는데 5를 이루는 구 조물 속에 양이 세 개, 음이 두 개 들어 있다는 말이다.

이상이 하도의 정중앙을 이루는 5수 구조이다.

이번에는 중앙 5의 외곽에 나타나는 점들을 살펴보자.

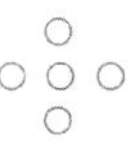

① 중앙 5 아래에 일양(一陽)이 생기면 이것은 중앙을 벗어났으므로 외일점(外一點)이라고 한다. 위에 있는 중오(中五)는 양불역, 음역(陽不易, 陰易)원칙에 따라서 체를 양으로 간주한다.

양불역음역이란 양은 바뀌지 않고 음은 바뀌는 법칙이다.

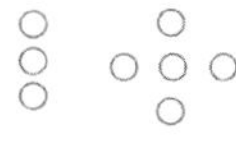

② 중앙 5점 위로 음이 두 개 생기면 이것을 외이점(外二點)이라고 한다.

③ 중앙 5점 좌측에 삼양(三陽)이 생기면 이것을 외삼점(外三點)이라고 한다.

④ 중앙 5점의 우측에 사음(四陰)이 생기면 이것을 외사점(外四點)이라고 한다.

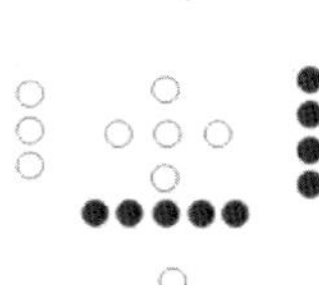

⑤ 중앙 5의 바로 아래에 오양(五陽)이 생기면 이를 외오점(外五點)이라고 한다. 이 5수는 5가 또 5수를 생기게 하는 것을 말하는데 중오(中五)를 밖에서 둘러싸고 있는 중십(中十)을 구성하는 수의 일부이므로 사실은 음이다. 그래서 흑점으로 표시하였다.

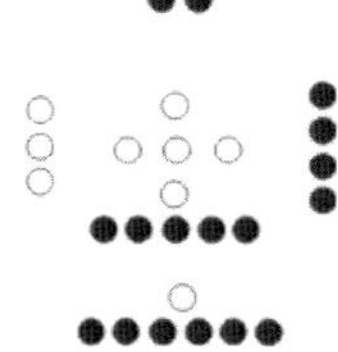

⑥ 중앙 5 아래쪽으로 육음(六陰)이 생기면 이것을 외육점(外六點)이라
고 한다.

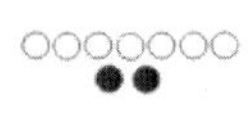

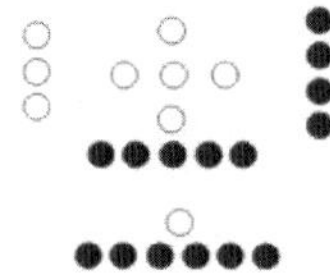

⑦ 중앙 5 위에 칠양(七陽)이 생기면 이것을 외칠점(外七點)이라고 한다.

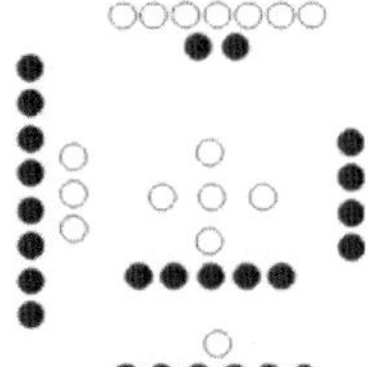

⑧ 중앙 5의 좌측에 팔음(八陰)이 생기면 이것을 외팔점(外八點)이라고
한다.

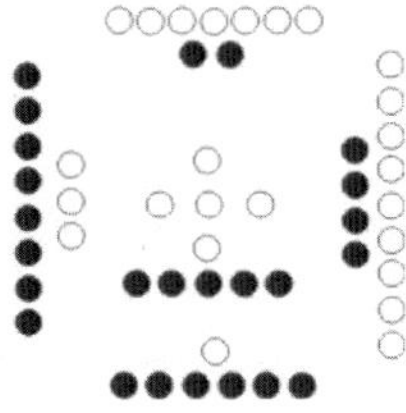

⑨ 중앙 5의 우측에 구양(九陽)이 생기면 이를 외구점(外九點)이라고 한다.

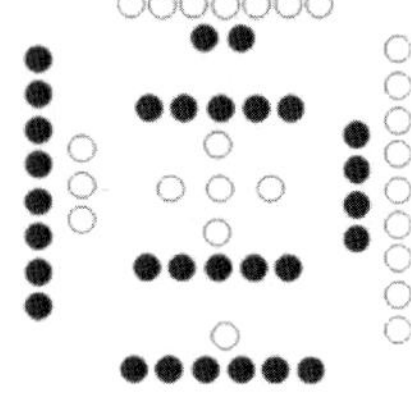

⑩ 중앙 5의 위에 오양(五陽)이 생기면 아래의 오양과 합해서 십음(十陰)이 되니 이를 외십점(外十點)이라고 한다. 이것이 중궁의 마지막 수를 이루게 된다.

제1장 하도(河圖)의 구조

1. 하도와 일원상(一圓相)

옛날 사람들은 땅이 회전한다고는 도저히 상상할 수 없었기에 결국 하늘이 돈다고 믿고 말았다. 현상만을 가지고 말하면 현대를 사는 우리의 눈에도 하늘이 돈다고 믿는 것이 훨씬 합당해 보이는 것이 사실이다. 그도 그럴 것이 하늘이 돈다는 증거는 도처에 산재해 있지만 땅이 돈다는 것에 대한 기미는 여간해서 찾기 힘들기 때문이다.

사실 우리는 과거 과학자들이 수립해 놓은 지식에 의해서 지구가 돌고 있다고 믿고 있을 뿐 지구가 도는 것에 대한 실감나는 확증을 가질 수는 없다. 과학적 진실과 우리가 체감하는 느낌 사이에 이처럼 온도차가 존재하는 것이다. 그러나 하늘이 회전하든, 지구가 회전하든, 우리가 눈으로 관찰하는 그 결과는 동일하게 나타난다는 것은 사실이다. 그러니 천동설이나 지동설은 지금 여기서 중요한 사안이 아니다. 순환, 회전한다는 사실이 중요하다.

이제 우리가 다루어야 할 내용은 회전, 즉 순환에 관한 것이다.

순환하면서 회전하는 것은 만물에 나타나는 공통적인 현상이다. 천체의 운동뿐 아니라 만물의 생명활동 역시 원을 그리며 영위되는데 주체가 돌거나 객체가 돌거나에 관계없이 동일한 현상으로 나타나게 된다.

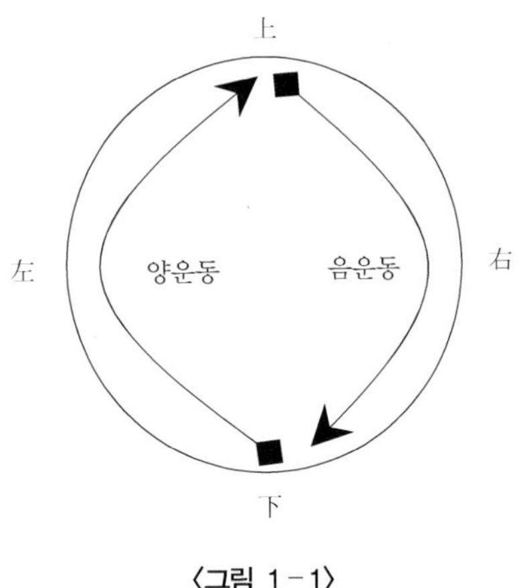

〈그림 1-1〉

　먼저 만물이 생명활동을 영위하기 위해서 순환하는 운동을 살펴보자. 생명체의 순환은 상승(上昇)하는 양운동과 하강하는 음운동으로 대별된다. 또한 순환하는 궤적인 원(圓)은 상하좌우의 방위를 가지고 있고 이 방위에 따라서 음양운동의 성격이 규정된다.

　<그림 1-1>에서 보는 것처럼 하(下)에서 좌(左)를 거쳐 상(上)으로 상승 운행하는 것이 양운동(陽運動)이고 반대로 상(上)에서 우(右)를 거쳐 하강(下)하는 것이 음운동(陰運動)이다.

　여기에서 하(下)의 위치는 陰의 기운이 극성한 곳으로 양(陽)의 기운은 거의 없으며 또 반대로 상(上)의 위치는 陽의 기운은 극성한데 음의 기운은 거의 없는 상태이다. 그에 반해, 좌우는 음양의 기운이 비교적 고루 분포된 음양평균 구역이다.

　흔히들 일원상(一圓相)에서 음양을 구분하려고 할 때 공간적 기준으로 다음의 <그림 1-2> 처럼 나눈다.

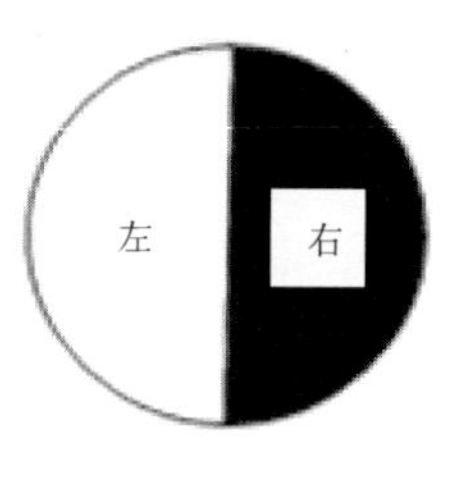

〈그림 1-2〉

　이때 좌측, 우측의 반구는 각각 양과 음이 된다. 이것은 현대 수학에서 양은 1로서 on이 되며 음은 0으로서 off가 되어 이는 컴퓨터의 기본 원리가 되었다.

　이러한 원운동을 하는 모든 생명체는 공간적 성향과 더불어 시간적 성향을 동시에 띠게 된다. 즉 이것은 시간의 흐름에 따라 음양이라는 공간적 영역에 변화가 생긴다는 말이다.

　<그림 1-2>에서 보면, 좌측 공간은 양의 영역으로 밝음이나 온도의 상승을, 우측은 음의 영역으로 어둠이나, 온도의 하강을 나타내는데 정확히 반반으로 나뉘어 경계를 분명히 하고 있다. 다시 말해 네 것 내 것이 정확히 갈려 있어서 변화란 눈곱만치도 찾아볼 수 없다는 말이다.

　그러면 변화를 나타내기 위해서 필요한 요소는 무엇일까? 바로 시간이다. 시간이 개재 되어야만 비로소 변화가 나타나는 것이다. 결론적으로 말해서 <그림 1-2>에 나타난 좌

우 반원의 모습은 시간이 개재된 것을 표현하지 못하고 있다.

그렇다면, 시간이 개재된 것을 나타내는 그림은 어떻게 그릴까? 바로 <그림 1-3>이다.

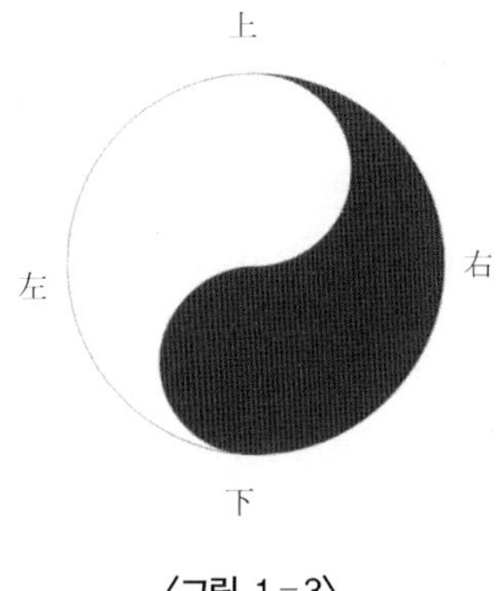

〈그림 1-3〉

두부모 자르듯 음양을 정확히 나누는 수직선 칸막이(│)보다 더 효율적인 표현법이 바로 乙(태극문양) 字를 그려 넣은 모습이다. 다시 말해, 음양표현과 함께 시간의 변화까지 표현한 것이 <그림 1-3>이다. 그림 1-3에서 上은 남쪽, 下는 북쪽, 左는 동쪽, 右는 서쪽이다. 이는 오늘날 서양에서 사용하는 방위개념(즉 上은 북, 下는 남, 左는 서, 右는 동쪽)과 다른데 이는 실제 지구의 공간적 배치를 나타낸 것이다. 그런데 동양에서 上을 남쪽으로 둔 것은 관측자의 위치를 기준으로 볼 때 위쪽은 밝고, 아래쪽은 어둡다고 상정하였기 때문에 그렇게 한 것이다.

즉 인간의 체감온도를 기준으로 볼 때 남으로 갈수록 양기(陽氣)가 많아지고 따뜻해지며 북으로 갈수록 음기(陰氣)가 강해지고 추워지게 되는 것을 보고 그렇게 배치한 것이다.

다시 말해, 양의 근본적인 원천(精)이 되는 태양의 위치를 기준으로 태양이 정중에 있을 때가 양인 남쪽이 되고, 또 그 때 태양의 위치는 상(上)이 되며, 태양이 정중(正中)과 반대 위치에 있을 때가 음(陰)인 북쪽이 되며 태양의 위치는 하(下)가 된다. 태양이 하(下)에서 상(上)으로 가는 과정에 해가 뜨는 좌(左)측을 동쪽이라고 하고, 태양이 상(上)에서 하(下)로 가는 우(右)측을 서쪽으로 나타낸 것이다.

이와 같이 태양의 위치에 따른 시간의 변화를 나타낸 것이 <그림 1-3>인데 그림에서 보면 下의 위치는 태양이 전혀 나타나지 않는 상태이므로 당연히 음기(陰氣)가 가장 왕성하며 양기(陽氣)는 거의 없는 때이다. 하루를 기준으로 자정(子正)이요, 1년을 기준으로는 동지(冬至)에 해당한다. 자정, 즉 밤 12시가 새로운 하루의 시작이듯 동지도 한 해의 시작을 의미하는데 이때부터 양의 기운이 서서히 나타나기 시작하여 따뜻해지는 기점이 된다.

동지는 밤의 길이가 가장 길고, 낮의 길이가 가장 짧은 때이다. 동지로부터 낮의 길이가 서서히 길어지기 시작한다. 이는 동양 철학의 근간이 되는 이론, 즉 음이 극에 이르면 양으로 변하거나 반대로 양이 극에 이르면 음으로 변하는 이치(陰陽極則變) 때문이다.

달(月)에 적용하여도 마찬가지다. 꽉 찬 보름달이 다시 기울어 그믐달이 되고 그믐이 다시 초승달로 차 나가는 것 역시 陰陽極則變의 이치가 작용한다. 나무가 한없이 자라기만 한다면 결실을 맺지 못할 것이다. 일정 기간 자라다가 외적 성장을 멈추고 내적 성장으로 변하는 것은 결국 열매를 맺기 위해서이며 이 열매가 다시 땅에 떨어져 이듬해에 발아하는 것도 전부 같은 이치이다.

<그림 1-3>에서 상(上)의 위치는 태양이 정중(正中)에 떠 있어 양기(陽氣)는 가득하지만 음기(陰氣)는 거의 없는 상태이다. 하루로 놓고 볼 때, 정오(正午)이며 1년으로 보면 하지(夏至)이다. 정오가 지나면 오후가 되어 음기가 서서히 생겨나듯이 역시 하지가 지나면 음기가 조금씩 늘어나며 서늘해지기 시작한다. 하지는 1년 중 낮의 길이가 가장 길 때이고 밤은 가장 짧은 때로 이 시점으로부터 밤의 길이가 미세하게 길어지기 시작한다.

<그림 1-3>에서 좌우를 하루에 배속하면 아침과 저녁에, 그리고 1년에 배속하면 춘분과 추분에 해당한다. 물론 이때는 밤과 낮의 길이가 거의 같다.

우주에 존재하는 모든 생명체는 이와 같이 음양의 순환운동을 통하여 생명활동을 영위하고 있다. 즉 양의 운동이 하에서 상에 이르고 음의 운동이 상에서 하에 이르는 순환과정 말이다.

<그림 1-3>에서 원운동을 춘하추동과 아침, 한낮, 저녁, 한밤중으로 4등분하였지만 이것을 12등분하면 하루 12시간이 되고 1년으로는 12달이 되며 24등분하면 하루 24시간이 되고 1년 24절기(節氣)가 된다. 또한 이것을 8등분하면 8괘가 되는데 이것은 우리가 보는 8개의 월상(月象)과 일치한다.

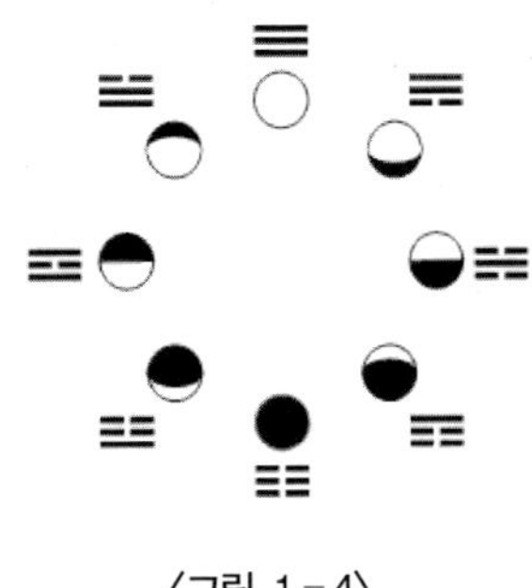

〈그림 1-4〉

<그림 1-4>는 복희팔괘도(伏羲八卦圖)에 월상의 변화를 배속한 그림이다.

☰괘는 보름달을, ☷괘는 그믐달을 나타낸다. 그믐에서 보름에 이르는 과정은 <그림 1-3>에서 말한 陽운동이고 보름에서 그믐에 이르는 과정은 上에서 下에 이르는 陰운동이다. 앞서 밝힌 바와 같이 下에서 上으로 가는 과정은 양이 점점 늘어가는 象이고 上에서 下로 내려오는 과정은 음이 점점 늘어나는 상이다. 이와 같이 일원상은 몇 등분을 하느냐에 따라 여러 가지 현상들을 설명할 수 있다.

<그림 1-3>을 가지고 역사적인 사실을 한 번 조명해 보자.

중국 宋代의 철학자, 소강절(邵康節, 1011~1077)이 지은 『황극경세서(皇極經世書)』에 의하면 우주의 시공간은 12만 9,600년을 주기로 변화해 나가는데 12만 9,600년을 일원(一元)이라고 命名하였다. 이것을 12등분하면 1만 800년이 되며 이것을 일회(一會)라고 하였다. 여기서 인류 진화의 역사를 1만 800년으로 놓고 이것을 춘하추동으로 4등분하면 우주의 각 계절에 2,700년씩이 배분된다.

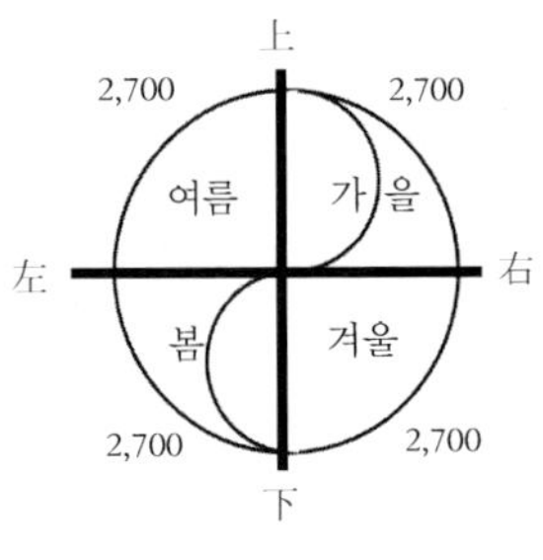

〈그림 1-5〉

<그림 1-5>에서 봄 2700년 동안은 신화(神化)시대로 원시미개 시대이고, 여름 2700년은 문화시대(文化時代)로 오늘날의 시점에 해당한다. 가을 2700년은 이른바 후천(後天)시대라고 일컬어지며 지금보다 물질문명이 훨씬 더 고도화할 다가오는 조화시대(造化時代)를 말하고 겨울 2700년은 가을 문명이 더욱더 갈무리되는 시대를 말한다. 下의 위치는 上의 위치를 기준으로 5400년 전이며 이때 복희씨라는 성인이 나와 인류에게 사냥, 어업, 농사를 최초로 가르쳐 가정과 사회 및 국가라는 체제로 발전시킨 시대를 말한다. 이때는 주로 무(武)가 중심이 되는 사회였다.

다시 2700년이 경과하면 봄의 시대가 지나고 이제 여름의 시대로 접어드는데 이때는 봄에 입었던 긴 소매의 옷을 벗고 비로소 짧은 옷을 입는 여름이 도래하는데 이때 여러 성인들이 한꺼번에 등장하여 여름의 시대에 지켜야 할 철학을 제시한 시대가 되었다.

그런데 한편 이 여름의 시대는 양이 극성하여 서로가 서로를 공격하며 전쟁으로 점철된 역사가 전개되었으며 또 존재하던 문명이 밝아져 일일생활권으로 접어들게 되며 입었던 옷을 집어 던지고 나체에 가까운 생활을 하게 되므로 도덕과 윤리가 땅에 떨어지는 패륜의 시대가 된다. 이것을 여러 성인들이 미리 감지하시고 봄에서 여름으로 넘어가는 시기인 소개벽(小開闢)에 맞추어 제일 먼저 석가모니께서 대자대비(大慈大悲)의 불도(佛道)를 내놓으시고 다음으로 공자가 나타나 인의(仁義)를 강조하시며 극기복례(克己復禮)의 유도(儒道)를 내놓으시고, 이어 예수가 나타나 "원수를 사랑하라"는 기독교 철학을 내놓으시게 된다. 이것은 모두 양기의 극성함을 경계하여 파멸의 구렁텅이에서 인류를 구제하고자 하는 살신성인(殺身成仁)의 가르침인 것이다. 이러한 성인들의 가르침 덕분에 인류는 양기가 극성한 여름의 시대에 1, 2차 세계대전을 겪고도 아직 파멸에 이르지 않고 있는 것이다.

지금은 여름의 시대가 지나가고 가을의 시기로 넘어가는 도중이다. 봄에서 여름으로 넘어가는 시기를 소개벽이라고 부른다면 여름에서 가을로 넘어가는 시기는 대개벽이라 한다. 봄에서 여름으로 넘어가는 시기는 똑같은 양에서 양으로 넘어가는 양권(陽圈)의 변화로 단지 긴 소매의 옷이 짧은 소매로 바뀌는 소규모 변화(小開闢)의 시기라면 여름에서 가을로 넘어가는 시기는 이제 짧은 소매를 던져 버리고 긴 소매로 중무장하는 시기이다. 다시 말해 소개벽은 옷을 벗어 던지는 시기이지만 대개벽(大開闢)은 반대로 옷을 껴입어야 하는 시기로 이른바 음양의 대전환시기라고 말할 수 있다.

양이 주도권을 가지고 있던 여름에서 음이 패권을 갖는 가을로의 전환을 대개벽이라고 한다. 여름이 가지고 있던 가치관과 가을의 그것은 판이하게 다르다. 여름이 짧은 젓가락으로 음식을 먹는 시기라면 가을은 긴 젓가락을 사용하는 시기로 이때를 일컬어 해인(偕仁)의 시대라고 한다.

짧은 젓가락을 사용하면 스스로의 배를 채우기 위한 약육강식(弱肉强食)의 법칙이 지배한다. 반면 긴 젓가락을 사용하면 자신의 입에 음식을 넣을 도리가 없고 오히려 상대방의 입에 넣어 주는 것이 쉬우니 서로 상부상조해야만 하는데 이것을 바로 해인(偕人)의 시대라고 칭한다. 즉 여름의 가치관은 '내가 상대를 죽이지 않으면 도리어 내가 죽임을 당하는 것'이고 가을의 가치관은 '상대를 살려야만 나도 사는' 상생의 가치관이다. 또한 가을은 음(陰) 주도형 세계로서 물질문명이 급속도로 발전한다.

여름의 시기에는 분열, 팽창하려고 경쟁하면서 맞서 싸웠지만 가을은 이러한 분열, 팽창이 수렴으로 바뀌면서 결실을 맺는 시기이다.

지금 우리의 현재 문명은 가을시기로 접어들고 있는데 이때는 과학기술이 더욱더 진보하고 정교해지면서 아름다운 결실이 맺어지고 종국에는 인류의 진화도 더욱 가속화되어 이른바 초과학의 세계가 전개되는 것이다.

이러한 대개벽의 시기가 되면 자칭, 재림주(再臨主)니 미륵불(彌勒佛)이니 하면서 혹세무민하는 무리가 많이 나타나게 된다. 그러나 진정한 성인은 하늘이 내는 법이어서 스스로 성인이라고 목청을 높이는 사람들은 거개가 다 사도(邪道)의 무리임에 틀림없다. 진정한 의미의 대개벽의 도(道)와 성인은 때가 이르면 저절로 드러나게 되는 것이다.

하도의 그림을 다시 한 번 자세히 살펴보자.

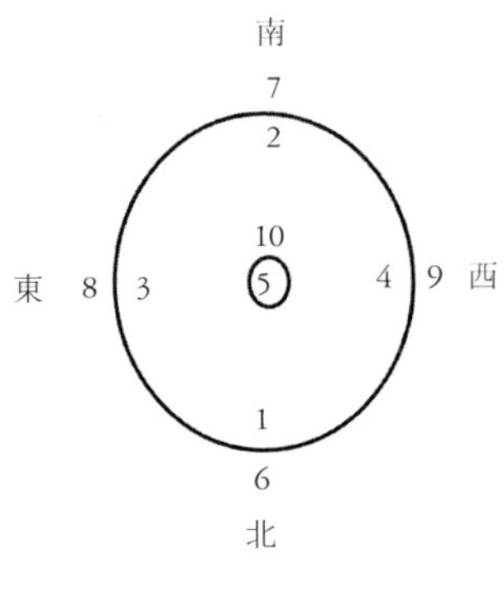

〈그림 1-6〉

<그림 1-6>은 하도에 배속된 숫자를 나타내고 있다. 앞으로 하도에 관한 설명은 일원상이라고 불리는 이 그림을 토대로 진행될 것이다.

하도는 천체의 운행과 생명활동의 운동을 보여 주는 아주 신묘한 그림이다. 하도의 일원상은 글이 진행되면서 점점 그 신비의 베일을 벗게 될 것이다.

2. 하도의 음양운동(陰陽運動)

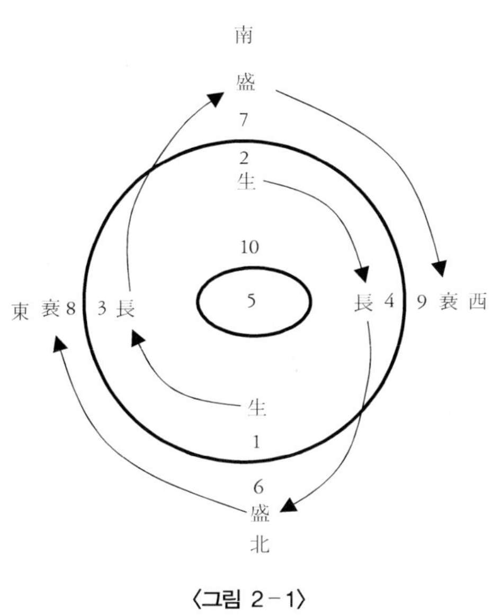

〈그림 2-1〉

하도에 나열된 10개의 수중에서 1, 3, 5, 7, 9는 양수이고 2, 4, 6, 8, 10은 음수이다. 양수 중에서 1은 양이 처음 시작하는 숫자이며 따라서 그것을 양의 대표로 삼는다. 마찬가지로, 음수 중에서 2는 음수의 시작이며 따라서 그것을 음의 대표로 삼는다. 그런데 이제 숫자의 음양을 불문하고 1, 2, 3, 4, 5가 위치해 있는 곳을 보면 하도의 내부에 존재한다. 이렇게 하도의 내부에 존재하는 수들을 생수(生數)라고 부르고 외부에 6, 7, 8, 9, 10은 성수(成數)라고 부른다(10은 그림에서 하도의 내부에 있는 것처럼 보이지만 실상은 외부에 있다고 생각하자).

그림에서 화살표를 따라가며 살펴보면 하도의 음양 운동은 생수가 자리 잡고 있는 내부에서 출발하여 성수가 있는 외부로 발산하는 모습을 보이고 있다.

우선 양의 운동을 보면, 음이 가장 극성한 북쪽의 내부에서 일양(一陽)이 시생(始生)한다.

다음에 내부의 생수자리인 3으로 가면서 점점 자라난다(長養). 이제 이것은 외부의 성수자리인 7로 가면서 가장 왕성하게 되고 마지막으로 외부 성수자리인 9로 가서 쇠퇴(衰退)하게 된다. 반대로 음의 운동을 보면, 양의 가장 극성한 자리인 남쪽에서 이음(二陰)이 시생(始生)하여 내부에 있는 생수자리인 4로 가면서 점점 장양(長養)하게 되고 다시 하도의 외부에 있는 6으로 가면서 가장 왕성해지며 마지막으로 외부에 있는 8로 가서 쇠퇴하게 된다.

정리해 보면,

- 1양은 북쪽에 위치하며 양이 생(生)하는 자리이고 2음은 남쪽에 위치하며 음이 생(生)하는 자리로 따라서 1과 2는, 즉 음양운동의 출발점이 되며 서로 상대하여 마주 보고 있는 자리가 된다.
- 동쪽에 위치한 3양은 장차 양이 가장 왕성한 7양으로 가기 위해 분열, 팽창하며 자라나는 장양(長養)의 자리가 된다.
- 서쪽에 위치한 4음은 장차 음이 가장 왕성한 6음의 자리로 가기 위해 수렴, 통일하며 자라나는 장양(長養)의 자리가 된다.
- 음양은 서로 뿌리가 되어 1양은 음이 가장 왕성한 6음의 자리에서 처음으로 생기고 2음 역시 양이 가장 극성한 시기인 7양의 자리에서 생겨난다.
- 3양은 8음이 가장 쇠약할 때 자라기 시작하고(長養) 4음은 9양이 가장 쇠약할 때 자라기 시작한다.

이상에서 본 바와 같이 음양운동이란 결국 음양이 서로의 뿌리(陰陽互根)가 되어 함께 운행함을 알 수 있다. 가령 계절적으로 가장 추운 동지(冬至)에 이미 땅속에서는 일양이 시생하여 씨앗이 움틀 준비가 된 것, 그리고 한여름 하지(夏至)에도 역시 서늘한 기운이 배태되어 열매를 맺을 토대가 마련된 것이 바로 음양호근(陰陽互根)의 예가 된다.

<그림 2-1>이 바로 음양이 순환하면서 태어나고 또 태어나는 것이 끝없이 진행되는 하도의 음양운동이다.

그림에서 보면, 양은 북쪽에서 시생하고, 음은 남쪽에서 시생하여 순환을 시작하는데 모두 좌선(左旋: 시계방향)운동이다. 이 둘의 공통점은 '음은 양성(陽盛)하는 자리에서 생(生)'하고 '양은 음성(陰盛)하는 자리에 생한다'는 점이다. 양의 전성기에 이미 음이 생겨나고, 음의 전성기에도 벌써 양이 시작되는 것이다.

하도의 음양운동이 생장성쇠(生長盛衰)하는 운행이나 천지자연이 순환하는 이치는 서로 다르지 않고 그대로 부합된다. 가령 생장(生長)은 하루를 놓고 보면 새벽에서 오전에 이르는 기운이고 성쇠(盛衰)는 오후에서 밤에 이르는 기운을 가리킨다.

인생을 봐도 똑같다. 생장(生長)은 유년기에서 청년기를 말하고 성쇠(盛衰)는 장년기, 노년기를 말한다. 또 1년이란 기간으로 보아도 생장은 봄, 여름이고 성쇠는 가을, 겨울을 말한다. 이것을 오행(五行)으로 보면 생장은 木, 火에 해당하고 성쇠는 金, 水에 해당한다.

생장은 양의 운동, 그리고 성쇠는 음의 운동이 된다.

3. 하도의 10수

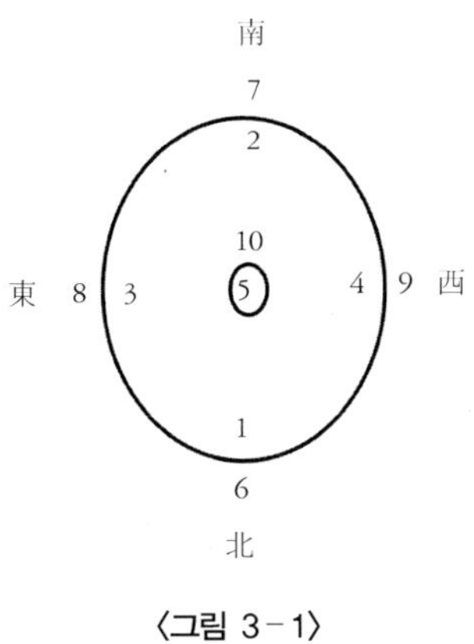

〈그림 3-1〉

하도에는 1, 2, 3, 4, 5, 6, 7, 8, 9, 10이라는 열 개의 수가 나열되어 있는데 이것을 다시 음양으로 나누어 양의 천수(天數) 다섯 개와 음의 지수(地數) 다섯 개로 나눈다.

- 1, 3, 5, 7, 9는 홀수(奇數)로 양에 속하고
- 2, 4, 6, 8, 10은 짝수(偶數)로 음에 속한다.

홀수는 홀로 존재하므로 불안정하여 늘 움직이기 때문에 양에 속하고 짝수는 짝으로 존재하므로 비교적 안정되어 요지부동이니 음에 속한다. 하도는 홀수와 짝수가 5방위에서 서로 만나서 짝을 이루고 있다.

이것을 정리하면 다음과 같다.

- 1과 6은 아래 북쪽에 있으면서 6은 1의 아래에 있다.
- 2와 7은 위 남쪽에 있으면서 7은 2의 위에 있다.
- 3과 8은 좌측 동쪽에 있으면서 8은 3의 좌측에 있다.
- 4와 9는 우측 서쪽에 있으면서 9는 4의 우측에 있다.

■ 5와 10은 중앙에 있으면서 10은 5의 바깥에 있다.

하도의 그림을 자세히 보면 모두 안에서 머물러 밖으로 나왔는데 양은 음보다 위에 있고(1과 7) 음은 양보다 아래에 있으며(2와 6) 또 양은 음보다 오른쪽에 있고(3과 9) 음은 양보다 왼쪽에 있다(4와 8). 또 양은 음보다 안에 있고 음은 양보다 밖에 있다(5와 10).

하도에서 1·6은 오행으로 수(水)에 해당하며, 또 맨 아래(북쪽)에 배당한 것은 물의 움직임이 항상 낮은 곳으로 흐르기 때문이다. 반면 2·7은 오행으로 화(火)에 해당하는데 불의 특성은 항상 위로 타오르기 때문에 위쪽(남쪽)에 배속하였다.

좌측의 3·8은 오행으로 목(木)에 해당하는데, 하나의 씨앗이 땅에 묻혔다가 두 개의 싹으로 움터 나오는데 이때 본체가 되는 원래의 씨앗 한 개와 그 작용이 되어 나타나는 떡잎 두 개를 합치니 3이 된 것이다. 또 싹은 태양이 뜨는 동쪽을 향하여 굴광성(屈光性)이 있으므로 동방목(東方木)에 배속하였다.

우측 4·9는 오행으로 금(金)에 해당한다. 서쪽은 태양이 지는 곳으로 가을을 상징하며 열매가 단단해지는 시기이다. 4는 생수 중에 마지막 수이다. 마지막은 열매를 상징하므로 4는 생수의 열매로, 또 9는 성수의 열매로 표현한다.

이것을 나무에 비유하면 北方水는 뿌리(根)가 되고 東方木은 싹(苗)이 되며 南方火는 꽃(花)이 되고, 西方金은 열매(實)가 되는 것이다. 따라서 4·9로 대표되는 서방은 열매를 더욱 단단하고 실하게 해 주는 수렴(收斂)의 방향이고 또한 정적(靜的)인 음기운이 지배하는 곳이다.

중앙에는 5·10이 있고 오행으로 토(土)에 해당한다. 흙은 모든 물질을 만드는 토대가 되며 또한 생명체를 담는 그릇이 된다. 인간의 몸이 흙이고 그 안에 정신이 담겨 있는 것과 같은 이치이다. 정신을 담고 있는 곳의 중요성은 말할 나위가 없다. 따라서 중요성의 강조를 위해서 중앙土에 배속한 것이다.

이상을 정리하여 오행과 5방위를 배속하면 아래와 같다.

■ 북 1·6水 ■ 남 2·7火 ■ 동 3·8木 ■ 서 4·9金 ■ 중앙 5·10土

이번에는 하도의 생수(生數)와 성수(成數)를 보자. 하도에서는 생수와 성수가 내외(內外)로 짝을 이루고 있다. 그것도 음양수로 짝을 이루고 있다. 외부에 있는 성수가 만들어지는 이치는 내부에 있는 생수에 5를 더하여 만들어진다. 가령 생수 1에 중앙수 5를 더하면 6

이 되고, 생수 2에 중앙수 5를 더하면 역시 7이 되고 생수 3에 중앙수 5를 더하면 성수 8이 되고 생수 4에 중앙수 5를 더하면 9가 되고 마지막으로 중앙수 5에 중앙수 5를 더하면 성수 10이 된다. 결론적으로 생수에 중앙수 5를 더하면 6, 7, 8, 9, 10 이라는 성수가 도출된다.

이상의 생수와 성수를 오행의 이치와 결합하여 설명하면 다음과 같다.

① 하도의 생수 이치
■ 북에서 양 1수로서 水를 생(生)하고
■ 남에서 음 2수로서 火를 생(生)하고
■ 동에서 양 3수로서 木을 생(生)하고
■ 서에서 음 4수로서 金을 생(生)하고
■ 中에서 양 5수로서 土를 생(生)한다.

② 하도의 성수 이치
■ 북에서 음 6수로서 水를 성(成)하고
■ 남에서 양 7수로서 火를 성(成)하고
■ 동에서 음 8수로서 木을 성(成)하고
■ 서에서 양 9수로서 金을 성(成)하고
■ 中에서 음 10수로서 土를 성(成)한다.

4. 하도의 위(位)와 수(數)

앞서 살펴본 하도에서 중앙 5·10을 제외한, 즉 1·6, 2·7, 3·8, 4·9를 사상에 배속할 수 있다. 이러한 사상에는 위수(位數)와 득수(得數)의 개념이 있다.

간략히 말해서 사상이 위를 얻은 것을 위수(位數)라고 하고 수를 얻은 것을 득수(得數)라고 한다. 여기서는 우선 개념만 정리하고 넘어가면 된다. 더 자세한 것은 계속되는 과정 속에서 차차 설명될 것이다.
■ 1은 태양위수(太陽位數) ■ 6은 태음득수(太陰得數)
■ 2는 소음위수(少陰位數) ■ 7은 소양득수(少陽得數)

■ 3은 소양위수(少陽位數) ■ 8은 소음득수(少陰得數)

■ 4는 태음위수(太陰位數) ■ 9는 태양득수(太陽得數)

■ 그리고 제외되었던 5와 10은 중앙에 위치하면서 사상의 位와 數를 거느린다.

이에 대해 구체적으로 설명하면 다음과 같다.

■ 생수인 1, 2, 3, 4 중에 1은 맨 처음에 나오는 數로 이것을 태양위수라고 하고 4는 맨 마지막에 있는 생수로 태음위수라고 한다.

■ 2는 1과 3 사이에 있는 수이다. 1도 양수, 3도 양수이니 2는 양수(陽數) 가운데 빠져 있는 수인데 따라서 2는 양의 환경에 놓인 수로 온전한 음수라기보다는 양의 기운을 어느 정도 함유하고 있는 수가 된다. 2를 소음위수라고 하는 것은 양을 속에 함유하기 때문에 그렇게 명명한 것이다.

■ 3은 반대로 2와 4라는 음수(陰數)속에 빠져 있는 양(陽)이다. 그러므로 음중의 양이 되므로 이를 소양위수라고 명명한 것이다.

■ 위의 언급에서 빠진 5는 중위수(中位數)라고 한다.

이번에는 성수를 보자. 성수 6, 7, 8, 9 중에서,

■ 6은 맨 처음 나오는 성수인데 이를 태음득수라고 부른다.

■ 9는 맨 마지막에 나오는 성수로 이를 태양득수라고 부른다.

양수 1, 3, 5, 7, 9 중에서 9는 양이 가장 확대된 상(象)이므로 태양이라고 했고 따라서 태양득수로 명명하였다. 같은 논리로, 음수 2, 4, 6, 8 10 중에서 6은 가장 중앙에 위치하여 응축된 상(象)이기 때문에 태음득수라고 명명했다.

이것을 도식화하면 아래와 같다.

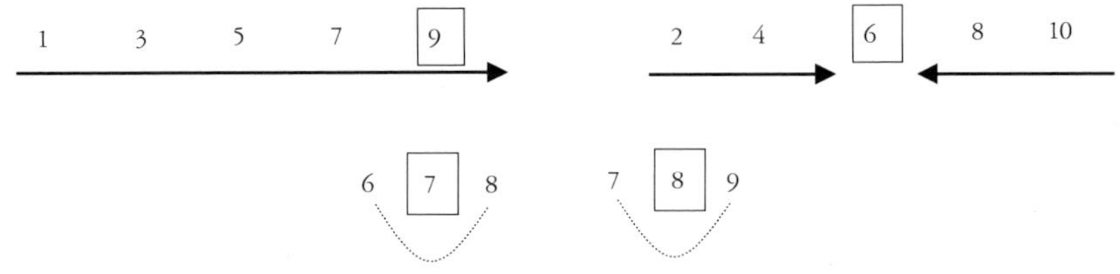

■ 7은 6과 8이라는 두 음수 사이에 빠져 있는 숫자로 이는 음 중에 있는 양수가 되므로

소양득수라고 하고,

- 8은 7과 9의 두 양수 사이에 있어서 양 중의 음이 되므로 소음득수라고 한다.
- 10은 중득수(中得數)라고 한다.

생수 중에 양수는 1, 3이고 음수는 2, 4인데 양수의 합(4)은 음수의 합(6)보다 작고, 또 성수 중에 양수는 7, 9이고 음수는 6, 8인데 양수의 합(16)은 음수의 합(14)보다 크다.

이것은 생수는 모태(母胎) 속에서 형체를 만들어 가는 과정에 비유하여 양보다는 음이 많은 것이고 성수는 모태에서 나온 후 형체가 차차 성장해 가는 과정에 비유하여 음보다 양이 많다.

위수와 득수에서 특징이 하나 발견된다. 위수와 득수를 합하면 전부 10이 된다. 가령 태양위수 1과 태양득수 9를 합하면 10이 되고 소음위수 2와 소음득수 8을 더해도 역시 10이 되며 같은 방법으로 4와 6을 합하고, 3과 7을 합해도 10이 된다. 이처럼 사상의 위수와 득수의 합은 항상 10이 되는데 이는 10이라는 숫자 내에서 위수와 득수가 형성되고 있음을 보여 주는 것이다. 그리고 하도에서 보면 위수와 득수는 생수와 성수로 이루어진 오행의 위(位)에 따라 태양은 태음과, 그리고 소양은 소음과 각각 같은 위치에 있음(同位)을 알 수 있다.

이것을 하도의 일원상에서 다시 한 번 고찰해 보자.

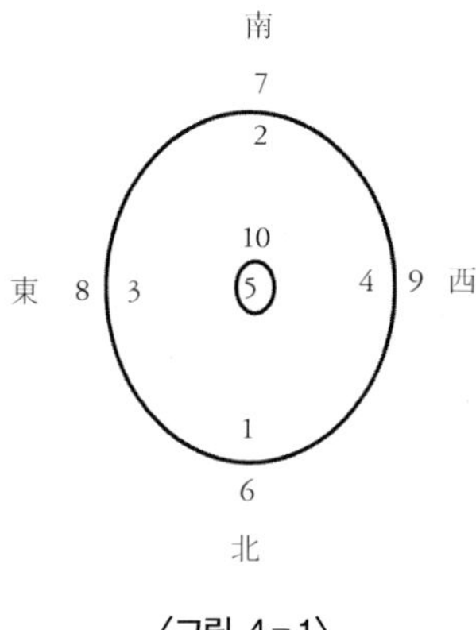

〈그림 4-1〉

- 북쪽의 1은 태양위수인데 태음득수인 6의 위에 위치하고 6은 태음득수인데 태양위
  수 1의 아래에서 작용을 한다.

- 남쪽의 2는 소음위수인데 소양득수인 7의 아래에 위치하고 7은 소양득수인데 소음 위수 2의 위에서 작용을 한다.
- 동쪽의 3은 소양위수인데 소음득수 8의 우측에 위치하고 8은 소음득수인데 소양위 수 3의 좌측에서 작용을 한다.
- 서쪽의 4는 태음위수인데 태양득수 9의 좌측에 위치하고 9는 태양득수인데 태음위 수 4의 우측에서 작용한다.

이와 같이 양은 음을 타고 또 음은 양을 따라서 나란히 움직이는데 만물은 음양의 짝이 없는 것이 없다. 빛을 크게 비치면 그림자가 크게 나타나고 빛이 희미하면 그림자 역시 희미한 것처럼 음양에도 작용과 반작용의 법칙이 작용하고 있다. 그러므로 양이 건전하게 행동하지 않으면 음이 순순히 따르지 않고 음이 순(順)하게 따르지 않으면 양이 건전하게 행동할 수가 없는 것이다. 빛과 그림자와 같은 음양의 도는 그 뜻이 참으로 크고도 올바르다고 하지 않을 수 없다.

5. 하도와 상수리(象數理)

동양에서는 역학(易學)을 설명하기 위해서 상수리(象數理)의 개념을 사용한다. 우주 만물의 이치를 상(象)과 수(數)로 유추하여 파악하고 종국에는 실체를 규명하게 된다.

李泰一 선생의 『明庵集』에 다음과 같은 글이 있다.

"대저 만물이 있은즉 그 물건의 이치가 있고 이치가 있은즉 그 이치에 해당하는 氣가 있고 氣가 있은즉 象이 있고 象이 있은즉 그 象과 부합하는 數가 있다."[3]

그러므로 먼저 수를 연구하다 보면 그 象을 볼 수 있고 그 象을 알게 되면 理致를 깨닫게 된다.

우선 상(象)에 대하여 살펴보자. 상은 형(形)과 반대되는 개념이다. 形이 인간의 감각으로 쉽게 느낄 수 있는 것이라면 象은 보통의 인간의 지각으로는 인지할 수 없는 고도의 개념이다. 상은 보통 무형(無形)이라고 말하지만 꼭 무형인 것이라고 말할 수 없다. 세속적 때가 낀 안목으로 보니 무형처럼 보일 뿐이다.

---

3) 夫有理則有氣 有氣則有象 有象則有數.

현대과학에서 분자, 원자, 소립자들도 모두 象에 지나지 않는다. 그것들이 서로 결합하면 우리 눈에 보이는 실체가 되는데, 그러나 구체적인 실체 이전의 것들을 전부 象이라고 규정지을 수 있는 것이다. 또한 오행을 이루는 다섯 가지 원소 木火土金水도 역시 우리 눈으로 볼 수 있는 구체적인 발현이 아니다. 단지 그런 속성이 서로 뭉쳐서 응결되면 비로소 형체가 발현되는 것이다. 또 이런 형체가 분열하고 기화(氣化)하면 다시 象으로 환원된다. 그러므로 形과 象은 현상적으로는 음·양 2가지로 나뉘지만 본질은 하나인 것이다. 하나의 본질에 양면성이 존재하는 것이라고 생각하면 된다.

범부(凡夫)의 눈에 形은 볼 수 있어도 象은 제대로 관찰되지 않는다. 形을 이루는 근본 요소인 象을 인식하지 못하기 때문이다. 모든 形은 반드시 기미(幾微)나 조짐(兆朕)이 있기 마련인데 이런 사실을 인식하지 못하고 또한 그러한 법칙을 알려고 하지 않기 때문에 象을 보지 못하는 것이다. 사람이 극도로 분노할 때 반드시 그 분노의 주체인 간기(肝氣)가 動하고 그것은 얼굴에 그 象을 드러낸다. 아무리 그 노기(怒氣)를 감추려고 해도 감출 수 없다. 총명한 사람의 눈은 속일 수가 없다. 象은 形 속에 내장된 장치물이라고 해도 좋다. 형과 상은 그래서 서로 불가분의 관계에 있는 것이다.

중국 송나라 때 도학자 정이(程頤, 1033~1107)는 『大易序』에서 다음과 같이 말했다.

"지극히 은미한 것은 이치이고, 지극히 드러난 것은 象이다. 体와 用이 한 근원이니 드러나고 은미한 것에 간격(틈)이 없다."4)

이 말은 '이치는 드러나지 않는 것이니 体에 해당하고 象은 이미 겉으로 드러난 것이니 用에 해당한다는 것'을 주장하는 것이다. 그러므로 이치와 그에 따른 象은 한 뿌리이고 한 몸인 것이다. 가령 木이라는 象이 있으면 그 이면에는 반드시 木의 이치가 있고 木의 이치가 있는 것은 반드시 木이라는 象으로 드러나게 되어 있다. 다만 木이라는 이치는 드러나 보이지 않을 뿐이다.

그런데 木이라는 象이 있으면 반드시 그에 부합하는 數가 있으니 하도에서 보여 주는 3·8木이 바로 그것이다. 3·8이라는 數가 바로 木의 象을 설명하고 있는 것이다. 이치는 속에 숨어 있고, 그 이치에 따라서 드러나는 것이 象인데 象 또한 범인의 눈으로는 간파하기 어렵다. 그러나 學人의 입장에서 그나마 쉽게 접근할 수 있는 것이 數가 된다는 말이다. 그러므로 우리가 학술적으로 추구할 것은 數이다. 그래서 『大易序』에 또 다음과 같이 적혀

---

4) 至微者理也, 至著者象也 體用一源 顯微無間.

있다.

"그 수를 극진히 함으로써 천하의 象을 定하는데 모두 이렇게 함으로써 性命의 이치를 따른다."5)

易을 파악하는 데 象, 數, 理의 관계가 지극히 중요함을 정이 선생은 이미 간파하고 있었던 것이다. 그러면 상, 수, 리의 실체가 무엇인지 연구해 볼 필요가 있다.

■ 理

理者具於中者也: 이치라는 것은 가운데 감춰져 있는 것이라는 말이다. 그 물건 됨의 이치는 그 물건의 핵심에 갖추어져 있으니 음양의 상이 나타나기 이전의 씨앗인 태극(太極)을 말한다. 즉 태극 속에 모든 이치가 갖추어져 있다는 말이다.

■ 象

象者具於外者也: 상이라는 것은 외부로 드러나 있는 것이니 태극에서 시작되어 음양으로, 사상으로, 팔괘로 상이 분열되어 보이는 것을 말한다.

■ 數

數者推象之度也: 수라는 것은 상을 추구할 수 있는 법도라는 말이다. 음양이나 사상 팔괘의 상은 곧바로 수로 변화되어 나타나는 것을 말한다.

하도의 수는 음양이 나열된 것이고 음양의 상은 태극이 분열하여 발현된 것이니 태극의 이치(理)가 음양의 象에 녹아 있고 그것은 또 數로 나타난다. 그러므로 하도에 나타난 수를 잘 관찰하면 천변만화가 10수를 넘지 않는다는 것을 알 수 있고 결국 상, 수, 리의 관계를 극명하게 표현한 것이 하도라는 것을 깨달아야 한다.

그런데 하도가 10수로 구성되어 있는 이면에 겉으로 드러나지 않은 한 가지 사실이 더 있다는 것을 간과해서는 안 된다. 그것은 하도의 중앙 5·10土보다 더 깊숙한 곳, 정중앙에 태극이 위치하고 있다는 사실이다. 말하자면 태극이 하도의 진정한 중심이며 상, 수, 리 중에 나타나지 않은 리(理)를 말하는 것이다. 태극은 수학의 0차원 점(·)으로 표현할 수 있다. 점은 위치만 존재하지 길이와 부피가 존재하지 않는다. 수에 음양, 사상, 팔괘를 기하학의 1차원의 선과 2차원의 면, 그리고 3차원의 입체에 배속할 수 있다면 태극은 0차원의 점에 배속할 수밖에 없다.

---

5) 極其數, 以定天下之象 皆所以, 順性命之理.

제2장 하도와 오행

1. 하도와 오행(五行)의 생성수(生成數)

앞에서 간략히 언급하였듯이 生數에서 成數로 넘어가기 위해서는 5라는 숫자가 있어야 한다. 만일 5가 없다면 生에서 成으로, 음에서 양으로, 양에서 음으로 변화하지 못한다. 이른바 5는 변화를 일으키는 아주 신묘한 수라고 할 수 있다.

그러면 5라는 수를 고찰해 보자.

5라는 수는 1양과 4음의 합, 또는 2음과 3양의 합으로도 만들어지는데 이것을 '음양합일수(陰陽合一數)'의 원리라고 한다. 즉 생수 1, 2, 3, 4 중에서 음수와 양수를 합하는 조합은 1＋4＝5, 2＋3＝5가 되는 경우와 1＋2＝3, 3＋4＝7이 되는 4가지이다. 전자는 모두 5라는 한 개의 數로 통일이 되는 반면 후자는 3이나 7이 되어 통일되어 나타나지 않는다. 따라서 2＋3이 5로 통일되어 나타나는 경우를 음양합일수의 원리라고 정의한다.

만물의 음양을 변화시키기 위해서는 그러므로 5라는 숫자가 음양을 내포하고 있어야 하는 것이다. 물론 3이라는 수도 1＋2로 음양을 내포하지 않는가!

그러나 1＋2도 음양을 내포하고 있지만 함량 미달이다. 더도 덜도 아닌 딱 적당한 양은 삼천양지(參天兩地)를 대표하는 2＋3이다. 5는 그러한 배경을 가진 중요한 숫자이다.

이제는 하도 안에 들어 있는 음양의 위수, 득수에 대하여 정밀하게 들어가 보자. 이제 5라는 숫자의 역할이 중요한 순간이다.

하도에는 1부터 10까지 10개의 수가 들어 있고 이것은 바로 만물을 구성하는 기본재료라고 할 수 있다. 또한 전술한 바와 같이 각 숫자의 배합은 두 개씩 묶어서 오행에 배속할 수 있으니, 즉 1·6水, 2·7火, 3·8木, 4·9金 및 5·10土가 바로 그들이다.

1) 1·6水

시작이나 출발은 항상 1이나 6부터이다. 즉 생수의 시작은 1이고 성수의 시작은 6이다.

1, 2, 3, 4, 5는 생수이고 6, 7, 8, 9, 10은 성수인데 생수가 5를 머금으면 바로 성수가 된다. 즉 성수 6은 생수 1이 중수 5를 머금은 상태이다. 나머지 수들도 마찬가지 논리이다.

형체가 없다고 해서 존재하는 물질이 없다고 생각하면 이것은 크나큰 오류를 범하는 것이다. 비록 형체가 없는 무형의 물질도 공간에서는 기(氣)라는 형태로 존재하는 것이다. 그렇다면 아무것도 없는 것처럼 보이는 무형의 공간에 있는 무형의 기(氣)를 유형의 형상으로 변화를 시키려면 어떤 조작이 필요할까? 바로 눈에 보이지 않는 기운을 한곳으로 모아야 한다. 한곳으로 모으기 위해서는 어떤 형태가 적합할까? 필자는 액체상태가 가장 적합하다고 생각한다. 기체는 어떨까? 가볍고 속도도 빠르지만 그에 비례해서 흩어지는 속성이 너무 강하다. 따라서 한곳으로 모여 형상으로 화(化)하기 위해서 좋은 것은 액체가 된다. 고체는 어떨까? 결합의 강도가 너무 단단하여 화(化)하기가 수월치 않다.

남녀의 육체적 결합에서 여자에게 전달되는 형태는 정액(精液)이라는 액상이다. 어떤 유형의 형태가 탄생하기 위한 첫 번째 물질은 바로 액상(水)이라는 것을 어렵지 않게 짐작할 수 있다. 비단 육체적 교접만이 아니다. 무엇인가 탐(貪)하는 마음이 생기면 입에 액상의 침이 고이고 슬픔이 일어나면 눈물이 고이며 부끄러운 마음이 들면 얼굴이 후끈 달아오르며 이마에 땀이 생기는 것! 이것이 바로 천일생수(天一生水)의 이치이다. 그리스 철학자 탈레스도 만물의 근원을 물로 보았고 더구나 현대의 천문학에서도 물이 있는 곳은 바로 생명체가 존재하는 것으로 간주한다.

이렇듯 '물'의 속성은 합쳐 모이는 것이라고 단정해도 된다. 작은 물방울들은 표면장력에 의해 서로 합쳐지려고 하는 속성을 지녔다. 이렇게 합쳐서 모이면 무거워진다. 무거워진 것은 아래로 흐르기 때문에 하도에서 물(水)이 위치하는 곳은 북방이면서 아래쪽이다. 수(水)에도 구별이 있다. 1은 생수이면서 양수(陽水)이고 6은 성수이면서 음수(陰水)이다. 1은 양수이므로 천수(天數)라 하고 6은 음수이므로 지수(地數)라 한다. 생수이면서 천수인 1은 맑은 수증기가 되어 하늘에 떠 있기 때문에 6수(地數) 위에 배치하였고 성수이면서 지수인 6은 바닷물이나 강물처럼 땅에 고여 있다가 흐르기 때문에 아래에 배치하였다.

이것을 인체에 비유하면 1은 뼈 속을 흐르는 정수(精髓)라고 할 수 있다. 정수의 대표적인 것은 뇌수(腦髓)인데 뇌수는 곧 뇌를 말한다. 뇌는 인체를 구성하는 중추신경계로서 인체에 필요한 각종 호르몬을 분비하고 또 전달한다. 하늘에서 비나 이슬이 내리지 않으면 만물이 삶을 영위할 수 없듯이 사람에게 뇌수가 부족하면 생명을 부지하기 어렵다. 뇌는 인체의 가장 상부에 있고 뇌를 감싸는 뇌수액(腦髓液)은 두개골 깊숙이 흐르고 있다. 골수액이 뼈 속을 통해서 흐르고 있듯이 하도에서 1은 6의 상부에 있으면서도 하도의 내부 깊은 곳에 자리 잡고 있다.

6은 인체가 섭취한 음식물에서 혈액을 만들고 소변을 통해서 배설하는 주로 외형적인 물질을 만들어 내는 작용을 말한다. 인체의 수분대사를 맡고 있는 신장과 방광이 육장육부 중에서 가장 아래쪽에 위치하듯이 6水도 하도의 가장 아래쪽, 또 바깥쪽에 배치되어 있다.

1·6水에서 1은 물의 내면을, 6은 물의 외면을 나타낸다. 1은 생수 중에서 양수이고 6은 성수 중에서 음수라고 했다. 생수는 내면의 모습이고 성수는 외부의 모습이다. 물의 내면에는 생수의 陽이 있고 물의 외면에는 성수의 陰이 있다. 물이 투명한 것은 1이라는 생수의 양이 내면에 있기 때문이고 물 표면이 검푸른 색을 띠는 것은 6이라는 성수의 음이 외부에 있기 때문이다. 양은 본래 밝은 속성을 가지고 있으므로 물의 내면을 투명하게 하고 음은 어둡고 차가운 속성이 있기 때문에 물의 외부가 검푸르게 보이고 또 차가운 감촉을 갖게 한다.

주역의 감괘(坎卦), ☵은 1·6水로 표현한다. 내면에 있는 1양은 1이고, 외부의 2음은 6이다.

2) 2·7火

<그림 4-1>(하도)에 북방에 1·6水가 있다. 좌선의 법칙에 따라서 시계방향으로 돌면 동쪽이 되는데 그러면 번호를 매기면 동쪽에 2·7火가 오는 것이 자연스레 보이는데 엉뚱하게도 2·7火는 1·6水의 반대편에 자리를 잡고 있다. 하도를 처음 접하는 사람에게 이것은 지극히 당혹스럽고 이해하기 어려운 것이다. 그 이유는 1과 2가 서로 상대적인 음양관계에 있기 때문에 정반대 방향에 배치한 것이다. 1은 양의 시작이면서 양의 대표수이고 2는 음의 시작이면서 음의 대표수라고 했었다. 서로 대표를 맡고 있기 때문에 대척점에 배치할 수밖에 없는 것이라고 이해하면 된다.

다시 한 번 강조하지만, 천수(天數)는 1, 3, 5, 7, 9이고 지수(地數)는 2, 4, 6, 8, 10이다. 천수의 첫걸음은 1에서 시작하고 지수의 첫걸음은 2에서 시작하는데 각각의 첫걸음은 정반대 방향에서 시작하여 시계방향으로 좌선하며 순환하는 것이다.

1·6이 水라면 반대방향에 있는 2·7은 당연히 火가 될 수밖에 없다. 불의 속성은 위로 타 올라가는 염상(炎上)이니 하도의 상부인 남쪽에 2·7을 배치한 것이다.

2와 7중에 2가 생화(生火)로 내면을 차지하고, 7은 성화(成火)로 외면에 위치한다. 1·6에서 처음 만들어진 유형의 모든 물질은 언젠가 필연으로 흩어지게 되어 있는데 그 흩어지는 자리가 2·7의 남방이다.

유형의 물질이 형성되면 이미 그 속에는 2로 분열하려는 기운이 내재한다. 1은 태극의 상징이다. 또 태극은 통일이라는 의미이다. 분열 팽창되는 기운을 수렴하여 통일하는 기운이 1이다. 그러나 통일하려는 1의 기운만 있고 분열이나 대립하는 기운이 없다면 그 물질에서 발전이나 진화는 기대할 수 없다. 1보다 2가 수량적으로 많은 것처럼 보이지만 실은 1이 갈라져서 1/2 조각이 둘로 된 것이므로 질적 성질은 오히려 감소한 것이다. 그러므로 양적으로는 2가 1보다 많은 듯 보이지만 질적으로는 더 가볍기 때문에 2가 하도의 상부(높은 곳)에 배치된 것이다. 물질의 형태 중에서 기체보다 가벼운 것은 없다. 기체는 물질이 유형의 껍질을 벗고 본래의 자리로 돌아간 상태이다. 사람이 죽어서 시신을 화장하고 또 유품조차 소각하는 것은 망자(亡者)의 혼령뿐 아니라 그 유혼이 깃든 유품까지 태워 기체화시킴으로써 본원의 자리로 돌리는 의식에 다름 아니다.

1·6水에서 1이 뇌를 흐르는 맑은 뇌수액으로 생명의 정기(精氣)를 만드는 작용이라면 2는 밝은 영혼, 즉 신명(神明)을 만드는 작용이다. 1·6수의 6은 외부로 드러나 성수(成數)로 되어 인체의 육장육부(六臟六腑)와 12경락(經絡)을 형성하고 또한 모든 물질의 기본적인 분자구조인 6각형을 이루는 것이라면, 7은 火의 성수(成數)로 하늘의 칠성(七星)을 이루고 얼굴의 칠규(七竅)를 통해 사람의 얼을 밝게 한다.

2는 생화(生火)로 불의 내면을 가리키고 7은 성화(成火)로 불의 외부를 가리킨다. 불 속은 음의 성질이 강하기 때문에 어두운 빛깔을 띠고 불의 겉면은 양의 성질이 강하기 때문에 뜨거우면서 밝은 것이다.

2火는 1년으로 볼 때 낮이 가장 긴 하지인데 이때가 되면 일음(一陰)이 처음 생겨나므로 땅 밖은 덥지만 땅속은 바로 그 일음의 작용으로 서늘해지고 또 낮이 밤보다 길어지기 시작하는 것이다. 반대로 1水는 1년으로 보면 밤이 가장 긴 동지인데 이때는 일양(一陽)이 시생(始生)하므로 땅 밖은 음으로 춥지만 땅속은 일양의 작용으로 따스해지고 짧은 밤보다 낮이 길어지기 시작하는 것이다. 이처럼 양의 전성기에서 음이 비로소 시작되고 음의 전성기에서 양이 꿈틀거리니 양중에 음이 있고 음중에 양이 있다고 말하는 것이다.

인체의 장기에 비유해 보자. 1은 신장이 되고 2는 심장이 된다. 심장이 신장보다 위에 있는 것은 하도에서 2가 1의 위에 있는 것과 같다. 신장은 수분대사를 관장하고 겨울의 속성처럼 겉으로 드러나지 않고 은밀히 일을 처리하는 반면, 심장은 불(열)을 관리하는데 여름의 속성을 닮아 요란한 소리를 내면서 일을 처리한다.

1은 겨울처럼 내실은 있지만 겉은 빈한(貧寒)하고, 2는 여름처럼 속은 허황(虛荒)하나 겉으로 드러나는 것은 화려하다. 1이 정(精)이면 2는 신(神)이다. 이렇게 반대의 성질을 가진

水火가 서로 대립하고 견제하며 순환하고 활동하는 것이 정신활동이다.

3) 3 · 8木

　1 · 6水와 2 · 7火가 상하 수직으로 직립한 것을 경도(經度)라고 한다면 3 · 8木과 4 · 9金이 水火의 수직선과 교차하여 수평을 이룬 것은 위도(緯度)라고 할 수 있다.

　水火가 부모라면 3 · 8木과 4 · 9金은 자녀라고 할 수 있다. 2 · 7火가 위에 있어 天이라면 1 · 6水는 아래에 있어서 地라고 할 수 있다. 또 하늘과 땅 사이에 있는 것이 사람(人)과 만물(物)이다. 한마디로 천지인물(天地人物)을 표현하고 있다고 말할 수 있다.

　하늘에는 도(道)가 있고 땅에는 덕(德) 있으며 사람에는 윤(倫)이 있고 만물에는 리(理)가 있다. 따라서 천지인물에는 천도, 지덕, 인륜, 물리가 있다고 말할 수 있다.

　숫자 3은 인(人)에 해당하니 인륜에 배속된다. 3은 태양이 떠오르는 동방이요, 4는 달이 뜨는 서방이다. 1水와 2火가 합하면 곧 천지가 합하는 것이 되는데 3은 이 천지의 교합에서 인간이 모습을 가지고 드러나는 것을 의미한다. 따라서 3木은 바로 인간을 가리킨다고 볼 수 있다.

　전술한 바와 같이 나무는 1이라는 씨앗이 땅에 묻혀 있다가 두 개의 떡잎으로 움트게 된다. 1이라는 씨앗은 그 안에 火를 단단히 갈무리한 채, 응축되고 통일된 기운인데 이 씨앗 안에 있던 2火가 활동을 개시하여 땅을 뚫고 나오면 뿌리(1)와 떡잎(2개)이라는 형태, 즉 3이라는 형태의 묘목으로 나타나 점차 나무(木)로 성장하는 것이다. 또 다른 표현을 빌자면, 1은 수직선(|)을 나타내고 2는 수평선(一)을 나타내는데 수직과 수평을 합한 十에 사람 인(人) 자를 합한 글자가 나무 목(木)이 된다.

　한밤중에 동쪽에서 태양이 솟아오르면 만물이 형체를 드러내듯이 땅속에 묻혀 있던 1양의 기운이 2음의 불기운을 얻어 땅 밖으로 그 모습을 드러내니 이것을 묘목에 비유하여 3 · 8木이라 하고 만물의 모습이 처음으로 그 형체를 보여 준다는 의미로 '봄'이라는 한글을 채택한 것이다.

　결론적으로 말하면 "1과 2는 각각 水氣와 火氣로 존재하여 그 형체가 보이지 않았지만 이들의 결합으로 인해 처음으로 유형의 형체가 생겨나게 되니 이것이 3 · 8木이 된다."라고 정리하면 된다.

　하늘을 향해서 쭉쭉 뻗는 나무의 성질은 그 내면에 3이라는 생수(生數)의 강력한 양기를 머금고 있기 때문이다. 그러나 나무의 표면이 단단하면서도 부드러운 촉감을 갖는 것은 성수(成數) 8이라는 음기가 외면에 있기 때문이다.

1水는 7火와 합하여 8木이 되고 2火 또한 6水와 합하여 8木을 이루는데 이것은 곧 생수(生水)와 성화(成火) 또는 生火와 成水가 조화하여 8木을 이룬다는 것을 말한다.

1년으로 치면 3 · 8木은 춘분에 해당되는데 이때는 밤낮의 길이가 같다. 봄 날씨가 겉으로는 겨울의 잔재로 쌀쌀한 것은 8이라는 음의 기운이 충만하기 때문이다. 그러나 그 속에서 따스한 기운이 느껴지는 것은 3이라는 강력한 양의 기운이 뿜어져 나오고 있기 때문이다.

3은 생수 1, 2, 3, 4, 5 중에서 한가운데 위치해 있고 8도 또한 성수 6, 7, 8, 9, 10 중에서 중앙에 위치하고 있다. 이렇게 중앙에 위치한 숫자는 중화(中和)의 기운을 가지고 있으므로 어느 쪽으로 치우침이 없이 낮과 밤의 길이가 같고 또 기후적으로도 너무 춥지도, 덥지도 않은 중화의 날씨를 가지게 되는 것이다.

인체의 장기와 연결해서 살펴보면 3은 쓸개(膽)에, 8은 간(肝)에 배속된다. 1 · 6水가 수분대사를 관장하고 2 · 7火가 불(인체의 열에너지)을 관리한다면 3 · 8木은 바람을 관리한다. 1 · 6水가 정(精)이라면 2 · 7火는 신(神)에 해당하고 3 · 8木은 혼(魂)에 해당한다. 간담(肝膽)은 안으로 3의 양기가 있어서 내부적으로 강력한 추진력을 가지고 있으며 8의 음기가 있어서 몸에 생기가 솟아나게 하면서 몸을 부드럽게 한다. 근육에 붙어 있는 힘줄(靭帶)처럼 간담은 인체에 탄력을 제공하는 작용을 하는 장기이다.

4) 4 · 9金

만물을 이루는 것 중에서 가장 단단한 것이 金이다. 금은 단단한 열매와 같다. 부드럽고 탄력 있는 3木과 달리 4金은 단단하기 그지없다. 4는 생수(生數) 중에서 마지막 숫자로 따라서 생수의 열매는 4가 된다고 비유할 수 있다. 성수(成數)의 열매가 9가 되는 것처럼.

동방은 태양의 기운이 솟아오르는 곳이고 반면, 서방은 태양의 기운이 가라앉는 곳이다. 북방이 뿌리(根)가 되고 동방은 묘목(苗木)이 되며 남방은 꽃이 된다면 서방은 열매가 된다.

하도에서 4 · 9金이 서방에 배속된 것은 가을의 수렴하는 기운을 머금고 있기 때문이다.

水火가 부모가 되고 木金이 자녀가 된다고 했었다. 木金을 나누면, 木은 동방의 솟아오르는 태양(日)으로 아들(子)에 배속되고 金은 달(月)을 상징하여 딸(女)에 배속된다. 陽의 기운이 하강하는 서방은 陰이 된다. 그러나 유형한 형상으로 보면 東方木은 한창 자라나는 어린아이의 상징이므로 음이 되고 서방금은 다 자라서 열매를 맺은 어른의 모습이므로 양이 된다. 그래서 서방을 남성에 배속하고 가을을 남성의 계절이라고 한다거나 또한 남편을 '서방'님이라고 부르는 것은 이 때문이다. 그러나 무형의 기운을 기준으로 서방을 표현하자면 가을 날씨는 서늘한 음기를 내포하고 있어서 사색의 계절이라고 하는 것이 적절한 표현이 된다.

이와 같이 무형, 유형에 따라서 음양이 달라질 수 있음에 유의해야 한다. 한자(漢字)로 四는 입 구(口) 안에 여덟 팔(八)이 들어 있다. 즉 3·8木의 기운 중에 8의 기운을 밀폐된 사각형 틀 안에 집어넣고 통제하고 있는 형상이다.

1년으로 보면 4·9金은 추분에 해당한다. 춘분은 내면에 3이라는 강력한 양의 기운을 내포하고 있고 외부로 8이라는 음기를 갖고 있었던 데 반해 추분은 내면에 4라는 음기를 내포하고 있고 외부로 9라는 양기를 가지고 있다.

춘분이 아침에 떠오르는 태양처럼 희망찬 꿈을 꾸는 것이라면 추분은 저녁에 지는 석양처럼 편안한 휴식을 연상하게 한다. 4·9는 둘 다 金이지만 4는 5가 내포되지 않은 생금(生金)이고 9는 그 안에 5를 포함하고 있는 성금(成金)이다. 5가 내포되어 있다는 것은 중심이 갖추어져 있다는 뜻이고 5가 없다는 것은 중심을 갖추어 가는 과정이라고 보면 된다. 金의 내면이 부드럽다는 것은 4음으로 표현되고 金의 외부가 단단하다는 것은 9양으로 표현된 것이다. 단단하지만 금속이 휘는 것은 4음이 있음으로다. 차라리 부러질지언정 끊어지기 어려운 강인함은 9양이 있음으로다.

9는 양수 중에서 가장 큰 수로 단단함을 상징하는데 그 단단한 이유가 무엇인가? 하도에서 9의 내면에는 생수 중 가장 음기가 강한 4가 있다. 음기가 강한 것은 안으로 응축하는 힘이 강하다. 그 응축하는 강한 힘에 저항하여 견뎌내기 위해서 표면은 단단하지 않을 수가 없는 것이다. 즉 4음이라는 강력한 음기의 외면으로 9양이라는 단단함으로 표출된 것이다. 호두 알맹이(4)가 부드러운 만큼 껍질(9)도 그에 비례해서 단단함으로 무장되어 있는 것이다.

8木은 그 출발이 3이라는 양에서 시작되기 때문에 강한 원심력이 발생하여 발산과 분열의 작용이 촉발된다. 그러나 9금은 4라는 음에서 출발하기 때문에 강한 구심력이 생기고 결국 응집력과 단단함이 도출되는 결과를 낳은 것이다. 예를 들어 가을 날씨가 한낮은 여름 태양의 잔재를 아직 떨쳐 내지 못하고 심한 복사열로 뜨거운 열기를 뿜어내지만 내면에 자라나는 4라는 음기 때문에 쌀쌀한 느낌이 드는 것이다.

인체의 장기에 배속하면 폐(肺)와 대장(大腸)이 되는데 간(木)의 실질(實質)은 아주 부드럽고 푸석거리는 반면 폐(金)는 겉이 매우 질기다. 정신적인 면에서 폐는 魄에 배속한다. 백(魄)은 정숙한 의식과 관련이 있는데 폐의 기능이 원활한 사람은 성격이 차분하고 흔들림이 없으며 판단력과 결단력이 뛰어나다. 오염되거나 혼탁한 공기를 마시게 되면 즉각적으로 정신이 혼미하게 되듯이 폐와 대장에 이상이 생기면 인체에 오염물질이 쌓이게 되어 맥이 떨어져 몸에 기운을 차리지 못한다.

5) 5·10土

하도의 중앙에 5·10土가 있다. 土는 단순한 흙을 가리키는 것이 아니라 흙과 같은 속성이나 기능을 가리킨다. 흙은 만물을 담고 있는 그릇과 같은 속성이다. 무형의 기를 담는 그릇을 하늘이라고 한다면 유형의 물질 혹은 생명체를 담는 그릇은 땅이라고 표현하는데 이때 땅을 土라고 말한다. 허공은 텅 비어 있는 것처럼 보이기 때문에 '빌 허(虛)' 자를 써서 허공이라고 부르지만 그러나 실제로 허공은 그 안에 무수히 많은 행성과 또한 수많은 물질과 생명체를 담고 있으니 그릇이라고 할 수 있다. 그래서 5土와 10土는 똑같은 土의 속성을 가지고 있지만 10이 5를 담고 있는 것이다.

10은 음으로서 텅 빈 허공이라면 5는 양으로서 그 안에 들어 있는 행성이라고 할 수 있다. 또 만일 10을 행성이라고 하면 5는 그 행성 속에 들어 있는 만물이라고 할 수도 있다. 즉 10을 그릇이라고 하면 5는 그 안에 들어 있는 내용물(실질)이란 말이다. 그릇은 고정된 것으로 정(靜)한 것으로 음에 속하고 따라서 10을 음토(陰土) 혹은 정토(靜土)라고 하는 반면, 그릇 안에 들어 있는 내용물은 항상 움직여 변화하므로 5는 양토(陽土) 혹은 동토(動土)라고 칭한다. 그래서 동토인 5를 생수에 더했을 때 성수로 변화하는 것이며 정토는 구변(九變)한 숫자를 10으로 화(化)하게 하여 새로운 출발을 하게 한다. 다시 풀어서 설명해 보면, 1부터 9까지 숫자는 한 자리 숫자이다. 그런데 9를 지나 10이 되면 이제 두 자리 숫자로 변한다. 이렇게 1부터 2, 3, 4, 5……9까지 숫자가 하나씩 올라가는 것을 변(變)이라고 하고 9에서 10으로 변해서 11, 12~ 이하의 숫자로 가는 것을 화(化)라고 한다. 정토인 10토는 9에서 10으로 가는 데 작용을 하는 수가 된다는 말이다. 즉 한 자리 수자가 두 자리로 넘어가는 데 결정적으로 작용하는 수가 10이라는 것이다. 이것에 대한 자세한 설명은 제4부, 천부경(天符經)에서 자세히 다룰 것이다.

5土는 1水와 4金의 결합 혹은 2火나 3木의 결합으로 생긴 것인데 이처럼 5는 생수(生數)의 음양을 합한 수이다. 金＋水 아니면 火＋木이 5인 데 반해 10은 水火木金을 전부 합한 수다. 즉 1水, 2火, 3木, 4金을 합하여 10이 되었다는 말이다. 다시 말해 5가 음양을 합한 숫자라면 10은 四象(水火木金)을 합한 수가 된다(5가 2＋3으로 음양을 합한 수라는 것은 위에서 언급하였다). 음양이 합해서 만들어진 수, 5는 만물을 생(生)에서 성(成)으로 연결시키는 가교 역할을 하기도 하고 홀수에서 짝수 혹은 짝수에서 홀수로 만드는 조화를 부린다. 반면 사상의 합수(合數) 10은 홀수는 홀수대로, 짝수는 짝수대로의 본래의 모습을 유지하게 해 준다. 예를 들어 임의의 홀수에 10을 더해도 홀수로 유지되고, 짝수에 10을 더해도 역시 짝수로 유지된다. 인체로 예를 들면 인체 내의 5장은 인체 내로 들어오는 음식물에 연결되어 작용을 하는 반면 인체에 있는 10규(十竅)(눈2, 귀2 코 2 입1 요도1 항문1 질1[6]))는 인체 외부에 있는 허공과 연결되어 작용하는 것이다(5장은 인체 내부에서 작용하고 10규는 인체 외부와 작용한다). 1년으로 보면 土는 4계절의 중심에 배치되어 있다. 봄과 여름 사이에 진토(辰土)라는 5土, 여름과 가을 사이에는 미토(未土)라는 10土, 가을과 겨울 사이에는 술토(戌土)라는 5土, 그리고 겨울과 봄 사이에는 축토(丑土)라는 5土가 존재한다(아래 <그림 1-1> 참조).

　네 개의 土가 사계절 사이에 배치된 것은 한 계절에서 다른 계절로 부드럽게 넘어가도록 매개체 역할을 하도록 함이다.

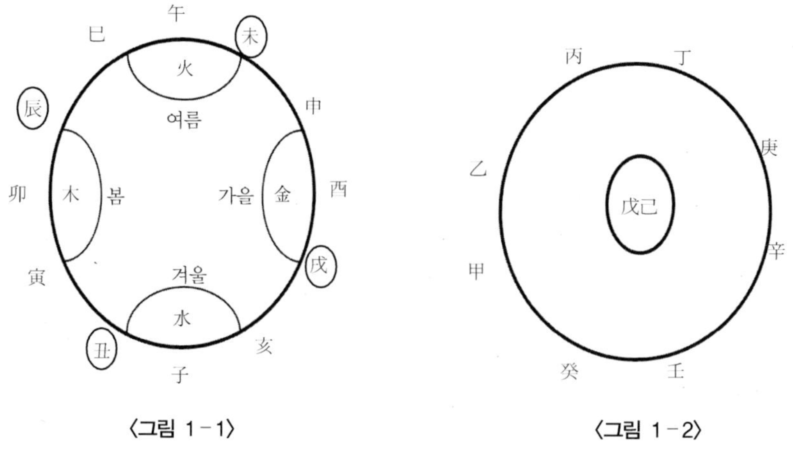

〈그림 1-1〉　　　〈그림 1-2〉

---

6) 인체에는 원래 9竅(9개의 구멍)가 있다고 하지만 여성의 경우 질이 있어서 도합 10竅가 된다.

천간(天干)에는 <그림 1-2>처럼 갑, 을, 병, 정, 무, 기, 경, 신, 임, 계 10개가 있는데 戊
己는 오행으로 土에 배속되어 중앙에 위치한다.

천간을 공간에 배치할 경우 戊己는 갑을병정경신임계의 8방 가운데서 상하 중심축 역할
을 하고 있다. 戊己는 인체의 장부로는 비위에 배속하는데 주로 사려(思慮)를 주관한다. 따
라서 생각이 많거나, 정신적으로 강한 스트레스를 받으면 가장 먼저 위장과 비장에 장애를
초래하며 얼굴이 야위게 되는데 얼굴로는 위경(胃經)이 지나가기 때문이다. 만병의 근원은
중앙 土, 즉 위경에서 시작된다고 볼 수 있다. 그러므로 비위의 섭생을 조절하는 것이 건강
을 위해서 무엇보다도 중요하다. 비위는 바로 5 · 10土와 긴밀한 관계를 가지고 있다.

2. 오행의 상생상극(相生相剋)

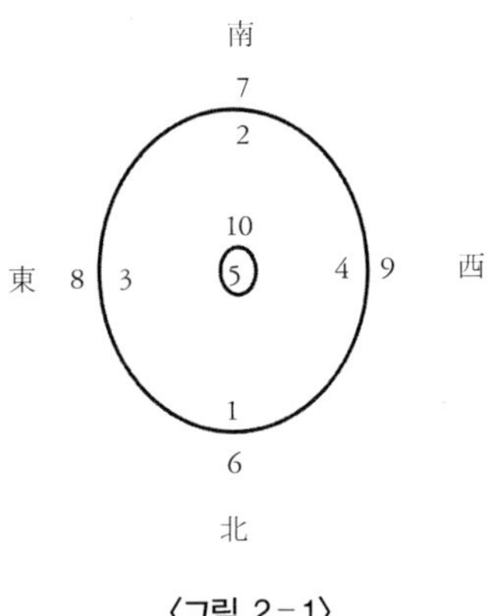

〈그림 2-1〉

■ 북방의 水는 1양에서 生하여 6음으로 成하므로 내면은 밝고 외부는 어두우며 또 위에
　있는 1에 근원을 두고 아래 있는 6으로 흐른다.
■ 남방의 火는 2음에서 生하여 7양에서 成하므로 내면은 어둡고 외부는 밝으며 아래에
　있는 2에 걸려서 위에 있는 7로 타오른다.
■ 동방의 木은 3양에서 生하여 8음으로 成하므로 내면은 강하고 외부는 부드러우며 밖
　에 있는 8로 성장하고 안에 있는 3에 심겨 있다.
■ 서방의 金은 4음에서 生하여 9양에서 成하므로 내면은 부드럽고 외면은 강하며 땅속
　4에서 불어나 땅 밖 9에서 개혁이 된다.
■ 중앙의 土는 5양에서 生하여 10음으로 成하므로 그 體는 강하고 그 用은 부드러우며

위에 있는 10으로서 하늘을 이어 받들면서 아래 있는 5에 자리(位)하게 된다.

위의 하도에서 보듯이, 이처럼 5행에는 음과 양의 이치가 들어 있음과 동시에 오행은 서로 상생하고 상극하는 관계를 형성한다.

오행에서 상생은 어느 한쪽이 다른 한쪽을 낳는다는 뜻인데 이것은 상대에게 에너지의 공급 작용을 한다는 의미다. 예를 들어 나무는 언젠가 불이 붙어 타게 되고, 타고 나면 재가 된다. 이 재(흙)가 오랫동안 머물면 압력에 의해 응결되니 암석(金)이 되고 이것은 다시 수기(水氣)를 응축시키므로 암석이 있는 곳에 물이 용출되어 나오게 된다.

이에 반해 상극(相剋)은 서로 간에 거스른다는 의미로 불에 물을 끼얹으면 불이 꺼지고 쇠로 나무를 키면 나무가 꺾이는 이치이다. 쇠에 불을 가하면 쇠가 용해되고 흙에 물을 끼얹으면 흙이 물을 흡수하며 또 나무를 땅에 심으면 흙의 영양을 취하여 위로 올라가는데 이것이 바로 상극의 이치에 대한 예증이 된다. 오행의 상생 상극관계를 그림으로 도식화하면 다음과 같다.

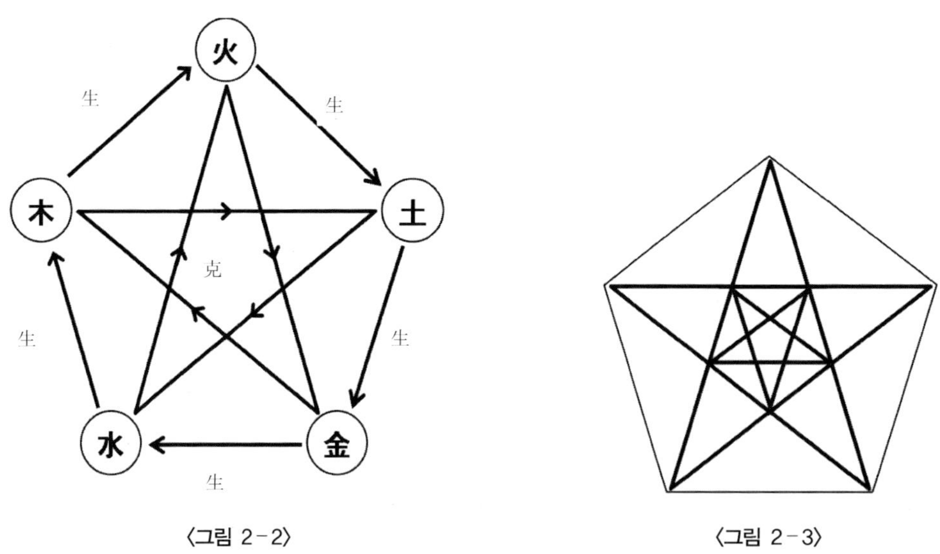

〈그림 2-2〉　　　　〈그림 2-3〉

<그림 2-3>에서 보듯이 오행의 구조는 한 개의 오각형 속에 또 하나의 오각형이 들어 있는데 이런 과정이 무한 반복되어 프랙털(fractal) 구조를 형성한다. 즉 오행의 상생 상극 관계는 무한히 큰 거시 세계로부터 무한히 작은 미시세계에 이르기까지 계속 반복되는

구조를 가지고 있다는 말이다. 인간을 비롯한 유기체 및 나무, 돌등의 무기체에 이르기까지 만물은 이런 식으로 그 안에 무한이 반복되는 오행관계를 내포하고 있다.

먼저 오행의 상생을 보자.

아래의 내용은 필자가 어느 날 오솔길을 산책하면서 떠오른 내용인데, 우연한 기회에 읽게 된 한의사 어윤형, 전창선 씨의 저서『오행은 뭘까』의 155쪽에서 168쪽의 내용과 완전히 똑같다는 것을 알고 깜짝 놀랐다. 오행의 상생상극 개념은 본서를 이해하는 데 필수적이므로『오행은 뭘까』에 나와 있는 내용을 저자의 허락 없이 다시 정리하였다.

① 오행 상생(五行 相生)

오행을 식물의 구성요소에 대응하여 설명해 보기로 한다.

■ 水는 땅속에 감춰져 있는 생의 근원인 뿌리가 된다.

■ 木은 상부를 향해 쭉쭉 뻗어 나가는 줄기가 된다.

■ 火는 얇게 펴지는 나뭇잎이 된다.

■ 土는 꽃이 된다.

■ 金은 단단하게 결실된 열매가 된다.

꽃이 피고 짐에 따라서 열매를 맺는 것은 꽃이 열매를 맺도록 중개 역할을 하는 것이므로 土에 배속하였다. 또 꽃은 풀에서 화(化)하여 나오기 때문에 풀초(艸) 변 아래 될 화(化)가 합쳐져서 꽃 화(花)가 된 것이다. 당연히 꽃(土)을 생하는 나뭇잎은 무성하게 펼쳐진 火의 속성을 닮았다.

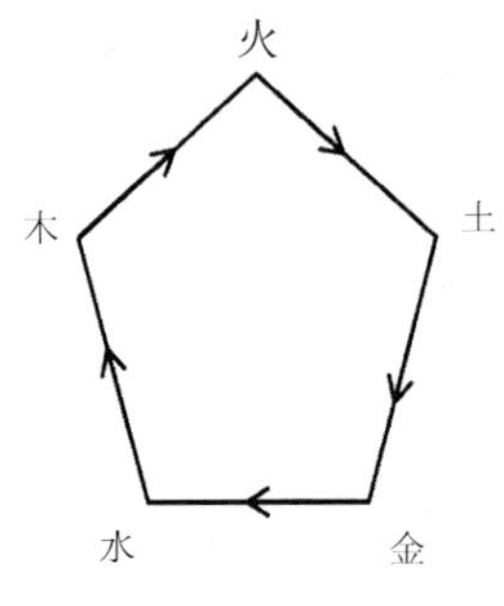

〈그림 2-4〉

이상에서 언급한 오행의 5가지 원소들의 상대적인 상생관계는 아래와 같다.

■ 水生木: 뿌리(水)에서 줄기(木)가 뻗어 나온다.

■ 木生火: 줄기는 그 끝에 무성한 나뭇잎을 달고 있다.

■ 火生土: 잎과 잎 사이에 꽃이 피면 암술과 수술이 음양의 조화를 이룬다.

■ 土生金: 음양 조화의 결실로 열매를 맺는다.

■ 金生水: 성숙한 열매는 다시 땅에 떨어져 새로운 생명의 씨앗(水)을 묻는다.

② 오행 상극(五行 相剋)

위에서 살펴본 상생과정을 자세히 보면 그 이면에 또 다른 작용이 펼쳐지고 있음을 알 수 있다. 바로 상극작용이다.

1. 水克火
2. 火克金
3. 金克木
4. 木克土
5. 土克水

이에 대한 구체적인 설명을 해 보기로 한다.

■ 金克木

사과는 줄기에 매달려 영양과 수분을 공급받는다. 그러나 공급 작용이 전부 끝나 늦가을이 되면 마치 탯줄을 자르듯이 줄기와 결별을 한다. 열매가 익어 간다는 것은 곧 줄기가 죽어 감을 의미한다. 열매가 여무는 것은 줄기를 죽이는 힘이다. 대부분의 일년생 초목은 열매가 익으면 줄기가 시들어 간다. 줄기는 물(생명의 근원, 水)이 상승(上昇, 木)하는 통로인데 새로운 생명인 열매가 성숙되어 감에 따라 자연적으로 자신은 죽어 간다. 쇠도끼로 나무를 찍듯이 열매는 줄기와 과감하게 결별을 한다. 이 관계가 金克木이다.

■ 火克金

나뭇잎이 열매를 억제한다. 잎사귀(火)가 무성하면 열매가 실하지 못하거나 극단적인 경우열매가 맺히지 못하는 경우도 벌어진다. 실한 열매를 얻으려면 잎을 쳐 내 주어야 한다. 초본식물은 목본식물에 비해 씨앗이 아주 잘다. 풀은 자신의 몸통에 비해 잎이 지나치게 크기 때문이다. 나무에도 잎이 많으면 열매가 부실하다. 잎은 여름철 뜨거운 화기를 이용하여 밖으로만 화려하게 번성한다. 그 결과, 겉은 화려하지만 속은 부실한 결과가 초래되어 열매가 영글지 않는다. 열대 과일이 단단하지 않고 푸석푸석한 이유가 그것이다. 마치 불이 쇠를 녹이듯 나뭇잎은 열매를 이긴다.

■ 水克火

잎사귀를 이기는 것이 있다. 바로 뿌리의 상태가 잎사귀의 번성을 좌우한다. 뿌리에서 물이 제대로 올라오지 못할 경우 제일 먼저 잎이 마른다. 겨울철이 되면 뿌리에서 잎으로 물을 올려 보내지 않는다. 따라서 잎이 전부 떨어져 버리는 것이다. 이처럼 뿌리가 나뭇잎을 억제하는 것이 水克火이다.

■ 土克水

비가 온 후에 땅을 뚫고 쭉쭉 뻗어 올라오는 죽순을 보라. 대나무가 자라 올라가는 모습은 다른 나무에서는 쉽게 볼 수 없는 특성이다. 그런데 대나무에도 꽃이 피는 것을 아는 사람이 그리 많지 않다. 안타깝게도 60년에 한 번 꽃을 피운 대나무는 바로 죽음을 맞이한다. 이 모습이 바로 土克水의 원리이다. 식물에서 꽃이 핀다는 사실은 식물의 다음 세대가 시작되는 것과 같다. 다음 세대가 시작되면 그 전 세대인 뿌리는 생명력을 잃고 시들어 간다. 뿌리를 한약재로 사용하는 경우 꽃이 피기 전에 채취하는 이유가 바로 약효를 유지하기 위함이며 꽃이 피고 나면 뿌리에 심이 박혀 약효가 떨어진다고 알려져 있다.

■ 木克土

줄기는 위로 뻗어 올라가려는 상향지기(上向之氣)가 강해서 木은 생명력의 표상이 된다. 대나무가 그 표상에 가장 걸맞은 모델이 된다. 그런데 이런 왕성한 줄기의 성장은 곧 개화를 방해하는 요인으로 작용한다. 줄기(木)의 성장이 꽃(土)을 이기기 때문이다. 이것이 바로 木克土의 원리이다.

지금까지 식물의 생리를 가지고 오행의 상생 상극 원리를 살펴보았는데 필자는 이런 법칙을 사람의 얼굴에 있는 7규에 똑같이 적용해 보았다. 여기서는 기존의 전통 한의학에서 주장하는 배속과 좀 다르게 되었음을 유의하기 바란다.

입은 식물의 뿌리에 해당한다. 생명활동에 필요한 영양분이 입을 통해 들어가기 때문이다. 식물의 뿌리는 영양을 흡수하는 입[口]이라고 할 수 있으니 식물의 뿌리나 인체의 입은 모두 水에 배속된다.

코를 통한 들숨, 날숨은 폐의 호흡작용(펌프작용)을 통하여 산소를 체내로 끌어들이고 이산화탄소를 체외로 배출한다. 그리고 산소는 입으로 들어온 유기물을 산화, 분해함으로써 인체에 필요한 에너지를 생산한다. 폐는 심장과 더불어 인체에 활력을 공급하는 주요 기관이다. 심폐기능이 강해야 인체에 활력이 넘치는 이유도 바로 여기에 있다. 폐의 말단에 코가 위치한다. 따라서 코는 폐의 통로로 호흡작용(펌프작용)이 주업(主業)인데 이것은 木에 배속된다.

눈썹은 눈의 외곽에서 눈을 보호하는 역할을 하며 마치 식물의 잎사귀처럼 작용한다. 따라서 火에 배속한다.

눈은 사람의 심성(心性)이 나타나는 곳으로 첫 대면에서 가장 먼저 쳐다보는 곳이다. 식물을 쳐다볼 때 꽃을 가장 먼저 쳐다보게 되는 것과 같은 이치이다. 따라서 식물의 꽃과 같으니 土에 배속된다.

귀는 얼굴에 속한 감각 기관 중 가장 후면에 위치하고 있다. 얼굴 전면에 입, 코, 눈썹, 눈이 있는 데 반해 귀는 조금 뒤로 물러나 모든 소리를 듣고 처리하여 뇌에 전달한다. 이를테면 귀는 정신적으로 성숙한 군자(君子)의 德을 가졌다. 따라서 정신적 성숙 및 결실을 관장하며 식물로 말하자면 열매에 해당하니 金에 배속한다.

이제 이런 논리를 바탕으로 사람의 얼굴에 있는 오행의 상생상극을 따져 보자.

- 水(입)生 木(코)
- 木(코)生 火(눈썹)
- 火(눈썹)生 土(눈)
- 土(눈)生 金(귀)
- 金(귀)生 水(입)

얼굴의 상생은 아래에서 위로 올라가서 후면의 귀로 가서 다시 아래의 입으로 내려오는 순서를 밟는다.

사상의학의 창시자 동무(東武) 이제마(李濟馬, 1838~1900) 선생도 얼굴의 사규(四竅, 네 구멍)를 이같이 배속시킨 바 있는데 그것을 정리하면 다음과 같다.

- ■ 입이 크지만 눈이 상대적으로 작은 사람은 水大土小, 즉 신대비소(腎大脾小)로 소음인 (少陰人)으로 규정하였다.
- ■ 반대로 눈은 크고 입이 상대적으로 작은 土大水小, 즉 비대신소(脾大腎小)의 사람을 소 양인(少陽人)으로 규정하였다.
- ■ 코가 크고 상대적으로 귀가 작은 사람은 木大金小, 즉 간대폐소(肝大肺小)의 태음인(太 陰人)으로 규정하였다.
- ■ 귀가 크고 상대적으로 코가 작은 사람은 金大木小, 즉 폐대간소(肺大肝小)의 태양인(太 陽人)으로 규정하였다.

체질의학의 창시자 이제마 선생은 오행 중에서 火를 빼고 나머지 木土金水의 大小(혹은 기능의 강약)에 따라서 사상체질을 구성하였다. 얼굴에서 입, 코 눈, 귀에는 구멍이 뚫려 있지만 유독 눈썹에는 구멍이 없다. 눈썹은 전술한 바와 같이 火에 배속하였고 식물로 보면 잎사귀에 해당하는데 눈썹과 식물의 잎사귀는 형태상 닮은 구석이 있다. 인체의 장기에서 火는 심장에 해당하는데 이제마는 사상체질 이론을 세우면서 심장을 배제하였다. 그 이유는 무엇일까?

심장은 인체의 군주라고 칭한다. 사실상 모든 것을 총괄하는 막중한 임무를 띠고 있는 장기이다. 다른 말로 하면 본체라고 표현할 수 있다. 몸에서 본체는 주인역할을 하는 것으로 명령을 내릴 뿐 사실상 그 명령이 하달되어 나머지 네 개의 장기가 작용을 하는 것이다. 그러므로 본체는 빼고 실제적인 작용을 나타내는 4장기만 취한 것이다.

일반적으로 사상의학을 오행의 이론을 따지 않는 별개의 학문으로 생각하는 사람들이 많으나 사상의학과 오행은 사실상 정확하게 일치하고 있다.

오행은 적용되지 않는 곳이 없는 우주의 보편적인 자연의 법칙이요, 만물은 그 법칙과 더불어 순환하고 있다. 그러므로 오행 상생의 도(道)가 있기 때문에 음양의 도가 잠시도 쉬지 않는 것이며 오행 상극이 있기 때문에 음양의 氣가 잠시도 끊이지 않는 것이다.

3. 하도와 생명 탄생의 비밀

하도에서 천수(天數, 陽數) 1, 3, 5, 7, 9를 전부 합하면 25가 되고 지수(地數, 陰數) 2, 4, 6, 8, 10을 합하면 30이 되며 천수와 지수를 합하면 도합 55가 된다. 여기서 지수의 합이 천수의 합보다 크다는 것을 알 수 있다.

여기서 天數의 합 25에서 사상수(四象數)인 4를 차례로 빼 나가고, 또 지수(地數)의 합 30에서도 4를 차례로 감해 나가면 생명 탄생의 발생순서가 된다.

표로 정리하면 아래와 같다(괄호 안의 수는 본수의 논리를 적용한 것이다).

하 도 수 55	양수　25 사상수-4 음수　30 사상수-4	25-4=21 (1) 30-4=26 (6)	21-4=17 (7) 26-4=22 (2)	17-4=13 (3) 22-4=18 (8)	13-4=9 (9) 18-4=14 (4)	9-4=5 (5) 14-4=10 (10)
	발생순서	水	火	木	金	土
		太易	太初	太始	太素	太極

서경(書經) 홍범구주(洪範九疇)의 제1조목 오행 편을 보면 "五行은 一曰水요, 二曰火요, 三曰木이요, 四曰金이요, 五曰土"라고 되어 있는데 이 발생순서는 위 표와 일치하고 있다.

모든 생명은 水에서 근원함을 알 수 있다.

위 표를 하도의 數와 연관시켜 다시 한 번 진행해 보자.

■ 水(1 · 6)

水는 익히 알다시피 무형무색(無形無色)의 혼돈 상태로 태역(太易)이라고 말한다. 태역은 유액무기(有液無氣)인데, 액체라는 형태를 띠지만 氣가 보이지 않는 상태를 말한다. 모태(母胎) 속에 태아가 만들어질 때도 임신 한 개월까지는 정액(精液), 즉 수액(水液)이 뒤엉킨 상태이다. 홍범구주의 오사(五事)에서 말하는 '一曰貌'도 태아가 수액의 형태로 모체 속에서 모양만을 이루고 있는 상태를 묘사한 말이다.

물은 만물을 적셔 윤택하게 하고 또 아래로 흘러내리는 속성이 있으므로 윤하(潤下)라고 칭하며 성질은 차다(寒). 인체에서는 수액 대사를 관장하는 하부의 신장(腎臟)에 속한다.

■ 火(2 · 7)

혼돈 속에서 일양(一陽)이 시생(始生)하면 우주의 始初가 된다. 氣가 처음 생겨나므로 태초(太初)라고 부른다. 이때는 유기무형(有氣無形)으로 氣만 있고 형태는 보이지 않는다. 임신 두 개월에 해당하는데 이때는 火의 기운으로 氣血이 비로소 흐르게 된다. 홍범구주의 五事 중에 '二曰言'이라고 했으니 모양이 생긴 후에는 불기운이 발양(發揚)되어 말[言]이 터지게 된다. 두 개월 태아가 실제로 말을 한다는 뜻이 아니라 태아의 언어 능력이 이때 만들어진다는 뜻으로 풀이하면 된다. 이런 능력은 火氣로 생긴 것이며 출산 시에 태아가 울면서 자궁에서 이탈되어 나오는 것은 태아 두 개월 때 생긴 화기의 발양이라는 말이다. 火는 그 속성이 위로 타오르니 염상(炎上)이라고 칭하며 성질은 뜨겁고 인체의 배 속에서는 상부의 심장(心臟)에 속한다.

■ 木(3 · 8)

처음으로 形이 생기며 만물이 배태(胚胎)되므로 태시(太始)라고 칭한다. 이때는 유형무질(有形無質)의 시기로 형상은 있지만 질(質, 내용물)이 없는 상태이다. 임신 세 개월에 木 기운으로 모발이 생기고 눈을 뜨게 되는 시기이다. 오사(五事) 중에 '三曰視'라고 했는데 바로 눈을 뜨고 보는 것을 말한다. 눈은 간(肝)에 배속되는 것도 이와 같은 이유이다.

태아가 모태 내에서 눈을 굴리며 두리번거리고 주변을 살피는 시기이다. 木은 굽혀지면서도 곧게 뻗어 나가기 때문에 곡직(曲直)이라고 칭하며 속성은 따뜻함(暖)이다.

■ 金(4 · 9)

비로소 질(質)이 생기는 시기로 태백(太白) 혹은 태소(太素)라고 불린다. 이때가 되면 유질무체(有質無體)로 質은 있지만 형체가 없는 상태이다. 임신 네 개월에 金의 기운을 받아 골격이 생기는 때를 말한다. 오사(五事) 중에 '四曰聽'이라고 한 것은 金 기운으로 거두어들여[收斂] 소리를 듣는 시기가 된다.

金은 단단하지만 외부의 충격이나 힘에 의해 모습을 바꾸므로 종혁(從革)이라고 칭하고 그 속성은 서늘함[涼]이다. 인체의 폐(肺)가 여기에 속한다.

■ 土(5 · 10)

형질(形質)이 갖추어져 물체의 모습이 완성되어 세상이 열리는 상태로 태극(太極)이라고 칭한다. 이때는 유질유체(有質有體)의 상태로 형상과 질을 다 갖춘 상태가 된다.

임신 다섯 개월에 土기운으로 피부가 생기면서 비교적 완전한 형체를 갖춘다. 오사(五事) 중에 '五曰思'라고 한 것은 마지막의 土기운으로 생각하는 작용이 생김을 의미한다. 土는 중앙에 해당하는 것으로 인체의 중추신경계로 여겨지는 뇌(腦)에서 생각과 의식이 생겨서 비로소 의식작용과 사고체계가 완성되는 시기가 된다.

土는 심고 거두는 작용을 한다고 하여 가색(稼穡)이라고 칭하며 그 속성은 습(濕)하고 인체에서는 비장(脾臟)에 배속된다.

위에서 살펴본 이와 같은 과정을 거쳐 태아가 눈을 뜨고, 귀가 뜨이며, 의식이 열리는 순차적인 과정이 진행되는 것이다.

제3장 하도와 장전(長田) 8괘

1. 하도(河圖) 8괘와 장전(長田) 역도설(易圖說)

고대 복희씨는 하도를 보고 그 법칙을 본받아서 8괘를 그렸다고 했다. 앞서 살펴본 바와 같이 그는 하도의 근간이 되는 10개의 수가 음양으로 구분되고 또 하도에 태극의 형상이 있음을 간파하였다. 하도의 10수가 음양을 갖는다는 것은 짝수, 홀수로 나눈 것이고 이것은 곧바로 양의(兩儀)와 연결된다. 양의를 더 구분하면 사상이 되고, 다시 더 분화하면 8괘가 된다. 이처럼 뿌리에서 줄기로, 줄기에서 가지로, 그 향하는 맥락이 분명하여 각각 계통과 소속이 있음을 알게 된 것이다.

하도를 괘상으로 그릴 때는 중앙數, 5와 10은 비워 놓는다. 왜 그럴까? 5는 생수 중의 마지막 수이고 10은 성수의 마지막 수가 되기 때문이다. 마지막에 위치한 수는 중궁(中宮)의 태극 位가 되어 작괘(作卦)할 때에는 사용하지 않는다. 그 이유를 보면 괘는 하나가 둘로 나누어지고, 둘이 넷으로 나누어지며, 다시 넷이 여덟으로 나누어지는 분생원리(分生原理)에서 생긴 것이기 때문이다. 하나가 둘로 갈라지는 곳에 1과 2가 나타나고(太極生兩儀) 2가 갈라지는 곳에 4가 나타나고(兩儀生四象) 다시 사상이 갈라져서 8괘가 나타나는 곳에서 8이 나타난다(四象生八卦). 최종적으로 나타난 8괘는 서로 착종하면서 64괘를 만들어낸다. 이때 8괘는 생성면(生成面)에서 위수(位數)와 득수(得數)를 가지게 된다.

이것에 대해서 자세히 고찰해 보자(1장 4절에 있는 하도의 位와 數에서 잠깐 다루었다).

■ 位數는 양의가 사상을 만들 때 그 차서에 따라 얻은 수로 태양(⚌)이 1이 되고 소음(⚍)이 2가 되고, 소양(⚎)이 3이 되고, 태음(⚏)이 4가 되는 것을 말한다.

■ 得數란 1, 2, 3, 4가 각각 중궁에 있는 5수를 얻어서 6, 7, 8, 9가 되는 것을 말하는 것이다. 양은 앞으로 나아가고 음은 뒤로 물러나며, 양은 홀수가 되고 음은 짝수가 되는 원칙에 따라 태양은 9, 소음은 8, 소양은 7, 태음은 6이라고 명명하였다.

이제 이것을 가지고 사상에 8괘를 배속할 수 있게 된다.

중국 남송 때 오인걸(吳仁杰)이 지은 『역도설(易圖說)』[7]에 후대의 주자(朱子)가 주석(註釋)을 달았으니 아래 그림이 그것이다.

---

7) 역도설(易圖說): 중국 南宋때 오인걸(吳仁杰)이 지은 책. 송사(宋史) 예문지(藝文誌)에는 고주역(古周易) 12권, 역도설 3권, 집고역(集古易) 1권이 기재되어 있다. 역도설은 고주역을 보충하기 위해서 지은 책이다.

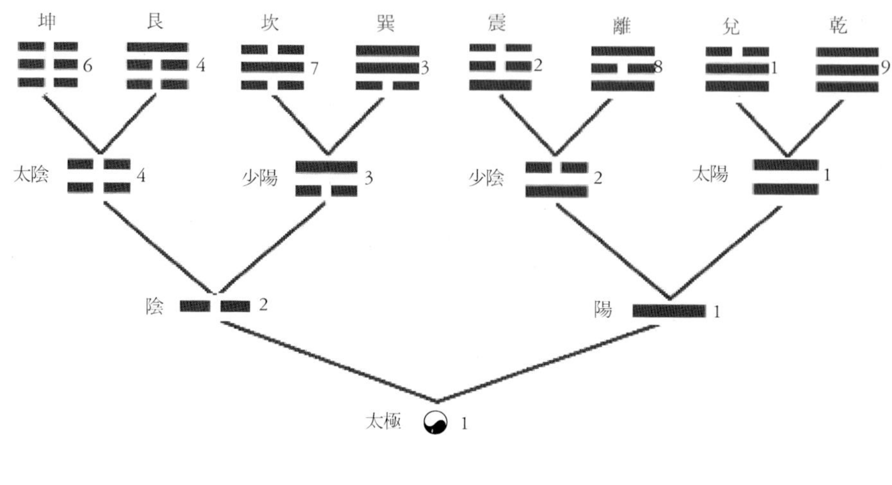

〈그림 1-1〉

위 그림은 사상과 8괘의 관계를 명시하고 있다. 즉 乾兌는 태양에, 離震은 소음에 巽坎은 소양에, 그리고 艮坤은 태음에 속한다. 이는 8괘의 연원이 사상으로부터 분기되어 나왔기 때문에 나타난 당연한 귀결이다. 또 乾9, 離8, 坎7, 坤6은 得數가 되고, 兌1, 震2, 巽3, 艮4는 位數가 된다.

이상을 다시 정리하면 다음과 같다.

1, 2, 3, 4는 位數에, 6, 7, 8, 9는 得數에 사용되는데, 단 5는 득수에 사용되고 10은 여기서 사용하지 않는다. 10을 사용하지 않고 배제한 것, 이것이 이른바 오인걸의 『역도설』에 근거한 朱子의 '석합보공설(析合補空說)'[8]이다.

---

8) 석합보공설(析合補空說): 析合은 사상득수를 쪼개서 정방위에 배열한 것이고 補空은 간방(間方)에 배열한 것이다.
　　朱子는 자신의 저서 『易學啓蒙』에서 석합보공설에 대한 주석을 달았다. 퇴계 이황(李滉)도 자신의 저서 『啓蒙傳疑』에서 석합보공설에 대해 언급하였는데 주자와 호옥제가 주장한 것을 함께 인용하고 있다.

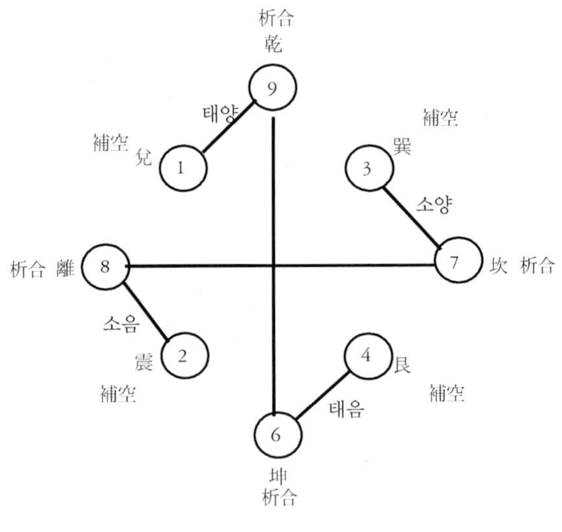

〈그림 1-2〉

朱子는 하도로부터 8괘가 나온 이치를 위의 그림과 같이 사상별로 나누어서 설명하였다.

■ 태양의 位는 1에 있고 태양의 수는 9인데 乾은 그 數를 얻은 반면 兌는 그 位를 얻었다(태양위수는 1, 태양득수는 9).

■ 소음의 位는 2에 있고 소음의 수는 8인데 離는 그 수를 얻은 반면 震은 그 位를 얻었다(소음위수 2, 소음득수 8).

■ 소양의 位는 3에 있고 소양의 수는 7인데 坎은 그 수를 얻은 반면 巽은 그 位를 얻었다(소양위수 3, 소양득수 7).

■ 태음의 位는 4에 있고 태음의 수는 6인데 坤은 그 수를 얻은 반면 艮은 그 位를 얻었다(태음위수 4, 태음득수 6).

乾坤坎離 4괘는 사정괘(四正卦)가 되어 성수 6, 7, 8, 9에 배정되고, 兌震巽艮 4괘는 사우괘(四隅卦)가 되어 생수 1, 2, 3, 4에 배정되었다.

위 <그림 1-1>의 특징은 오직 한 가지밖에 없다. 즉 득수의 순서는 왼편에서 오른편으로 6, 7, 8, 9 순이고 위수의 순서는 오른편에서 왼편으로 1, 2, 3, 4 순이다. 즉 朱子는 사정에 있는 사상합수(四象合數)를 분석하여 사우(四隅)의 공간에 보충하여 괘를 배열하였다.

다시 말하면 팔괘 생성 위치로 볼 때 건남, 곤북, 리동, 감서는 사정위에 위치시키고 태동남, 진동북, 손서남, 간서북은 각각 사우에 위치시켰다.

결론적으로 말하자면 주자는 팔괘를 위수(位數, 생수)와 득수(得數, 성수)로 구분하여 조정했고 <그림 1-2>에서 보듯 1·9, 2·8, 3·7, 4·6의 기우분상(奇偶分象)으로 구분하여 철저하게 사상으로 분류하였다. 어떤 원리에 입각했다기보다는 기계적인 배치에 불과하다.

이에 반해 호옥제(胡玉齊)9)는 4·9, 3·8, 2·7, 1·6의 생성양상(生成兩象)으로 하도 數에 입각하여 괘를 분포시켰다. 아래 <그림 1-3>을 참조하라.

호씨(胡氏)는 득수 6, 7, 8, 9를 사정위에 두고 위수 1, 2, 3, 4를 사우위에 두는 방식으로 하도의 수를 이용하여 팔방으로 나열하여 괘를 배속하였다.

구체적으로 설명하면 다음과 같다.

■ 2·7의 합을 쪼개어 7은 정남에서 乾卦를 이루고 2는 동남에서 兌卦가 된다.

■ 3·8의 합을 쪼개어 8은 정동에서 離卦를 이루고 3은 동북에서 震卦가 된다.

■ 4·9의 합을 쪼개어 9는 정서에서 坎卦를 이루고 4는 서남에서 巽괘가 된다.

■ 1·6의 합을 쪼개어 6은 정북에서 坤卦를 이루고 1은 서북에서 艮卦가 된다.

이렇게 8괘 위수(位數)의 배열을 하도 생성 수에 맞춘 것이 호옥제의 주장이다.

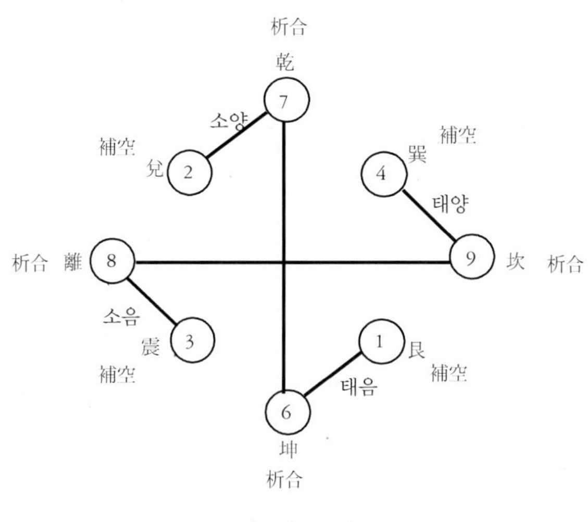

〈그림 1-3〉

---

9) 胡方平: 宋代의 학자로 字는 사로(師魯)이고 號가 옥제(玉齊)이다. 朱子의 가법(家法)을 따르며 주역의 뜻을 심혈을 기울여 연구한 사람으로 그 결과 『易學啓蒙通釋』이라는 책을 남겼다. 주자의 『易學啓蒙』에서 인용하는 호씨(胡氏)의 말은 모두 이 책에 실려 있는 것이다.

그러나 8괘의 득수, 위수에 근거한『역도설(易圖說)』방식은 자연의 이치를 따라 나온 것이므로 절대로 바꿔서는 안 된다고 주장하여 많은 학자들이 <그림 1-3>의 호씨설에 대하여 부정적인 입장을 취하여 왔고 따라서 현재까지도 주자설이 긍정적으로 받아들여 지고 있는 실정이다. 더구나 주자의 학설에 반기를 드는 것은 불경죄에 해당한다는 학문적 풍토도 한몫을 했다고 할 수 있다.

그런데 <그림 1-2>의 朱子說을 보면 사상의 구별이 뚜렷하고 乾9와 坤6이 서로 마주하여 15수가 되어 중화를 이루고 있다. 또 離8과 坎7이 마주 보며 역시 15수가 되어 중화를 이루고 있다. 그런데 兌1과 艮4는 서로 마주 보지만 그러나 이번에는 5수가 되어 중화를 이루며 震2와 巽3도 마주 하며 역시 5수가 되어 중화를 이루고 있다. 그나마 상당히 합리적으로 보인다.

그러나 이에 반해 胡氏설은 乾7과 坤6이 마주하여 13수, 離8과 坎9는 17수, 兌2와 艮1이 3수, 震3과 巽4가 7수가 되어 중화를 이루지 못하고 있으므로 논리에 허점이 많다.

따라서 2가지 주장 중에서 朱子의 주장이 호옥제의 그것보다 훨씬 논리적이고 객관적이며 자연의 이치에 부합된다고 평가할 수 있다. 다만 팔괘를 구성함에 있어 주자는 5수를 사용하여 득수와 위수를 구별한 후 이에 따라 8괘를 배정하였는데 10은 사용하지 않았다. 이것이 주자의 괘불용십(卦不用十)설이다.

그럼 여기서 좀 더 구체적으로 朱子說을 살펴보자.

朱子는 사상을 4가지 위수(位數)에 배당하여 1(태양위수), 2(소음위수), 3(소양위수), 4(태음위수)라고 하였다. 그리고 여기에 5라는 중수를 더하여 6, 7, 8, 9를 도출하고 각각 태음득수(6), 소양득수(7), 소음득수(8), 태음득수(6)라고 명명하였다. 이것을 그림으로 표시하면 아래와 같다.

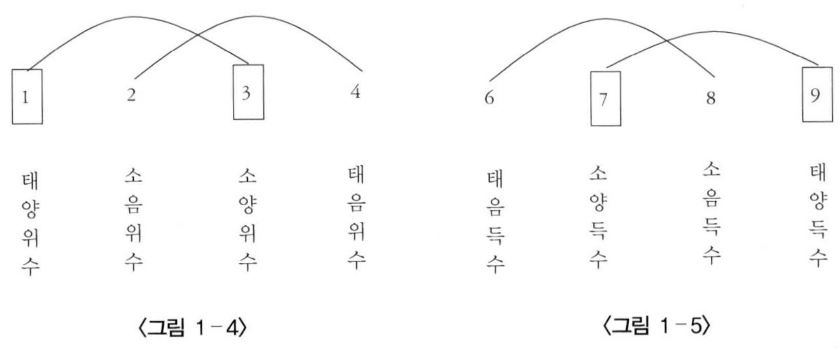

〈그림 1-4〉　　　　　　〈그림 1-5〉

<그림 1-4>에서 소음위수는 두 陽數, 1과 3 사이에 끼어 있는 2가 된다. 소양위수는 두 陰數, 2와 4 사이에 끼어 있는 3이 된다.

<그림 1-5>에서 소양득수는 6과 8 사이에 끼어 있는 陽數, 7이 된다. 소음득수는 7과 9 사이에 끼어 있는 陰數, 8이 된다.

이상으로 볼 때 위수와 득수는 사상수의 나열에 지나지 않는다. 즉 주자는 위수에 5를 더하여 득수를 만들고 그 득수들은 四正方에 그리고 위수들은 四隅方에 배열한 다음 1·9태양, 2·8소음, 3·7소양, 4·6태음으로 짝을 지은 후 기계적으로 8괘를 배속한 것이다.

이러한 배속에 문제가 없을까? 주자라는 대학자가 배치한 것이니 묵묵히 따르는 수밖에 없는 것인가? 주자의 논리는 사상을 부풀린 다음 팔괘를 기계적으로 배치한 것에 지나지 않기 때문에 원리에 입각한 배치라고 평가할 수 없다는 것이 필자의 견해다.

더구나 네 개의 위수(1, 2, 3, 4)에 중수 5를 더해서 도출된 득수(6, 7, 8, 9)를 <그림 1-2>와 같이 배치한 것은 음양이라는 2차원 범주를 벗어나지 못하고 있는 것인 데 반해 8괘는 이미 3차원체계를 의미하고 있으니 적용이 잘못되어도 한참 잘못된 것이다. 2차원의 개념을 3차원에 아무런 이유도 없이 적용한 우(愚)를 범한 것이다. 당시의 수학이 현대와 같이 발전하지 못한 상황이었으니 덮어 놓고 주자를 탓할 수는 없는 노릇이지만 현대 수학적 시각으로 보면 논리적 오류가 확연하다.

결론적으로 말하면 하도의 수 1, 2, 3, 4에다 5수를 덧붙여 6, 7, 8, 9를 생성하였지만 결국 10을 사용하지 않았기 때문에(十不用說) 나타난 필연적 논리의 오류이다. 따라서 필자는 이제 『역도설』에 나타난 태극, 음양, 사상, 8괘를 도입하고 이것을 다시 차원과 결합하여 다음과 같은 가설을 제시하여 논리를 전개하려고 한다.

태극은 0차원, 음양은 선으로 나타나는 1차원, 四象은 면(面)으로 나타나는 2차원, 그리고 8괘는 입체로 나타나는 3차원이다. 1차원과 2차원, 2차원과 3차원은 시공간상에서 엄청난 차이가 있다. 점(●)이 모여서 선(線)을 형성한 것이 1차원으로 선에는 직선과 곡선 두 종류가 있으니 이것이 곧 음양이다. 선을 정의할 때 두 점(●) 사이를 잇는 것이라고 말할 수도 있다. 또 선의 집합이 면을 구성한다. 또 면은 데카르트 좌표에 있는 것처럼 네 개의 구역으로 나뉘는데(1, 2, 3, 4상한) 이것이 곧 四象이다. 사상은 음양(-- −)이라는 베이스(base)의 제2선에 다시 음양(-- −)이 쌓여 이미 전술한 바와 같이 태양(⚌), 소음(⚍), 소양(⚎), 태음(⚏)이라는 네 종류가 도출된 것이다.

다시 말해 태양은 양이 상하로 두 개 쌓여 ⚌이 되고 태음은 음이 상하로 쌓여 ⚏이 되며 소음은 양 위에 음이 쌓여 **☰☰**이 되고 소양은 음 위에 양이 쌓여 **☰☰**으로 표시한다. 음양을 숫자에 배속하면 양은 1이 되고 음은 2가 된다.

여기서 약속을 하나 하자. 즉 양은 1이므로 1을 점(●) 한 개로 표시하고 음은 2이므로 점 두 개(●●)로 표시하자. 이런 논리를 가지고 사상을 점(●)으로 표현해 보자.

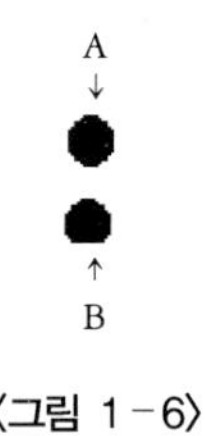

〈그림 1-6〉

■ <그림 1-6>처럼 태양(☰)은 상하로 양이 중첩되어 있으니 : 로 표시할 수 있다.

■ 태음(☷)은 상하로 음이 중첩되어 있으니 :: 로 표시할 수 있다.

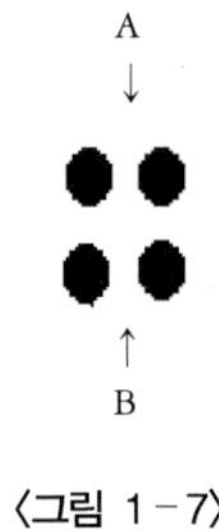

〈그림 1-7〉

그러면 소양(☲)과 소음(☵)은 어떻게 표시할까?

■ 소양은 ☲이니 ∴이고,

■ 소음은 ☵이니 ∵으로 표시된다.

이제 우리가 태양(:)의 괘상을 위아래서 쳐다본다고 가정해 보자.

A에서 쳐다봐도, B에서 쳐다봐도 둥근 점(●) 하나만 보일 뿐이다. 이제 두 점을 서로 연결하면 원(圓形)의 모습(❂)을 만든다. 결론부터 말하자면 원은 어느 방향에서 쳐다보든지 점(●) 하나로 보일 뿐이다.

이번에는 태음(∷)의 괘상을 보자. A에서 쳐다봐도, B에서 쳐다봐도 점 두 개의 모습
(●●)이 보일 것이다. 4점을 전부 선으로 연결하면 사각형(❁)이 될 것이다. 이 사각형은
어느 방향에서 보더라도 점 두 개(●●)로 보일 뿐이다.

이번에는 소음(☳)을 살펴보자.

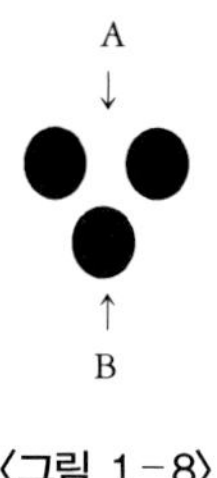

〈그림 1-8〉

그림에서 보듯이 아래에 점 하나가 있고 그 위에 점 두 개 있어서 선으로 연결하면 역
삼각형(❦) 모습이다.

이번에는 소양(☲)을 보자.

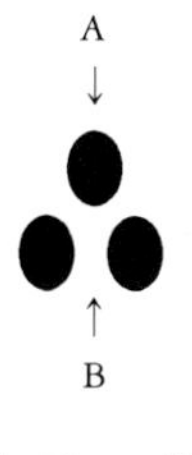

〈그림 1-9〉

소양은 소음과 반대로 아래 점 두 개가 있고 그 위에 점 하나가 있어서 선으로 연결하
면 정삼각형(♣) 모습을 이룬다.

이상에서 살펴본 그림은 사상의 모습을 2차원 면적으로 표현한 것이다. 그런데 우연인
지 필연인지 몰라도 사상의 형상이 원(圓), 방(方), 각(角)의 형태를 띠고 있음을 볼 수 있
다. 주지하다시피, 이 원방각(圓方角)은 동양 사상의 주류를 형성하는 천지인(天地人) 三才

사상과 맞아떨어진다. 이것을 이제부터 天圓, 地方, 人角이라고 부르기로 하자. 사상이 원방각으로 되어 있고 삼재 역시 원방각으로 되어 있으니 우리는 여기서 모종의 연결성을 가진 논리가 도출될 수 있음을 추론할 수 있다. 다만 사상의 4가지 형태 중에 각(角)은 정삼각형과 역삼각형의 두 가지 차이만 있을 뿐 원방각이라는 범주를 넘어가지는 않는다는 것만 유의하면 된다.

결론적으로 다음과 같이 정리할 수 있다.
- 태양(⚌)은 천원(天圓)으로 하늘을 상징하고,
- 태음(⚏)은 지방(地方)으로 땅을 상징하고,
- 소양(⚎)은 인각(人角)으로 천지간에 존재하는 사람을 상징하고,
- 소음(⚍)은 물각(物角)으로 사람을 제외한, 기타 천지간에 존재하는 만물을 상징한다.

태양은 둥근 원으로 상징되는 하늘을 가리키고, 태음은 모가 난 사각형으로 땅을 가리키며 소양은 정삼각형으로 사람을 가리키는데, 참고로 정삼각형의 위 꼭짓점 하나는 인간의 머리를 상징하고 아래에 두 꼭짓점은 두 발을 가리킨다. 이것이 의미하는 바는 인간이란 머리가 뿌리가 되어 하늘의 기운을 받아들이고 아래에 있는 손과 발은 가지가 되어 땅을 향해 꽃(생식기)을 피우며 살아가는 존재라는 것이다.

마지막으로 소음은 역삼각형으로 인간을 제외한 기타 만물을 지칭하는데 역삼각형의 아래의 꼭짓점 하나는 뿌리가 되고 위의 두 꼭짓점은 만물의 가지가 된다. 天에는 하늘을 지배하는 규율이 있으니 이를 천도(天道)라고 한다. 땅에도 같은 원리가 있으니 이것을 지덕(地德)이라고 일컬으며 천지 사이의 영장인 인간에게는 인륜(人倫)이란 법도가 있고 인간을 제외한 또 다른 존재인 물질에도 이치가 있으니 물리(物理)라고 칭한다. 이와 같이 사상은 2차원 도형으로 나타나는 사상이다.

이제 한 걸음 더 나아가 3차원 입체를 통해 8괘를 알아보자.

그럼 하도에서 어떻게 입체가 형성되며 8괘가 도출되는지 살펴볼 차례이다.

1, 2, 3, 4는 생수이면서 사상수이다. 사상수는 가로축과 세로축을 만들며 음양이 중첩되어 생긴 면적(面積)이라는 2차원의 세계라고 했다. 그런데 8괘는 어떤가! 가로축과 세로축에 높이가 더해져 만들어진 3차원 세계이다. 하도에서 중앙에 있는 5, 10이라는 中數는 다름 아닌 높이를 말하고 있다. 하도의 내부에 있는 생수 1, 2, 3, 4가 가로 세로를 형성하

여 만드는 2차원 면적의 세계라면 중앙의 5, 10은 높이를 표시하여 입체의 세계가 된다는 말이다.

좀 더 세밀하게 들어가 보자. 하도를 상상하면서 전개해 보자.

1, 2, 3, 4 중에 1과 3은 양수이고 2와 4는 음수이다. 또 中數에 있는 5와 10 중에서 5는 양수이고 10은 음수이다. 따라서 1, 3, 5는 양수이고 2, 4, 10은 음수가 된다(6, 7, 8, 9라는 성수는 사용하지 않고 생수 1, 2, 3, 4와 5, 10만을 사용하자는 말이다).

그럼, 이제 1, 3, 5라는 양수와 2, 4, 10이라는 음수를 가지고 입체를 만들어 보자. 우리가 입체를 만들 때 대표적으로 사용하는 정육면체(주사위)를 사용하면 이해하기가 아주 편리하다. 주사위에 숫자를 배치해 보자는 말이다. 주사위를 이루는 정육면체는 가로, 세로, 높이의 세 축이 만나서 8개의 꼭짓점이 생기는데 이것을 8괘에 배속시켜 보려는 작업이다. 입체로 이루어진 3차원을 8괘에 배속시키는 것이 가장 합리적이고 논리에 맞다. 이 작업은 다음 장에서 다룰 것이다. 여기서는 지금까지 논의한 주자의 析合補空圖와 괘불용 십설(卦不用十說)을 필자가 제시한 논리에 따라 재구성해 보려고 하는 것이다. 필자가 재구성한 역도설을 편의상 장전(長田) 역도설(易圖說)이라고 부르기로 하자.

● 장전(長田) 역도설(易圖說)

필자는 하도를 보고 하도의 중앙에 보이지 않는 중심(태극)이 있을 것이며 이 태극의 중심을 지나는 축이 있다고 상정하였다. 그리고 중앙의 5와 10은 현상계에 처음 드러나는 음양이라고 규정하고 하도의 내면에 있는 생수 1, 2, 3, 4와 외부에 있는 성수 6, 7, 8, 9는 사상으로 드러난 것이라고 판단하였다. 따라서 태극은 0차원의 점(·)이 되고 5와 10은 1차원의 선(線)이 되며 1, 2, 3, 4와 6, 7, 8, 9의 사상은 2차원의 면적이 된다. 이것을 그림으로 도해하면 아래와 같다.

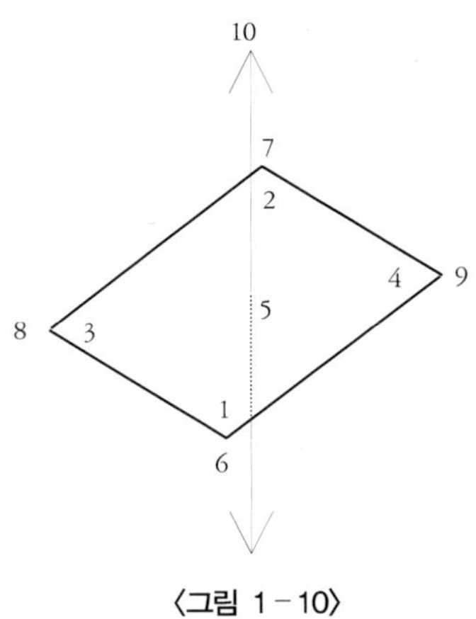

〈그림 1－10〉

<그림 1－10>에서 생수(1, 2, 3, 4)와 성수(6, 7, 8, 9)는 사각형의 면적을 이루는 구성요소이며 이것이 곧 사상이다.

이제 사상(사각형)을 관통하는 또 하나의 차원을 수직으로 세우면 이제 2차원에서 차원이 하나 추가된 3차원의 입체가 만들어지는 것이다. 사상이라는 면적을 바탕으로 또 하나의 수직축을 세우고 여기에 5, 10이라는 음양을 대입하면 드디어 3차원이 되고 여기에 8괘를 배속할 수 있게 된다.

이상을 바탕으로 하도의 구조를 다시 살펴보자.

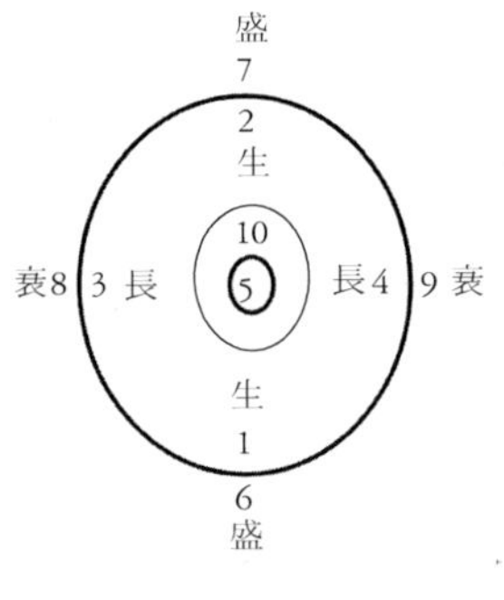

〈그림 1－11〉

〈표 1－1〉

	生	長	盛	衰
陽數	1	3	7	9
陰數	2	4	6	8

5	變
10	化

■ 하도 10수 중 양수는 中5수를 중심으로 1, 3, 7, 9의 순서대로 生長盛衰의 左旋운동을 하고 음수는 中10수를 중심으로 2, 4, 6, 8의 순서대로 역시 생장성쇠의 좌선운동을

한다. 그림에서 보듯이 생수 1, 2, 3, 4, 5는 내부에 있고 성수 6, 7, 8, 9, 10이 외부에 있다.

■ 하도는 본래 3층 구조로 되어 있다. 즉 내부의 생수(1, 2, 3, 4)가 위치한 층, 외부의 성수(6, 7, 8, 9)가 위치한 층, 그리고 수직축이 만드는 5, 10으로 구성된 층이다.

■ 수직축을 이루는 5, 10은 생수(1, 2, 3, 4)와 결합하여 3차원을 형성하니 곧 8괘를 만들어 낸다.

■ 그럼 성수(6, 7, 8, 9)와 5, 10의 수직축이 만드는 3차원은 사용할 수 없는가! 물론 사용 가능하다. 그러나 성수는 생수를 통하여 하도의 외부에 만들어진 수이므로 사용하지 않기로 한다. 굳이 근본을 따지자면 생수는 하도의 내부에서 성수의 바탕수가 되므로 생수를 대표로 사용하자는 것이다. 한 가지 더 이유를 붙이자면 생수는 生長의 뜻이 있어 物을 만들어 가는 과정이고 성수는 盛衰의 뜻으로 物이 소멸되어 가는 과정이므로 성수(6, 7, 8, 9)는 사용하지 않기로 한 것이다.

■ 그러면 이제 하도를 이루는 10수 중에 여섯 개의 숫자가 추려졌다. 1, 2, 3, 4, 5, 10이다. 이 중에서 양수 1, 3, 5는 양효에 배속하고, 음수 2, 4, 10은 음효에 배속하기로 한다.

■ <그림 1-10>에서 보면 1은 陽이 처음 生하는 數이고, 3은 陽이 長하는 數인데 이때 5는 1을 3으로 變하게 하는 작용을 하는 중심수이다. 또 2는 陰이 처음 生하는 數이고 4는 陰이 長하는 數인데 이때 10은 2를 4로 化하게 하는 작용을 하는 중심수이다. <표 1-1>에서 5는 變이 되고 10은 化로 한 것이 바로 그 이유이다.

중심수 5와 10에 대해 좀 더 부연해 보자. 중심수 5는 1을 3으로, 또 7을 9로 변하게 하는 작용을 하고 중심수 10은 2를 4로, 또 6을 8로 化하게 하는 수이다. 그러므로 5와 10은 변화의 중추적인 기능을 가지기 때문에 변화의 중심수라고 표현한다.
음양수의 변화작용을 다시 한 번 정리한다.

 - 아래쪽에 있는 양수 1은 중수 5의 變작용을 받아 위에 있는 3으로 자라나고, 위쪽에 있는 음수 2는 중수 10의 化작용을 받아 그 아래 있는 4로 자라난다.

 - 그러므로 5·10축은 1, 2, 3, 4의 사상을 변화시키는 중심수이다. 2차원의 사상에 5, 10의 변화 작용이 가해지면 비로소 3차원의 입체를 형성하게 되는 것이다. 우리가 자주 사용하는 '변화'라는 말이 사실은 5, 10의 작용으로 나타나는 현상을 가리키는 말이다.

이제 아래 그림 <1-12>의 주자역도설로 다시 돌아가 보자.

먼저 주자역도설이 어떤 원리로 만들어졌는지 상기해 보자.

처음에 태극에서 음양으로 분화되었다. 그렇게 만들어진 음과 양위에 다시 음효와 양효를 하나씩 추가하여 사상으로 분화되었다. 사상위에 다시 음·양효를 추가하여 종국에 8괘가 만들어졌다. 이것은 마치 식물이 뿌리에서 시작하여 줄기로 분화하고, 다시 줄기에서 잎으로 뻗어 나가는 모습과 흡사하다. 이것을 동양학에서는 일생이법(一生二法)이라고 말한다. 이것을 도식해 보자.

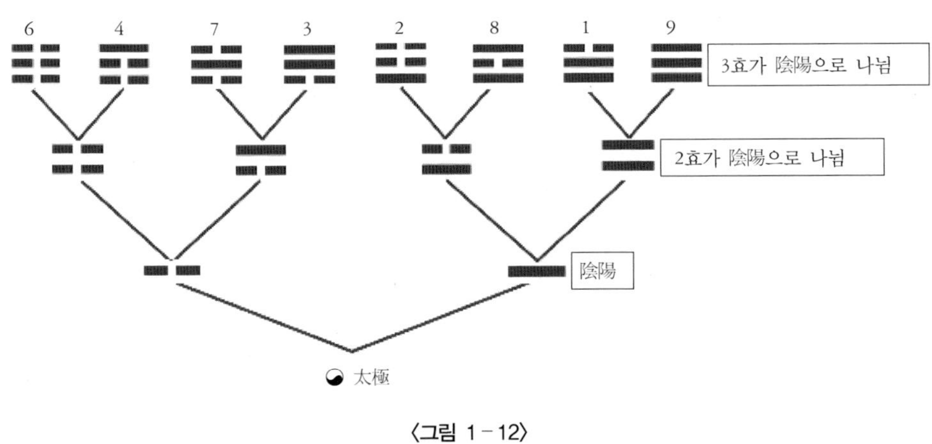

〈그림 1-12〉

위 <그림 1-12>가 이른바 朱子의 '주자역도설(朱子易圖說)'이다.

음양의 효는 제일 아래에 위치하여 초효(初爻)가 되고, 사상을 이루는 2번째 효는 2효가 되며 최상위의 3번째 효는 상효(上爻)가 된다. 여기에서 끝나지 않고 일생이법을 거듭 적용하여 최종적으로 만들어진 것이 64괘이다. 이것이 자연이 분화 발전해 가는 이법(理法)이다.

주자가 8괘에 수치를 대입한 것은 어떤 원리를 따른 것일까? 바로 사상의 위수와 득수 개념을 도입해서라고 했다.

■ 태양(☰)에 양효와 음효를 추가하면 각각 ☰과 ☱로 분화한다.

태양의 위수는 1이고, 득수는 9이다. 그런데 태양은 陽에 속하고 양에 속하는 것은 양선음후(陽先陰後)의 법칙에 의하여 양에 큰 수를 붙이고 음에 작은 수를 붙이므로 ☰에 9를, ☱에 1을 배속하였다.

■소음(⚏)에 양효, 음효를 추가하면 각각 ☵와 ☶으로 분화한다.

소음의 위수는 2이고, 득수는 8이다. 소음 역시 陽에 속하므로 양선음후의 법칙에 따라 ☵에는 8을 ☶에는 2를 붙였다.

■소양(⚎)에 음효, 양효를 붙이면 각각 ☳과 ☲으로 분화한다.

소양의 위수는 3이고 득수는 7이다. 소양은 陰에 속하므로 음선양후(陰先陽後)의 법칙에 따라 음에 큰 수를 붙이고 양에 작은 수를 붙인다. 그러므로 ☳에 7을 배속하고 ☲에 3을 배속한다.

■태음(⚏)에 음효, 양효를 붙이면 각각 ☷과 ☶으로 분화한다.

태음의 위수는 4이고 득수는 6이다. 태음은 陰에 속하므로 음선양후의 법칙에 따라 ☷에 6을, ☶에 4를 붙인다.

이와 같이 할당된 수를 종합해 보면 1, 9는 태양, 2, 8은 소음, 3, 7은 소양, 그리고 4, 6은 태음이 된다. 이렇게 완성된 주자의 8괘열, 그리고 거기에 할당된 수리는 부인할 수 없는 진리이며 이는 태극에서 음양, 음양에서 사상, 사상에서 8괘가 도출되었다는 주장을 뒷받침하는 충분한 근거가 된다. 이러한 배경에서 탄생한 주자역도설은 그 후 800여 년 동안 중국과 그 영향권하에 있었던 주변국의 성리학(性理學)적 모태가 되었다.

다시 한 번 언급하자면 주자역도설의 핵심은 그러므로 1부터 9까지의 수를 사용하되 중수 10은 사용하지 않는다는 것인데 이를 '朱子의 십불용설(十不用說)'이라고 한다. 그런데 필자는 위대한 주자의 십불용설에 이의를 제기하려고 한다. 필자는 1, 2, 3, 4, 5, 10이라는 여섯 개의 숫자를 가지고 논리를 전개하려는 것이다. 편의상 필자의 호를 붙여 장전(長田) 역도설이라고 부르기로 하자. <그림 1-12>에서 나타난 이론을 가지고 8괘에 배속하려는 의도이다.

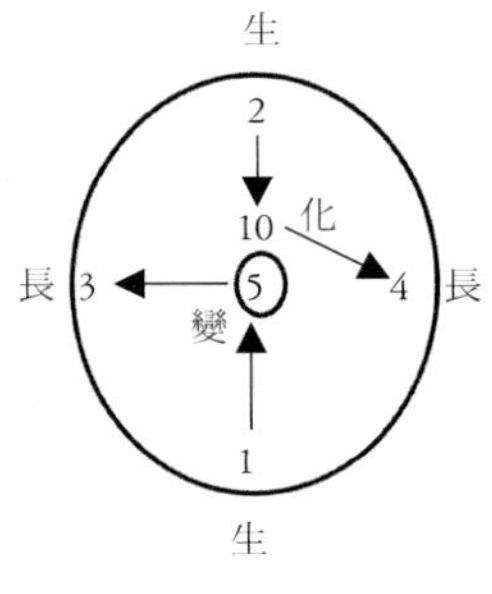

〈그림 1 - 13〉

　〈그림 1-13〉에 나타난 화살표에 주의해서 효의 생성 순서를 추적해 보자. 즉 양효는 아래 (1)에서 시작하여 變의 주체인 5를 거쳐 3으로 자라난다. 반면 음효는 위 (2)에서 생긴 후 化의 주체인 10을 거쳐 아래 (4)로 자라난다.

　이제 논리를 구성해 보자. 양효는 초효가 1, 중효가 5, 상효가 3이다. 반면 음효는 초효가 4, 중효가 10, 그리고 상효가 2이다. 여기서 독자들의 혼란을 피하기 위해서 부가적인 설명을 하겠다. 양효는 1에서 5를 거쳐 최종적으로 3에 도달하므로 초효를 1, 중효를 5, 그리고 상효를 3이라고 하는 것이 자명하다. 그렇다면 같은 논리로 음효는 처음 시작되는 초효가 2, 중효가 10, 상효가 4가 되어야 한다. 맞는 논리이다. 그러나 이것은 양이라는 주체와 음이라는 주체가 각각 자기가 위치한 지점에서 상대를 쳐다보면서 순서를 매길 때만 맞는 말이다. 여기서는 그런 상대적인 관점으로 본 것이 아니다. 그럼 뭔가? 양과 음이 다투고 있을 때, 이 모습을 멀리서 지켜보는 제3자의 눈으로 본 것이다. 甲과 乙이 싸우고 있는 모습을 멀리서 판사가 지켜보고 있는 모습! 물론 편파적이지 않고 공정한 객관성을 가지고 있는 판사이다.

　제3자의 눈에는 양의 초효는 1이고, 음의 초효는 4가 된다. 위상적인 모습을 보면 1은 땅이 위치한 지위(地位)가 되고 음의 초효인 4도 역시 땅에 가까운 쪽에 있으니 여전히 지위(地位)가 된다는 말이다(<그림 1-13> 참조).

　이 논리를 양괘의 대표인 乾卦와 음괘의 대표인 坤卦를 이루는 세 개의 효에 실제로 대입해 보자. 화살표는 음양이 움직이면서 각각 지향하는 방향을 말한다.

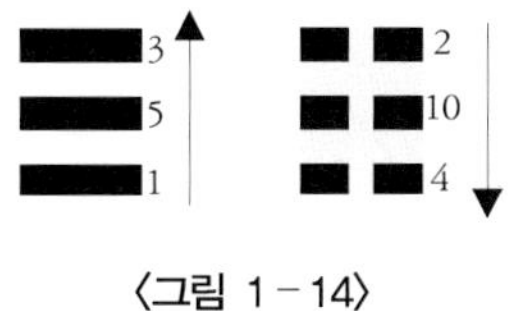

〈그림 1 - 14〉

이러한 논리를 가지고 8괘 전부에 숫자를 매기면 아래와 같다.

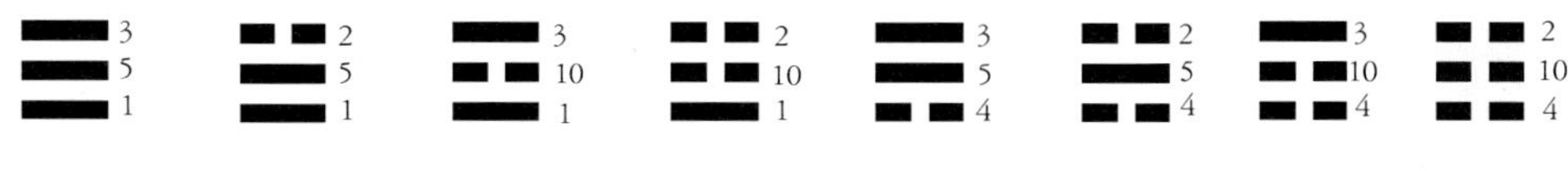

〈그림 1 - 15〉

이번에는 그 합을 구해 보자.

〈표 1-2〉

卦								
合	9	8	14	13	12	11	17	16
本數	9	8	4	3	2	1	7	6

<표 1-2>에 있는 본수(本數)에 대해서 간략히 설명하고 넘어가자.

주역(周易)에서 사용하는 수는 10을 넘지 않는다. 만일 10을 넘는 수가 있으면 그 수는 10을 부풀린 수에 지나지 않으므로 본수의 개념으로 처리하면 그만이다. 10이 넘는 수에서 앞의 십의 자리 수는 수의 성질을 규정하는 데 전혀 영향을 주지 않는다. 오직 끝자리에 오는 수가 그 수의 성질을 나타낼 뿐이다. 가령 <표 1-2>에서 14는 4로, 13은 3으로 11은 1로 처리하면 된다는 말이다. 이것은 서양 수학의 특징인 정량적 개념을 넘어선, 동양 주역에서만 독특하게 사용하는 '수의 정성적 개념'이다. 본수의 개념은 앞으로 진행될 과정에서 빈번히 등장하는 개념이므로 독자 여러분은 반드시 숙지하고 있어야 한다.

지금까지 상술한 내용을 그림으로 도해하면 아래와 같은 장전 역도가 완성된다.

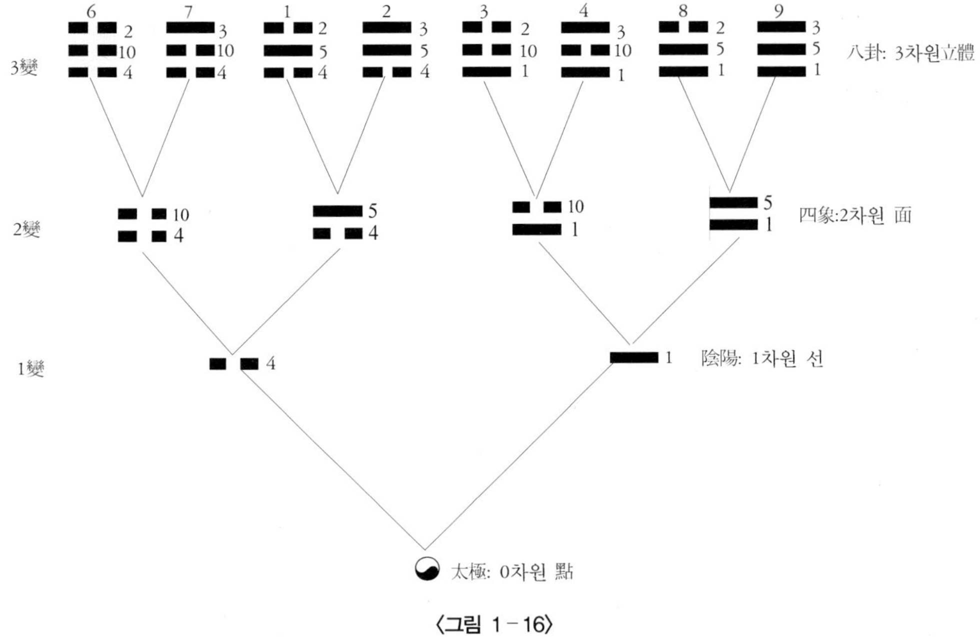

〈그림 1-16〉

이제 주자역도설과 장전역도설을 비교해 보자.

〈표 1-3〉

卦								
朱子	6	4	7	3	2	8	1	9
長田	6	7	1	2	3	4	8	9

朱子와 長田의 수리를 비교한 결과 건괘와 곤괘만 9와 6으로 수치가 같고, 나머지 6괘의 값은 다르다는 것을 알 수 있다. 朱子가 시도한 방식은 애초 사상에 상효 하나를 추가한 다음 사상의 위수와 득수를 기계적으로 대입한 것이므로 사상수와 8괘의 수가 정확히 일치할 수밖에 없다. 그러나 이렇게 기계적으로 대입한 방식에 문제가 발생한다. 즉 8괘에 나타난 숫자가 괘의 음양 재질과 정확히 맞아떨어지지 않는 것이다. 가령 건괘의 경우는 9인데 마침 건괘(☰)는 양괘이고 9 역시 홀수로 양에 해당하니 문제가 없다. 하지만 兌卦(☱)의 경우, 원래는 음괘인데 숫자는 1로 홀수인 양이 된다. 음괘인데 배속된 수는 양이니 재질과 숫자의 음양이 엇나가고 있다.

이에 반해 長田의 방식은 사상에서 8괘로의 분화에 위수, 득수의 기계적인 대입이 아니므로 8괘와 사상수가 일치하지 않지만, 그러나 그 도출된 값은 괘의 음양을 충실히 반영하고 있다. 어느 것 하나 숫자의 음양과 괘의 음양이 엇나가고 있는 것이 없이 정확히 맞아떨어지고 있다(<표 1-4> 참조).

〈표 1-4〉

양수	괘상	☳	☵	☶	☰
	수	1	3	7	9
음수	괘상	☴	☲	☷	☱
	수	2	4	6	8

곧 후술되겠지만 장전 방식이 갖는 중요한 의미가 또 하나 있다. 즉 <표 1-3>에서 보면 중효(中爻)의 변화에 의해서 생긴 괘가 오행수(1·6水, 2·7火, 3·8木, 4·9金)와 정확히 일치한다. 가령 건(乾)괘의 중효가 바뀌면 이(離)괘가 되는데 乾은 9이고 離는 4가 되니 4·9金을 이룬다. 나머지도 마찬가지다. 이러한 결과를 토대로 주자역도설과 장전역도설의 괘를 하도에 대입하여 비교 고찰해 보자.

먼저 주자역도설의 수치에 따른 괘를 하도에 대입해 보자(<표 1-3>, 주자설에 의한 8괘 배치).

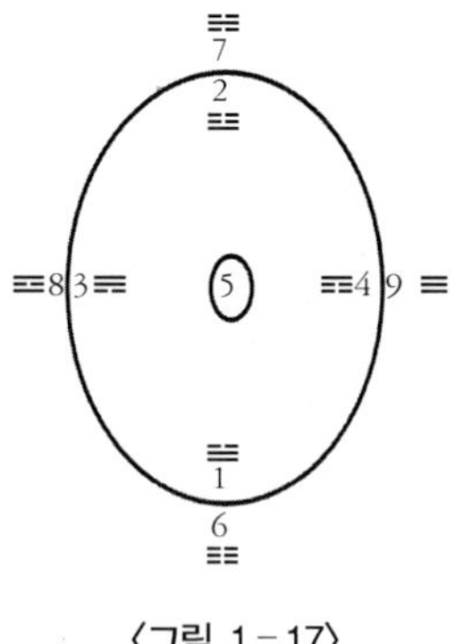

〈그림 1-17〉

<그림 1-17>에서 나타나는 특징은 아무것도 없다.

이번에는 장전역도설의 수치에 따른 괘를 하도에 대입해 보자(<표 1-3>, 장전설에 의한 8괘 배치).

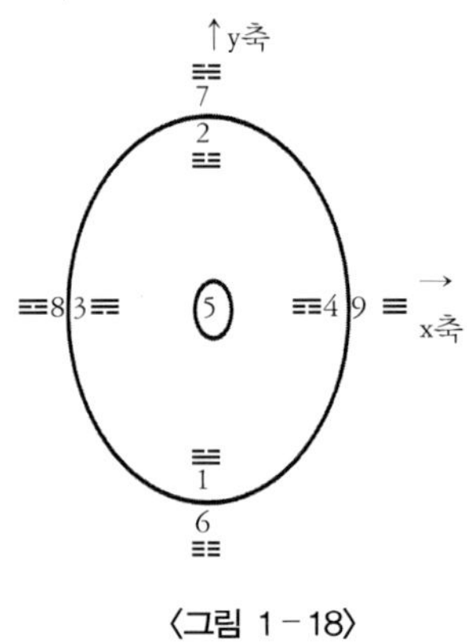

〈그림 1-18〉

<그림 1-18>에서는 특징을 찾을 수 있다.

우연의 일치처럼 보이지만 수평방향인 x축에 늘어선 4괘는 초효가 양인 괘들이고, 수직방향인 y축에 늘어선 4괘는 초효가 음인 괘들이다.

3☳과 4☵는 생수로 하도의 내부에 있고 8☶와 9☰은 하도의 외부에 있으면서 x축을 형성하고 있다.

또 1☵과 2☷은 생수로 하도의 내부에 있고, 6☶과 7☲은 성수로 하도의 외부에 존재하며 y축을 형성하고 있다.

주지하다시피, 주자역도설이나 장전역도설을 불문하고 그 구성 원리는 초효에서 중효로, 중효에서 다시 상효로 중첩해 올리는 자연발생적인 순서를 채택한 것이었다. 그런데 장전역도설에 의한 그림 1-18을 보면 초효가 양효인 4괘가 우연히도 x축에 모여서 나타나고 또 초효가 음효인 4괘는 y축에 나열되는 특징이 나타난다.

필자가 고안한 장전역도설(<표 1-3>)의 괘열의 우측에 위치한 4괘의 순서는 ☷ ☵ ☶ ☰ 순이다. 그러나 하도에 대입한 모습을 보면 x축에 ☷ ☶ ☵ ☰ 순으로 서로 차이를 나타난다.

이러한 괘열의 차이가 생기는 원인이 무엇일까? 이것은 대단히 중요한 의미를 갖는다.

주자역도설이나 장전역도설은 둘 다 사상에 제3효(상효)를 얹어서 생긴 결과물이다. 그런데 장전역도설에 의해서 나타난 괘상들을 정밀하게 관찰해 보면 다음과 같은 사실을 알 수 있다.

우선 사상은 네 개의 모습으로 나타난다. 태양(⚌), 소음(⚍), 소양(⚎), 태음(⚏)이다. 보다시피 사상은 상하 두 개의 효로 구성되어 있다. 아래 있는 것을 지(地)라고 하고 위에 있는 것을 천(天)이라고 하자. 이제 8괘를 만들기 위해서 한 개의 효가 더 생겨날 차례이다. 天地人 三才의 원리에 의해 이제 人이 생길 차례인데 그러면 어디에 人이 생길 것인가?

人은 천지가 창조된 후, 그 천지 사이에 끼어 들어가야 한다고 생각한 것이다. 즉 人은 하늘 위로 솟아서도 안 되고 땅 아래로 꺼져서 생겨서도 안 된다. 반드시 천지 사이에서 생겨야 한다. 천지 사이에 생기는 사람(人), 즉 중효(中爻)의 중요성이 강조되는 대목이다.

따라서 결론적으로 다음과 같이 된다.

- 4·9金에는 태양(☰)의 중앙에 양(—)이 끼어 들어가면 9☰, 음(--)이 들어가면 4☱가 된다.
- 3·8木에는 소음(☳)의 중앙에 음, 양효가 끼어들어 가서 각각 3☳과 8☶가 된다.
- 1·6水에는 태음(☷)의 중앙에 음양이 끼어들어 가서 각각 6☵과 1☷이 된다.
- 2·7火에는 소양(☲)의 중앙에 음양이 끼어들어 가서 각각 7☲과 2☴이 된다.

하도에 배치된 괘열을 좀 더 상세히 살펴보자(<그림 1-18>).

먼저 x축에 나열된 네 개의 괘열을 보자. 4괘의 공통점은 초효가 전부 陽이라는 점이다. 서방에 있는 4,9를 비교하면 4는 생수 중에 가장 큰 수이고 9는 성수 중에 가장 큰 수이다. 서방의 9☰, 4☱가 먼저 생기고 나서 동방의 3☳, 8☶가 나중에 생겼다. 이 같은 사실이 의미하는 바를 자연계에서 살펴보면 확연하다.

- 성수 중 가장 큰 수인 9는 하늘(☰)이 되고,
- 생수 중 가장 큰 수인 4는 태양(☱)이 되며,
- 성수 중에 2번째 큰 수인 8은 하늘을 담아 밖으로 내 비치는 바다(☶)가 되고,
- 생수 중에 2번째 큰 수인 3은 우레(☳)가 되니,

이들 4괘가 모여 하도의 x축을 구성하고 있다.

이번에는 y축을 형성하고 있는 네 개의 괘를 보자. 이들의 공통점은 초효가 전부 음이라는 점이다.

생수, 2☴과 1☷이 먼저 생기고 성수, 7☲과 6☵이 나중에 생겼다. 생수 중에 큰 수인 2☴은 상부에 위치하고 작은 수은 1☷은 아래쪽에 위치하며 성수 중에 큰 수인 7☲은 상부에 위치하고 작은 수인 6☵은 아래쪽에 위치한다. 이 같은 사실을 역시 자연계의 현상으로 살펴보자.

- 생수 중에 세 번째 작은 수인 2는 바람(☴)이 되고,

■최소수 1은 물(☵)이 되며,

■성수 중 세 번째 작은 수인 7은 산(☶)이 되고,

■가장 작은 최소수 6은 땅(☷)이 된다.

이들 4괘가 하도의 y축을 구성하고 있다.

이상을 정리하면 결국 초효가 양효인 4괘는 x축에 좌우로 나열되고 반대로 초효가 음효인 4괘는 y축으로 수직 나열되고 있다. 이들의 괘순이 비록 장전역도설이나 주자역도설의 그것과는 다르지만 그러나 상호 유기적으로 밀접한 관계를 가지고 있음을 알 수 있다.

<그림 1-18>의 하도에 나타난 괘상을 보면서 마지막으로 중요한 것을 짚고 넘어가자.

■하도의 내부에 있는 1☵ 2☴ 3☳ 4☲를 각각 자연물로 치환하면 물, 바람, 우레, 불로 취상한다. 이들은 우주의 바탕을 이루는 근본 요소이다.

하도의 내부를 구성하는 4가지 요소인 물, 바람, 우레, 불!

이것들은 실체로 존재하는 유형화된 것이 아니라 무형의 활동성을 가진 것이라는 공통점이 있다.

■이에 반해 하도의 외부에 있는 9☰ 8☱ 7☶ 6☷은 하늘, 연못, 산, 땅이다.

이들은 활동성을 가진 것이라기보다는 형상화된 실체라는 개념이 강하다. 연못을 좀 더 크게 확대 해석하면 바다가 된다. 하늘, 바다, 산, 땅은 보다 구체적인 유형의 실체를 갖춘 것이라는 것을 느끼면 된다.

하도의 내부를 구성하는 생수와 외부를 구성하는 성수가 괘로 치환될 때 이러한 맥락의 차이가 있다는 것만 알고 넘어가자.

이와 같이 각기 유형과 무형을 나타내는 요소가 x축과 y축으로 나누어져 생수(生數)와 성수(成數)의 분계(分界)를 나누면서 기묘한 음양의 조화를 펼쳐 보이고 있다.

이번에는 <그림 1-18>에 나타난 괘상들의 구조적인 특징을 살펴보기로 하자.

■1·6에서 1☵은 중수 5를 더하여 중효를 변하게 하여 6☷으로 변한다.

■2·7에서 2☴은 중수 5를 더하여 중효를 변하게 하여 7☶으로 변한다.

■3·8에서 3☳은 중수 5를 더하여 중효를 변하게 하여 8☱로 변한다.

■4·9에서 4☲는 중수 5를 더하여 중효를 변하게 하여 9☰으로 변한다.

이와 반대로 진행하면 반대의 괘상이 나타난다.

■1·6에서 6☷은 중수 5를 빼서 중효를 변하게 하여 1☵으로 변한다.

■2·7에서 7☲은 중수 5를 빼서 중효를 변하게 하여 2☷으로 변한다.

■3·8에서 8☶는 중수 5를 빼서 중효를 변하게 하여 3☲으로 변한다.

■4·9에서 9☰은 중수 5를 빼서 중효를 변하게 하여 4☵로 변한다.

이상에서 우리가 꼭 기억할 사항은 임의의 괘에 5를 더하거나 5를 빼면 중효에 변화가 일어난다는 사실이다. 변화라는 것은 음효가 양효로 혹은 그 반대로 변하는 현상을 말한다. 또 이렇게 숫자 5를 이용하여 변화를 일으킨 결과 나타난 8괘가 각각 오행 중의 하나로 귀결된다는 것을 기억하면 된다. 즉,

■1·6은 1☵에 5가 작용하여 6☶이 된 것으로 1·6水가 되니 오행의 水에 배속된다.

■2·7은 2☷에 5가 작용하여 7☲이 된 것으로 2·7火가 되니 오행의 火에 배속된다.

■3·8은 3☲에 5가 작용하여 8☶가 된 것으로 3·8木이 되니 오행의 木에 배속된다.

■4·9는 4☵에 5가 작용하여 9☰이 된 것으로 4·9金이 되니 오행의 金에 배속된다.

이제 독자들은 중효(中爻)와 숫자 5가 갖는 중요성을 느꼈을 것이다.

다시 한 번 강조하지만 천지가 생기고 나서 人이 생기는데 人이 바로 중효를 의미한다는 사실! 거꾸로 말해 중효를 제거하면 천지만 남는데 천지가 바로 사상이다.

이것을 도식화하면 아래와 같다.

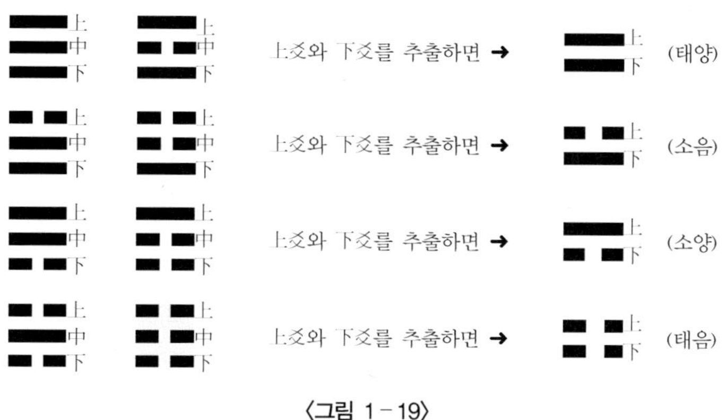

〈그림 1-19〉

<그림 1-19>에서 보면, 좌측의 괘에서 상효(3효)와 초효(1효)를 추출하면 오른쪽처럼 각각 四象이 나타난다. 역방향으로 진행한다면 중효(2효)가 끼어들어 가니 좌측의 8괘가 형성되는 것이다.

■ 태양(⚌)에 중효(2효)로 陽이 끼어들면 ☰이 되고 陰이 끼어들면 ☵가 된다.

■ 소음(⚎)에 중효(2효)로 陽이 끼어들면 ☲가 되고 陰이 끼어들면 ☳이 된다.

■ 소양(⚍)에 중효(2효)로 陽이 끼어들면 ☴이 되고 陰이 끼어들면 ☶이 된다.

■ 태음(⚏)에 중효(2효)로 陽이 끼어들면 ☱이 되고 陰이 끼어들면 ☷이 된다.

이는 기존의 역도설이 만들어지는 방법과 상이하게 다르다.

기존의 역도설이 초효가 생기고 2효가 그 위에 얹어지고, 3효가 다시 2효 위에 얹히는 방법인 데 반해 필자의 장전역도설에서는 초효와 2효는 동일하지만 3효는 1효와 2효의 중간으로 끼어들어 간다는 점을 반드시 기억하고 있어야 한다.

더구나 장전역도설에 의해서 만들어진 괘상들이 동일한 局에 동위(同位)하고 있음도 예사롭지 않다(<그림 1-18>).

즉 1·6水에는 초효와 상효가 태음(⚏)을 이루는데 중효에 음양이 끼어들어 가서 만들어진 ☵과 ☷이 서로 인접하여 수국(水局)을 구성하고 있다는 것이다.

다른 局도 마찬가지이니 독자들이 확인하기 바란다(<그림 1-18>과 <그림 1-19>를 비교하면 된다).

이상의 배경지식을 가지고 장전역도설에 나타난 8괘의 각 효(爻)에 수치를 매기는 작업을 진행해 보자.

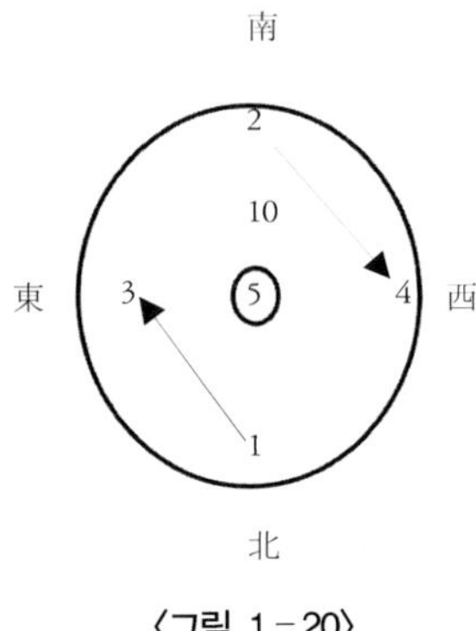

〈그림 1-20〉

앞서 전술한 바와 같이 주자의 '십불용설'은 채택하지 않는다.

<그림 1-20>에서 하도의 내부의 수는 1, 2, 3, 4, 5이다. 여기에 하도의 외부에 있는 수 10을 채택하여 총 여섯 개의 숫자를 사용하려는 것이다.

우선 생수 1, 2, 3, 4 중에서 양수는 1, 3이고 음수는 2, 4이다. 그림에 표시된 화살표를 보면 양수는 1에서 3으로 가는 방향이 설정되어 있다. 왜냐하면 본래 양은 下에서 上으로 상향하는 성질을 가지고 있기 때문이다. 따라서 양수의 입장에서 보면 1은 아래(下)에 해당하고 3은 위(上)에 해당한다. 반대로 陰은 上에서 下로 하향하는 성질을 가진다. 따라서 이번에는 2에서 4로, 즉 上에서 下로 향하므로 음의 입장에서 보면 2가 아래(下)가 되고 4가 위(上)가 된다.

이제 양효와 음효의 값이 매겨졌다. 이 논리를 가지고 사상의 효에 수치를 대입해 보자. 태양과 태음을 가지고 예를 들면 아래와 같다.

이제 차원을 하나 더 추가하여 3차원을 만들고 8괘를 만들 차례이다. 그렇다! 여기에 중효(中爻)를 끼어 넣어 8괘를 만들어 보자는 것이다.

그러면 중효에는 어느 숫자를 매기는 것이 합당할까? <그림 1-20>에서 여섯 개의 숫자 중에 아직 사용하지 않은 5와 10이 있다. <그림 1-10>을 보면서 5와 10을 상기해 보자. 5와 10은 사상과 다른 또 다른 수직축을 이룬다. 차원이 하나 늘어난 것이다. 그러므로 드디어 3차원의 입체가 되었고 이렇게 형성된 8괘는 삼차원 모형인 것이다. <그림 1-20>처럼 평면에 그린 하도로는 5와 10의 차원이 드러나지 않는다. 차라리 <그림 1-10>에 입체적인 5·10軸이 보인다.

그러므로 2차원에서 3차원으로 넘어가는 징검다리 역할을 하는 것이 5와 10이라고 말할 수 있다. 5는 양수이고 10은 음수이므로 이제 8괘에 수를 매기는 작업을 진행해 보자.

乾卦와 坤卦를 가지고 예를 들면,

〈그림 1-21〉

위에서 적용한 규칙을 적용하여 완성하면 하도8괘가 만들어진다.

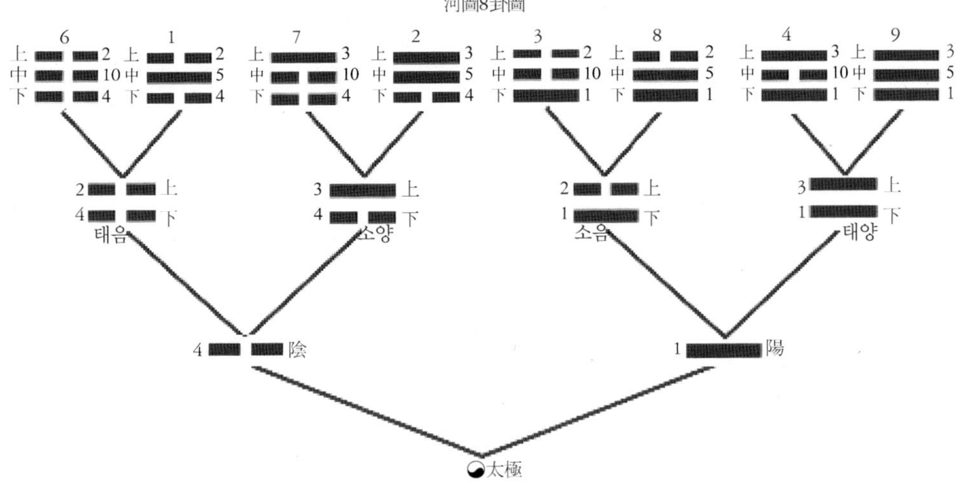

위에서 8괘에 나타난 수치를 전부 합산해 정리해 보자.

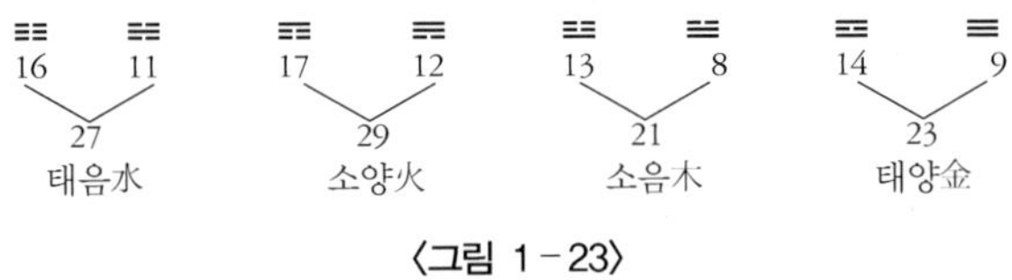

〈그림 1-23〉

이제 합산된 값을 가지고 비율을 확인하면 아래와 같다.

$$태양金 + 태음水 = 23 + 27 = 50$$
$$소음木 + 소양火 = 21 + 29 = 50$$

50:50   合 100

이와 같이 태양, 태음의 합은 50이고 소음, 소양의 합도 50이 되는데 50은 주역에서 말하는 대연지수(大衍之數)가 된다. 대연지수는 크게 늘린 수라는 뜻이다. 또 8괘의 총합이 100이 되는데 100은 하도의 상징 수인 10을 최대로 부풀린 수이다. 이렇게 8괘의 수치와 하도의 수치가 서로 무관하지 않음을 은연중에 암시하고 있다.

또 한 가지 재미있는 사실이 있다. <그림 1-23>에 있는 수를 추출해 보자[(16 11), (17 12), (13 8), (14 9)].

앞서 잠깐 언급한 바 있는 본수(本數)의 개념을 상기해 보자.

16은 10을 초과하는 수이다. 10을 초과하는 수에서 앞의 십의 자리 수는 숫자의 성질을 규정하는 데 전혀 영향을 주지 않고 1의 자리에 있는 수가 수성(數性)을 결정짓는다. 따라서 16에서 10은 중요하지 않고 6이 중요하다. 다시 말해 16의 수성은 6이라고 할 수 있고 더 극적으로 표현하면 6을 16의 본체라고 말한다. 그래서 16의 본수는 6이라고 말한다.

그럼 이제 위에 나열한 수를 전부 본수로 처리해 보자.

그와 같은 원리로 <그림 1-23>에 나와 있는 숫자를 정리하면 아래와 같다.

〈표 1-5〉

16→6, 11→1	1·6水
17→7, 12→2	2·7火
13→3, 8→8	3·8木
14→4, 9→9	4·9金

본수의 논리를 적용하여도 사상의 숫자와 오행의 발생 관계는 무너지지 않음을 확인할 수 있다. 기존의 팔괘와 순서는 다르지만 사상의 배열순서는 여전히 유효하다는 말이 된다. 하도의 오행과 괘가 동국(同局)에 위치하고 있는 이치를 여실히 보여 주고 있다. 즉 <그림 1-22>에 나타난 것을 정리해 보면

- 坤☷은 6, 坎☵은 1이 되어 1·6水로 水局을 이루고,

- 艮☶은 7, 巽☴은 2가 되어 2·7火로 火局을 이루고,

- 震☳은 3, 兌☱는 8이 되어 3·8木으로 木局을 이루고,

- 乾☰은 9, 離☲는 4가 되어 4·9金으로 金局을 이룬다.

진부하지만 태극에서 8괘가 만들어지는 과정을 반추해 보자.

역에 이르기를 "역에 태극이 있고 태극이 양의를 낳고 양의가 사상을 낳고 사상이 팔괘를 낳는다고 하였다."[10] 여기서 태극은 천지 만물이 음양이라는 이기(二氣)로 분화되기 전의 상태로 우주 탄생의 시발점이 된다. 이것을 0차원의 점(·)이라고 부른다. 0차원을 숫자로 나타내면 0이 아니다. 점(·)일망정 어쨌거나 존재하고 있기 때문에 태극은 1인 것이다. 兩儀는 자연에 존재하는 두 가지 거동(儀, 모양)이다. 이것은 바로 음양을 지칭하는 말이며 천지 만물이 두 가지 큰 기운(二氣)으로 비로소 분화된 것이다. 이것이 태극으로부터

---

10) 易曰 易有太極 太極生兩儀 兩儀生四象 四象生八卦.

나온 제1變의 상태이다. 양은 양효 '—'로 표시하며 숫자로는 1이다. 음은 음효로 --로 나타내며 숫자로는 이제 4가 된다(2가 아니라 4임을 혼동하지 말아야 한다).

땅에 가까운 지위(地位)에 있는 것이 4이다. 그리고 1차원의 線이라는 것을 명지해야 한다.

■음효와 양효가 위로 한 번 더 중첩되면 사상(태양, 소음, 소양, 태음)이 만들어지는데 이는 공간적으로 동서남북, 시간적으로 춘하추동에 비유된다. 이것은 음양으로부터는 1變, 태극으로부터는 2變의 상태이다. 사상을 구성하는 두 개의 효에 대하여 부연하자면, 양효의 경우는 초효는 1로, 상효는 3으로, 음효의 경우는 상효가 2, 초효는 4로 값을 매기며 이것은 2차원의 면을 나타낸다.

■8괘는 사상에서 다시 1變한 것으로 태극으로부터 보면 도합 3變의 상태가 된다. 사상이 형성한 면적에 높이를 올린 것으로 높이를 구성하는 요소는 중앙 뼈대라고 간주되며 수치로는 5와 10이다. 따라서 그것이 양효라면 5로, 음효라면 10으로 값을 매기며 이것은 3차원의 입체를 나타낸다.

■8괘의 중효는 5와 10으로 매긴다. 생수 1, 2, 3, 4, 5 중에서 1, 2, 3, 4는 사상수이고 5는 중수가 된다. 사상수 1, 2, 3, 4는 중수 5가 분화된 상태인데 5는 1태양과 4태음으로 1차 분화하고 2소음과 3소양으로 2차 분화하여 사상이 형성된 것이다. 따라서 괘의 중효에는 중수 5, 10을 매기고, 초효에는 태양수 1과 태음수 4를 매기고, 상효에는 소음수 2와 소양수 3을 매긴다.

■이와 같이 천지만물이 태극으로부터 天地人 三才의 이치로 1변, 2변, 3변을 거치면서 최종적으로는 8괘를 형성한다. 즉 점(태극)에서 1변하면 1차원의 선이, 2변하면 2차원의 면이, 3변하면 3차원의 공간을 형성하는데 이렇게 최종적으로 만들어진 8괘는 바로 우리가 사는 3차원 공간을 크게 8가지로 분류한 것에 다름 아니다. 이것을 그림으로 도식하면 아래와 같다.

■<그림 1-22>에 나타난 하도 8괘의 수치를 보면 좌측 4괘와 우측 4괘가 서로 대칭을 이루면서 합이 5가 됨을 알 수 있다(<그림 1-24> 참조).

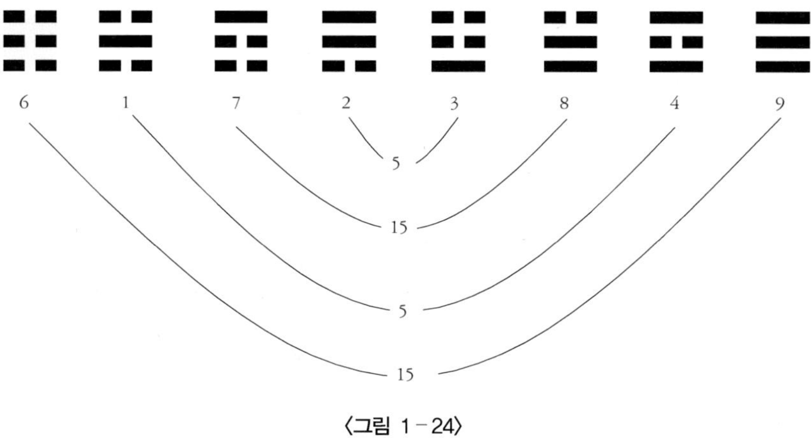

〈그림 1-24〉

위 <그림 1-24>에서,

乾卦 9와 坤卦 6의 합은 15가 된다. 본수의 원리를 적용하면 5다.

兌卦 8과 艮卦 7의 합은 15가 된다. 본수의 원리를 적용하면 5다.

離卦 4와 坎卦 1의 합은 5가 된다.

震卦 3과 巽卦 2의 합은 5가 된다.

■여기서 중요한 사실 하나를 발견할 수 있다.

5와 10이 분열하면 두 개의 괘가 만들어진다는 것이다. 중요도로 따지자면 5와 10이 그만큼 중요하며 포괄적인 뜻을 내포하고 있다는 것이다. 엄밀히 말해 10도 5+5의 합으로 5의 부류에 들어가는데 그런 뜻에서 <그림 1-24>에서 본수의 원리를 적용하여 전부 5가 되는 것은 각 괘가 5의 분화로 형성된 것이라는 사실이다.

5가 가지는 중요성이 그만큼 각별함을 이 그림은 여실히 보여 주고 있다. 그래서 5를 중수(中數)라고 칭하며 만물을 중화하는 힘을 가지고 있다고 말하는 것이다.

하도 8괘의 또 한 가지 특징을 짚고 넘어가자. 사상수와 8괘와의 관계를 고찰해 보려고 한다. <그림 1-19>에 나타난 하도8괘에 중수 5가 작용해서 오행으로 분류되는 표는 아래와 같다.

<표 1-6>

☵1 + 5 = ☷6	1·6水
☱2 + 5 = ☳7	2·7火
☶3 + 5 = ☴8	3·8木
☲4 + 5 = ☰9	4·9金

다음은 사상의 위수와 득수가 8괘와 어떤 관계인지 아래 표를 보면서 살펴보자.

<표 1-7>

1·9 太陽	☵1 + ☰9 = 10	1은 태양위수, 9는 태양득수
2·8 少陰	☱2 + ☴8 = 10	2는 소음위수, 8은 소음득수
3·7 少陽	☶3 + ☳7 = 10	3은 소양위수, 7은 소양득수
4·9 太陰	☲4 + ☷6 = 10	4는 태음위수, 6은 태음득수

<표 1-6>과 <표 1-7>을 비교해 보자. <표 1-6>은 중수 5를 더하면 중효가 변하는 과정을 설명한다. 그러나 <표 1-7>은 중효의 변화가 없는 관계이다. <표 1-7>은 그러나 중효가 변하지 않는 대신 중효를 제외한 초효와 상효가 극즉반(極則反)의 원리에 따라 음양의 재질이 변하고 있는 모습을 보여 주고 있다. 예를 들어, 태양에 속한 ☰의 중효(一)는 변함이 없고 대신 초효와 상효가 바뀌어 ☵이 되었다. 마찬가지로 ☵의 중효는 변하지 않고 초효와 상효가 변하면 역시 ☰이 된다. 나머지도 전부 똑같은 원칙을 따르고 있다. 그러므로 8괘와 5행과의 관계는 중효의 음양에 따라 동국(同局)을 이루지만 8괘와 사상과의 관계는 중효는 변함이 없고 초효와 상효가 반대로 바뀌면서 결정됨을 보여 준다.

지금까지 장전역도설과 하도8괘의 구조에 대하여 살펴보았다. 그런데 자세히 관찰해 보면 장전역도설은 하도 8괘에서 그 특징적인 면모를 드러낸다는 것을 알 수 있다.

장전역도설에 나타나는 특징은 다음과 같이 요약할 수 있다.

- 도출된 괘의 음양과 숫자의 음양이 일치한다. 즉 양수는 양괘와, 음수는 음괘와 일치한다(<표 1-3>에 장전역도설 숫자와 괘상을 비교).
- 8괘 중효의 음양의 변화에 따라 오행과 동국(同局)을 이룬다(<표 1-6>).
- 중효는 변하지 않고 초효와 상효가 변함에 따라 사상수가 성립한다(<표 1-7>).

이제 장전역도설과 주자역도설을 복희선천8괘도에 대입하여 비교해 보자.

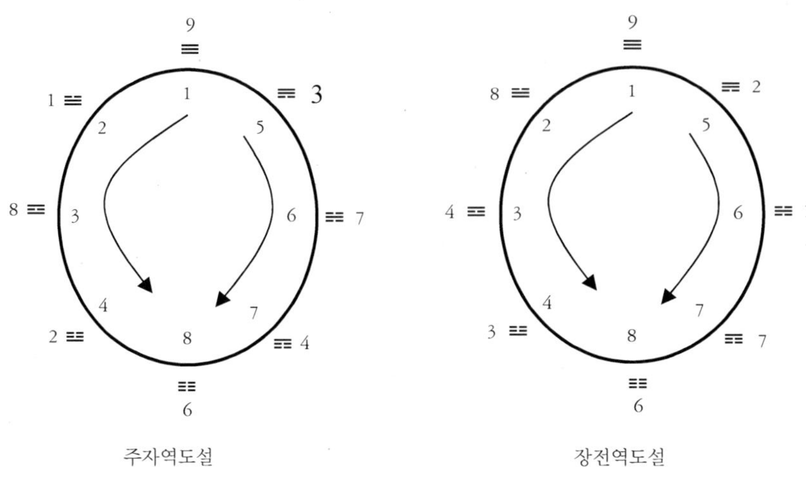

〈그림 1-25〉

<그림 1-25>에서 보면, 초효가 양효(─)인 괘상은 주자나 장전이나 같은 순서로 되어 있다. 즉 원 안에 1, 2, 3, 4의 화살표 순서로 나타난다. 반면에 초효가 음효(--)인 괘상도 5, 6, 7, 8 순서로 진행하고 있다. 다만 차이점은 괘상에 매겨진 수치가 다를 뿐이다. 괘상 수치를 정리하여 비교하면 아래와 같다.

〈표 1-8〉

	☰ ☷	☱ ☶	☲ ☵	☳ ☴
朱子	9. 6.	1. 4.	8. 7.	2. 3.
長田	9. 6.	8. 7	4. 1.	3. 2.

■☰과 ☷은 서로 마주 보는 관계인데 ☰9, ☷6으로 주자와 장전이 일치한다. 마주 보는 수의 합은 15이다.

■☱와 ☶은 서로 마주 보고 있다. 주자는 ☱1, ☶4로, 장전은 ☱8, ☶7로 하였는데 마주 보는 수의 합은 주자는 5, 장전은 15이다.

■☲와 ☵은 서로 마주 보고 있다. 주자는 ☲8, ☵7이고 장전은 ☲4, ☵1로 하였는데 마주 보는 수의 합은 주자는 15, 장전은 5이다.

■☳과 ☴이 서로 마주 보고 있다. 주자는 ☳2, ☴3이고, 장전은 ☳3, ☴2로 하였는데 마주 보는 수의 합은 주자나 장전이나 똑같이 5이다.

■주자는 天地日月(☰ ☷ ☲ ☵)을 성수 6, 7, 8, 9에 할당하였고, 연못, 산, 우레, 바람(☱ ☶ ☳ ☴)을 생수 1, 2, 3, 4에 할당하였다. 다시 말해 사정방(四正方)에 성수를 두었고, 사우방(四隅方)에 생수를 두었다.

■장전은 형체를 갖추고 있는 天地澤山(☰ ☷ ☱ ☶)은 성수 6, 7, 8, 9에 배속하였고 형체를 갖추지 않은 火水雷風(☲ ☵ ☳ ☴)은 생수 1, 2, 3, 4에 배속하였다.

天地澤山이 성수에 배치된 것은 주역(周易)이라는 경전이 상경(上經)과 하경(下經)으로 분리됨을 의미한다(乾坤은 上經의 首卦, 澤山咸은 下經의 首卦).

다음은 <그림 1-25>에 나타난 숫자의 비율을 살펴보기로 하자.

〈표 1-9〉

	시계 반대 방향	시계 방향	비율
朱子	9. 1. 8. 2→합 20	3. 7. 4. 6→합 20	20:20＝1:1
長田	9. 8. 4. 3→합 24	2. 1. 7. 6→합 16	24:16＝3:2

■초효가 양효인 괘(시계방향)와 음효인 괘(시계반대방향)의 비율은 주자는 1:1이고 장전은 3:2이다.

■주자의 비율이 1:1로 나타나는 것은 괘의 수치가 음양, 사상, 8괘가 일생이법(一生二法)의 이분법에 따라 자연 발생적으로 나타난 결과이다.

이에 반해 장전식은 하도에 나타난 음양과 사상을 배합하여 차원과 결합하여 나타난 결과이다.

■장전의 비율이 3:2가 되는 것은 선천의 세계가 음보다는 양이 더 우세한 환경이었기 때문이다. 즉 삼천양지(參天兩地)의 세계였다는 말이다.

이상으로 주자의 주장을 장전과 비교하여 살펴보았다. 장전은 유사 이래 처음으로 주자의 이론에 문제를 제기한 것이다. 이것은 그러나 시작에 불과할 것이다. 유능한 후학들이 나타나서 이론적인 부분을 더욱 완벽하게 다듬어 주었으면 하는 바람이다.

2. 입체로 드러나는 하도와 8괘

하도의 내부에 있는 여섯 개의 수 1, 2, 3, 4, 5, 10은 양수 1, 5, 3과 음수 2, 10, 4로 구분되는 것은 앞 절에서 배웠다. 이제 이 논리를 정육면체의 여섯 면에 적용해 보자. 주사위의 여섯 면이 만나서 생기는 8개의 꼭짓점에 8괘가 어떻게 대응하는지 살펴보려는 것이다. 입체를 평면에 표시하면 이해하기 어려우니 아래와 같이 정육면체를 분해하여 위치를 표시하자. 이해를 돕기 위해 주사위를 준비하고 번호를 붙이는 것이 도움이 될 것이다.

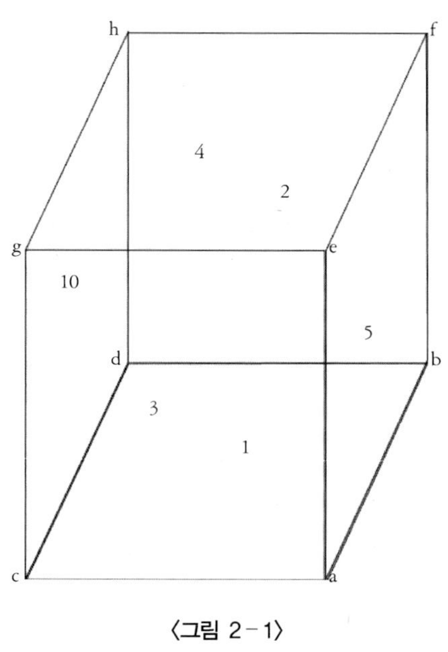

〈그림 2-1〉

<그림 2-1>을 분해하면 아래와 같다.

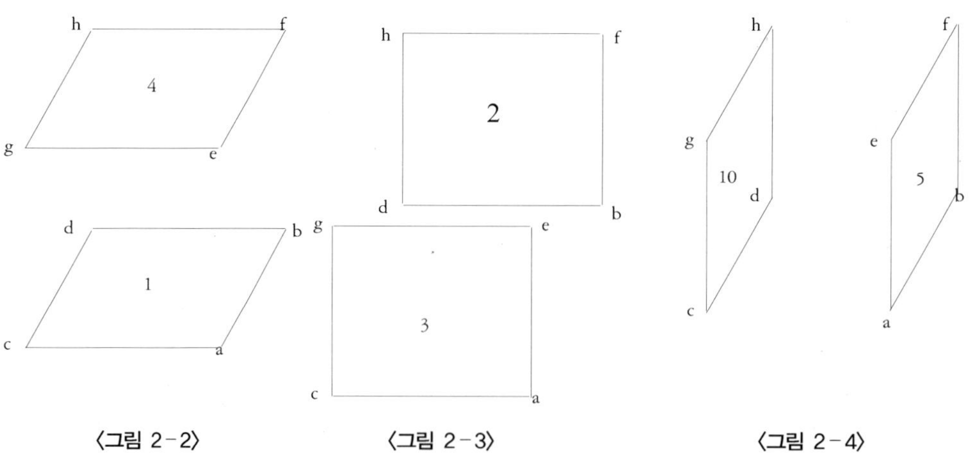

〈그림 2-2〉　　　　〈그림 2-3〉　　　　〈그림 2-4〉

위 그림에서,

■abcd가 1면이고 efgh가 그 대칭면으로 4면으로 배속한다(상·하면).

■aceg가 3면이고 bdfh가 그 대칭면으로 2면으로 배속한다(전·후면).

■cdgh가 10면이고 abef가 그 대칭면으로 5면으로 배속한다(좌·우면).

이와 같은 배속을 乾괘와 坤괘에 적용하면 아래와 같다.

3 정육면체의 전면 ↔ 전면과 마주 보는 후면 2
5 정육면체의 우면 ↔ 우면과 마주 보는 좌면 10
1 정육면체의 하면 ↔ 하면과 마주 보는 상면 4

〈그림 2-5〉

■1과 4는 상·하면으로 초효에 해당하며 지(地)를 상징한다.

■5와 10은 좌·우면으로 중효에 해당하며 인(人)을 상징한다.

■3과 2는 전·후면으로 상효에 해당하며 천(天)을 상징한다.

이렇게 주사위의 6면에 천지인을 대칭되게 배열하면 삼재(三才)의 이치가 표출된다. 이것이 팔괘를 입체화하여 3차원의 정육면체(주사위) 공간에 배치한 것이다. 이제 임의의 세 개의 면이 만나는 꼭짓점의 수를 알아보자.

■a=(1, 5, 3)　■e=(4, 5, 3)

■b=(1, 5, 2)　■f=(4, 5, 2)

■c=(1, 10, 3)　■g=(4, 10, 3)

■d=(1, 10, 2)　■h=(4, 10, 2)

이제 8개의 꼭짓점에 있는 세 개의 수를 더함으로 각 괘에 해당하는 고유의 수를 알아보자. 단 10이 넘어가는 수는 본수의 원리를 적용한다.

■a9　■b8　■c4　■d3　■e2　■f1　■g7　■h6

이상을 적용하여 각 꼭짓점을 표시한 것이 아래 <그림 2-6>이다.

이번에는 위 8개의 꼭짓점에 배속된 세 개의 숫자를 효로 치환해서 팔괘에 배속시켜 보자.

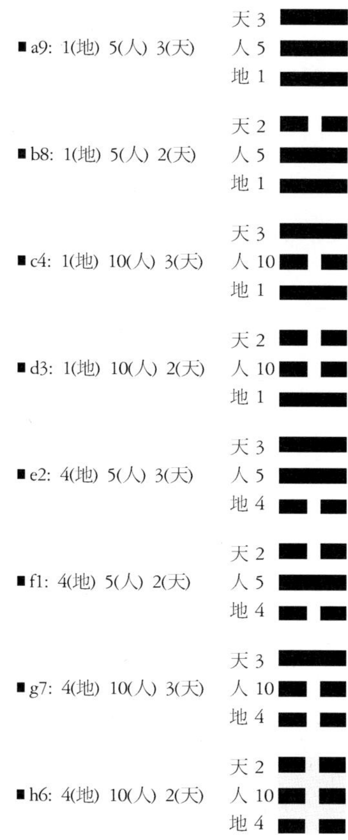

이 주사위는 다음과 같은 6가지 특징이 있다.

■ 첫째, 1면을 이루는 네 점 a, b, c, d에 배속된 4괘와, 4면을 이루는 e, f, g, h에 배속된 4괘는 선천복희8괘의 배열과 동일하다. 다른 말로 표현하면 주사위의 1면이 이루는 네 개의 꼭짓점의 4괘는 하도의 x축에 나타난 4괘와 동일하고, 주사위의 4면을 이루는 네 개의 꼭짓점의 4괘는 하도의 y축에 나타난 4괘와 동일하다.

■ 둘째, 주사위 내면의 중심점(<그림 2-6>)을 중심으로 서로 대척점에 있는 괘는 서로 음양이 반대이고 또 그 수의 합은 25가 되며 본수의 원리에 의하면 모두 5가 된다. 가령 그림 2-6에서 a☰과 h☷은 대척점에 있는데 보다시피 음양 재질이 서로 반대이다. 또 a☰의 각 효의 합은 9이고 h☷은 16인데 9+16은 25이고 본수로 하면 5가 된다. 나머지 꼭짓점도 전부 마찬가지다.

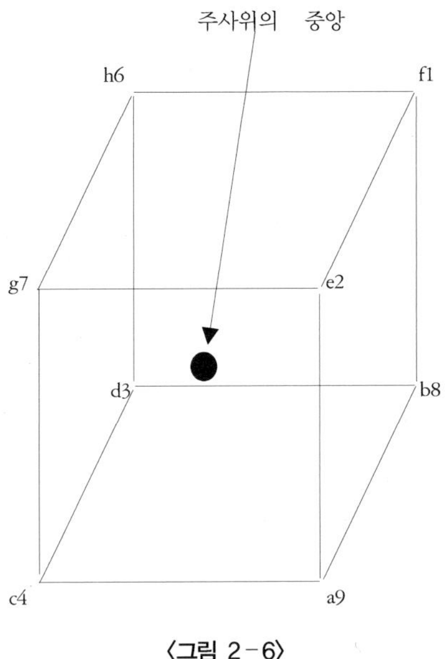

<그림 2-6>

이번에는 각 면에 있는 꼭짓점과 그 대각방향에 있는 꼭짓점의 수를 더해 보자.

- ■1면(a, b, c, d): a9＋d3＝b8＋c4＝12

- ■5면(a, b, e, f): a9＋f1＝b8＋e2＝10

- ■3면(a, c, e, g): a9＋g7＝c4＋e2＝16＝6

- ■4면(e, f, g, h): e2＋h6＝g7＋f1＝8

- ■10면(c, d, g, h): c4＋h6＝d3＋g7＝10

- ■2면(b, d, f, h): b8＋h6＝d3＋f1＝14＝4

<그림 2-6>에서 마주 보는 면들의 수를 합하면 40이 된다.

- ■1면(a, b, c, d)의 합은 24(12＋12)이고, 그 마주 보는 4면(e, f, g, h)의 합은 16(8＋8)인데 따라서 1면과 4면의 합은 40이다.

- ■5면(a, b, e, f)의 합은 20이고 그 마주 보는 10면(c, d, g, h)의 합은 20인데 따라서 5면과 10면의 합은 역시 40이다.

나머지 면들도 마찬가지다. 참고로 40이라는 숫자의 연원은 생수 1, 2, 3, 4와 성수 6, 7, 8, 9의 합이 40이 되는 것과 관계가 있다.

- ■세 번째 특징은 다음과 같다. 우선 임의의 한 꼭짓점을 이루는 세 개의 선분은 각기 세 개의 다른 꼭짓점으로 향한다. 가령, 그림 2-6에서 꼭짓점 a는 꼭짓점 b, c, e와

연결되어 있다. 그런데 이 세 개의 꼭짓점의 숫자의 합에 5를 더하면 각 꼭짓점의 고유 수와 동일해진다. 예를 들어, a9를 중심으로 세 꼭짓점(b, c, e) 고유 수의 합은 14가 된다. 여기에 5를 더하면 19가 되며 본수의 원리에 의해 19는 9가 되므로 결국 a9의 9와 동일한 수가 도출된다. 나머지도 동일한데 이것을 표로 정리하면 아래와 같다.

〈표 2-1〉

a9	e2＋b8＋c4＝14	14＋5(중수)＝19	본수의 원리에 의해 9	a9의 9와 동
b8	f1＋a9＋d3＝13	13＋5＝18	8	b8의 8과 동
c4	g7＋a9＋d3＝19	19＋5＝24	4	c4의 4와 동
d3	h6＋b8＋c4＝18	18＋5＝23	3	d3의 3과 동
e2	a9＋f1＋g7＝17	17＋5＝22	2	e2의 2와 동
f1	b8＋e2＋h6＝16	16＋5＝21	1	f1의 1과 동
g7	c4＋e2＋h6＝12	12＋5＝17	7	g7의 7과 동
h6	d3＋f1＋g7＝11	11＋5＝16	6	h6의 6과 동

이번에는 위 표를 해당하는 괘로 치환해 보자.

〈표 2-2〉

☰9	☱2＋☷8＋☳4＝14	14＋5(중수)	합 19	본수 9
☷8	☰9＋☴1＋☲3＝13	13＋5	18	8
☳4	☵7＋☲3＋☰9＝19	19＋5	24	4
☲3	☶6＋☳4＋☷8＝18	18＋5	23	3
☶2	☰9＋☴1＋☵7＝17	17＋5	22	2
☴1	☷8＋☶2＋☶6＝16	16＋5	21	1
☵7	☳4＋☶4＋☶2＝12	12＋5	17	7
☶6	☵7＋☲3＋☴1＝11	11＋5	16	6

이 표에서 중요한 사실이 있다.

그전에 우선 임의의 괘를 음양으로 나누는 기준을 알아야 한다. 乾(☰)과 坤(☷)은 순수한 양효, 음효로만 구성되어 있으므로 음양을 구분하는 것이 쉽다. 건은 양괘이고 곤은 음괘이다. 乾坤을 제외한 나머지 6괘가 문제가 된다. 음양이 서로 혼잡되어 있으므로 음양을 구분하는 기준을 정해야 비로소 음양으로 나눌 수 있다. 결론부터 말하자면 효의 숫자가 주효(主爻)가 된다. 즉 양(量)이 적은 것이 그 효의 음양을 정하는 데 결정적으로 작용한다. 가령 ☱ ☲ ☳는 모두 양효 두 개에 음효가 한 개인데 음효 쪽이 개수가 적다. 따라서 이 세 개의 괘는 음효라고 규정한다. 반대로 ☳ ☵ ☶은 양효가 한 개, 음효가 두 개이므로 양효가 개수가 적다. 따라서 이 세 개의 괘는 양효라고 규정한다.

위 <표 2-2>에서 맨 윗줄에 있는 ☰9는 양괘이고 그것은 음괘(☷2 ☳8 ☴4) 세 개의 합으로 이루어져 있다는 사실이다. 또 그 아래 줄에 ☳8은 음괘인데 그것은 양괘(☰9 ☵1 ☶3) 세 개가 합쳐서 만들어져 있다. 나머지도 모두 마찬가지 원리로 만들어졌다는 것을 주목해야 한다.

중요하기 때문에 다시 한 번 강조한다. 즉 8괘는 1, 2, 3, 4, 6, 7, 8, 9라는 8개의 숫자로 나타나는데 이 괘들 사이의 변화를 주도하는 것은 주사위의 정중앙에 위치하고 있다고 가정된 중앙 5수이다(<그림 2-6>). 중앙에 있는 中5의 존재가 바로 하도와 팔괘를 불가분의 관계로 연결해 주는 매개체가 된다.

■ 주사위가 가진 4번째의 특징을 보자. 하도와 팔괘에 중수 5가 작용함으로 오행으로 분류되는 결과도 낳게 되는데 그것을 아래 표로 정리한다.

〈표 2-3〉

1 · 6	水	☵1 + 5 = ☲6
2 · 7	火	☲2 + 5 = ☵7
3 · 8	木	☳3 + 5 = ☴8
4 · 9	金	☴4 + 5 = ☳9

위의 표에서 보듯이 임의의 괘에 5를 더하는 것은 그 괘에 있는 중효의 재질이 양에서 음으로 혹은 음에서 양으로 변하는 것을 의미한다. 가령 ☵1에 5를 더하면 ☲의 중효인 양이 음으로 변하여 ☵으로 변한다. 이하 나머지도 전부 같은 원리를 따른다. 반복되는 이야기지만 이것은 생수에 5를 더하여 성수가 나오는 변화의 원리와 같다. 즉 5를 더하는 행위가 중효의 변화를 야기한다는 것이다.

■ 주사위가 가진 5번째 특징을 살펴보자. 우선 주사위에 괘를 배속해서 그리면 아래 <그림 2-7>이 된다.

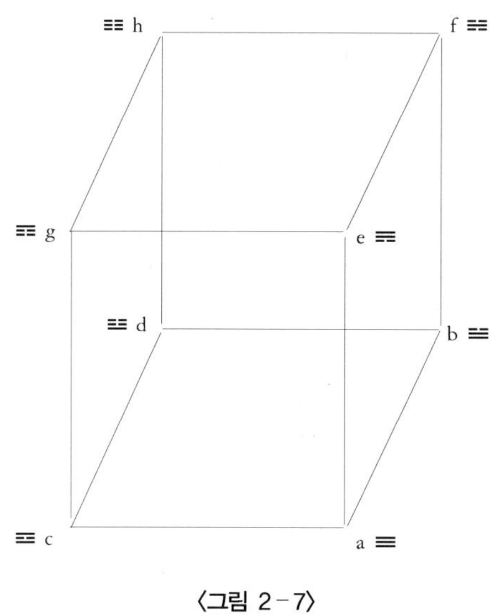

〈그림 2-7〉

■a☰과 h☷을 뺀 나머지 b, c, d, e, f, g의 여섯 개의 꼭짓점은 a☰ 혹은 h☷ 중 어느 하나에 반드시 연결되어 있다. 그래서 a☰과 h☷은 그래서 다른 6괘의 중심 괘가 된다고 상정하자.

■1면에 있는 4괘를 보면 a☰을 중앙에 두고 ☳ ☲ ☱가 펼쳐져 있는데 이들 ☳ ☲ ☱의 주효(主爻)는 각각 초효, 중효, 상효가 된다(적은 수의 효가 주효가 된다고 했다).

이와 같은 관계를 표로 정리하면 아래와 같다.

〈표 2-5〉

면	꼭짓점	초효괘	중효괘	상효괘	중심괘	면위치
1	a b c d	☳	☲	☱	☰	下面
4	e f g h	☴	☵	☶	☷	上面
5	a b e f	☴	☵	☱	☰	右面
10	c d g h	☳	☲	☶	☷	左面
3	a c e g	☴	☲	☶	☰	前面
2	b d f h	☳	☵	☱	☷	後面

이 도표를 살펴보면,

■1면과 4면은 서로 마주 보는 면인데 1면의 초효괘☳과 4면의 초효괘☴은 음양이 정확히 반대가 된다. 마찬가지로 1면의 중효괘☲와 4면의 중효괘☵도 음양이 반대이다.

이런 식으로 서로 마주 보는 면인 1−4면, 5−10면, 3−2면의 초, 중, 상효를 서로 비교하면 음양의 재질이 서로 반대로 되어 있음을 알 수 있다. 마치 이 세계에 살고 있는 사람과 지구 반대편에 살고 있는 사람의 사고방식이 정반대인 것과 마찬가지이다.

■1면과 4면의 괘열의 순서를 보면 정확히 복희선천8괘 순서임을 알 수 있다. 이미 이것을 앞에서 살펴보았기 때문에 독자들은 알고 있을 것이다. 1면과 4면이 아닌 5면과 10면, 3면과 2면이 만드는 괘열도 한 번 표시해 보기로 하자.

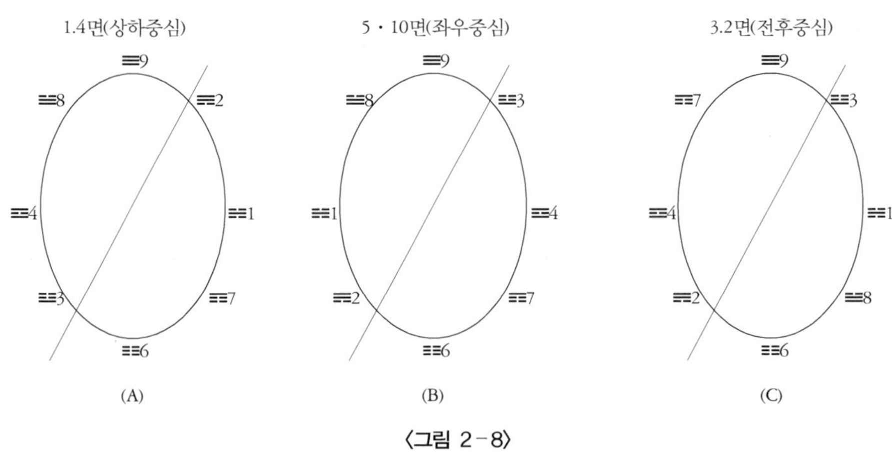

〈그림 2−8〉

위 <그림 2−8>에서

(A), (B), (C)는 괘열을 나타낸 것인데 양효의 합과 음효의 합의 비율을 알아보자.

■(A) 양(9＋8＋4＋3＝24):음(6＋7＋2＋1＝16)＝24:16＝3:2

■(B) 양 20:음 20＝1:1

■(C) 양 22:음 18＝11:9

계산 결과 (A)의 1−4면의 음양 비율은 3:2로 동양학에서 주장하는 삼천양지(參天兩地)의 원리에 충실하다. (B)는 음양의 비율이 1:1로 어느 쪽에도 치우치지 않는 중용을 보여주고 있다. 그도 그럴 것이 (B)에 적용된 면은 5·10면으로 그만큼 5와 10은 중용의 도(道)를 나타내고 있기 때문이다.

이에 반해 (C)는 11:9로 치우쳐 있으므로 그다지 합리적이지 않음을 알 수 있다. 따라서 경우의 수에는 포함되나, 존재 의의로 볼 때는 그다지 중요성이 없다는 것이 필자의 생각이다.

■마지막으로 주사위가 갖는 6번째 특징을 살펴보자.

주지하다시피, 주사위의 각 면은 오행에 배속되고 이것은 다시 8괘의 6효에 각각 배속
되어 대성괘(大成卦)의 대의(大義)를 표출한다. 그것을 알아보려고 한다.

우선 주사위의 각 꼭짓점과 배속되는 오행과의 관계를 상기해 보자.

－1면: (a c), (b d):(4·9金), (3·8木)

－4면: (f h), (e g):(1·6水), (2·7火)

－5면: (a b e f):(9金), (8木), (2火), (1水)

－10면: (c d g h):(4金), (3木), (7火), (6水)

－3면: (e g), (c a):(2·7火), (4·9金)

－2면: (f h), (e g):(1·6水), (2·7火)

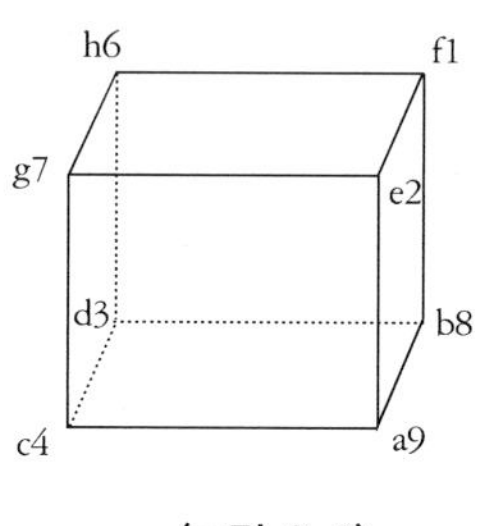

〈그림 2-9〉

이상에서 보는 것처럼 주사위의 각 면에는 하도의 숫자가 입체적으로 배속되어 있음을
볼 수 있다. 그런데 5면과 10면은 다른 면과 다르다는 것을 알 수 있다. 즉 5면과 10면은
오행 중의 어느 두 개의 국(局)으로만 치우쳐 나타나는 것이 아니라 金木火水의 사행(四行)
이 고루 들어 있다는 것이다.

이제 하도 數가 상교(相交)하는 변화규칙을 가지고 각 면의 성격을 구체적으로 규정해
보자.

■주사위의 1면(하면): 3·8木과 4·9金으로 구성: 결합하는 경우의 수는 다음 4가지다.

木＋金＝陽木(3)＋陽金(9)＝12＝2

陰木(8)＋陰金(4)＝12＝2

陽木(3)＋陰金(4)＝7＝7

陰木(8)＋陽金(9)＝17＝7

木과 金이 상교하면 2와 7 이외에는 나오지 않으니 자연히 2·7火가 된다.

■주사위의 4면(상면): 1·6水와 2·7火로 구성: 결합하는 경우의 수는 다음의 4가지이다.

水＋火＝陽水(1)＋陽火(7)＝8

陰水(6)＋陰火(2)＝8

陽水(1)＋陰火(2)＝3

陰水(6)＋陽火(7)＝13＝3

따라서 水와 火가 상교하면 3・8木이 자연스레 도출된다.

■ 주사위 5면(左面): 1水, 2火, 8木, 9金으로 구성: 경우의 수는 다음 4가지이다.

火＋木＝陰火(2)＋陰木(8)＝10

　　　陽金(9)＋陽水(1)＝10

　　　陰火(2)＋陽金(9)＝11＝1

　　　陽水(1)＋陰木(8)＝9

여기서는 조금 양상이 다르다. 위에서 2・9, 1・8은 생수, 성수의 결합에 의한 오행을 만들지 못한다. 따라서 오직 10만 나오는 것을 채택한다. 그런데 10은 그 안에 5가 숨어 있는 것으로 10은 곧 5와 동일한 의미를 가지므로 5가 나오는 것으로 간주한다.

따라서 水火木金의 四行이 서로 상교하면 5土가 도출된다고 할 수 있다.

■ 주사위 10면(右面): 6水, 3木, 7火, 4金으로 구성: 결합 가능한 경우의 수는 2가지이다.

木＋火＝陽木(3)＋陽火(7)＝10

　　　陰水(6)＋陰金(4)＝10

따라서 水火木金의 四行이 서로 상교하면 10土가 도출된다.

■ 주사위 3면(前面): 2・7火와 4・9金으로 구성: 각각의 경우의 수는 4가지다.

火＋金＝陽火(7)＋陽金(9)＝16＝6

　　　陰火(2)＋陰金(4)＝6

　　　陽火(7)＋陰金(4)＝11＝1

　　　陰火(2)＋陽金(9)＝11＝1

따라서 火와 金이 상교하면 1・6水가 도출된다.

■ 주사위 2면(後面): 1・6水와 3・8木으로 구성: 각각의 경우의 수는 4가지다.

水＋木＝陽水(1)＋陽木(3)＝4

　　　陰水(6)＋陰木(8)＝14＝4

　　　陽水(1)＋陰木(8)＝9

　　　陰水(6)＋陽木(3)＝9

따라서 水와 木이 상교하면 4・9金이 도출된다.

이제 위에서 정리한 6가지 상교 결과를 토대로 대성괘(6효괘)를 만드는 과정을 설명한다.

결론부터 말하면, 주사위의 1・5・3면은 대성괘의 하괘를 구성하고 4・10・2면은 상괘를 구성한다. 그림으로 도식화하면 아래와 같다.

```
주사위  2면(후면)  6爻  4·9金  ⟩
주사위 10면(우면)  5爻  10土  ⟩ 上卦
주사위  4면(상면)  4爻  3·8木  ⟩
─────────────────────────────
주사위  3면(전면)  3爻  1·6水  ⟩
주사위  5면(좌면)  2爻  5土   ⟩ 下卦
주사위  1면(하면)  1爻  2·7火  ⟩
```

〈그림 2-10〉

水火의 본질을 말할 때 "水火者 陰陽之聲氣而爲輕淸也"라고 표현하는 것은 물과 불이라는 것이 음양의 소리(聲)와 氣로써 가볍고 맑다는 뜻이다. 천지가 만물을 生할 때 水로써 윤택하게 하고 火로써 말린다고 했는데 <그림 2-10>의 하괘에 이처럼 水火가 배속된 것은 만물이 처음 생하는 과정을 나타내는 것이다. 또 木金의 본질을 말할 때 "木金者 陰陽之形質而爲重濁也"라고 표현한 것도 木과 金이 음양의 形과 質로써 무겁고 탁하다는 뜻이 된다. 천지가 만물을 生한 연후에는 그 형상과 바탕이 얽히고 섞여 이루어지니 상괘에 木金이 배치된 것이다.

<그림 2-10>에 하괘와 상괘 사이에 3면과 4면이 서로 마주 보며 水生木으로 연결되는 것도 아주 자연스럽다. 生에서 成으로 가는 과정이기 때문이다. 이상으로 주사위를 통하여 하도에서 8괘가 생기는 과정을 세밀하게 살펴보았다.

마지막으로 복희선천팔괘도의 배열에 들어 있는 의미를 음미하면서 이 절을 마친다.

3장 하도와 장전8괘의 <그림 1-18>에서 x축에 나열된 4괘는 선천팔괘도의 陽圈(좌반구)을 이루고 있고 y축의 4괘는 陰圈(우반구)을 채우고 있다.

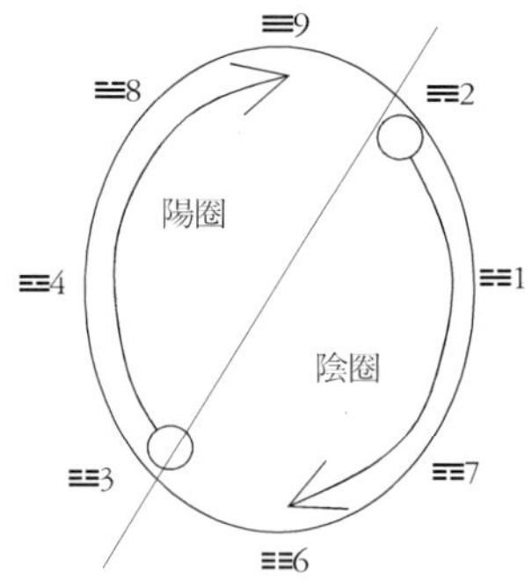

〈그림 2-11〉

양권(陽圈)이라는 의미는 북쪽(겨울)의 ☵6에서 동쪽(봄)의 ☲4를 거쳐 남쪽)(여름)의 ☰9에 이르는 좌측 반구를 의미하고 음권은 그 반대를 의미한다(위 그림의 화살표 방향).

<그림 2-11>을 보면,

- ☰9金 성수는 그 대척점의 ☵6水 성수를 金生水로 生한다.
- ☱8木 성수는 그 대척점의 ☶7火 성수를 木生火로 生한다.
- ☲4金 생수는 그 대척점의 ☴1水 생수를 金生水로 生한다.
- ☳3木 생수는 그 대척점의 ☴2火 생수를 木生火로 生한다.

이상으로 볼 때, 양권의 9, 8, 4, 3이 음권의 6, 7, 1, 2를 각각 오행으로 生하고, 또 그 괘를 구성하는 효는 음양의 재질이 서로 반대로 되어 있다. 양권에는 성수 중에 가장 큰 수의 그룹, 9와 8이 각각 하늘(☰)과 바다(☱)를 상징하면서 놓여 있고 또 생수 중에 가장 큰 수의 그룹, 4와 3이 각각 불(☲)과 우레(☳)로 요동치고 있다. 음권에는 성수 중에 가장 작은 수 그룹, 7과 6이 각각 산(☶)과 땅(☷)으로 자리를 차지하고 또 생수 중에 가장 작은 수 그룹, 2와 1이 각각 바람(☴)과 물(☵)로 작용을 만들고 있다. 양권에 있는 하늘과 바다는 쉬지 않고 항상 움직이는 형상이고, 음권에 있는 산과 땅은 늘 고정되어 요지부동한 형상이다. 양권에 있는 불과 우레는 화기(火氣)의 성질이 강해서 하늘과 바다에 변화를 일으키고, 음권에 있는 바람과 물은 수기(水氣)의 성질이 강해서 산과 땅에 직접적인 영향을 미친다. 그 위상(位相)으로 미루어 보면 바다 위에 하늘이 있고 바다는 또한 아래에 위치하여 하늘을 담고 있으며, 불은 위에 있고 우레는 아래에 위치해 있으니 우레가 진동하여 섬광(sparkle)을 만들어 위로 활활 타오른다. 또 땅 위에 산이 존재하고 물 위에 바람이 불어 서로 긴밀한 관계를 맺으며 작용을 한다. 이와 같이 성수와 생수가 서로 조화롭게 교류하여 8괘가 배치되니 하도에서 팔괘가 生한 이치가 참으로 신묘하지 않을 수 없다.

모름지기 數와 象은 易學의 근본이고 또 하도의 數에서 8괘라는 상이 나오는 것은 지극히 당연한 이치라는 것을 독자들은 이제 이해하였을 것이다.

복희씨가 하도를 보고 '획괘(劃卦)'했다는 말을 그동안 수없이 들어 왔어도 구체적으로 어떻게 하도에서 8괘가 도출되고 또 그 數와 象이 어떤 관계인지 막막하였을 것이다. 이에 필자는 여러 각도에서 수리를 탐구하여 이상과 같은 결론에 도달하였다. 특히 주사위를 이용한 논리 전개에 주목하기 바라며 주사위 논리가 더 진화하면 천변만화로 전개된다. 그러나 여기서는 단지 하도와 8괘의 관계에만 초점을 맞추어 설명하였을 뿐이니 양지해 주시길 바란다.

제4장 하도와 인간

1. 하도의 10수와 인체의 규(竅)

한의학에서는 인체에 9규(九竅)가 있다고 말한다. 그러나 필자는 다음과 같이 주장한다. "넓게 말해 인체는 남녀 공히 12규가 있다. 하지만 여성에게는, 아이를 생산하는 질(膣)이 하나 더 있어서 엄밀하게 말하면 여성은 13규를 가지고 있다."라고!

12규를 구체적으로 나열하면 귀 두 개, 눈 두 개, 코(구멍) 두 개, 입 한 개, 요도 한 개, 항문 한 개, 젖 두 개, 배꼽 한 개가 되는데 전부 합하면 12개의 구멍이다. 여성의 경우는 여기에 질을 하나 더 추가하여 13개가 되는 것으로 보고 논리를 전개하고자 한다. 이 중에 좌우측 젖과 배꼽의 3구멍은 평상시 닫혀 있어서 실제로 활동을 하지 않으므로 12규에서 3규를 뺀 아홉 개를 한의학에서 9규(九竅)라고 일컫는다. 그런데 12규를 잘 살펴보면 이것은 역(易)을 형성하는 근본 법칙인 삼현일장(三顯一藏)의 원리와 부합됨을 알 수 있다. 삼현일장이란 셋은 나타나고 하나는 감춰진다는 뜻이다. 비유하자면 1년 중에 봄, 여름, 가을은 생명활동이 활발히 일어나지만 겨울은 외부와 단절되어 생명활동을 멈추고 있는 것을 말한다. 이때 감춰진 일장(一藏)인 겨울은 생명활동이 중지된 것으로 보이지만 사실 내부적으로는 앞으로 다가올 새로운 봄, 여름, 가을을 잉태하고 있는 것이다. 아무튼 1장은 3현과는 확연히 구분되고 있다. 이처럼 4단계 중 3단계는 나타나고 1단계는 감춰진다는 것이 삼현일장의 핵심 개념이다. 실제 자연에서 삼현일장의 예를 무수히 찾을 수 있다. 네 개가 모여 1세트(set)를 이루는 것에는 어김없이 삼현일장 원리가 담겨 있다.

그럼 이제 삼현일장을 12규에 적용해 보자.

인체의 9규는 삼현(三顯)에 해당하고, 닫혀 있는 젖과 배꼽(휴식을 취하고 있는 구멍이라고 하자)의 3규는 일장(一藏)에 해당한다.

잠시 눈을 돌려 9규가 가지는 고유의 기능을 살펴보자. 눈은 보는 기능만 있고 듣는 기능이 없으며, 귀는 듣는 기능만 있고 보는 기능이 없다. 코는 후각(嗅覺)의 기능은 있지만 입처럼 미각(味覺) 기능은 없고 입은 미각 기능은 있지만 후각 기능이 없다. 요도는 소변 배출 기능이 있지만 항문처럼 배변 기능은 없다. 항문은 배변의 기능은 있지만 소변의 기능은 없다. 이와 같이 인체의 9규는 각자 고유의 부분적 기능만 가지고 있을 뿐 통합적 기능을 갖지 못한다는 말이다.

이번에는 좀 특수한 환경에 있는 여자만의 고유 기관(구멍)인 질(膣)을 고찰해 보자. 질은 좀 특수한 상황이다. 한 개의 구멍이지만, 9규를 갖춘 사람을 생산하는 곳이다. 따라서 질은 '왕 중 왕'이라는 말이 있듯이 '구멍 중 구멍'이라고 말할 수 있다. 남자가 아무리 꿈꿔도 갖지 못할 구멍이다.

상스러운 욕 가운데 '씹 새끼', '씹할 놈'이 있는데 씹은 바로 십(十)을 의미한다.

열 십(十)은 수평선과 수직선을 교차시켜 음양을 완전히 종합했다는 의미로 이같이 상형했을 것으로 추측된다. 이것은 바로 열 번째 구멍인 질(膣)을 빗대서 하는 표현이다. 앞서 하도의 10수에서도 밝혔듯이, 10은 모든 것을 종합하고 통합하는 복합적인 기능을 가진 성스러운 숫자이다. 아라비아 숫자에서 1, 2, 3, 4, 5, 6, 7, 8, 9까지는 전부 한 단위 숫자이지만, 9 다음에 10으로 넘어가면 이제 모든 것이 완성되었다는 의미를 갖는다. 10이라는 수의 구성도 앞에 있던 원래의 수, 1을 향해 가려는 의미로 1을 쓰고 그 뒤에 0을 붙여 두 자리 숫자로 만들었다.

우리가 사는 태양계를 예로 들어 보자. 태양계의 아홉 개 행성인 수성, 금성, 지구, 화성, 목성, 토성, 천왕성, 해왕성, 명왕성은 모두 태양을 중심으로 공전하고 있다. 물론 명왕성은 국제 천문학회로부터 2006년 8월 행성으로서 퇴출당했다. 이유는 행성이 질량이 충분히 크지 않고 궤도 내에서 지배적인 위치를 차지하지 못한 때문이다. 그러나 그것은 서양 천문학적 관점에서의 요건 불충분일 뿐이다. 여기서 필자가 주안점을 두는 행성의 요건은 태양을 중심으로 공전하는지이다. 명왕성도 분명히 태양 둘레를 공전한다. 그러므로 아홉 개의 행성의 범주에 포함시켜야 한다. 또 하나, 우리가 주목해야 할 것이 바로 핼리혜성(Halley's comet)이다. 태양계의 수성으로부터 명왕성의 외곽까지의 타원형 궤도를 약 76년 주기로 공전하고 있다. 참고로 핼리혜성은 공전 주기가 약 76.03년이다. 행성의 맨 끝인 명왕성 밖에 카이퍼벨트라는 소행성 집단이 있다. 이곳에 크고 작은 행성이 2,000여 개 존재한다. 핼리혜성이 이곳에 가면 가스층과 얼음층이 두꺼워져 이동속도가 느려지고 이동속도가 느려진 이 혜성은 결국 태양의 인력에 의해 태양 근처로 끌려오게 되고, 그렇게 다시 태양 근처로 끌려오면 얼음덩어리와 가스층이 녹으면서 이동속도 또한 빨라지다가 다시 카이퍼벨트 쪽으로 탈출하는데 그 주기가 76.03년이고 역시 태양을 중심으로 공전한다. 전술한 바와 같이 태양을 중심으로 공전한다면 이 역시 행성의 범주에 포함시켜야 한다. 그러면 도합 10행성이 된다. 일설에 핼리혜성은 명왕성까지 가지 않고 해왕성까지만 간다고 주장하는 이론도 있다. 그렇다면 이때는 태양을 포함시켜야 10수 이론이 성립한다. 꿰어 맞추기 식으로 보이지만 자연을 구성하는 법칙이 9수 내지 10수이기 때문에 그렇게 추정하는 것이다. 원소주기율표를 만든 러시아의 멘델레예프도 아직 발견되지 않은 원소를 위해서 표에 빈칸을 만들어 놓지 않았던가!

9개의 행성이 태양을 중심으로 일률적으로 공전하는 것은 인체의 9규가 부분적인 기능을 갖고 있는 것과 같고 핼리혜성의 공전궤도가 아홉 개의 행성의 궤도를 모두 포괄(모두 거치는)하면서 공전하는 것은 여성 고유의 10번째 구멍인 질(膣)이 아홉 개의 부분적인 기능을 모두 갖춘 사람을 생산하는 기능을 가지고 있는 것과 같은 이치처럼 보인다.

또 태양광선을 스펙트럼 분석하면 빨강, 주황, 노랑, 초록, 파랑, 남색, 보라 7가지 무지개 색으로 되어 있고 여기에 빨강 바깥에 적외선이, 보라 밖에 자외선이 있어서 도합 9가지 색으로 되어 있다. 이상의 9가지 색깔이 함께 혼합되면 태양광 자체인 백색광이 되는데 도합 10색이 되는 것도 10의 논리를 벗어나지 않고 있다.

이상의 몇 가지 예를 종합하면 인체의 구조나 자연계의 구조가 하도(河圖)의 10수 구조와 분명히 일치함을 실례로써 보여 주고 있다.

하도가 10수로써 이루어져 있다는 것은 하도가 바로 우주와 그 안에 살고 있는 온갖 생명체의 설계도를 보여 주는 것이라고 생각할 수 있다. 이 대목에서 혼동하지 말아야 할 것이 있다. 실제 생명활동을 영위하는 것은 용수(用數) 9라는 것이다. 본체는 10수이지만, 인체를 9규로 표현하는 것은 용(작용)을 표현한 것이고 그것은 낙서(洛書) 9수에 나타난다는 말이다. 왜냐하면 하도는 자연수가 통일하는 상(象)을 표시한 것으로 의사표현만 한 것에 불과하고 낙서는 자연수가 발전하는 상(象)을 나타낸 것으로 이미 행동(작용)개시를 한 것을 의미하기 때문이다. 이와 같이 인체는 9규로써 실질적인 생명활동을 하기 때문에 한의학에서는 인체가 9규로써 이루어져 있다고 하는 것이다.

이제 위와 같은 배경을 가지고 인체의 9규를 재정리해 보자.

■ 인체의 9규는 귀, 눈, 코, 입, 성기, 배꼽의 여섯 개 국소(局所)로 되어 있다. 이 중에 귀, 눈, 코는 두 개씩의 구멍을 가지고 상부(上部)에 위치하여 주로 정신적인 작용을 하고,

■ 인중(人中)을 중심으로 인중의 하부에는 입, 성기, 항문이 한 개씩의 구멍을 가지고 주로 물질적인 작용을 하고 있다.

구멍이 두 개씩인 귀, 눈, 코는 그 체(体)가 음수(2)이며 그 작용은 양수(1)가 되므로, 즉 정신적인 작용을 하고, 구멍이 한 개인 입, 성기, 항문은 그 체(体)가 양수(1)이고 작용하

는 것은 음(2)으로 물질적인 작용을 하는 것이다. 이것은 크게 음양으로 대별하여 구분한 것이다.

이번에는 이것을 다시 天地人 삼재(三才)로 구분해 보면 눈과 귀는 天에 해당하고 코와 입은 人에 해당하고, 성기와 항문은 地에 해당한다.

天에 해당하는 귀와 눈은 순수한 정신적 활동만을 주로 하고, 地에 해당하는 요도와 항문은 물질적 활동만을 주로 하며, 人에 해당하는 코와 입은 정신적 활동과 물질적 활동을 함께 병행하고 있다. 즉 天과 地의 혼합작용을 담당하고 있다.

이 혼합작용에 대하여 구체적으로 말해 보자.

■ 코는 냄새를 맡는 물질적인 활동을 함과 동시에, 감정이 복받칠 때 호흡이 거칠어지거나, 마음이 안정될 때는 호흡이 평안해지는 것이 정신적인 활동이다.

■ 입은 음식을 먹고 마시는 물질적 활동을 함과 동시에 자신의 감정이나 의사표시를 언어라는 수단을 통해서 표현하는 것이 정신적인 활동이다.

이것은 코와 입의 위치하는 부위가 天과 地의 중간인 인위(人位)이기 때문이다.

6개의 국소에 있는 9규는 귀, 눈, 코의 3국소 6규와 입, 성기, 항문의 3국소 3규로써 음양의 비율로 따져 보면 2:1이고 삼재(三才)로 구분하면 天의 2국소 4규, 人의 2국소 3규, 地의 2국소 2규이니 4:3:2의 비율로 분포되어 있음을 알 수 있다.

그러면 여성이 가지고 있는 특수한 구조, 질(膣)은 어디에 포함해야 할까? 여성의 질은 1水로 표현한다. 따라서 위의 논리에 연결하여 표현하면 膣:地:人:天＝1:2:3:4의 비율이 된다.

광활한 우주를 일이관지(一以貫之)로 통철하기는 제한된 인간의 지능으로 불가능하다. 따라서 선인들은 자연을 닮은 인체를 소우주로 보고 그 안에서 우주의 원리를 찾는 것이 합당한 공부법이라고 생각하였으니 공자의 근취저신(近取諸身)이 그것이다.

이 절에서는 인체를 이루는 9규의 작용을 역상(易象)으로 살펴봄으로써 근취저신(近取諸身)하는 설괘(說卦)의 뜻을 새롭게 조명해 보았다.

다음 절에서는 인체와 역상에 관해 좀 더 심도 있게 알아보자.

2. 역상규론(易象竅論)

선후천팔괘(先後天八卦)와 인체(人体)의 8규(八竅) 배합에 관해서 고찰해 볼 차례다. 앞

절에서는 9규라고 하더니 왜 8규인가? 그 의문은 곧 풀릴 것이다.

우선 설괘전(說卦傳)에 보면 괘와 인체의 부위를 배속하여 다음과 같이 서술되어 있다.

- 건위수(乾爲首) ■ 곤위복(坤爲腹) ■ 진위족(震爲足)
- 손위고(巽爲股) ■ 감위이(坎爲耳) ■ 이위목(離爲目)
- 간위수(艮爲手) ■ 태위구(兌爲口)

건(☰)은 머리, 곤(☷)은 배, 진(☳)은 발, 손(☴)은 넓적다리, 감(☵)은 귀, 리(☲)는 눈, 간(☶)은 손, 태(☱)는 입이 된다. 이것은 팔괘를 인체에 적용한 것으로 근취저신(近取諸身: 가까이로는 우리 몸에서 취함)의 철학에서 취(取)한 상(象)이다.

주역에서는 대체로 사람의 신체 부위를 크게 머리와 배, 눈과 귀, 발과 넓적다리, 손과 입으로 나누고 있다. 여기에는 자연에 존재하는 8괘의 속성과 원리적으로 통하는 특징을 가지고 있는데 주역에는 다음과 같이 표현하고 있다.

- 천지정위(天地定位)의 원칙에 따라 머리와 배가 서로 상대적으로 위치하며 머리는 정신적인 활동을 하고 배는 물질적인 활동을 하는 것이다.
- 뇌풍상박(雷風相薄)하니 발과 넓적다리가 上下로 위치하여 발은 움직이고 넓적다리는 무릎을 구부리고 편다.
- 수화불상석(水火不相射)하니 귀는 듣고 눈은 보기만 하여 서로의 영역을 침범하지 아니한다.
- 산택통기(山澤通氣)하니 손으로 입에 먹을 것을 가져가며 손으로 제스처를 하면서 말을 한다.

팔괘를 근취저신(近取諸身)의 원리를 이용하여 팔괘에 배합한 이는 공자님이다. 그분의 지혜에 탄복하지 않을 수 없다. 당연한 이야기지만 인체를 8괘로 분류하는데 이렇게 취상(取象)하는 것이 가장 합리적이라고 말할 수밖에 없음을 느낀다. 다만 필자는 여기에서 한 가지 의문점을 지울 수 없었다. 사람의 얼굴에는 귀, 눈, 코, 입이라는 4규가 있는데 이 중에서 공자는 어째서 코의 괘상 배속을 제외시켰을까? 혹시 코는 신☴괘인데 코보다는 손(手)에 배속하는 게 더 합리적이고 또한 인체를 크게 나누는 입장에서 볼 때도 코보다는 손에 신☴을 배속시키는 것이 더 타당하다고 판단해서 그런 것이 아닐까? 공자께서 이러한 사항을 고려하지 않았을 리 없다. 코의 상(象)은 역(易)을 아는 자라면 누구라도 단번에 알 수 있을 것이라고 생각하여 코를 제외시키는 대신 그보다 더욱더 포괄적인 뜻을 가진 신☴을 손에 배속하였을 것이라는 생각이 든다.

그러면 우리는 코의 상(象)을 과연 어디에 배속시키는 것이 합당할지 논리를 따져 보자. 우선 이미 알고 있는 귀, 눈, 입은 처음에 어떻게 취상을 하였는지에 관한 문제제기부터 해 보자. 필자는 연구에 연구를 거듭하면서 아래와 같은 공통점을 발견하게 되었다.

■ 귀는 ☵, 눈은 ☲, 입은 ☱로 취상하였는데 귀의 모습은 볼록하고 세로로 놓여 있다. 반면, 눈과 입은 오목하게 함몰되어 있고 가로로 놓여 있다.

볼록하고 세로로 되어 있는 것은 양괘이고, 오목하고 가로로 되어 있는 것은 음괘다. 이것만 가지고는 귀와 눈과 입의 차이점을 다 설명했다고 할 수 없다. 그러면 귀, 눈, 입이 가지고 있는 각각의 특징을 더 찾아야 한다. 그러다가 고안한 것이 특이점 개념이다. 여기서 처음 등장하는 특이점이라는 용어를 잘 기억하여야 한다. 특이점이란 각 기관의 용(用)이 되고, 특이점이 아닌 것은 그 기관의 체(體)가 된다. 다소 어려운 개념이어서 설명을 덧붙인다.

■ 귀는 볼록 튀어나온 귓바퀴가 있고 그 아랫부분에 귓불이 있다. 그리고 그 가운데 귓구멍이 뚫려 있는데 소리는 이곳을 통하여 뇌로 전달된다. 귀의 형태상 특이점은 귓구멍이라고 규정하자. 귀에 배속된 坎(☵)괘를 보면 확연하다. 상하에 있는 두 음 가운데 중앙의 1양이 빠져 있는 象으로 上의 음효는 귓바퀴를, 下의 음효는 귓불이라고 해도 무방하다. 소리를 모아서 이공(耳孔)을 통과해 들어가서 듣는 과정은 중앙의 양효라는 말이다. 즉 특이점 부분은 그 기관의 핵심 부위에 해당한다. 귓바퀴와 귓불로는 듣지 못하지만 귓구멍을 포함해 고막에 이르는 내이(內耳)가 바로 특이점이고 그 특이점을 통해서 귀의 소리를 듣는 작용이 이루어진다는 것이다.

따라서 ☵은 특이점이 중앙의 양효이며 또한 괘의 주인인 주효(主爻)가 된다. 그러므로 ☵을 귀(耳)에 배속하였다.

■ 눈은 오목하게 함몰되어 있고 가로로 놓여 있는데 밖은 흰자위, 안은 눈동자의 구조를 가졌다. ☲의 구조를 보면 안에는 음효로 되어 있으니 어두워서 보지 못하는 것을, 그러나 밖의 양효 두 개는 사물을 밝게 보는 작용을 상징하고 있는 것이다. 따라서 ☲의 특이점은 눈의 실질적인 시각작용의 임무를 띤 중앙의 음효가 된다. 그리고 이 음효가 괘의 주인, 주효(主爻)가 된다. 그러므로 ☲는 눈(目)에 배속된다.

■ 입도 역시 오목하게 함몰되어 있고 가로로 놓여 있다. ☱의 구조를 보면 음 하나가 두 개의 양을 타고 있으며 또 위(밖으로)로 열려 있다. ☱는 바다로 취상하였는데 바다의 모습도 출렁이며 위(하늘 쪽)로 열려 있다. 바다의 수증기가 터진 하늘 쪽으로

증발해 올라가듯이 사람이 터진 입을 통해서 말도 하고 음식물을 먹기도 하며 토하기조차 한다. ☰의 위의 음효는 터진 입이며 아래 두 개의 양효는 입안의 텅 빈 공간을 의미한다. ☰는 특이점이 바깥에 있고 음효로 되어 있으며 이것이 또한 주효(主爻)가 된다. 그러므로 ☰는 입[口]에 배속된다.

이상의 추론을 통해서 귀, 눈, 입을 취상하는데 두 가지 공통된 원칙이 있다는 것을 알게 된다.

- 음양의 본성을 보는 것이다. 음은 오목하고 가로로 놓여 있으며, 양은 볼록하고 세로로 놓여 있다는 사실이다.
- 특이점의 위치를 본다. 기관의 작용(기능)이 이루어지는 주요 부분이 특이점이다. 특이점이 상중하(上中下)의 어디에 있는지를 보는 것이다.

그렇다면 이러한 원칙을 바탕에 깔고 코를 탐구해 보자.

- 코는 음양으로 볼 때 볼록하고 세로로 되어 있으니 陽이 분명하다.
- 코의 특이점은 下에 있다.

코를 만일 세 부분으로 나눈다면 上과 中은 콧대가 되고 下는 두 개의 콧구멍이 있는 부분이다. 이것을 그대로 취상하면 上과 中은 음효이고, 下는 양효이다. 따라서 우레☳에 배속된다는 결론에 이르게 된다.

☳우레의 속성은 무엇인가? 바로 진동하는 모습이다. 코를 출입하는 것이 바로 공기다. 공기는 바로 진동을 일으키는 주연(主演) 배우이다. 그러므로 코를 ☳에 배속하는 것이 합당해 보인다.

기존 역학자들은 코를 흔히 신☴괘로 배속한다. 그러나 이는 그 형상을 보고 취상한 것이지 작용을 본 것이 아니다. 물론 주역은 때에 따라 변하는 변역(變易)의 속성을 가지고 있으니 틀린 이론은 아니다. 그러나 공자께서 설괘전에 취상한 귀, 눈, 입의 논리를 분석해서 그 취상하는 기준에 충실하면 우레에 배속하는 것이 더 합당하다는 것이 필자의 주장이다.

이제 인체의 표면에 붙어서 작용하고 있는 기관들을 더욱 심도 있게 알아볼 차례이다. 즉 공자가 말한 3규(세 구명)와 필자가 밝힌 코(구명)를 합쳐서 이제 네 개의 구명(四竅)은 이제 4괘에 정확히 배속되었다.

이제 좀 더 확대하여 인체에 있는 나머지 구멍에 대해서도 밝혀 보자. 우선 인체에 붙어 있는 구멍에 대하여 아래와 같이 정리해 보자.

인체에는 8규(八竅)가 있다. 구멍의 개수를 말하는 것이 아니라 구멍이 위치한 처소의 개수를 말하는 것을 혼동하지 말아야 한다.

- 얼굴에 耳目口鼻 4곳.

- 몸통에 젖[乳], 배꼽[臍], 성기(性器), 항문(肛門) 4곳.

아직 몸통에 있는 젖, 배꼽, 성기, 항문 4곳만 취상이 이루어지지 않았다. 위에서 살펴본 두 가지 원리를 적용하면 전부 배속이 가능할 것이다.

- 젖은 볼록하므로 양에 해당한다. 특이점이 없고 上中下가 전부 양이므로 ☰(하늘)괘로 취상한다.

- 배꼽은 오목하게 함몰되었으므로 음에 해당하고 특이점 역시 없고 上中下가 전부 음이므로 坤☷괘에 배속한다.

- 성기는 음양으로 볼 때 볼록하므로 양에 해당하고, 특이점이 上에 있다. 따라서 下와 中은 음효가 되고, 上은 양효가 되므로 산☶괘로 취상한다.

혹자는 의문을 제기할 것이다. 여성의 성기가 함몰이지 어떻게 돌출인가? 여성의 성기는 남성의 성기가 퇴화하여 여성화된 것이라는 점을 상기할 필요가 있다. 자극에 민감한 남성 성기의 귀두 부분이 돌출되어 있고, 남성의 귀두에 대응하는 여성의 민감한 클리토리스도 돌출되어 있다.

남성 성기는 요공(尿孔)이 특이점이고 여성 성기의 경우도 역시 요공이 특이점이다. 따라서 남녀 공히 특이점이 위(上)에 있다고 본다. 특이점이 상(上)에 있으므로 산☶괘로 하는 것이 합리적이다. 성기에 있는 요공은 소변이 나오는 구멍으로, 그 하부는 육질로 되어 있고 바깥 위쪽(남성의 경우 발기되었을 때 기준)에 구멍이 있으므로 특이점이 上에 있는 것이다.

- 항문은 오목하므로 음에 해당하고 특이점이 下에 있으므로 上과 中은 양효가 되고 下는 음효가 되므로 바람☴괘로 취상한다. 항문은 소화된 음식물의 찌꺼기를 위쪽에서 아래쪽으로 배출하는 곳으로 특이점이 下에 있는 것이다. 아래를 향해 뚫려 있는 항문은 그 특이점이 당연히 음효가 된다. 이로써 인체의 8규(八竅)와 8괘의 배속이 완성되었다.

이제 인체의 부위를 정신적인 요소 관계와 대응해 살펴봄으로써 좀 더 미시적으로 접근해 보자.

- 젖(☳)은 마음(心)을 주관하여 오욕칠정(五慾七情)의 감정이 수시로 일어나는 곳이며, 배꼽(☷)은 혈(血)을 주관하여 인체의 모든 혈액순환을 통제하는 곳으로 젖과 배꼽은 이렇게 서로 유기적인 관계를 가지고 있다.

- 눈(☲)은 영(靈)을 주관하여 만물을 시각적(視覺的)으로 판단하는 기관인데, 눈 중앙의 특이점이 陰으로 되어 있어서 안은 보지 못하고 밖을 밝게 보는 기능을 가지고 있다.

- 귀(☵)는 신(神)을 주관하여 만물을 청각적(聽覺的)으로 듣고 판단하는 기관이다. 귀 중앙의 특이점이 陽으로 되어 있어 밖에서는 듣지 못하고 안에서는 잘 듣는 기능을 가지고 있다. 그러므로 눈이 어두운 자는 귀가 밝고, 귀가 어두운 자는 눈이 밝다. 책을 읽을 때 시끄러우면 집중할 수 없고, 음악을 들을 때 눈을 감고 들으면 더 잘 들린다. 귀와 눈은 이와 같이 서로 유기적인 관계를 가지고 있다.

- 코(☴)는 혼(魂)을 주관하는 곳으로 만물을 후각적(嗅覺的)으로 냄새를 맡고 판단하는 곳이며 특이점이 下에 있어 외부에 있는 공기를 아래로부터 흡입했다가 아래로 배출한다.

- 항문(☶)은 기(氣)를 주관하는 곳이다. 생리적으로 항문이 인체에 기여하는 작용은 극히 미미한 것처럼 보인다. 다만 인체의 가장 아래쪽에 위치하며 氣가 새지 않도록 하는 것이 주요 작용이다. 마치 자루 밑을 단단히 조이지 않으면 물건을 담을 수 없듯이 인체에 필요한 각종 필요한 물질이 밑으로 새지 않도록 단단히 조이는 작용과 동시에 불필요한 것을 항문을 열어 아래로 배출시킨다. 특이점이 下에 있어 불필요한 음식물 찌꺼기와 나쁜 기는 체외로 방출하는 곳이다. 코(☴)는 특이점이 陽으로 되어 있어 무형(無形)의 기(氣)가 출입하고, 항문(☶)은 특이점이 陰으로 되어 있어 유형(有形)의 배설물과 독기를 방출시킨다. 이것을 방기(放氣)라고 한다. 젊을수록 항문의 괄약이 단단하고 노인이 될수록 항문의 조임이 느슨해지며 급기야 사망하면 항문이 벌어진다. 따라서 코로 좋은 호흡을 하기 위해서는 항문의 조임이 단단하지 않으면 안 된다. 이것이 코(☴)와 항문(☶)의 유기적 관계이다.

- 입(☱)은 백(魄)을 주관하는 곳으로 만물을 미각적(味覺的)으로 맛을 보고 판단하는 곳이며, 특이점이 上에 있어 외부에 있는 음식물을 삼켜 아래로 내려 보내는 역할을 한다.

■성기(☶)는 정(精)을 주관하는 곳이다. 인체에 섭취된 음식물은 모두 수기(水氣)와 화
　기(火氣)로 변하는 데 불필요한 화기(火氣)를 포장하여 액체 상태로 만든 후에 체외로
　배출시킨다. 그리고 입으로 섭취한 음식물에서 정수(精粹)만 뽑아서 정액(精液)을 만
　들어 생명을 탄생시키기도 하는 곳이다.

　설괘전 제5장에 "艮東北之卦也, 萬物之所成終而所成始也"라고 하였는데 이는 "신☶괘는 동
북에 위치한 괘로 만물이 마침을 이루고 시작을 이루는 것"이라고 하여 ☶괘가 생명의 시
발점임을 암시하고 있다.

　입(☱)은 특이점이 음으로 되어 있어 유형(有形)의 물질을 섭취하고 또 언어를 구사하
며, 성기(☶)는 특이점이 양으로 되어 있어 무형(無形)의 정제된 액체를 방출하거나 사랑
의 감정을 뜨거운 기운으로 표현하기도 한다. 참고로 고인들이 정액을 무형으로 본 것은
정액에 들어 있는 정자(精子)가 눈에 보이지 않아도 그 무형의 氣가 임신을 가능하게 하므
로 무형이라고 생각하였던 것 같다. 입(☱)으로 입맞춤을 하는 동안에 사랑의 기운이 자연
스럽게 성기(☶)에 전달되어 발기되거나 애액(愛液)이 흐르는 것은 바로 이 때문이다. 이
것이 입(☱)과 성기(☶)의 유기적 관계이다.

　이상에서 살펴본 것처럼 8규(八竅)에는 8괘와 더불어 생명의 8요소가 결합되어 있다.
　생명의 8요소란 심령혼백(心靈魂魄)과 정기신혈(精氣神血)인데 아래와 같이 표로 정리하
였다.

〈표 2-1〉

8괘	☰	☱	☲	☳	☴	☵	☶	☷
8규	젖	입	눈	코	항문	귀	성기	배꼽
8요소	심(心)	백(魄)	영(靈)	혼(魂)	기(氣)	신(神)	정(精)	혈(血)

8규에는 구멍의 개수가 각각이다. 그것을 세부적으로 다루어 보자.

■젖, 코, 눈, 귀는 구멍이 두 개로 되어 있다.

■배꼽, 입, 성기, 항문은 구멍이 한 개씩이다.

2개의 구멍으로 되어 있는 것을 먼저 살펴보자.

■2구멍 사이의 거리는 코, 눈, 귀, 젖 순으로 점점 넓어진다.

■ 구멍이 한 개로 되어 있는 것들은 구멍의 크기가 다른데 배꼽, 성기, 항문, 입 순서로 크기가 점점 커지고 있다.

■ 8규 중에 볼록하게 돌출된 陽의 기관은 귀, 코, 젖, 성기이며, 오목하게 함몰된 陰의 기관은 눈, 입, 배꼽, 항문이다.

■ 얼굴에서는 코와 귀가 볼록하고, 눈과 입이 오목하다.

■ 몸통에서는 젖과 성기가 볼록하고, 배꼽과 항문이 오목하다.

8규는 이처럼 다각적인 시각으로 관찰할 수 있는데, 놀랍게도 인체의 8규는 선천팔괘도의 배열과 일치하고 있음을 발견할 수 있다. 즉 몸통에 있는 젖과 배꼽을 중심으로 상하로 구분할 수 있는데,

■ 젖의 상부에는 입, 코, 눈이 있고

■ 배꼽 밑으로 성기, 그 후면으로 항문, 그리고 등 쪽을 거쳐 귀로 연결되어 있다.

이렇게 세 개씩 맺어진 짝은 앞으로 전개될 논리에 아주 중요한 요소가 되므로 반드시 숙지하고 있어야 한다. 다만 귀가 젖의 상부에 있다고 보는 것이 아니라 배꼽 아래에 있다고 간주해야 한다는 것만 유의하면 된다.

이상을 괘로 치환하여 정리하면 아래와 같다.

젖	입	눈	코	배꼽	성기	귀	항문
☰	☱	☲	☳	☷	☶	☵	☴

젖은 심(心)으로 무형적인 세계와 형이상학적(形而上學的)인 것을 주관하고, 배꼽은 혈(血)로 유형적인 세계와 형이하학적(形而下學的)인 것을 주관한다.

젖을 기준으로 그 상부에 위치한 입, 코, 눈은 형이상학적인 기능을 담당하는데 눈에는 영(靈)이 깃들어 있고, 코로는 혼(魂)이 출입하며, 입에는 백(魄)이 안주(安住)한다. 이때 젖은 심적(心的)활동인 영혼백(靈魂魄)을 통합하여 담당하고 주관한다. 이것을 심령혼백(心靈魂魄)이라 하며, 이는 선천팔괘도의 ☰ ☱ ☲ ☳에 해당한다.

배꼽을 기준하여 그 밑에 있는 성기, 항문, 귀는 형이하학적인 기능을 담당하는데, 성기는 정(精)을 저장하고, 항문은 기(氣)를 배양하며, 귀는 신(神)을 밝게 한다. 이때 배꼽에 있

는 혈(血) 속에 정기신(精氣神)이라는 삼보(三寶)가 기거하게 된다. 이것을 통합하면 정기신혈(精氣神血)이라 하며 선천팔괘도의 ☷ ☳ ☵ ☶에 해당한다. 이것을 도식으로 나타내면 아래와 같다.

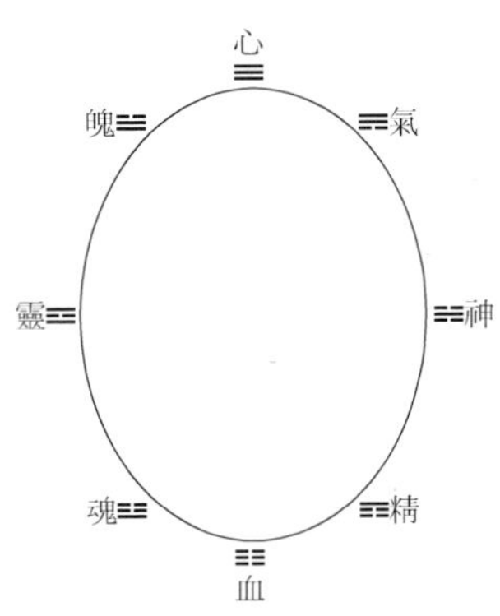

〈그림 2-1〉 복희선천팔괘도

이처럼 선천8괘도에 나타난 것과 같이 인체는 심령혼백이라는 형이상학적 기능과 정신기혈이라는 형이하학적 기능이 서로 조화를 이루어 생명활동을 영위하고 있다. 평상시 닫혀 있는 것은 젖과 배꼽이다. 젖은 순양(☰), 배꼽은 순음(☷)으로 1:1로 대응하고 있다. 이에 반해 항시 뚫려 있는 눈, 코, 입, 귀, 항문, 성기는 각각 3:3으로 대응하고 있다. <그림 2-1> 선천팔괘도는 생명의 8요소가 각 기관과 1:1로 배속되어 유기적인 관계를 가지고 있다는 것을 보여 주는 그림이다.

이제 주역의 원문과 대조하여 지금까지 전개한 8괘와 8규의 관계를 알아보자.

① 천지정위(天地定位)

몸의 기준점에 위치한 젖[乳, ☰]의 심(心)과 배꼽[臍, ☷]의 혈(血)이 교류하여 심혈(心血)로 드러나 인체의 음양활동을 조절한다. 닫혀 있는 젖과 배꼽에 심혈(心血)을 다루는 생명의 본체가 들어 있다는 말이다.

② 수화불상석(水火不相射)

눈(☲)과 귀(☵)는 얼굴의 상부에 위치하는데 눈[目]의 영(靈)과 귀[耳]의 신(神)이 교류하여 신령(神靈)함으로 드러나니 눈과 귀는 그러므로 정신적 활동의 중심 기관이다.

얼굴의 上部에 있는 눈과 귀는 보고 듣는 작용을 통해 신명(神明)을 드러낸다는 말이다.

③ 뇌풍상박(雷風相薄)

코(☳)와 항문(☴)은 각각 상반신과 하반신의 中에 위치하는데 코(鼻)의 혼(魂)과 항문의 기(氣)가 서로 교류하여 기혼(氣魂)으로 드러나 인체의 생명활동을 영위하고 있다. 코는 혼(魂)이 출입하는 곳이며 항문은 기(氣)를 주관하는 곳으로 코로 호흡을 하며 항문으로 좋은 氣는 간직하고, 나쁜 氣는 방기(放氣)시키는 기장(氣壯)의 역할을 한다.

④ 산택통기(山澤通氣)

입(☱)과 성기(☶)는 상반신과 하반신의 맨 아래에 위치하는데 입[口]의 백(魄)과 성기의 정(精)이 서로 교류하여 정백(精魄)으로 드러나 인간의 본능인 생식활동에 관여한다. 입으로 먹고 마시며 성기로도 받아들이고 배설하니 양자 모두 생명을 잉태하는 정충(精充)의 역할을 한다.

선천팔괘도가 ☰ ☷ 부모(父母)를 축으로 ☳ ☵ ☶, ☴ ☲ ☱의 삼남삼녀(三男三女)를 거느리며 서로 유기적 관계를 형성하듯이 인체도 닫혀 있는 구멍인 젖(☲)과 배꼽(☵)을 중심으로 눈, 코, 입과 귀, 항문, 성기 여섯 기관이 서로 대응하는 관계를 가지고 생명활동을 하고 있다. 즉 입과 성기에 정(精)이 충만하게 쌓이면 코와 항문에 기(氣)가 장대(壯大)하게 되고 이어서 눈과 귀에 신명(神明)이 깃들게 되어 젖과 배꼽의 심혈(心血)이 안정되는 것이다.

몸통에 있는 젖, 배꼽, 성기, 항문은 얼굴에 있지 않지만 그곳의 상태도 역시 얼굴에 반영되어 나타난다. 유능한 의사가 얼굴만 보고 내부 장기의 상태를 알아내는 것은 이 때문이다.

그러면 몸통에 있는 4규는 얼굴에서 어느 부위에 반영되어 나타날까?

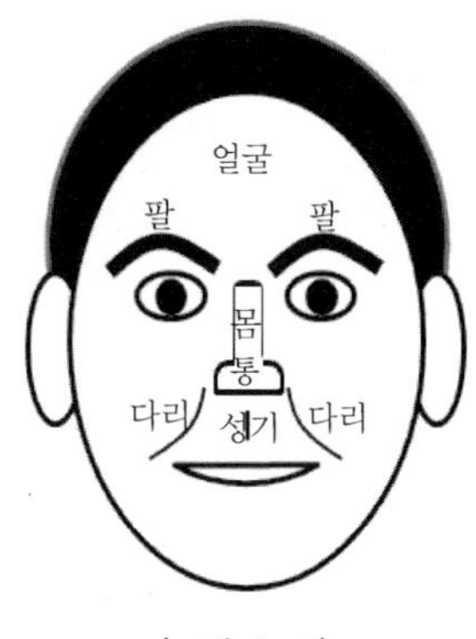

〈그림 2-2〉
인체의 전면비교

인체의 전면은,

■이마가 얼굴,

■눈썹은 팔,

■코는 몸통,

■입 주위에 법령(法令)선은 다리,

■법령선 사이의 인중(人中)은 성기가 된다.

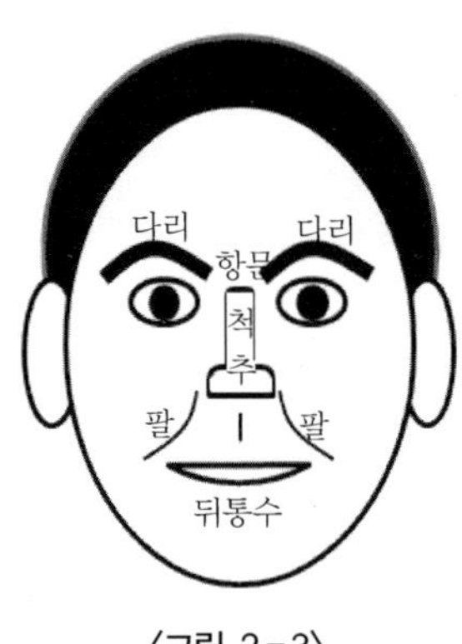

인체의 후면은,

- 턱이 머리의 뒤통수,
- 법령선이 팔,
- 코는 척추,
- 눈썹은 다리,
- 눈썹 사이의 미간은 항문이 된다.

〈그림 2-3〉
인체의 후면비교

　　이상과 같이 배속하여 얼굴을 살피면 보이지 않는 몸통에 있는 4규의 상태도 어림잡아 판단할 수 있다.

　　위 그림에서 인중(人中)은 성기에 해당되는데 실제 관상학에서도 인중에 주름이 있거나 선천적으로 흠이 있으면 성기에 문제가 있다고 판단하며 또 인중이 좌측으로 기울었는지 우측으로 기울었는지 여하에 따라 자녀의 성별을 구별하기도 한다. 성기가 ☲괘로 양에 배속되며 또 인중이 인체의 세로로 놓여 있듯 성기도 세로로 놓여 있다. 미간은 항문에 대응한다. 실제로 대변이 급박한 경우 미간이 찌푸려지는 것도 우연의 일치가 아니다. 항문은 기(氣)를 주관한다. 그리고 미간은 인당(印堂)이라 하여 관상의 급소로 알려져 있다. 인당이 맑고 깨끗한 사람은 건강하고 사회적 적응력이 뛰어나며 현실적 안목과 감각이 탁월하다. 항문은 ☵괘로 음괘가 되듯이 미간은 가로로 되어 있다. 또한 이마는 하늘(☰)에 배속하며, 4규 중의 젖과 동일하다. 턱은 땅(☷)괘에 배속하며 배꼽을 상징한다.

　　이상에 언급한 팔괘를 얼굴에 대입하면 다음과 같다.

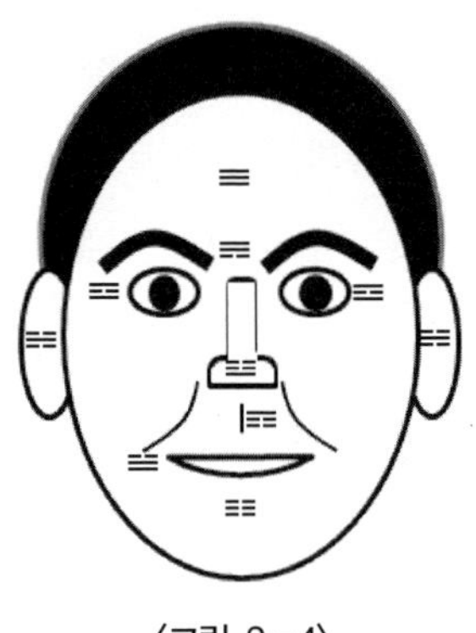

얼굴의 전면에 있는 4규(四竅)는,

- 이마(☰)가 있는 y축에 눈(☲), 코(☵), 입(☷)이 배열되어 있고
- 얼굴의 후면이나 이면(裏面)에 있는 4규는 턱(☷)이 있는 x축에 귀(☵), 미간(☲), 인중(☵) 순으로 배열되어 있다.

〈그림 2-4〉

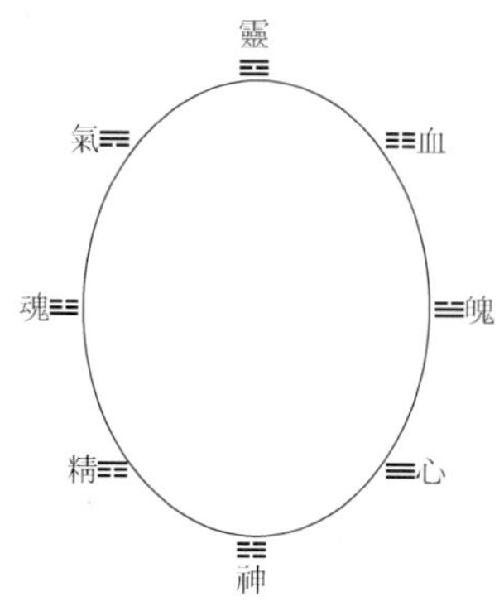

〈그림 2-5〉 문왕후천팔괘도

이것은 선천팔괘도의 배열과 같다.

- 천지정위(天地定位): 이마(☰)와 턱(☷)이 각각 제 위치에 있어 天과 地를 상징하고 있다.
- 수화불상석(水火不相射): 눈(☲)과 귀(☵)가 각각 전면(前面)과 후면(後面)에 포진하고 있어 서로 침범하지 아니한다.
- 뇌풍상박(雷風相薄): 코(☳)와 미간(☴)이 서로 붙어 기운이 통하여 부딪히지 않는다.
- 산택통기(山澤通氣): 인중(☶)과 입(☱)이 서로 연결되어 기운이 통한다.

얼굴의 전면에 나타난 4규와 이면에 나타난 4규가 서로 유기적인 관계를 가지며 선천팔괘도와 똑같이 배열되어 나타난다.

한편 인체의 8규는 후천팔괘도와도 밀접한 관계가 있으니 앞에서도 이야기했듯이 후천팔괘도는 선천팔괘도의 용(用)이기 때문이다.

앞서 살펴본 바와 같이 후천팔괘도는 사정에 ☳ ☷ ☵ ☱와 사우에 ☶ ☴ ☲ ☰ 괘로 구성되어 있다.

사정괘 ☳ ☷ ☵ ☱ 4괘는 눈, 귀, 코, 입으로 얼굴에 분포되어 있고 사우괘의 ☶ ☴ ☲ ☰4괘는 성기, 항문, 젖, 배꼽으로 몸통에 배속되어 있다. 이와 같이 얼굴과 몸통으로 뚜렷하게 구분되어 위치하고 있는 것이 후천팔괘다. 즉 얼굴의 신령혼백(神靈魂魄)과 몸통의 심기혈정(心氣血精)이 그것이다. 이것을 얼굴에 배속하면 4正의 4규는 눈, 귀, 코, 입으로 표면에 드러나고 젖, 배꼽, 항문, 성기는 각각 이마, 턱, 미간, 인중으로 이면(裏面)에 드러난다.

사람을 관찰할 때, 겉으로 드러난 눈, 코, 입, 귀는 자연스럽게 살필 수 있으나 옷 속에

숨겨 있는 젖, 배꼽, 항문, 성기는 볼 수 없으니 그 방편으로 이마, 턱, 미간, 인중을 살피면
된다는 논리가 나온다.

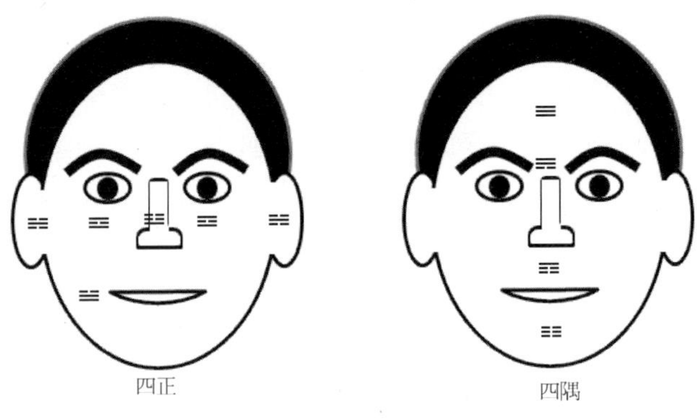

〈그림 2-6〉

<그림 2-6>처럼 후천팔괘도는 얼굴의 표면과 이면에 각각 뚜렷하게 구별되어 나타난다.
눈과 귀는 전후(前後)로 구별되니

■눈이 얼굴의 전면에 위치하고

■귀는 얼굴의 후면에 위치하며

코와 입은 상하(上下)로 구별되니

■코가 위에 있고

■입이 아래에 있다.

몸통에 있는 사규는 얼굴의 정중앙 이면(裏面)으로 위치하여 위로부터 젖(이마), 항문
(미간),성기(인중), 배꼽(턱)의 순서로 배열되어 있다.

　　■얼굴에 있는 귀는 청각(聽覺)의 기능이, 눈은 시각(視覺)의 기능이, 코는 후각(嗅覺)의
　　　기능이, 입에는 미각(味覺)의 기능이 있다.

　　■몸통에 있는 젖, 항문, 성기, 배꼽은 각각 얼굴의 이마, 미간, 인중, 턱에 이면으로 나
　　　타나 촉각(觸覺)의 기능이 있다.

이와 같이 하도에서 표출된 선후천팔괘도와 인체 8규가 이렇게 정밀하게 부합되는 사
실을 발견하고 필자도 실로 감탄을 금할 수 없었다. 필자가 발견한 이러한 이론을 그래서
역상규론(易象竅論)이라고 명명하였다. 이에 대한 심화된 내용은 차후에 더 진행될 것이며
다만 여기에서는 8규와 8괘의 배합에 관해서만 숙지하고 있으면 된다.

3. 삼현일장(三顯一藏)의 원리와 팔규(八竅)의 심성(心性)

이번 절에서는 앞서 잠시 언급했지만 깊이 다루지 않았던 삼현일장에 대해서 공부한다.

1년은 춘하추동(春夏秋冬)으로 이루어져 있고 주역에서는 이 사계절을 삼현일장의 이치로 파악하고 있다. 삼현일장이란 무엇인가? 그것은 가령 춘하추동의 4계절 중 셋은 겉으로 드러나지만 하나는 감춰진다는 원리다. 다시 말해, 봄, 여름, 가을은 각기 고유의 모습을 드러내는 반면 겨울은 잎이 지고, 또 눈에 덮여 본 모습이 감춰진다고 보는 것이다. 이런 삼현일장의 원리는 비단 계절에만 적용되는 것이 아니라 우주에 존재하는 삼라만상에 두루 적용될 수 있다. 비근한 예를 들어 보자.

첫째, 팔괘에서 삼현일장의 이치를 찾아보자.

■ ☰괘는 부(父)로 삼양(三陽)으로 이루어져 있고

■ ☷괘는 모(母)로 삼음(三陰)으로 이루어져 있다.

■ 나머지 여섯 괘는 삼남괘(三男卦)와 삼녀괘(三女卦)로 이루어져 있다.

삼남삼녀 괘와 부모 괘는 6 대 2로, 즉 3:1이니 삼현일장이 된다.

부모는 조원자로 배후에서 물러나 감춰져 있고 실질적인 여섯 자녀가 전면에 드러나 활동을 한다는 것이 주역의 핵심 사상이다. 그렇다고 부모 괘인 건괘와 곤괘가 작용을 안 한다는 뜻이 아니다. 배경에 깔려 있는 힘으로 작용하는 것이 부모 괘라는 말이다.

둘째, 인체에서 찾아보자.

■ 인체의 8규 중에 몸에 있는 젖과 배꼽은 닫혀 있어서 평소 활동이 정지되어 陰的인 반면,

■ 나머지 6규는 구멍이 뚫려 있어 陽的인 활동을 한다. 따라서 비율로 보면 6 대 2로 3:1이 되니 삼현일장이 된다.

셋째, 얼굴에서 찾아보자.

■ 전면에는 눈, 코, 입의 3규가 위치하고,

■ 후면에 귀가 있어 삼현일장이 되고,

넷째, 몸에서 찾아보자.

■ 몸의 전면에는 젖, 배꼽, 성기(요도) 3규가 있고,

■ 후면에 항문이 있어 삼현일장이 된다.

다섯째, 얼굴 부위에 있는 구멍의 개수로 찾아보자.

■구멍이 두 개씩 되어 있는 귀, 눈, 코로서 3부위,

■구멍이 한 개로 되어 있는 입으로서 1부위가 있어 삼현일장이 된다.

몸에 있는 구멍의 개수로 찾아보자.

■구멍이 한 개로 되어 있는 배꼽, 성기, 항문의 3부위,

■구멍이 두 개로 되어 있는 젖이 1부위로 이것도 삼현일장이 된다.

구멍의 돌출, 함몰 여부와 구멍의 개폐관계로 살펴보자.

■볼록하게 돌출된 陽의 기관은 귀, 코, 젖, 성기의 네 개 부위로, 이 중에 귀, 코, 성기
　세 개는 열려 있고 젖 한 개는 닫혀 있어 삼현일장이 되고,

■오목하게 함몰된 陰의 기관은 눈, 입, 배꼽, 항문의 네 개 부위로, 이 중에 눈, 입, 항문
　세 개 부위는 열려 있고 배꼽 1부위는 닫혀 있으니 역시 삼현일장이다.

여섯째, 인체의 정신활동의 8요소에서 찾아보자.

■영, 혼, 백(靈魂魄)과 심(心)이 삼현일장이 되고,

■정, 기, 신(精氣神)과 혈(血)이 삼현일장이 된다.

일곱째, 인간의 심성(心性)에서 찾아보자.

■사람의 마음[心性: 심성]과 생각[思想: 사상], 뜻[意志: 의지], 느낌[感情: 감정]이 삼현일
　장이 된다.

겨울 속에 앞으로 다가올 새로운 봄, 여름, 가을이 잉태되어 있듯이 인간의 정신 이면에
있는 심성 속에 사상, 의지, 감정이 내재되어 있다. 사상, 의지, 감정이 심성이라는 대표로
나타난다.

다음은 8규의 위치에 따른 각 구멍과의 관계를 짚고 넘어가자.

귀, 눈, 코, 입의 위상(位相)은 몸에 있는 구멍들과 위상이 같다.

■귀는 눈, 코, 입에 비해 얼굴의 후방에 있어서, 몸통의 후방에 위치한 항문과 위(位)가
　같고,

■눈은 上에 있어서, 몸통의 상부에 위치한 젖과 위(位)가 같으며,

■코는 눈과 입의 가운데[中]에 있어서, 몸의 중심에 있는 배꼽과 위(位)가 같고,

■입은 下에 있어 몸의 가장 하부에 있는 성기(요도)와 위(位)가 같다.

한편 사상의학(四象醫學)의 창시자, 동무 이제마(東武 李濟馬) 선생은 얼굴의 사규를 사
상(四象)에 배속하여 체질을 나누었는데 다음과 같다.

■귀는 태양(太陽),

■ 눈은 소양(少陽),

■ 코는 태음(太陰),

■ 입은 소음(少陰)에 배속하였다.

이러한 배속은 동무 선생의 여러 가지 철학적 논리에 따른 귀결이었을 터지만 아마도 다음과 같은 각 체질의 특성에 초점을 맞추어 분류한 것으로 보인다.

■ 태양인은 특히 청각이 발달하였으므로 귀를 태양에 배속시켰고,

■ 소양인은 특히 시각이 발달하였으므로 눈을 소양에 배속시켰고,

■ 태음인은 특히 후각이 발달하였으므로 코를 태음에 배속시켰고,

■ 소음인은 특히 미각이 발달하였으므로 입을 소음에 배속시킨 것이다.

필자는 위의 각 체질의 특성에 더하여 다음의 사항을 추가하였다.

■ 우주의 근본 바탕인 파동을 감지하는 인간의 청각을 심성으로 규정하고,

■ 사물을 바라보며 판단하는 시각을 사상으로 규정하고,

■ 동물적인 충동으로 현실적인 감각을 지닌 후각을 의지로 규정하고,

■ 미적(美的) 감정에 충실한 미각을 감정으로 규정하고

■ 심(心), 성(性), 사(思), 상(想), 의(意), 지(志), 감(感), 정(情)을 마음의 8요소로 규정하였다.

그리고 이 마음의 8요소를 인체의 8규에 대입하여 삼현일장의 원리와 더불어 역상규론(易象竅論)의 이론을 완성하였다. 그것을 간단히 아래에 기술한다.

■ 귀와 항문은 인체의 후방에 위치하니 태양으로 나타내고,

얼굴과 몸의 上中下의 위치에 따라,

■ 눈과 젖이 上에 위치하니 소양으로 나타내며,

■ 코와 배꼽은 中에 위치하니 태음으로 나타내고,

■ 입과 성기(요도)는 下에 위치하니 소음으로 나타낸다.

여기에 마음의 8요소를 결합하면,

■ 후방에 위치한 귀의 신(神)과 항문의 기(氣)가 교류하면서 심성(心性)을 이루므로 태양의 기(太陽之氣)로 드러나고,

■ 얼굴에서 제일 상부에 있는 눈의 영(靈)과 몸의 제일 상부에 있는 젖의 심(心)이 교류하여 사상(思想)을 이루면서 소양의 기(少陽之氣)로 드러나고,

■ 얼굴의 중간에 위치한 코의 혼(魂)과 몸의 중간에 위치한 배꼽의 혈(血)이 교류하여 의지(意志)를 이루면서 태음의 기(太陰之氣)로 드러나며,

■ 얼굴의 하부에 위치한 입의 백(魄)과 몸통의 하부에 위치한 성기의 정(精)이 교류하여 인간의 본능적인 감정(感情)을 이루면서 소음의 기(少陰之氣)로 드러난다.

우리가 존재하는 삼차원 입체공간은 보이는 세계(三顯)로서 가로(넓이)와 세로(깊이), 높이로 구성되어 있으며, 여기에 이면에서 작용하는 중심 축(눈에 보이지 않는 一藏) 하나를 합하면 4차원의 세계가 형성되니 이것이 삼현일장의 이치다.

이것을 좀 더 상세히 기술하면,

■ 얼굴에서 비교적 후방에 위치하여(혹은 머리칼에 덮여서) 확연하게 드러나지 않는 귀와, 또 몸에서도 후방 깊숙한 곳에 있어서 겉으로 드러나지 않는 항문, 이 두 곳에 신기(神氣)가 깃들어 태양의 심성(心性)을 형성하고,

■ 높이를 이루는 성분은 눈과 젖인데 여기에 심령(心靈)이 깃들어 소양의 사상(思想)으로 나타나며,

■ 가로(넓이)를 이루는 성분은 코와 배꼽인데 여기에 혼(魂)과 혈(血)이 깃들어 태음의 의지(意志)로 나타나고,

■ 세로를(깊이) 이루는 성분은 입과 성기(요도)로 백(魄)과 정(精)이 깃들어 소음의 감정(感情)을 나타낸다.

이제 정신의 8요소를 항목별로 자세히 분석해 보기로 하자.

① 사상(思想)

인체의 상부에 있는 눈과 젖은 높이를 나타내는 것으로 사상의 기능을 담당하고 있다.

사상은 간단히 말해 생각을 말하는데, 생각은 겉 생각과 속생각이 있으니 겉 생각은 사(思)이고 속생각은 상(想)이다.

만물의 이치에는 체(体)와 용(用)이 있으니 체용은 서로 반대의 속성을 가진다. 가령, 体가 陽이면 用은 陰이 되고, 体가 陰이면 用은 陽이 된다. 우리는 항상 체용의 개념을 염두에 두고 8규를 관찰해야 한다.

예를 들어 보자. 눈은 오목하고 가로로 되어 있으니 체가 음이고, 젖은 볼록하게 되어 있으니 체가 양이다. 오목함은 음이고 가로도 음이다.

그럼 볼록은 양이고 세로는 양이라는 이론에 입각하여 다음을 살펴보자.

■ 눈은 그 체가 음이기 때문에 용하는 눈동자는 양이므로 움직인다.

■ 젖은 그 체가 양이기 때문에 용은 음이므로 젖은 움직이지 않는다.

■ 눈은 그 체(생김새: 凹)가 음이기 때문에 용하는 생각은 양인 겉 생각이다.

■ 젖은 그 체(생김새: 凸)가 양이기 때문에 그 용하는 생각은 음인 속생각이다.

눈은 思(생각)의 발현이다. 생각 중에도 겉 생각인데 눈을 통해서 겉 생각을 자주 들킨다. 눈은 시각(視覺) 작용을 하지만 그 이면에 생각을 내포하고 있다는 말이다. 사(思) 字에 있는 밭 전(田) 자는 각 교차점이 아홉 개로 팔방(八方)에 중심의 교차점을 포함한 구궁도(九宮圖)를 상징한 것으로 연결망이나 도로망과 흡사하다. 중앙점이 중심 생각이고 그 생각은 8개의 방위로 퍼져 나간다. 생각의 유연성을 보여 주는 글자이다.

권투 선수가 상대선수의 눈을 보고 방향성을 예측하는 것도 같은 원리이다. 어디로 향할 것인가를 예의 주시하고 판단하는 것은 눈이 가진 중요한 특성이다.

다시 한 번 강조하지만, 생각이 어디로 향하고 있는지, 즉 그 사람의 겉 생각이 드러나 있는 곳이 눈이다. 그래서 그 사람의 눈을 보면 그 사람이 무슨 생각을 하고 있는지를 알 수 있는 것이다. 눈은 영(靈)이 깃들어 있는 곳이다. 현재의 겉 생각인 사(思)로 드러나며 그래서 사상의학에서는 눈을 소양(少陽)에 접목시켰다.

다음으로 젖을 살펴보자.

사람은 젖이 위치한 가슴속에 많은 생각들을 품고 있다. 그러나 무슨 생각을 하는지 가슴을 보아서는 알 수가 없다. 하지만 가슴속에는 그 사람의 속생각(품은 생각)이 분명히 들어 있다. 자신의 속생각이 무엇인지 가끔 자기 자신도 모를 때가 있긴 하지만!

상(想)은 속생각인데 서로 상(相) 자에 마음 심(心)을 합성한 글자다. 서로 상(相) 자는 봄철에 나무에 싹눈이 다투어 돋아나는 모습을 상형한 글자다. 수없이 돋아나는 싹들처럼 속생각이 심한하게 피어오른다. 싹눈을 틔우며 지나간 겨울의 혹독했던 시절을 회상(回想)하기도 하고, 다가올 여름철에 무성하게 잎을 키우며 화려하게 꽃을 피우는 모습을 예상(豫想)해 보기도 한다.

우리는 가슴속에 많은 것을 묻어 두고 살며, 또한 가슴 저미는 슬픔과 내면에서 고동치는 가슴을 부여잡고 사랑에 빠지기도 한다. 소양인은 가슴(젖)이 위치한 상체가 발달했고 또 가슴에는 뜨거운 심장이 고동친다. 가슴속에 있는 속생각은 눈을 통하여 겉으로 드러난다. 겉 생각이나 속생각이나 눈을 통해서 나타나기는 매한가지다. 눈을 통한 생각이 속생각인지 겉 생각인지를 구분하기는 물론 어렵다.

정리하면 다음과 같다.

■ 젖은 생명의 8요소인 심(心)을 주관하며 속생각인 상(想)으로 드러난다.

■ 사상(四象)으로는 소양(少陽)에 배속된다.

■ 눈의 겉 생각, 사(思)와 젖의 속생각, 상(想)이 합하여 소양의 특징인 사상(思想)으로 나타난다.

② 의지(意志)

얼굴 중앙에 있는 코와 몸 중앙에 있는 배꼽은 호흡과 혈액순환을 통하여 생명력에 대한 의지(意志)의 기능을 담당하고 있다. 의지는 그 사람의 그릇(도량)과 관계된 뜻인데, 이 뜻에도 겉뜻과 속뜻이 있다. 겉뜻은 의(意)이고, 속뜻은 지(志)다.

우선 체용관계로 살펴보면,

■ 배꼽은 오목하여 체가 음이고 또 용은 양이므로 배꼽은 움직인다.

■ 코는 볼록하게 세로로 되어 체가 양이고 반대로 용은 음이므로 코는 움직이지 않는다.

■ 배꼽은 그 체가 음이고 반대로 그 用인 뜻은 양으로 겉뜻이다.

■ 코는 그 체가 양이고 반대로 그 用인 뜻은 음으로 속뜻이다.

의(意)는 겉뜻으로, 소리 음(音)과 마음 심(心)이 합성된 글자다.

또 소리 음(音)은 설 립(立)과 날 일(日)이 합성된 글자로 태양이 떠오르는 모습의 상형(象形)이다. 밤이 지나고 날이 새면 동산에 해가 붉게 솟아오르는 모습을 볼 수 있다. 지상에 있는 모든 생물들은 이 태양과 더불어 생명활동을 하기 시작한다. 인간은 모태 속에서 열 달 동안 탯줄로 생명을 유지하다가 열 달 후에는 배꼽에 탯줄을 단 채 이 세상에 태어난다. 이 세상에 생명을 갖고 태어난다는 것은 떠오르는 태양처럼 어떤 뜻을 가지고 세상에 나타나는 것이다. 세상에 나타날 때 하늘로부터 부여받은 천명을 지니고 온다. 그것이 겉뜻인 의(意)다. 태어남과 동시에 탯줄이 잘리자마자 처음으로 고고(呱呱)의 성(聲)을 울리면서 자신의 존재를 세상에 알리는데 그래서 의(意) 속에 소리 음(音)이 들어 있다. 자신이 태어난 겉뜻을 세상에 알리려 우는 것이다.

뜻이 확실히 선 사람은 배꼽이 위치한 부위, 소위 뱃심이 두둑하고 또 배짱이 있다는 소리를 듣는다. 입지(立志)가 확실하지 않은 사람은 뱃심이 약하여 열악한 환경에 대응해 나가지 못한다. 태음인의 성향은 그래서 배꼽이 있는 허리가 굵다. 굵다는 것은 발달되어 있다는 의미다. 배꼽은 생명의 8요소인 혈(血)을 주관하고, 겉 뜻인 의(意)를 나타내며 사상(四象)으로 태음(太陰)에 배속된다.

이번에는 코다.

코는 속뜻인 지(志)를 표현한다. 코는 후각(嗅覺)작용을 하지만 가장 중요한 것은 호흡
활동이다. 지(志) 字에 있는 선비 사(士)는 무사(武士)라는 사(士)의 뜻도 있다. 선비나 무사
의 공통점은 기개(氣槪), 지조(志操), 절조(節操)가 있는 것이다. 선비는 내적으로 항상 수심
(修心)하며 학문을 게을리 하지 않고 무사는 외적으로 항상 수신(修身)을 하며 왕성한 사기
(士氣)를 기른다.

호흡은 생명의 원초적 본능이고 의지로 하는 것이 아니라 자동적·반사적으로 일어나
며 죽는 날까지 쉬지 않고 지속된다. 코에 배속된 지(志)는 그래서 생명에 대한 본능적 속
뜻이다. 다른 것을 다 포기해도 이것만은 포기할 수 없는 것이다.

옛날에 충신들은 지사(志士)의 뜻을 지키기 위해 목숨을 초개처럼 버렸고, 춘향은 지조
(志操)와 정절을 지키려다 고초를 겪었다.

■배꼽은 옷 속에 가려 있어 모습을 살필 수 없으니 그 대신 배꼽과 대응하는 턱을 보
　고 그 사람의 겉뜻을 파악한다.

■코는 겉으로 드러나 있으며 코 자체의 형태를 보고 그 사람이 가진 속뜻을 살핀다.

코는 생명의 8요소인 혼(魂)이 출입하는 곳으로 속뜻이 자리 잡고 있으며 사상의학에서
는 코를 태음(太陰)에 배속하였다.

배꼽에 해당하는 겉 뜻, 의(意)와 코에 해당하는 속뜻, 지(志)가 합하여 태음의 특징인
의지(意志)로 나타난다.

③ 감정(感情)

얼굴의 하부에 있는 입과 인중(人中: 얼굴에서는 성기가 인중으로 나타난다)은 사랑의
맛을 느끼는 감정(感情)의 기능을 담당하고 있다. 감정은 느낌이다. 느낌은 겉 느낌과 속
느낌이 있다. 겉 느낌은 감(感)이고 속 느낌은 정(情)이다.

체용관계로 살펴보자.

■입은 오목하고 가로로 되어 체(体)가 음이고 반대로 용(用)은 양이므로 입은 움직인다.

■인중(성기)은 볼록하고 세로로 되어 체가 양이고 반대로 용(用)은 음이므로 인중(성
　기)은 움직이지 않는다.

■입은 그 체가 음이기 때문에 용(用)하는 느낌은 겉 느낌(양)이다.

■인중은 그 체가 양이기 때문에 용(用)하는 느낌은 속 느낌(음)이다.

감(感)은 겉 느낌이다. ‘感’에 있는 ‘다 함’(咸) 자는 『周易』 하경의 첫 괘인 택산함(☱☶)의

괘명이다. 함(咸)은 산 위에 연못이 있는 모습이다. 하괘인 山의 양기가 후중히(묵직하고 넉넉하게) 그쳐 있고, 상괘인 연못의 음기는 증발하여 상대의 기(氣)가 서로 통하는 상(象)이다. 자연으로는 산과 연못의 기운이 오르내려 서로 기운을 통하는 것이고, 인사(人事)로는 젊은 남녀가 서로 마음을 갈구하여 사랑하는 표상이다. 함(咸)은 감응(感應)의 뜻으로 상대가 서로를 느끼되, 겉으로 느끼는 상태를 말한다. 입은 미각(味覺)을 담당하는 감각기관이다. 입으로 '사랑한다'고 말하는 것이 상대에게 겉 느낌을 표현하는 것이라면 행동으로 옮긴 키스(kiss)는 상대에게 좀 더 강한 겉 느낌을 주는 것이다. 입은 생명의 8요소인 백(魄)이 자리하고 있고 겉 느낌을 표현하는 곳이며, 입을 사상의학에서는 소음(少陰)에 배속시켰다. 정(情)이 속 느낌이라는 것은 글자 안에도 들어 있다. '마음 심(忄)' 변에 '푸를 청(靑)'이 합성된 글자로, 청(靑)은 목기(木氣)를 상형(象形)한 것이다. 木은 水라는 씨앗의 껍질을 뚫고 나오는 모습이다. 대지를 뚫고 안에서부터 밖으로 나오는 새싹에 비유할 수 있다. 아직은 밖으로 그 모습이 다 드러나지 않았지만 안으로부터 밖으로 자라려고 하는 속성을 가지고 있다. 마음 저 밑바닥에서부터 외부와 관계를 강력하게 원하는 모습이다. 속에서 느끼는 속 느낌이다. 그래서 속 느낌인 정(情)끼리 깊이 연결되면 새로운 생명이 잉태된다. 일반적으로, 입으로는 사랑한다고 겉 느낌을 쉽사리 표현할 수 있어도 정(속 느낌)은 쉽사리 표현하지 못하는 것이다.

다음으로 인중을 보자.

관상에서 인중이 길면 정(情)이 깊으나 정(情)이 적으며, 인중이 짧으면 정이 얕지만 정은 많다. 인중(人中)은 생명의 8요소인 정(情)을 주관하는 곳으로 속 느낌을 나타내며 사상(四象)으로는 소음(少陰)에 배속된다.

이것을 다시 정리하면,

■ 입으로는 겉 느낌, 감(感)을 살피며

■ 성기(性器)로는 속 느낌, 정(情)을 살피며 두 가지를 합하면 소음(少陰)의 특징인 감정(感情)으로 나타낸다.

④ 심성(心性)

지금까지 사상(思想)을 눈과 젖에, 의지(意志)를 배꼽과 코에, 감정(感情)을 입과 성기에 배속하였다. 겉 생각 사(思), 겉 뜻 의(意), 겉 느낌 감(感)은 陰의 기관인 눈, 배꼽, 입과 연결되었고, 속생각 상(想), 속뜻 지(志), 속 느낌 정(情)은 陽의 기관인 귀, 코, 성기(요도)로 연결되었다. 이렇게 겉이 먼저 나오고 속이 나중에 나와 사상(思想), 의지(意志), 감정(感情)의 글자조합이 만들어졌다. 항문과 귀는 사상, 의지, 감정을 총괄하는 심성(心性)의 기능을 담당하고 있다. 심성은 마음으로 풀이하는데, 마음에는 겉마음과 속마음이 있다. 겉마음은 심(心)이라고 하고 속마음은 성(性)이라고 한다.

먼저, 체용관계로 살펴보자.

- 항문(肛門)은 오목하고 가로로 되어 体가 陰이다. 반대로 用은 陽이므로 항문(肛門)은 움직인다.
- 귀는 볼록하고 세로로 되어 体가 陽이다. 반대로 用은 陰이므로 귀는 움직이지 않는다.
- 항문은 그 체가 음이기 때문에 용(用)은 양의 특성인 겉마음이다.
- 귀는 그 체가 양이기 때문에 용(用)은 음의 속성인 속마음이다.

항문은 몸통의 후면에 있어 젖, 배꼽, 성기의 심혈정(心血精)의 활동을 총괄한다.

항문은 얼굴의 미간에 나타나는데 미간은 그 사람의 겉마음인 심(心)을 나타낸다.

미간에 나타나는 겉마음은 그 사람의 처해진 환경이나 상황에 따라 수시로 변하며 현재 가지고 있는 마음 상태를 나타낸다.

화장실에 급하게 가야 할 경우 제일 먼저 이 미간에 신호가 온다. 짜증이 나거나 화가 나면 미간이 제일 먼저 찌푸려진다. 어느 지역에서 일정한 세력을 형성한 사람을 일컬어 '방귀 꽤나 뀌고 사는 사람'이라는 속어가 있다. 다시 말해 남의 눈치 안 보고 방귀 뀌고 싶을 때는 마음 놓고 뀌고 산다는 말이다. 마음이 편한 상태를 말한다.

대가족 제도에서 할아버지는 마음 놓고 방귀를 뀔 수 있지만 며느리는 어르신 눈치 보느라 제대로 내보내지 못한다. 인체의 생명력은 기(氣)가 주관하는데 이 미간은 관상학에서 인당(印堂)이라 하여 관상의 급소로 상당히 중요시 여긴다. 왜냐하면 인당에 그 사람의 겉마음이 깃들어 있기 때문이다. 미간의 청탁(淸濁) 여하에 따라 그 사람의 기(氣)의 분포를 체크하고 건강을 판단하기도 한다. 그 사람의 겉마음을 현시점에서 파악하여 기분의 호불호(好不好)를 판단하기도 한다. 청운의 뜻을 품은 사람은 인당이 넓고 깨끗하며, 인당이 좁고 탁한 사람은 인생에 시련을 많이 겪고 마음의 그릇도 대체로 적은 편이다. 미간(항문)은 생명의 8요소인 기(氣)가 출입하는 곳으로 겉마음인 심(心)에 해당하며 사상(四象)으로는 태양(太陽)에 배속된다.

우주는 허공인데, 이 허공에는 무(無)로 꽉 차 있다. 이른바 텅 빈 충만이다. 무엇으로 충만한가? 무로 충만하다. 그런데 이렇게 우주에 꽉 차 있는 무가 아무것도 하지 않고 가

만히 있는 것이 아니다. 무얼 하는가?

우주에 꽉 차 있는 무(無)는 땅속의 마그마처럼 요동한다. 이것을 물리학에서는 '무의 요동'이라고 말한다. 유무를 음양에 배속하면 유(有)가 음이고 무(無)가 양이다. 즉 무의 요동은 陽의 요동이며 양의 요동은 곧 생명 탄생과 직결되어 있다. 이 요동이 어느 정도 격렬해지면 소리[音]가 되어 귀에 들리고, 더 심해지면 빛[光]이 되어 인간의 눈에 보이게 된다. 더더욱 요동이 심해지면 색(色)으로 보인다. 불교에서 말하는 색이 곧 물질이라는 색즉시공(色卽是空)의 개념이 탄생하게 되는 대목이다. 이런 기전으로 허공에서 물질이 생기는 것이다.

따라서 우주에 존재하는 만물과 모든 생명체는 모두 파동적 존재이며 진동, 상응의 존재인 것이다. 심리현상 역시 상응적·파동적·진동적 현상인 것이다.

최초의 파동현상을 문자화한 것이 바로 마음 심(心)이다. 마음 심은 태극(太極)을 상징하는 글자다. (·\··)(양\음) 이것을 그림으로 표현하면 아래와 같다. 양권에 찍힌 양 한 점과 음권에 찍힌 음 두 점과 乙字가 좌측의 그림인데 마음 심(心)을 상형한 것이다.

이번에는 성(性)을 보자.

마음 심(忄) 변에 날 생(生)을 합한 글자가 성(性) 字다. 성(性)은 마음이 생긴 근본 바탕자리를 말한다. 마음은 파동현상이다. 그런데 이 파동현상을 감지하는 데 탁월한 기능을 갖고 있는 것이 귀이다. 귀는 마음이 생긴 근본 바탕자리인 성(性)이 되어 속마음을 나타낸다. 가만히 듣기만 하는 귀에는 속마음이 들어 있다.

귀는 진동하는 주파수를 예리하게 분석하여 파동에 실린 속마음을 읽는 기능을 갖고 있다. 귀는 얼굴의 후면에 위치하며 신(神)의 기능을 작동시켜, 얼굴 전면에 포진되어 있는 눈, 코, 입이 가진 영혼백(靈魂魄)의 활동을 총괄하고 있다. 눈, 코, 입에서 발현되는 사상, 의지, 감정은 귀를 통하여 감지되고 그것은 속마음이라는 형태로 간직하고 있는 곳이 귀라는 말이다. 모든 생각과 뜻, 그리고 느낌의 근원은 속마음인 성(性)에 있다. 성(性)은 우주의 근원과 연결되어 있고 이 기능을 귀가 담당하고 있다는 말이다. 귀는 특히 청각(聽

覺)이라는 감각을 가지고 있고, 생명의 8요소 중 하나인 신(神)을 주관하며 속마음인 성(性)을 나타내고 사상(四象)으로는 태양(太陽)에 속한다. 그리하여 항문으로 대표 되는 겉마음, 심(心)과 귀에 소속된 속마음, 성(性)이 합쳐져서 태양의 특징인 심성(心性)으로 드러난다.

삼차원의 입체공간을 상징하는 정육면체에 꼭짓점이 8개 있듯이 인체에도 귀, 눈, 코, 입, 젖, 배꼽, 성기, 항문 8규가 있다. 이 8규에 사상, 의지, 감정, 심성이라는 8가지 마음의 작용이 있고 심령혼백 정신기혈이라는 생명의 8요소가 있으며 각 구멍에는 팔괘가 배속된다. 이것을 종합적인 표로 나타내면 아래와 같다.

<표 3-1>

8규	눈	젖	배꼽	코	입	성기	항문	귀
8괘	☲	☰	☷	☵	☱	☴	☶	☳
마음의 8요소	思	想	意	志	感	情	心	性
생명의 8요소	靈	心	血	魂	魄	精	氣	神
사상	少陽		太陰		少陰		太陽	

『周易』 계사하전 제2장에, "근취저신, 원취저물(近取諸身, 遠取諸物: 가까이는 자기 몸에서 취하고 멀리는 만물들에게서 취하여 이치를 찾았다)"이라는 말이 있다. 사람에게 몸은 더없이 소중한 것으로 '인체는 소우주'라고 했다. 인간의 몸에 숨겨진 원리를 연역하여 한 없는 영역인 우주의 원리까지 도달하여 캐내는 것이다. 따라서 근취저신을 강령으로 삼아 군자가 취해야 될 자세는 수심(修心)과 더불어 수신(修身)에 있다. 그리고 이것을 바탕으로 밖에 있는 모든 만물까지 확대 적용하여 원취저물의 이치에 도달해야 한다. 이렇게 인체로부터 시작하여 저 원대한 우주의 원리에 도달하기 위해서는 심신(心身)을 함께 수련해야 한다.

4. 하도(河圖)와 12경락(經絡)

이번 절에서는 한의학의 12경락에서 사용되는 삼음삼양이 하도와 어떠한 관련이 있는지 알아보려고 한다.

먼저 하도에서 도출된 8괘는 음양 괘로 나뉘는데 부모괘인 ☰, ☷과 3남3녀의 6괘로 구분된다. 이것을 음양으로 구분하면 아래와 같다.

■양괘　9　3　1　7　　　　　■음괘　6　2　4　8

이것은 부모가 자식을 낳는 것처럼 天地가 만물을 낳는 순서대로 한 것이다. 부모가 장남장녀를 낳고, 다음에 중남중녀를 낳고 다음에 소남소녀를 낳듯이 天地는 먼저 뇌풍(雷風 ☳ ☴)을 낳고 다음에 수화(水火☵ ☲)를 낳고 다음에 산택(山澤☶ ☱)을 낳게 되는 것이다.

복희선천팔괘도를 보면 부와 모가, 장남과 장녀가, 중남과 중녀가, 소남과 소녀가 서로 마주 보며 배열되어 있다는 것은 이미 배워서 알고 있다.

역(易)에서 사상(四象)은 태양(太陽), 소음(少陰), 소양(少陽), 태음(太陰)을 말하는데 상·하 2효(爻)로 구성되어 있다. 그런데 한의학의 경락설에서는 이 사상(四象)에 양명(陽明)과 궐음(厥陰)을 추가하여 6가지를 사용하고 있다. 비록 역(易)에서 사용하고 있는 사상(四象)과 글자는 같지만 그 시사하는 내용이 전혀 다르니 그것을 고찰해 보자.

황제내경(黃帝內經) 운기(運氣)편에 오운육기론(五運六氣論)이 있는데 그중 육기론(六氣論)에서 삼음삼양(三陰三陽)을 이용하여 육기(六氣)를 다음과 같이 설명하고 있다.

- 삼양(三陽)은 인신소양상화(寅申少陽相火), 묘유양명조금(卯酉陽明燥金) 진술태양한수(辰戌太陽寒水)가 있는데 이들을 인묘진(寅卯辰)이 위치한 동방목국(東方木局)과 신유술(申酉戌)이 위치한 서방금국(西方金局)에 배속한다.
- 삼음(三陰)은 사해궐음풍목(巳亥厥陰風木), 자오소음군화(子午少陰君火), 축미태음습토(丑未太陰濕土)가 있는데 이들을 해자축(亥子丑)이 위치한 북방수국(北方水局)과 사오미(巳午未)가 위치한 남방화국(南方火局)에 배속한다.

먼저 삼양과 삼음의 명칭을 규정하자.

- 삼양(三陽) 중에 첫 번째 陽은 소양(少陽)이라 하고 두 번째 양은 양명(陽明)이라 하고 세 번째 양은 태양(太陽)이라 한다.
- 삼음(三陰) 중에 첫 번째 음은 궐음(厥陰)이라 하고 두 번째 음은 소음(少陰)이라 하고, 세 번째 음은 태음(太陰)이라 한다.

이상과 같은 6가지 기운, 즉 육기(六氣)를 삼음삼양(三陰三陽)으로 설명하고 있는데 이것은 마치 복희선천팔괘에 있는 삼남삼녀괘와 유사하다.

앞서 다룬 바와 같이 역(易)에 있는 삼현일장(三顯一藏)의 이치가 있는데 부모괘인 ☰과 ☷은 인체에서 젖과 배꼽으로 배속하며 이는 1장에 해당한다. 또 젖과 배꼽의 구멍은 평상시 닫혀 있어서 구체적인 작용을 하지 않는다. 이에 반해 삼현에 해당하는 삼음삼양괘(삼남삼녀괘)는 실제적인 활동을 하고 있는데 귀, 눈, 코, 입, 성기, 항문 6규가 이에 해당한다. 이제 육기(六氣)에서 사용하는 삼음삼양을 한의학의 침술에서 사용하는 12경락에 그대로 적용해 보자.

이 육기(六氣)는 상하수족(上下手足)에 배속되어 인체의 12경락을 이루니, 1년이 12월, 하루가 12시진(時辰)인 이치와 같다. 다음으로 삼음 삼양이 인체의 기가 흐르는 통로가 되는 12경락에 어떻게 배속되는지 살펴보자. 우선 삼양(三陽)은 모두 陽이므로 陽에 해당하는 육부(六腑)에 배속된다.

- 첫 번째 양인 인신소양상화(寅申少陽相火)에 있는 인(寅)은 수소양삼초경((手少陽三焦經)이며 신(申)은 족소양담경(足少陽膽經)에 해당한다.
- 두 번째 양인 묘유양명조금(卯酉陽明燥金)에 있는 유(酉)는 수양명대장경(手陽明大腸經)이며 묘(卯)는 족양명위경(足陽明胃經)에 해당한다.
- 세 번째 양인 진술태양한수(辰戌太陽寒水)에 있는 술(戌)은 수태양소장경(手太陽小腸經)이며 진(辰)은 족태양방광경(足太陽膀胱經)에 해당한다.

다음으로 삼음(三陰)은 모두 陰이므로 陰에 해당하는 육장(六臟)에 배속된다.

- 첫 번째 음인 사해궐음풍목(巳亥厥陰風木)에 있는 사(巳)는 수궐음심포경(手厥陰心包經)이며 해(亥)는 족궐음간경(足厥陰肝經)에 해당한다.
- 두 번째 음인 자오소음군화(子午少陰君火)에 있는 오(午)는 수소음심경(手少陰心經)이며 자(子)는 족소음신경(足少陰腎經)에 해당한다.
- 세 번째 음인 축미태음습토(丑未太陰濕土)에 있는 미(未)는 수태음폐경(手太陰肺經)이며 축(丑)은 족태음비경(足太陰脾經)에 해당한다.

인체의 12경락과 육장육부(六臟六腑)를 위와 같이 서로 배속시켰다.

이 12경락은 내(內)로는 장부에 들어가 해당 장부에 속(屬)하며, 외(外)로는 사지와 모든 관절로 들어가 연락(連絡)하니 이로써 체내와 체외, 장부와 장부사이가 전부 밀접하게 유기적 관계를 가지면서 상호 제약, 상호 협력함으로써 생명활동을 유지한다.

인체의 기(氣)는 경락을 통해서 지속적으로 인체를 순환하는데 지지(地支) 시간에 따라서 규칙적으로 순환하고, 순환이 끝나면 다시 순환을 시작하여 끊임없이 인체를 순행한다. 시간에 따라 어느 경락이 활동을 개시하고 활성화되는지 아래에 정리한다.

- 인시(寅時: 새벽 3시 30분~새벽 5시 30분)에 생명활동의 불꽃이 폐경(肺經)에서 시작하니 수면 상태에 있다가 깨어나고,
- 묘시(卯時: 새벽 5시 30분~새벽 7시 30분)에 대장경(大腸經)으로,
- 진시(辰時: 오전 7시 30분~9시 30분)에 위경(胃經)으로,
- 사시(巳時: 오전 9시 30분~11시 30분)에 비경(脾經)으로,
- 오시(午時: 오전 11시 30분~13시 30분)에 심경(心經)으로,
- 미시(未時: 13시 30분~15시 30분)에 소장경(小腸經)으로,
- 신시(申時: 15시 30분~17시 30분)에 방광경(膀胱經)으로,
- 유시(酉時: 17시 30분~19시 30분)에 신경(腎經)으로,
- 술시(戌時: 19시 30분~21시 30분)에 심포경(心包經)으로,
- 해시(亥時: 21시 30분~23시 30분)에 삼초경(三焦經)으로,
- 자시(子時: 23시 30분~01시 30분)에 담경(膽經)으로,

축시(丑時: 01시 30분~03시 30분)에 간경(肝經)으로, 그리고 다시 위의 폐경으로 연결된다.

이렇게 인체를 흐르는 기는 12경락을 따라서 운행된다. 인체의 생명활동은 이 12경락을 통하여 영위되는 데 1년이 12개월이듯이 옛사람들은 하루를 12시간으로 나누어 자시(子時)부터 시작하여 해시(亥時)까지 분류하였다. 오늘날은 하루가 24시간인데 왜 옛사람들은 하루를 12시간으로 분류하였을까? 이것은 대단히 중요한 문제인데 지금까지 학자들이 그저 당연하다고만 생각했을 뿐 그 이유를 정확히 지적하지 못하였다. 왜 그럴까? 자연과 합일하여 순리대로 살아온 동양의 현자들은 '근취저신(近取諸身)'으로 자기 몸을 탐구하고 그 원리를 원취저물(遠取諸物)에 적용하여 천체를 포함한 우주 만물의 이치를 깨달았다. 깊은 명상과 고도의 기공(氣功) 수련을 통해서 인체에서 활동하는 생명의 원기가 12경락을 통하여 하루에 1회전 한다는 사실을 알게 되었다. 1시진(時辰)은 오늘날의 시간으로 2시간이다. 따라서 인체를 흐르는 원기는 1경락에 1시진, 오늘날의 시간 환산법으로는 2시간을 머무르게 된다. 이와 같이 1년은 12월, 하루는 12시진(時辰), 인체는 12경락 그리고 천체(天体)의 황도(黃度) 12궁과 맞물려 12지지(地支)가 탄생하게 된 것이다. 12지지(地支)는 삼음삼양운동(三陰三陽運動)의 육기작용(六氣作用)이 음양으로 펼쳐진 것이다.

한동석(韓東錫, 1911~1966) 선생의 『우주변화의 원리』 제3장 육기론(六氣論)에 보면 삼음삼양운동에 대하여 정밀하게 언급하고 있다. 그 내용을 정리하면 다음과 같다.

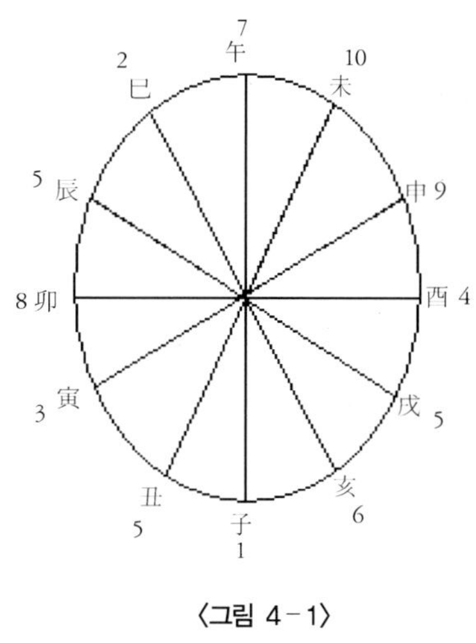

〈그림 4-1〉

■ 삼음운동

사해궐음풍목(巳亥厥陰風木)

자오소음군화(子午少陰君火)

축미태음습토(丑未太陰濕土)

■ 삼양운동

인신소양상화(寅申少陽相火)

묘유양명조금(卯酉陽明燥金)

진술태양한수(辰戌太陽寒水)

이제 삼음삼양이라는 본중말(本中末)과 시중종(始中終)의 육기운동에 대한 변화현상을 살펴보기로 하자.

① 삼음운동(三陰運動)

■ 사해궐음풍목(巳亥厥陰風木)

궐음(厥陰)이라는 말은 물(物)이 生하려고는 하지만 힘이 미치지 못하여 生하지 못하는 것을 말한다. 궐(厥)은 '짧은 궐, 숙일 궐'의 뜻이다. 깊이 파묻혀 있는 임금님의 거처를 구중궁궐(九重宮闕)로 표현하듯이 厥은 깊이 감추어져 응고가 심한 상(象)을 표현하는 것이며 또한 그렇게 깊이 파묻혀 있으므로 힘이 부쳐 밖으로 표출되어 生할 수 없는 것을 말한다.

하도에서 1·6水에서, 1은 子水가 되고 6은 亥水가 된다. 그런데 亥水 속에는 무갑임(戊甲壬)이라는 천간(天干)이 암장(暗藏)되어 있다. 6水, 즉 亥水 속에서 甲木이 나오려고 하고 있지만 견고한 壬水 속에 갇혀 있어 탈출하기가 녹록지 않은 상태를 말한다. 甲木이 밖으로 뛰쳐나오려는 뜻(의지)은 있지만 그 氣가 불급하여 나올 수 없는 것이 바로 亥木이다.

그러나 亥木이 발아하여서 점점 자라게 되어서 목기(木氣)의 특징을 잃게 되는 시기가 바로 巳木이다. 그러므로 목기의 시작은 亥에서 시작되어 巳에서 비로소 완전히 끝나는 것이다. 그런데 巳는 2火이기 때문에 여기에 이르면 목기(木氣)의 기능을 상실할 수밖에 없는 것이다. 궐음(厥陰)을 巳亥라고 하는 것은 이 때문이며 또한 풍목(風木)이라고 하는 것은 목기(木氣)에 동(動)하는 상(象)이 있으므로 풍목(風木)이라고 명칭을 붙인 것이다. 이양(二陽) 아래 일음(一陰)이 들어가 있는 상(象)이 바람을 상징하는 손괘(巽卦: ☴)이므로 필자는 사해궐음풍목(巳亥厥陰風木)을 ☴괘에 배속하였다.

■ 자오소음군화(子午少陰君火)

군화(君火)라는 것은 소음(少陰) 속에서 자라는 火다. 군(君)이란 임금을 말하는 것이니 모든 것을 마음대로 구사할 수 있는 실력 있는 자리를 말한다. 지지(地支)에서 군화(君火)란 자위(子位)에서 오위(午位)에 이르는 사이의 火를 지칭하는 것이다. 子는 본래 水이고 午는 火다. 그러므로 子에서 午에 이른 火는 실력은 충분하나 아직 그 맹위를 떨치지 못하는 火다. 왜냐하면 이것은 음중(陰中)의 火, 즉 음성(陰性)이 많이 작용하는 火이기 때문이다. 그러한 모습이 바로 군화(君火)의 상(象)이고 또한 소음(少陰)의 상이므로 이것은 모두 巳亥에서 계승하여서 활동하는 모습을 표시한 개념인 것이다. 그러므로 子午의 군화(君火)는 子에서 출발할 때는 그 힘이 강하지만 午에 와서 火로서의 외형(外形)을 갖추게 되면 그 힘이 쇠약해지는 火인 것이다.

이양(二陽)의 중앙에 일음(一陰)이 걸려 있는 상(象)이 이괘(離卦: ☲)로 안에 있는 子水는 어둡고 밖에 있는 午火는 밝다. 따라서 필자는 자오소음군화(子午少陰君火)를 ☲괘에 배속시켰다.

■ 축미태음습토(丑未太陰濕土)

태(太)의 뜻은 지극히 작으면서도 지극히 큰 것을 말한다. 그러므로 태음이나 태양은 모두 그런 의미로 해석하면 된다. 좀 더 상세히 설명하면 음(陰)이 삼단변화를 할 때 궐음(厥陰)은 亥에서 시작하므로 丑에 와야만 태음만큼 자랄 것이고, 소음은 子에서 시작하는데 이것도 丑에 와야만 태음만큼 자랄 것이다. 그런데 태음은 궐음이나 소음에 비하여 더 전진된 위치에 있는데 이것은 만물이 이루어지는 데는 현실적으로 음(陰)이 生하는 기본점이 되는 것이다. 왜냐하면 물(物)의 태소(太少)는 음(陰)에서부터 규정되는 것이다. 그런데 태음은 삼음(三陰)의 말단이면서 사실상의 형(形)인 인묘진(寅卯辰) 목국(木局)의 기본이다.

삼음은 모두 해자축(亥子丑)을 기본으로 하고 사오미(巳午未)를 끝으로 해서 형(形)을 만든 것인데 亥子丑이 기본이라는 것은 형(形)의 준비단계이고 寅卯辰이 형체가 되는 것이다.

그런데 여기서 태음은 기본으로서의 말단이므로 이것이 바로 사실상 형(形)을 생하는 기본점이다. 이와 같이 태음은 형(形)으로서 가장 작은 곳이며 동시에 가장 큰 곳이므로 태(太) 자의 상(象)을 취하여 태음이라고 한 것이다. 그리고 습토(濕土)라고 한 것은 습은 본래 水와 火의 중간점이다. 조금만 더 응고하면 水의 형체를 나타내지만 조금만 더 분열하면 火의 상(象)으로 나타난다. 그러므로 이것은 태음이 되고 태음의 본(本)인 丑에서 寅卯辰인 中을 거쳐 巳午未의 말단에 이르렀을 때 나타나는 상(象)이다.

다시 말하자면 丑에서 生한 형(形)이 未에 와서 소멸되고 다시 '有'가 생하는 상(象)을 습토라고 한다. 일음(一陰)이 이양(二陽) 위에 있어 음 속에 있는 양의 힘이 너무 크기 때문에 물이 땅속에 잦아들지 못하고 오히려 땅의 표면에서 약동하고 있는 것과 같은 상(象)으로 연못을 상징하는 태괘(兌卦: ☱)다. 그러므로 필자는 축미태음습토(丑未太陰濕土)를 ☱卦에 배속시켰다.

우주의 운동이란 것은 본래 음양운동이다. 음양에는 삼음과 삼양이 있는데 궐음, 소음, 태음이 끝난다는 말은 바로 삼음운동이 다 끝난 것을 의미하는 것이다. 지금까지 설명한 삼음운동은 방위로 볼 때 동남의 물생운동(物生運動)의 과정이었다. 그러므로 이것은 양생운동(陽生運動)이다. 그런데 삼음운동이라고 하는 것은 동남에서 양 운동을 하는 것이 그의 본질에 대한 관찰인 데 비해 음 운동이라고 한 것은 그의 작용 면을 논한 것이다.

삼음은 전부 음(陰)으로 표시하면서 그 내용은 양(陽)인 풍목, 군화, 습토로 그 반대 면을 표시하고 있다. 이것은 변화는 반드시 현상 면과 내용 면이 체용(体用)으로 서로 상반된 상(象)을 나타내기 때문이다. 생장 면에서 삼음개념이 작용하는 것은 물(物)의 생장은 음적인 현상을 나타내면서 이루어지고 있으며 또한 그렇게 이루어져야 하므로 이와 같은 개념으로 설명한 것이다.

② 삼양운동(三陽運動)

■ 인신소양상화(寅申少陽相火)

상화(相火)는 寅에서 시작하여 군화와 습토를 거쳐서 '申'에 이름으로써 완성되는 것이다. 그런데 군화는 실력은 있지만 외세는 약하였는데 상화에 이르게 되면 실력은 약화되었지만 외세는 가장 왕성한 火로 변하는 것이다. 소(少)자는 아직 젊다는 뜻이다.

천도(天道)는 삼음과정에서 양을 전부 발산하였으므로 삼양과정에서는 다시 종합해야 한다. 그러므로 소양은 종합의 최초의 단계이므로 소(少) 자를 놓은 것이며, 이것은 바로 양의 창조과정을 표준으로 소양(少陽)이라고 한 것이다. 그 다음 상화(相火)라는 것은 군화(君火)를 도와주는 火란 뜻이다. 군화를 돕는다는 말은 군화는 발산을 위주로 하는 火이므로 종합만이 그의 보조가 되어 천도(天道)는 상화로써 군화의 보조작용을 하게 한 것이다.

이것은 마치 임금을 돕는 정승의 역할이니 임금의 방탕함을 정승이 상소하여 부당함을 지적하는 것과 같다. 소양과 상화라는 개념은 바로 寅申의 보조개념이다. 寅申은 寅에서부터 申사이에서 이루어져 소양작용과 상화작용을 하기 위한 존재인 것이다. 이러한 소양상화의 개념은 이음(二陰) 아래 일양(一陽)이 있어 두 개의 음을 확장하면서 용출하려는 상(象)으로 음의 세력이 강하면 강할수록 양의 반발력이 많고 초효(初爻)에 처음으로 양이 있어 그 힘이 가장 강하게 되는 우레를 상징하는 진괘(震卦: ☳)와 같으므로 필자는 인신소양상화(寅申少陽相火)를 ☳괘에 배속시켰다.

■ 묘유양명조금(卯酉陽明燥金)

양명(陽明)이라는 것은 日과 月이 합하여 明을 이루었다는 말이다. 황제내경 소문(素問)편에 "양양합명왈양명(兩陽合明曰陽明)"이라고 하였는데 이는 "두 개의 양이 합하여 밝아진 것이니 가로되 양명이라 한다."의 의미다. 태양은 3번째 양이고 소양은 1번째 양인데 그 두 개의 양이 합해서 명(明)을 이룬 것을 양명이라고 한 것이다. 조금(燥金)이라고 한 것은 천지의 기(氣)는 未에서는 습이 生하고 申에서는 습이 수렴되기 시작하고, 酉에서는 완전히 조(燥)하게 되는 것을 말한다.

다시 말하면 양명은 물질 면에서 보면 수렴하여서 조(燥)하게 하는 데 불과하지만 정신면에서 보면 모든 사리사욕의 발동을 버리고 정신을 수렴하는 것이므로 여기서 明이 생기는 것이다. 그것은 기후에 있어서도 마찬가지다. 가령 6, 7월의 하늘은 기압이 낮고 8, 9월의 하늘이 높은 것은 바로 양명조금이 生하는 때이기 때문이다. 정신도 이와 같은 원리에서 生하는 것이다. 그러므로 양명조금이라는 개념은 모두 酉金의 보조개념에 불과한 것이다. 이음(二陰) 위에 일양(一陽)이 정지되어 있는 상(象)으로 양이 제일 위에 있어 밝고 양이 음을 벗어나 조(燥)한 상태이므로 이것은 산을 상징하는 간괘(艮卦: ☶)와 같으므로 필자는 묘유양명조금(卯酉陽明燥金)을 ☶괘에 배속시켰다.

■ 진술태양한수(辰戌太陽寒水)

태양이란 말은 본체 면에서 보면 가장 작은 양이지만 현상 면에서 보면 가장 큰 양이라는 의미이다. 辰戌은 水에 해당되나 동남방인 辰의 때에서 보면 辰은 물이 아니라 가장 큰 양으로 보이는 것이다. 그러나 이때의 태양이란 것은 가장 큰 양으로 보이지만 사실은 辰水의 작용, 즉 水가 최대 분열을 일으킨 것이다. 戌은 서북방에 있는 水다. 그러나 이것은 사실상 辰의 큰 양이 수축되어서 戌에 와서 양이 최심장부에 감추어져 있기 때문에 작게 보일 뿐이고 사실은 그 실력이 가장 큰 양인 것이다. 그러므로 태양이라고 한 것이다. 辰戌은 본래의 방위가 土다. 그런데 이것이 대대(對待)작용으로 인하여 돌연변화를 함으로써 辰戌水가 된 것이다. 진(辰)은 '용(龍)'이라는 뜻과 함께 '변화무쌍'의 의미를 담고 있다. 술(戌) 자는 '개'라는 뜻과 더불어 '지킨다'라는 의미가 있다. 그러므로 辰戌이라는 개념은 바로 태양이라는 개념과 동일하다는 것을 알 수 있다.

그다음 한수(寒水)라고 하는 것은 '水의 본성이 응고 한다'는 뜻을 말한다. 다시 말해 水가 辰에 이르면 그 상(象)이 비록 큰 양처럼 보인다고 할지라고 그 본성은 한수, 즉 응고하는 水라는 것을 표현한 것이다.

일양(一陽)이 이음(二陰)의 가운데 빠져 있는 상(象)으로 물을 나타내며 씨앗을 포장하고 있는 것을 상징하는데 이것은 감괘(坎卦: ☵)와 같으므로 필자는 진술태양한수(辰戌太陽寒水)를 ☵괘에 배속시켰다.

이상을 전부 정리하면 다음과 같다.
- ■ 사해궐음풍목(巳亥厥陰風木)은 ☴괘가 되어 궐음으로 풍(風)을 뜻하고,
- ■ 자오소음군화(子午少陰君火)는 ☲괘가 되어 소음으로 화(火)를 뜻하고,
- ■ 축미태음습토(丑未太陰濕土)는 ☷괘가 되어 태음으로 습(濕)을 뜻하고,
- ■ 인신소양상화(寅申少陽相火)는 ☳괘가 되어 소양으로 열(熱)을 뜻하고,
- ■ 묘유양명조금(卯酉陽明燥金)은 ☱괘가 되어 양명으로 조(燥)를 뜻하고,
- ■ 진술태양한수(辰戌太陽寒水)는 ☵괘가 되어 태양으로 한(寒)을 뜻한다.

그러므로 삼음운동(三陰運動)은 삼음괘(三陰卦)로 연결되어 ☴ ☲ ☷로 나타내고, 삼양운동(三陽運動)은 삼양괘(三陽卦)로 연결되어 ☳ ☱ ☵으로 나타낸다. 이것을 하도팔괘와 연결해 보면 다음과 같다.

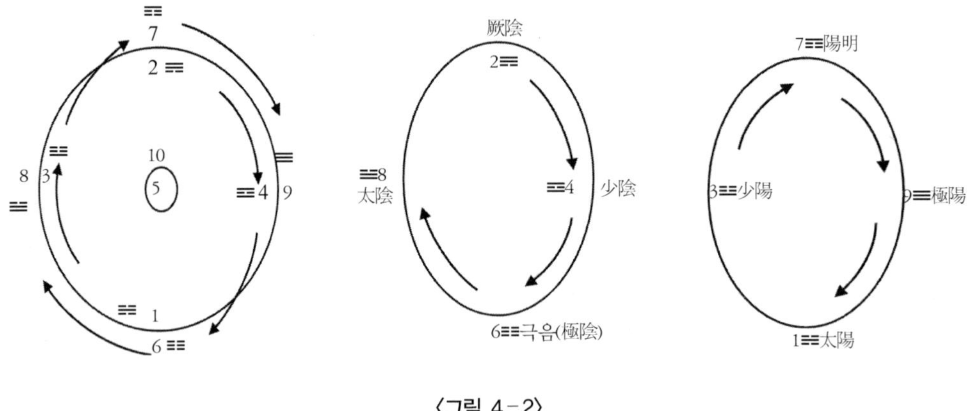

〈그림 4-2〉

위 그림에 관해 알아보자.

- 제일 좌측이 하도인데 양은 1, 3 7, 9의 순(順)으로 전개되고 음은 2, 4, 6, 8의 순으로 전개된다.

- 두 번째 그림은 음의 전개 과정으로 음은 2 궐음에서 4소음을 거쳐 6극음에 이르고 최종적으로 8태음에 이른다.

- 세 번째 그림은 양의 전개 과정으로 양은 3소양에서 7양명을 거쳐 9극양에 이르고 최종적으로 1태양에 이른다.

- 삼천양지(參天兩地: 3은 양, 2는 음)의 법칙에 따라 음은 2에서 출발하고 양은 3에서 출발하는 것을 보여 준다.

- 6과 9는 각각 극음(極陰)과 극양(極陽)으로 삼음삼양운동에 직접 관여하지는 않는다.

역(易)의 사상(四象)은 태양⚌, 소음⚍, 소양⚎, 태음⚏의 2효로 표시했지만 삼음삼양운동에서는 모두 3효 괘로 나타나 역(易)의 사상(四象)과는 같은 단어라도 사실상 그 의미가 다르다. 즉,

- 궐음은 亥에서 巳에 이르는 과정으로 궐음괘☴으로 風木으로 나타나고,

- 소음은 子에서 午에 이르는 과정으로 소음괘☲로 君火로 나타나고,

- 태음은 丑에서 未에 이르는 과정으로 태음괘☷로 濕土로 나타나고,

- 소양은 寅에서 申에 이르는 과정으로 소양괘☵으로 相火로 나타나고,

- 양명은 卯에서 酉에 이르는 과정으로 양명괘☱으로 燥金으로 나타나고,

- 태양은 辰에서 戌에 이르는 과정으로 태양괘☳으로 寒水로 나타난다.

삼음은 亥子丑 水에서 巳午未 火에 이르는 과정이고 삼양은 寅卯辰 木에서 申酉戌 金에 이르는 과정이다. 이와 같이 육기(六氣)들이 서로 반복 교류하는 동안에 풍화습(風火濕)은 열(熱)로 발전하고 열(熱)과 조(燥)는 한(寒)으로 퇴장하면서 열기는 물을 만들고 한기는 불을 만들었다. 그런데 이와 같은 작용은 日, 月의 광선에 의한 결과인즉 물과 불은 日과 月이 만든 것이라는 결론이 되는 것이다. 따라서 水 火의 형질은 日, 月의 형질 그대로의 모습일 것은 물론이다.

天地가 순음순양(純陰純陽)인 ☰, ☷의 이기(二氣)와 삼음삼양의 육기(六氣) ☳ ☵ ☶, ☴ ☲ ☱으로 구성되어 있듯이 인체에도 순음순양인 ☰, ☷의 이기(二氣)와 삼음삼양의 육기로 구성되어 있다. 그러면 아직 언급하지 않은 순음순양(純陰純陽) ☰, ☷이 어느 경락에 배속될 것인가 하는 문제가 최종적으로 남아 있다.

답은 ☷이 임맥(任脈), 그리고 ☰이 독맥(督脈)이 된다.

이와 같이 인체는 삼음삼양의 12경락을 통하여 天地의 삼음삼양의 육기와 끊임없이 교류하여 생명활동을 영위하고 있는 것이다.

이제까지 전개한 논리를 12地支와 12경락 및 소속 장부를 배속하여 표로 나타내 보자.

<그림 4-3>에서 보면 水局과 火局은 음괘로 구성되어 있으며 육장(六腸)에 배속되고 金局과 木局은 양괘로 구성되어 있으며 육부(六腑)에 속한다. 또 足에 흐르는 경락은 水局과 木局에 배속되어 있고 手에 흐르는 경락은 火局과 金局에 배속되어 있다.

명나라 때 이천(李梴) 선생이 쓴 『의학입문(醫學入門)』에는 未에 脾가 배속되어 있고 丑에 肺가 배속되어 있으나 이것은 역(易)의 이치에 어긋나 있다고 생각한다.

본인은 한의학적 지식이 부족하다. 하지만 未土는 火에 배속되어 있으므로 巳火 심포, 午火 심장과 더불어 폐(肺)에 배속되어 수(手)에 흐르는 경락이 되어야 마땅하다고 생각하며, 丑土는 水에 배속되어 있으므로 亥水 肝, 子水

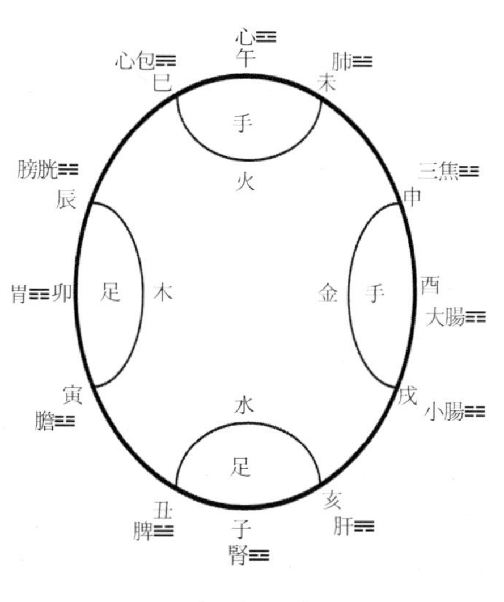

〈그림 4-3〉

腎과, 더불어 비(脾)에 배속되어 足에 흐르는 경락이 되어야 마땅하다고 생각한다.

역(易)의 이치는 자연의 순리에 따라 생긴 것이기 때문에 당연히 인체도 역(易)의 원리에 따라 생명활동을 한다고 보는 것이 필자의 생각이다.

육기(六氣)는 또한 음양의 이치에 따라 주역의 6효(爻)에 배속할 수 있는데 수화기제괘(水火旣濟卦)와 화수미제괘(火水未濟卦)에 대입해 보면 육기(六氣)에 의한 12경락(經絡)의 체계가 명확하게 드러난다.

먼저 수화기제를 보자.

이것은 숫자의 음양과, 효가 위치한 자리의 음양이 정확히 일치해서 만들어진 괘다. 즉 1, 3, 5는 양효(陽爻)가 되고 2, 4, 6은 음효가 위치하였다는 말이다. 각 효는 각각 소성괘(小成卦)의 특이점이 되어 주효(主爻)를 상징하게 된다. 그러므로 1효가 양으로 된 괘는 진(震: ☳)괘가 되고, 2효가 음으로 된 괘는 리(離: ☲)괘가 되고, 3효가 양으로 된 괘는 간(艮: ☶)괘가 된다. 또 4효가 음으로 된 괘는 손(巽: ☴)괘가 되고, 5효가 양으로 된 괘는 감(坎: ☵)괘가 되고, 6효가 음으로 된 괘는 태(兌:☱)괘가 된다. 이러한 기전으로 하괘(下卦)의 1, 2, 3효에 세 개의 괘가 생기고 상괘(上卦)의 4, 5, 6효에 세 개의 괘가 생기게 되어 수화기제괘에 6괘가 상징적으로 타나난다.

이번에는 화수미제를 보자.

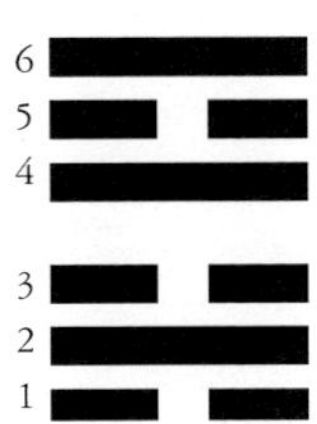

이 괘도 숫자의 음양에 따라 1, 3, 5는 음효(陰爻)가 되고 2, 4, 6은 양효(陽爻)가 되었다.

각 효는 각각 소성괘(小成卦)의 특이점이 되어 주효(主爻)를 상징하게 된다. 그러므로 1효가 음으로 된 괘는 손(巽: ☴)괘이며, 2효가 양으로 된 괘는 감(坎: ☵)괘가 되고, 3효가 음으로 된 괘는 태(兌: ☱)괘가 된다. 또 4효가 양으로 된 괘는 진(震: ☳)괘가 되고, 5효가 음으로 된 괘는 리(離: ☲)괘가 되고 6효가 양으로 된 괘는 간(艮: ☶)괘가 된다. 역시 이러한 기전으로 하괘(下卦)의 1, 2, 3효에 세 개의 괘가 생기고 상괘(上卦)의 4, 5, 6효에 세 개의 괘가 생겨서 화수미제괘에 6괘가 상징적으로 나타난다.

이번에는 위의 2괘의 각 효에 육기(六氣)와 그에 해당하는 소속장부를 배속해 보자.

水火旣濟　　　　　　　　火水未濟

위에서 다음과 같은 사항을 파악할 수 있다.

- ■ 상괘(上卦)는 수경(手經: 손에 흐르는 경락), 하괘(下卦)는 족경(足經: 발에 흐르는 경락)이 되는 것을 알 수 있다.
- ■ 양효(陽爻)는 육부(六腑)가 되고, 음효(陰爻)는 육장(六臟)이 됨을 알 수 있다.
- ■ 따라서 상괘(上卦)에는 여섯 개의 효가 각각 수경(手經)으로 흐르고 있고, 하괘(下卦)에는 여섯 개의 효가 각각 족경(足經)으로 흐르고 있다.

이번에는 이것을 건곤(乾坤)괘로 분류해 보자. 건곤으로 분류하면 보다 일목요연한 체계가 드러난다.

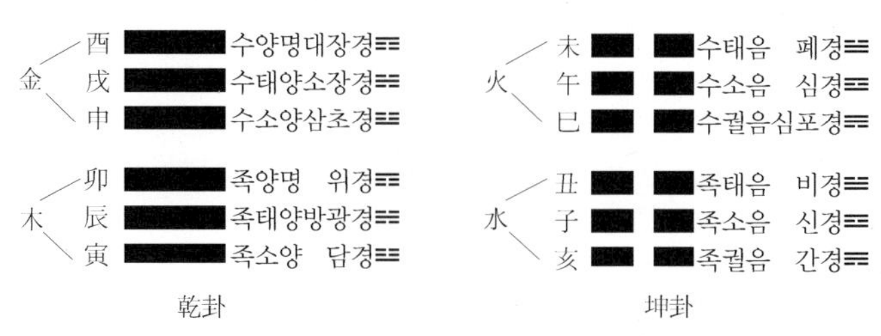

乾卦　　　　　　　　　　坤卦

위 그림에서 보면,

■ 하괘는 水局과 木局을 형성한다.

■ 하괘는 족경(足經)으로 흐르며 하괘의 6효에는 각각 여섯 개의 경락이 배속된다.

■ 상괘(上卦)에는 金局과 火局을 형성한다.

■ 상괘는 수경(手經)으로 흐르며 상괘의 6효에도 역시 여섯 개의 경락이 배속된다.

■ 건괘(乾卦)는 모두 삼양괘(三陽卦: ☳ ☲ ☴)로 이루어져 있고

■ 곤괘(坤卦)는 모두 삼음괘(三陰卦: ☶ ☵ ☶)로 이루어져 있다.

이것을 바탕으로 상하괘(上下卦)가 같은 8개의 괘에 지지(地支)를 배속하면 다음과 같다.

〈표 4-1〉

상괘 手	―酉 ―戌 ―申 독맥	--未 --午 ―申 삼초	―酉 --午 --巳 대장	--未 ―戌 --巳 소장	--未 --午 --巳 임맥	―酉 ―戌 --巳 심포	―酉 --午 ―申 심	--未 ―戌 ―申 폐
하괘 足	―卯 ―辰 ―寅 독맥	--丑 --子 ―寅 담	―卯 --子 --亥 위	--丑 ―辰 --亥 방광	--丑 --子 --亥 임맥	―卯 ―辰 --亥 간	―卯 --子 ―寅 신	--丑 ―辰 ―寅 비
		寅申 少陽 相火	卯酉 陽明 燥金	辰戌 太陽 寒水		巳亥 厥陰 風木	子午 少陰 君火	丑未 太陰 濕土

상괘 8괘와 하괘 8괘가 각각 배합되면 모두 64괘가 된다. 64괘 중 어떠한 괘도 위의 도표에 따라 지지(地支)에 따른 육기(六氣)를 배속할 수 있다. 64괘의 각 괘에 흐르는 경락의 흐름으로 괘사(卦辭)와 효사(爻辭)를 해석하면 재미있는 현상을 많이 관찰할 수 있다. 특히 상괘(上卦)와 하괘(下卦)의 주효(主爻)를 잘 관찰할 필요가 있다. 역상규론(易象竅論)에 입각하여 사람의 얼굴을 관찰하면 어느 사람이든 64괘 중에 하나의 괘를 얻을 수 있다.

〈그림 4-4〉

사람의 얼굴 전면에 上, 中, 下, 로 두드러지게 나타나 있는 것이 눈, 코, 입이다. 그리고 얼굴을 관찰하여 눈, 코, 입 중에서 두드러지게 크거나 작은 것이 특이점과 주효(主爻)가 되므로 하나의 소성괘(小成卦)를 뽑아낼 수 있다.

예를 들어 보자. 눈, 코, 입 중에 유난히 눈만이 크다면 간(艮: ☶)괘가 되고, 반대로 유난히 눈이 작다면 태(兌: ☱)괘가 된다. 그리고 눈, 코, 입이 모두 발달(큰 것)되어 있다면 건(乾: ☰)괘가 되고, 눈, 코, 입이 모두 작다면 곤(坤: ☷)괘가 된다. 전면의 눈, 코, 입은 눈이 上에 있고 코가 中에 있고 입이 下에 있다. 그러므로 이것을 다음과 같이 그대로 괘를 그린다.

上 ― 눈 ― 눈 ＼ 특이점이 上에 있는
中 ― 코 -- 코 ― 눈에 있다.
下 ― 입 -- 입 ／ 눈만 유난히 크다.

전면에 있는 눈, 코, 입을 상괘(上卦)로 삼는다. 그다음에는 얼굴의 후면에 있는 귀와 항문을 상징하는 미간(尾間)과 성기를 상징하는 인중(人中)을 上 中 下로 나열하여 괘를 작성한다. 귀와 인중과 미간은 눈, 코, 입보다 후면과 이면(裏面)에 자리 잡고 있어 하괘(下卦)로 나타난다.

上 ― 귀 ― 귀 ＼ 인중이 특히 짧은 사람이다.
中 ― 미간 ― 미간 ― 인중에 특이점이 있다.
下 ― 인중 -- 인중 ／

이상을 바탕으로 상, 하괘를 작성하면 그 사람을 상징하는 64괘 중의 한 괘가 된다. 그 후, 이 괘에 해당하는 육기(六氣)를 배속하면 그 사람의 성격이나 경락의 흐름을 통하여 어떠한 질병에 노출되기 쉬운가를 파악할 수 있다. 여기에다 사주(四柱)를 통하여 현재 그 사람의 운기(運氣)를 파악한다면 더욱 정확한 진단이 될 수 있을 것이다.

필자는 한의학에 문외한이므로 더 깊은 연구를 하기에는 부족함이 많고 또한 본 논고(論考)의 취지와는 약간 거리가 있으므로 더 이상의 논리는 전개하지 않기로 하겠다. 다만 역(易)과 한의학에 조예가 있는 후학들이 이것을 바탕으로 다양한 연구와 심도 있는 토론을 통하여 의역(醫易)을 더욱 발전시켜 줄 것을 간절히 기원한다.

지금까지 하도가 천지자연의 운기(육기)와 더불어 인체의 경락체계에 어떻게 밀접한 관련이 있는지를 살펴보았다. 또한 인체의 팔규(八竅)와 임맥(任脈), 독맥(督脈) 및 12경락을 비교하면 새로운 경지의 학술이 전개될 수 있을 것이다. 즉 젖과 배꼽은 임, 독 2맥과 상통하고 나머지 6규, 즉 귀, 눈, 코, 입, 성기, 항문은 육기(六氣)에 배속된 12경락과 밀접한 관련이 있다.

제5장 하도의 변화

1. 하도와 정다면체(正多面体)

정다면체는 볼록 다면체 중에서 모든 면이 합동인 정다각형의 결합으로 이루어져 있으며 플라톤의 다면체라고도 불린다. 무수히 많이 존재할 수 있는 정다각형과는 달리 정다면체는 오직 다섯 개만 존재한다는 사실은 참으로 특이한 현상이다. 그리고 그것은 다음과 같이 증명할 수 있다.

■ 다면체에서 최소한 세 개의 면이 있어야 하나의 꼭짓점이 만들어지고 이때 각 꼭지각의 합은 $360°$보다 작아야 한다.

■ 다면체를 구성하는 면은 모두 합동이므로 각 꼭지각의 크기는 같다. 한편 이런 꼭지각이 최소한 세 개로 구성되므로 꼭지각의 크기는 $360°/3 = 120°$보다 작아야 한다.

■ 내각의 크기가 $120°$보다 작은 정다각형은 정3각형, 정4각형, 정5각형뿐이다.

정다면체를 고찰하기 전에 정다면체를 구성하는 정다각형에 대해서 우선 알아보자.

■ 정삼각형: 내각의 크기가 $60°$이므로 하나의 꼭짓점에 모일 수 있는 삼각형면의 개수는 세 개, 네 개, 다섯 개이다. 이것은 각각 정4면체, 정8면체, 정20면체에 해당한다.

■ 정사각형: 내각의 크기가 $90°$이므로 하나의 꼭짓점에 모일 수 있는 사각형면의 개수는 세 개이다. 정6면체에 해당한다.

■ 정오각형: 내각의 크기가 $108°$이므로 하나의 꼭짓점에 모일 수 있는 오각형면의 개수는 세 개이다. 이것은 정12면체에 해당한다.

고대 이집트 사람들은 정4면체, 정6면체, 정8면체의 존재를 이미 알고 있었다. 피타고라스가 이집트에 유학한 적이 있었는데 그는 또 다른 정다면체의 존재 여부와 존재 형태(모양)에 대하여 연구하였다. 그 결과 정12면체와 정20면체의 존재를 밝혀냈다. 또한 정다면체는 정4면체, 정6면체, 정8면체, 정12면체, 정20면체 다섯 종류 이외에는 존재할 수 없다는 사실도 알아냈다.

피타고라스학파 사람들은 수학적 호기심에서라기보다는 우주를 설명하기 위해서 정다면체 문제에 몰두하였다. 그들은 당시 다음과 같은 가설을 세우고 우주의 존재 형태를 설명하고자 하였다. 즉 우주는 물(정20면체), 불(정4면체), 흙(정6면체), 공기(정8면체)로 이루어져 있고 정12면체는 이 4가지 원소를 모두 포함하고 있는 우주의 모양이라고 생각하였다.

다시 말하면,

■ 둥근 모양의 정20면체는 유동성이 높은 물을,

■ 가볍고 날카로워 보이는 정4면체는 불을,

■ 정6면체는 아주 견고해 보이는 상자 모양이기 때문에 안정적인 특성을 지닌 흙을,

■ 정8면체는 마주 보는 꼭짓점을 붙잡고 쉽사리 돌릴 수 있으므로 공기의 불안정성을,

■ 그리고 정12면체는 황도12궁과 같이 우주와 깊은 관련성이 있을 것이라고 추측하였다.

플라톤은 "세계는 완벽한 입체만으로 만들어질 수 있기 때문에 물, 불, 흙, 공기라는 4가지 원소들도 반드시 정다면체 꼴이어야 하고 우주도 마찬가지로 정다면체 꼴이어야 한다."고 주장했다. 플라톤의 이런 주장 때문에 정다면체는 '플라톤의 입체도형'이라는 별명을 갖게 되었다. 이러한 플라톤의 주장은 현대적인 시각에서 보면 기이하고 초현실적으로 보이지만 서구에서는 17세기까지 아주 진지하게 받아들여졌다. 또한 정다면체는 행성의 운동을 설명하는 도구로 이용되기까지 이르렀다.

케플러 시대에는 수성, 금성, 지구, 화성, 목성, 토성의 여섯 개의 행성만이 알려져 있었는데 "행성이 태양 주위를 공전한다."는 코페르니쿠스의 이론을 추종하던 케플러는 정확하게 여섯 개의 행성이 존재하는 것과 그것들이 태양으로부터 특정한 거리에 위치하는 이유를 찾으려고 노력했다. 그는 인접한 두 행성 사이의 거리가 다섯 가지 정다면체 중 어떤 특정한 다면체와 관련되기 때문에 정확하게 여섯 개의 행성만이 존재한다고 추론했다. 케플러는 일련의 실험을 통해 포개진 정다면체와 구면의 배열을 발견하였는데 여섯 개의 각 행성의 궤도는 여섯 개의 구면 중 하나 위에 놓여 있다고 주장했다. 그가 주장하는 이론을 간략히 말하면 다음과 같다.

■ 토성의 궤도가 놓여 있는 가장 바깥쪽의 구면에는 정6면체가 내접하고 그 정6면체에 내접하는 구면 위에 목성의 궤도가 놓인다.

■ 그 구면에 정4면체가 내접하는데 화성의 궤도는 이 정4면체에 내접한 구면 위에 놓여 있다.

■ 화성의 궤도가 놓여 있는 구면에는 정12면체가 내접하고 이 다면체에 내접한 구면 위에 지구의 궤도가 놓인다.

■ 그리고 다시 이 구에 내접한 정12면체에는 금성의 궤도가 놓여 있는 구면이 내접한다.

■ 마지막으로 금성의 궤도가 놓여 있는 구면에 내접한 정8면체는 그 위에 수성의 궤도가 놓여 있는 구면이 내접한다.

케플러는 이같이 놀라운 발견을 설명하기 위해 그린 그림을 1596년 자신의 저서 『신비의 우주』에 발표하였다. 플라톤과 케플러와 같은 명망 있는 과학자가 이런 허황된 이론을 주장했다는 사실은 믿기 어렵다. 훗날 케플러는 자신의 주장이 잘못되었음을 알았을 것이다. 그는 『신비의 우주』를 출판하고 나서 13년이 흐른 1609년, 행성들의 궤도가 타원이라는 사실을 발견했다.

오늘날에는 정다면체를 플라톤이나 케플러가 주장하던 방식으로 적용하는 사람은 없을 것이다. 하지만 조금만 주의를 기울인다면 자연 속에 정다면체이론을 적용할 순간과 경우가 얼마든지 존재하는 것을 볼 수 있다. 가령, 염화나트륨(소금)의 결정에서 정6면체와 정4면체를, 명반에서 정8면체를 찾아볼 수 있으며 또 아주 작은 해양 동물인 방산충의 뼈대에서는 다섯 종류의 정다면체를 모두 찾아볼 수 있다.

우리는 삼차원 공간에 살고 있기 때문에 수학에서 다루는 입체도형을 곳곳에서 만날 수 있다. 그중 아주 빈번하게 만날 수 있는 것이 정20면체이다. 관심을 갖고 주변을 둘러보면 갖가지 입체도형을 찾을 수 있다.

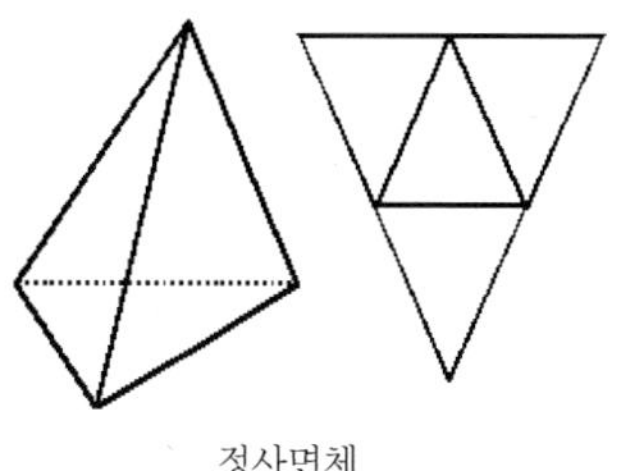

정사면체

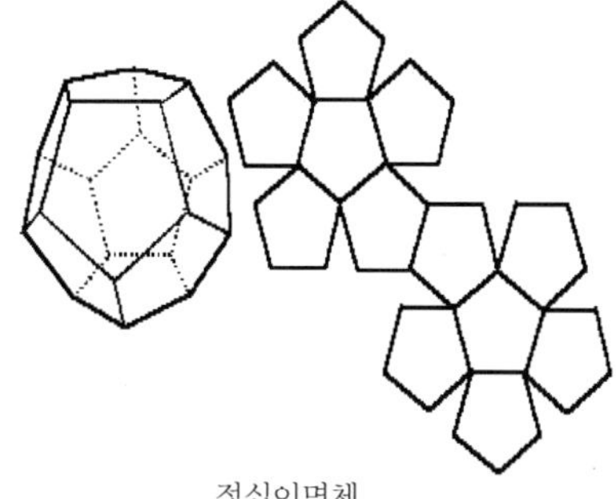

정십이면체

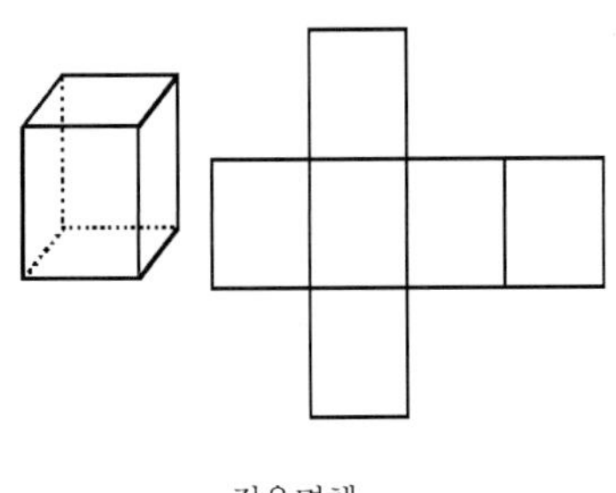

정육면체

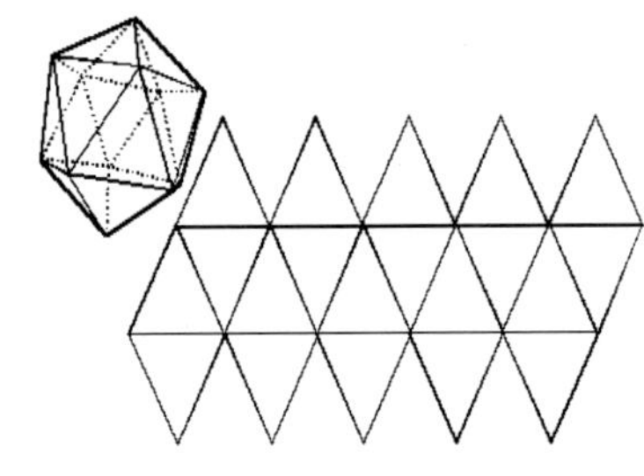

정이십면체

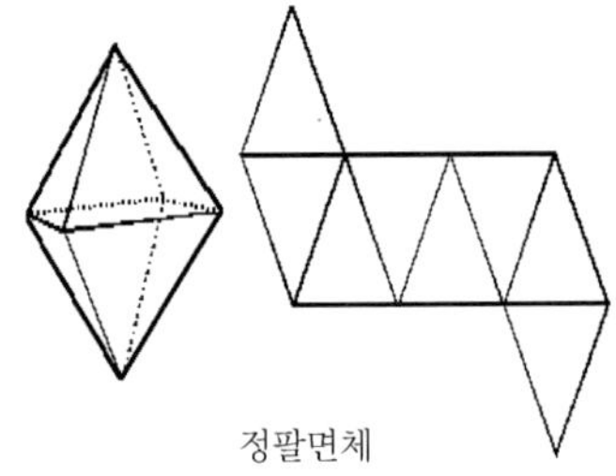

정팔면체

〈그림 1-1〉 다섯 개의 정다면체와 전개도

<표 1-1>은 다섯 개의 정다면체의 구성정보를 모아 놓은 표이다.

〈표 1-1〉 정다면체의 구성정보

이름	면의 모양	면의 수	선의 수	꼭짓점의 수	꼭짓점의 면수	대칭면
정12면체	5	12	30	20	3	15
정4면체	3	4	6	4	3	6
정20면체	3	20	30	12	5	15
정8면체	3	8	12	6	4	9
정6면체	4	6	12	8	3	9
합	18	50	90	50	18	54

플라톤의 정다면체가 다섯 개밖에 존재하지 않는다는 학설은 현대 수학에서 이미 증명되었고 슈퍼컴퓨터에 다면체의 조건을 입력해서 가동시켜 보아도 그 이상은 있을 수 없다는 결론에 도달한다.

플라톤 그리고 케플러를 비롯한 여러 그리스 철학자들이 정다면체를 우주의 구성원소와 연결시키고 천체의 운동까지에 결부시켜 연구했던 것을 단순히 과대망상이라거나 괴짜놀음이라고 단정 지어 생각하는 것은 참으로 위험한 발상이라 아니 할 수 없다. 왜 그런지는 아래의 글을 읽으면서 독자들이 점차 느끼게 될 것이다.

우선 정다면체가 다섯 개밖에 없다고 찾아낸 것은 위대한 발견이다. 당연히 우주의 구성요소로서 다섯 개의 정다면체를 상정할 수밖에 없었을 것이다. 당시 서구의 논리적 사고방식과 과학적 수준을 감안해 볼 때, 정다면체의 외형을 보고 정4면체는 불, 정6면체는 흙, 정8면체는 공기, 정20면체는 물, 정12면체는 우주라고 규정한 것은 어쩌면 당연한 귀결일지도 모른다. 그도 그럴 것이 그들은 동양의 철학적 사고방식인 상(象), 수(數), 리(理)의 개념을 모르고 있었기 때문이다. 아쉽게도 동양에서는 서양에서 발달한 기하학적인 정다면체의 발견까지는 이르지 못했다. 그러나 대신 상, 수, 리의 법칙이 녹아 있는 하도 낙서의 이치에는 밝았다. 그것을 통하여 우주의 구조가 프랙털 구조를 가지며 또 이것을 가지고 거시적, 미시적 관계까지 정밀하게 관찰하였던 것이다.

몸서리 칠 정도로 아름답고 정교한 다섯 개의 정다면체가 있다는 사실은 하늘이 인간에게 어떤 형태로든 진리에 대한 암시를 하고자 한 것이 틀림없다는 것이 필자의 생각이다. 다만 그것이 무엇을 의미하는지 우리 인간들은 정확하게 짚어 내지 못했을 뿐이다.

필자가 뭔지 모를 전율을 느꼈으면서도 한편 필자가 느낀 의문은 다음과 같은 것들이다.

- 왜 하필이면 다섯 개일까.
- 사람의 손가락과 발가락이 다섯 개씩 좌우로 나누어져 있는 것과 어떤 연관이 있지 않을까.
- 혹시 오행(五行)의 5와 관련이 있지 않을까.

이상을 화두로 삼아 다각도로 연구하던 어느 날, 우연히 정다면체의 면의 수가 하도에 나열되어 있는 수와 일치하다는 놀라운 사실을 발견하게 되었다. 이제부터 그것에 대하여 고찰해 보려고 한다.

정다면체는 각 면이 모두 합동인 정다각형으로 이루어져 있고, 또 각 꼭짓점에 모이는 면의 개수가 똑같은 다면체를 말하는 것이다. 입체로 되어 있기 때문에 면의 개수는 짝수가 될 수밖에 없다.

다음의 내용은 하도의 숫자와 비교하면서 음미하기 바란다.

5개의 정다면체 중에,

- 정4면체는 하도의 4와,
- 정6면체는 하도의 6과,

■ 정8면체는 하도의 8과,

■ 정12면체는 하도의 2와,

■ 정20면체는 하도의 10과 정확히 일치한다.

하도에 1·6水 2·7火 3·8木 4·9金 5·10土의 오행이 오방(五方)에 배열되어 있듯이 정다면체 중에,

■6은 水, ■2는 火, ■8은 木, ■4는 金, ■10은 土로 오행에 배속되어 있다.

이것을 하도의 숫자 구성 원리에 맞추어 그려 보면 다음과 같다.

이 그림은 필자의 자의에 의해서 아무렇게나 임의로 배치한 것이 아니라 그럴 수밖에 없는 필연의 원칙을 따른 것이다.

왜 이렇게 배치될 수밖에 없는지, 이유를 따져 보자.

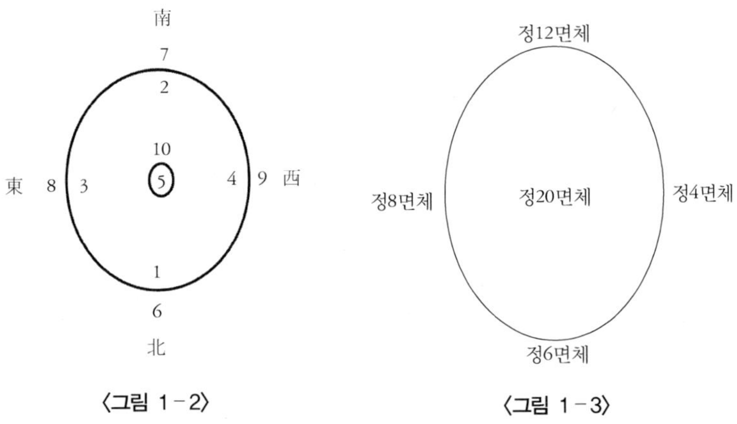

〈그림 1-2〉　　　　〈그림 1-3〉

우선 <그림 1-3>에 따르면,

■ 정6면체는 水,

■ 정8면체는 木,

■ 정12면체는 火,

■ 정20면체는 土,

■ 정4면체는 金에 배속되었다.

플라톤이 정6면체를 흙(土), 정8면체를 공기(木), 정12면체를 우주, 정20면체를 물(水), 정4면체를 불(火)로 규정하였는데 이 중에서 하도와 일치하고 있는 것은 오직 정8면체 하나뿐이다.

이것은 사물을 바라보는 시각차에서 기인한 것인데 플라톤이 외형적 시각으로만 바라본 것이라면, 하도는 상수적(象數的) 시각에서만 바라보았기 때문에 생긴 것이다.

하도에 배열된 정다면체의 특징을 보면 맨 위에 있는 정12면체의 구성면은 5각형으로 되어 있고, 가운데 있는 정8면체, 정20면체, 정4면체의 구성면은 3각형으로 되어 있으며, 가장 아래에 있는 정6면체의 구성면은 4각형으로 되어 있다.

위치상 5각형으로 되어 있는 것은 天에 해당하고, 3각형으로 되어 있는 것은 人에 해당하고, 4각형으로 되어 있는 것은 地에 해당한다.

이것을 그림으로 그리면 아래 <그림 1-4>, <그림 1-5>와 같다.

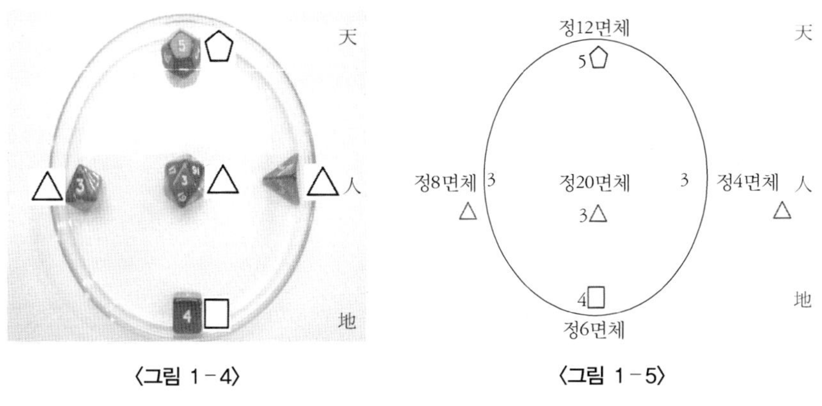

〈그림 1-4〉   〈그림 1-5〉

■ 天에는 5각형으로 정12면체의 火가 있고,
■ 人에는 3각형으로 정 8면체의 木이, 정20면체의 土가, 정 4면체의 金이 있고,
■ 地에는 4각형으로 정 6면체의 水가 있다.

이것을 구체적으로 풀어 보면 다음과 같다.
■ 天에는 火가 있고 地에는 水가 있으며 人에는 木, 土, 金이 수평으로 나란히 배속된다.
■ 정다면체를 이루는 기본 면의 구성은 이처럼 3각형, 4각형, 5각형으로 3가지로 되어 있는데 하도에 대입하면 天, 地, 人의 삼재(三才)로 상중하(上, 中, 下)에 위치하여 아름

답게 배열된다.

■ 天5, 人3, 地4 로 뚜렷하게 구별되어 있다.

■ 天, 地, 人, 세 수의 합은 3＋4＋5＝12가 된다. 이는 12지지(地支)와 황도12궁, 12경락
과 일치한다.

■ 天, 地, 人 세 수의 곱은 3×4×5＝60이 되니 이는 60甲子로 천문역수(天文曆數)의 기초
가 된다.

■ 天地의 합은, 세 개의 人과 합이 같다(天5＋地4＝人3＋人3＋人3＝9).

이제 하도에 정다면체와 오행을 배속시켜 보자.

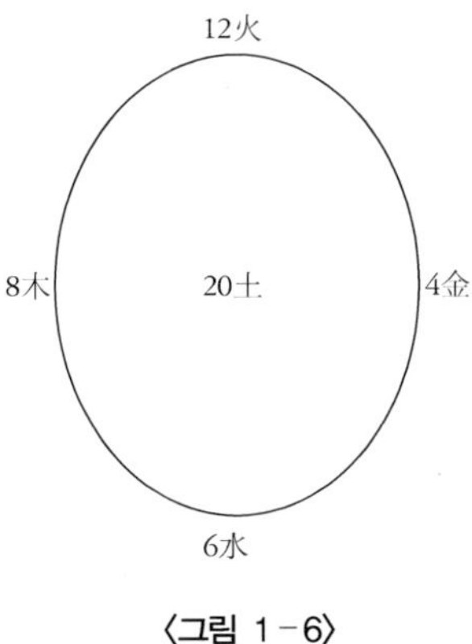

〈그림 1-6〉

水＋火＋金＋木＝6＋12＋4＋8＝30

土＝20

그러므로 30:20＝3:2의 비율이 된다.

水＋火＝6＋12＝18

金＋木＝4＋8＝12

그러므로 18:12＝3:2의 비율이 된다.

水×火＝6×12＝72

金×木＝4×8＝32

그러므로 72:32＝9:4＝3²:2²의 비율이 된다.

위와 같은 계산의 결과, 하나같이 삼천양지(參天兩地)의 원리가 도출됨을 볼 수 있다. 또, 하도에 나타난 정다면체의 숫자를 전부 더해 보자.

즉, 水＋火＋金＋木＋土＝6＋12＋4＋8＋20＝50이 된다.

50은 우리가 익히 알고 있듯 공자가 말씀하신 대연지수(大衍之數)이다.

『주역』 계사상전 9장에 "二篇之策 萬有一千五百二十 當萬物之數也"라는 문장이 나온다. "두 편의 책수가 11,520이니 만물의 수에 해당한다"라는 뜻이다. 두 편의 책수란 건편(乾篇)과 곤편(坤篇)을 말하는 것인데 음양으로 나눠짐을 뜻한다.

대성괘는 모두 여섯 개의 효(爻)로 구성되어 있으니 64괘에 들어 있는 효의 숫자는 64×6으로 총 384효(爻)가 된다. 이 384효를 음양으로 나누면 각각 음효와 양효가 각각 192효씩이 된다.

이제 여기에 앞서 배운 사상(四象) 득수(策數) 개념을 상기해 보자.

- 노양(老陽)득수는 9,
- 노음(老陰)득수는 6,
- 소양(少陽)득수는 7,
- 소음(少陰)득수는 8,

이것을 다시 사상책수로 셈하면,

- 노양책수는 9×4로 36이 되고
- 노음책수는 6×4로 24가 되며,
- 소양책수는 7×4로 28이 되고
- 소음책수는 8×4로 32가 된다.

따라서 건지책(乾之策)은 노양책수 36에 6(6효를 상징)을 곱하여 216이 되고, 곤지책(坤之策)은 노음책수 24에 6(6효를 상징)을 곱하여 144가 된다.

이렇게 산출된 건의 책수와 곤의 책수를 합하면 360이 되니 1년 360일의 상수(常數)가 나온다. 또한 소음책수 32에 6을 곱하면 192가 되고 소양책수 28에 6을 곱하면 168이 나오며 역시 그 합도 360이 된다.

64괘를 노양과 노음으로만 계산할 경우: 192×36(노양책수)＝6,912책(건지책)

192×24(노음책수)＝4,608책(곤지책)

이 되니 두수를 합하면 11,520책이 된다.

64괘를 소양과 소음으로만 계산할 경우: 192×28(소양책수)＝5,376책

192×32(소음책수)＝6,144책

이 되니 두 수를 합해도 여전히 11,520책이 나온다.

11,520은 천지에 실려 있는 만물을 표상한 주역 64괘(384효)의 책수에 해당하므로 만물지수라고 말한다. 그런데 사상책수 전체의 수는 384효×(노양＋노음＋소양＋소음)이 되어 384×(36＋24＋28＋32)＝384×120＝46,080이 된다.

이 46,080을 사상(四象)의 수인 4로 나누어도 11,520이 나오며 또 한 가지 특이한 것은 하도에 있는 정다면체 숫자 전체를 곱해도 여전히 46,080이 된다는 점이다. 즉 정4면체×정6면체×정8면체×정12면체×정20면체를 곱하면 4×6×8×12×20＝46,080이 된다. 이것을 사상(四象)으로 나누면 11,520의 만물지수가 된다. 11,520이란 숫자를 맴돌게 된다.

또한 정다면체의 숫자를 전부 더하면 4＋6＋8＋12＋20으로 50이 되어 대연지수(大衍之數)가 되니 어찌 하도와 무관하다고 할 수 있겠는가?

4, 6, 8, 12, 20의 정다면체가 기하학적으로 빈틈없이 정확하게 만들어졌고 이것을 하도와 비교함으로써 서로 일치함을 확인하게 되었다. 동, 서양이 서로 다른 방향에서 접근했어도 그 숫자의 일치는 눈물겹도록 아름답다. 이것이 어찌 인위적인 조작의 결과라고 할 수 있겠는가! 하늘이 준비한 진리임에 틀림없다.

다시 한 번 강조하지만, 동양의 역학자는 정다면체의 기하학을 몰랐고, 서양의 기하학자는 동양의 하도, 상수(象數)학을 모른 채 수천 년 동안 서로 다른 길을 걸어오다가 이제야 그 합일점을 찾은 것이 천만다행이라 아니 할 수 없다. 이와 같이 동양학과 서양학을 접목시켜 연구한다면 아직도 풀지 못하는 많은 분야의 학문에 커다란 도움이 될 수 있을 것이다.

천생진리필유용(天生眞理必有用)이라는 문구에서 보듯, 하늘이 진리를 내놓을 때는 반드시 쓰임이 있을 것이니 동양학이 되었든 서양학이 되었든 연구의 방법과 방편만 다를 뿐 진리는 마찬가지로 하나인 것이다.

2. 정다면체와 설시구괘법(揲蓍求卦法)

　　인류가 진화해 오는 동안 수많은 천재지변(天災地變)과 전쟁 그리고 삶속의 길흉화복(吉凶禍福)을 겪어 왔다. 만물의 영장인 인간은 이러한 간난(艱難)의 상황 속에서 최선의 선택을 하기 위해 또 최선의 미래를 예측하기 위한 방편으로써 점(占)의 필요성을 느꼈을 것이고 급기야 점을 고안하기에 이른다.

　　인지(人智)가 아직 개화되지 못하고 문자도 없었던 상고시대(上古時代)에는 복희씨가 팔괘(八卦)의 상(象)을 만들어 거북이 껍데기로 점을 치게 했고, 그 후 점차 인지가 발달하면서 문자가 창제되었고 중고시대(中古時代)에 이르러서 주(周)나라 문왕(文王)과 주공(周公)이 팔괘를 포갠 64괘의 상(象)과 괘효사(卦爻辭)를 만들어 역점(易占)을 체계화하였다.

　　그 후 춘추시대(春秋時代)에 이르러 공자가 십익(十翼)을 짓고, 유교사상에 입각하여 의리적으로 주역을 해석하였다. 송대(宋代)에 이르러 정자(程子)와 주자(朱子)가 각각 정전(程傳)과 본의(本義)를 지어 역점(易占)의 시행에 중대한 전환기를 맞이했다.

　　한편, 역시 송대(宋代)의 소강절(邵康節) 선생은 진희이(陳希夷) 선생의 뒤를 이어 하락이수(河洛理數)를 완성함으로써 상수학적 역점(易占)의 이론적 지침을 수립하였다.

　　이러한 역점의 근원은 계사상전 9장에 공자께서 점에 대해 언급함으로써 역점의 근간을 이루게 된다. 그 내용은 다음과 같다.

- 大衍之數五十 其用四十有九: 크게 넓혀진 수(대연수)가 50개이니 그 쓰임은 49이다.
- 分而爲二以象兩 掛一以象三: 나누어 둘로 해서 양의를 형상하고 하나를 걸어서 삼재를 형상한다.
- 揲之以四以象四時 歸奇於扐以象閏: 넷씩 세어서 사시를 형상하고, 나머지를 손가락에 끼워서 윤달을 형상한다.
- 五歲再閏 故再扐而後掛: 5년에 두 번 윤달을 두기 때문에 두 번 낀 다음에 거느니라.

　　점은 천지의 이치를 가지고 시행하는 것이고 천지의 이치는 바로 하도 10수의 안에 들어 있다. 점을 치려면 먼저 천지기본수인 50을 알아야 한다.

　　하도는 55수이고 낙서는 45수이다. 55와 45를 합하면 100이 되는데 하도와 낙서를 합한 수인 100을 음양으로 나눈 것이 50이다. 50이란 수는 하도의 55수에서 5를 빼고 낙서의 45수에 5를 더해서 그 중간수로 나타난 것이다. 또한 하도의 중앙수는 5, 10土인데 이 5와 10을 크게 늘린 것이 50이다. 즉 5를 열 배 한 것이 50이고, 10을 다섯 배 한 것이 50이라는 말이다. 5와 10은 하도의 중앙에 자리 잡고 있어 태극으로 간주한다. 5와 10을 제외하면, 하도의 내부에 있는 1, 2, 3, 4와 외부에 있는 6, 7, 8, 9를 용수(用數)로 쓴다. 즉 5와 10은 태극인데 体로서 중앙에 군림할 뿐이고 나머지 8수는 구체적인 작용을 하는 용수(用數)로서 사용된다는 말이다. 그래서 1과 9는 태양이 되고, 2와 8은 소음이 되며, 3과 7은 소양이 되고 4와 6은 태음이라는 사상이 된다.

이러한 사상수(四象數) 속에서 음양의 변화가 이루어지고 귀신이 행해지는 것인데 이 음양의 변화와 귀신의 행하는 이치를 따다가 점(卦爻)을 만드는 것이다. 여기서 "귀신이 행한다."는 말이 다소 미신적인 것으로 받아들여질 소지가 있다. 여기서의 귀신은 계사상전 2장에서 말하는바, "陰陽不測之謂神(음양은 예측할 수가 없으니 그게 바로 신의 작용이다)"의 그 神 혹은 설괘전 제6장의 "神也者 妙萬物而爲言者也(신이라는 것은 만물을 묘하게 함을 말한다)"의 그 神을 말한다. 인간의 순수이성으로 아무리 접근하려고 해도 미치지 못하는 곳에 신(神)이 있다. 그것이 바로 인간이 알 수 없는 귀신의 경지인 것이다.

이제 서죽(筮竹)을 가지고 점을 치는 법을 본격적으로 알아보자.

대연지수가 50인데 그 쓰임은 49라고 했다. 이것은 숫자 1은 태극數이기 때문에 사용하지 않고 나머지 49수를 용(用)으로 하여 점을 친다는 것이다.

서법에는 여러 가지 종류가 있다.

◉ 본서법(本筮法): 사영십팔변(四營十八變)

① 책상 위에 백지와 펜을 준비하고 마음을 고요히 가다듬는다. 자신이 알고자 하는 사항을 마음속으로 생각한 후 다음과 같이 기록한다.

2010년 9월 19일 오후 4시

(庚寅, 8월, 12일 中時)

乾命 1950년생(庚寅生) 홍길동

000함이 어떠하온지 天地神明께 告하나이다.

(本卦)　　　　　　　　(之卦)

② 대나무 가지 50개를 손에 쥐고 한 개를 빼서 상 위에 가로로 놓는다. 이것은 태극을 상징하므로 나머지 49개와 섞이면 안 되기 때문에 따로 빼놓는 것이다. 한 개를 뺀 나머지 49개를 49책(策)이라고 부르기도 한다(大衍之數五十 其用四十有九).

③ 49개를 양손으로 포개어 쥐고 무심히 둘로 나눈다. 왼손에 있는 대가지 천책(天策)은 그대로 들고 있고 오른손에 있는 대가지 지책(地策)은 오른쪽 바닥에 내려놓는다. 주자는 천책(天策)과 지책(地策)을 바꾸어 지책을 들고 있고 천책을 내려놓으라고 했다(分而爲二以象兩).

④ 오른쪽에 내려놓은 地策중에 한 개를 빼서 왼쪽 새끼손가락과 넷째 손가락 사이에 건다(掛一以象三).

⑤ 왼손에 있는 대가지를 오른손으로 네 개를 한 묶음으로 세어 나간다. 4개씩 세면 결국 1, 2, 3, 4 중에 하나가 남게 된다. 그 남은 것을 다시 왼손 중지와 넷째 손가락 사이에 끼운다. 그 후 오른손으로 들고 있던 댓가지는 왼쪽 바닥에 내려놓는다. 네 개씩 센 것은 四時를 형상한 것이고, 세고 남은 것을 손가락 사이에 끼운 것은 윤(閏) 을 상징한 것이다(揲之以四以象四時, 歸奇於扐以象閏).

⑥ 오른쪽 바닥에 내려놓았던 대가지를 오른손으로 들고 위의 5번 과정과 똑같이 왼손 으로 네 개씩 센다. 네 개씩 세면 결국 1, 2, 3, 4 중에 하나가 남게 된다. 그 남은 것을 왼손 둘째손가락과 중지 사이에 끼운다. 이것은 5년에 윤을 다시 놓는 것을 상 징한다. 그리고 셈이 끝난 대가지는 다시 오른쪽 바닥에 내려놓는다(五歲再閏故再扐).

⑦ 왼쪽 손가락 사이에 있는 대가지를 모두 합하여 태극을 형상하는 가로로 놓인 댓가 지의 맨 왼쪽에 놓는다. 이상이 일변(一變)으로 '불오즉구(不五則九)'가 되니 그 합이 다섯 개 아니면 아홉 개가 된다. 다섯 개나 아홉 개가 나오지 않으면 이것은 설시(揲 蓍: 점치는 것)가 잘못된 것이니 다시 점검해 보아야 한다.

⑧ 一變이 끝나면 다섯 개나 아홉 개를 제외한 44개(49−5)나 40개(49−9)가 좌우측에 놓여 있게 되는데 이것을 양손으로 합쳐 다시 똑같이 되풀이한다. 왼손가락에 끼운 3가지 대가지를 모두 합쳐 앞에서와 같이 1변의 오른쪽에 놓는다. 이상이 이변(二變) 이다. 2변은 '불사즉팔(不四則八)'로 네 개 아니면 8개가 되어야 한다.

⑨ 2변이 끝나면 네 개나 8개를 제외한 40개(44−4)나 36개(44−8, 40−4)나 32개(40−8) 가 좌우측에 놓여 있게 되는데 이것을 합쳐 다시 위와 똑같이 되풀이한다. 이것이 삼변(三變)인데 '불사즉팔(不四則八)'로 네 개 아니면 8개가 나와야 한다. 이 네 개나

8개를 2변의 오른쪽에 놓는다. 이렇게 3회 시행(3변)하면 하나의 효(爻)가 얻어지게 된다.

⑩ 다음에는 효(爻)의 사상(四象)을 판별해야 한다. 1변에서는 다섯 개나 아홉 개가 나오고, 2변에서는 네 개나 8개가 나오고, 3변에서도 네 개나 8개가 나온다고 했으므로 1, 2, 3변에서 나올 수 있는 경우의 수는 (5, 4, 4), (5, 4, 8), (5, 8, 4), (5, 8, 8), (9, 4, 4), (9, 4, 8), (9, 8, 4), (9, 8, 8) 8가지가 나온다.

- 5나 4는 적은 수로 소(少)이고,
- 9나 8은 많은 수로 다(多)가 된다.

이것을 기준 삼아 한 효(爻)의 사상판별법을 그리면 다음과 같다.

사상	판별법	합수	사상책수	표시법
노음	三多(9.8.8)	25	$49 - 25 = 24(4 \times 6)$	X
소양	一少兩多(9.4.8)(9.8.4)(5.8.8)	21	$49 - 21 = 28(4 \times 7)$	—
소음	一多兩少(9.4.4)(5.4.8)(5.8.4)	17	$49 - 17 = 32(4 \times 8)$	--
노양	三少(5.4.4)	13	$49 - 13 = 36(4 \times 9)$	□

이렇게 해서 한 효(爻)를 얻게 되는데 이 효를 종이 위에 표시법 4가지 중의 하나로 맨 아래에 긋는다.

⑪ 그다음에는 태극을 상징하는 대가지 한 개는 그대로 두고 49개를 가지고 위와 같이 삼 변(三變)을 통하여 설시하여 2효를 얻는다. 이 2효는 초효 위에 긋는다.

이렇게 똑같은 과정을 반복해서 6효까지 얻는다.

이상을 정리하면,

- 1효가 3변을 이루므로 6효의 대성괘를 얻기 위해서는 18변(十八變)을 해야 한다.
- 18변으로 6효가 만들어지는데 이것을 '본괘(本卦)'라고 한다. 그런데 본괘에 있는 6효는 고정불변이 아니고 어디론가 변해 간다. 그것을 '지괘(之卦)'라고 한다.
- 본괘(本卦)는 6효를 설시해서 음양으로 표시한 괘이고, 지괘(之卦)는 각 효에 노양이나 노음이 나온 경우에 이것이 반대의 효로 변해가서 이루어진 괘를 뜻한다.

가령,

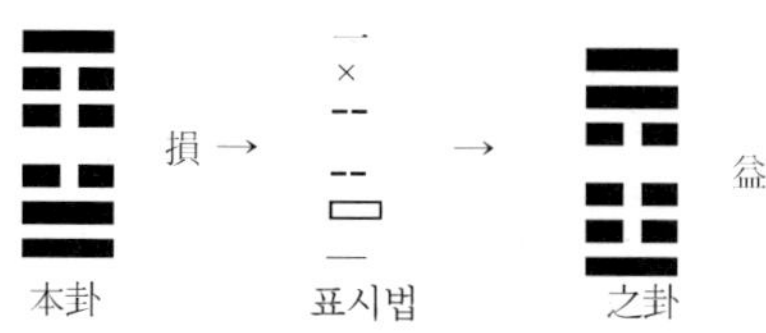

本卦　損 →　표시법　→　之卦　益

위 그림에서 표시법 부분을 보자.

■ 九2효가 老陽(혹은 太陽)이므로 늙은 양은 그 반대 재질인 음효로 바뀌고(이것을 변효라고 한다.),

■ 六5효는 老陰(혹은 太陰)인데 늙은 음 역시 그 반대 재질인 양효로 바뀐다.

■ 결과적으로 본괘, 산택손(山澤損)의 9·2효와 6·5효가 변하여 지괘(之卦)인 풍뢰익(風雷益)으로 바뀌었다. 이제 본괘가 어떻게 지괘로 변해 가는지 알았을 것이다.

위의 예는 변효(動爻라고도 함)가 두 개인 경우이다. 그런데 변효가 두 개만 나오라는 법은 없다. 즉 효의 변화(변효)는 한 개, 두 개, 세 개, 네 개, 다섯 개가 바뀌는 경우도 있고 여섯 개 전체가 한꺼번에 바뀌거나 혹은 여섯 개 전체가 전혀 바뀌지 않는 경우가 있다. 각 경우마다 해석하는 방법이 다르다.

이제, 변효의 유무에 따라 그것을 해석하는 법에 대해 알아볼 차례이다.

■ 표 2-2에서 6효가 모두 소음, 소양으로서 변효를 포함하고 있지 않는 경우에는 본괘만 있고 지괘(之卦)는 없기 때문에 본괘만을 가지고 판단한다. 이 경우에는 본괘의 괘사(卦辭) 또는 괘주(卦主), 중효(中爻)를 주(主)로 하여 판단한다.

변괘(變卦)의 경우(즉 변효를 포함하고 있는 경우),

■ 본괘는 현재의 일을,

■ 지괘는 미래의 변화로서 판단하는 것이 보통이다.

그러나 변효(變爻)에도 여러 종류가 있기 때문에 주자의 『역학계몽(易學啓蒙)』과 오호영(吳虎泳) 선생의 『역상강의(易象講義)』 내용을 인용하여 간단히 설명하고자 한다. 아래에 설명되는 내용은 경우의 수를 전부 망라한 것이다.

① 6효 모두 변하지 않을 경우: 괘 안에 있는 6효가 모두 변하지 않는 경우로, 이 경우는 본괘의 단사(彖辭)로 점을 치는데, 내괘(內卦)를 주(主)로 삼고 외괘(外卦)를 객(客)으로 삼는다(이 경우, 그 괘의 괘주(卦主)를 주(主)로 하여 판단하는 것이 보통이다).

② 1효변(一爻變)의 경우: 여섯 개의 효 중에서 임의의 어느 한 개의 효가 변한 경우로, 이 경우는 본괘의 변효의 말(辭)로 점친다.

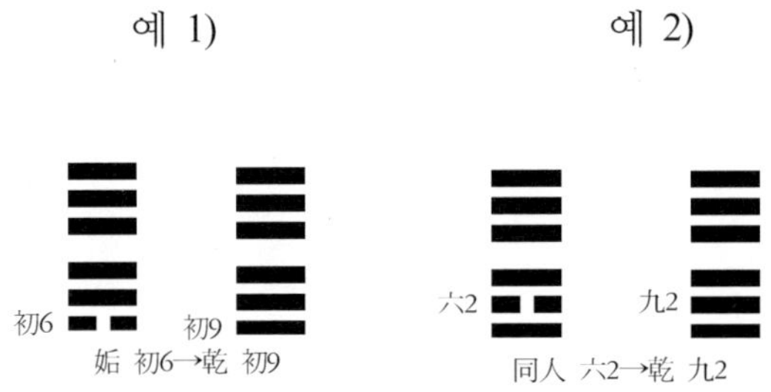

③ 2효변(二爻變)의 경우: 여섯 개의 효 중에서 임의의 2효가 동시에 변하는 경우로, 두 효가 변하면 변하는 두 변효 중에 상효(上爻)의 말로 점치고 주(主)를 삼는다.

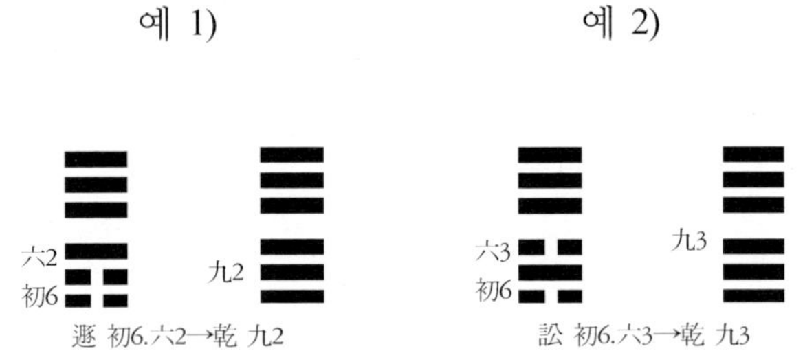

④ 3효변(三爻變)의 경우: 여섯 개의 효 중에서 임의의 어느 세 효가 동시에 변한 경우로, 3효가 동(動)하면 본괘의 괘사와 단사(彖辭)를 취한다.

이것은 초효변을 포함한 세 개의 효변을 말하는데 전십괘(前十卦)라고 한다. 또한 지괘(之卦)의 괘사와 단사를 취한다. 이것은 초효변을 포함하지 않은 3효변을 말하는데 후십괘(後十卦)라고 한다.

○ 전10괘와 후10괘
1. 전10괘: 초효변을 포함한 삼효변.

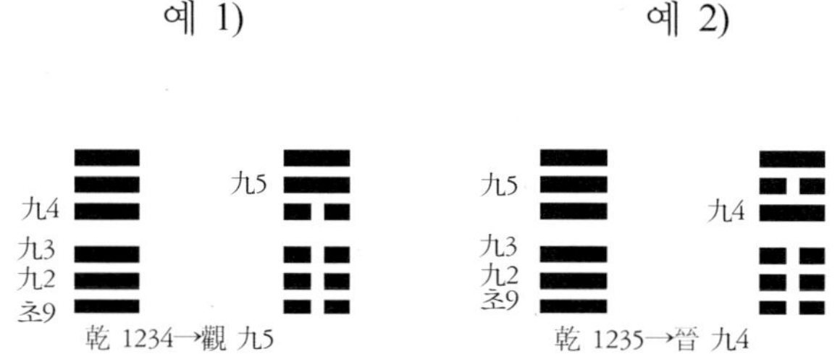

2. 후10괘: 초효변을 포함하지 않은 삼효변.

*전십괘와 후십괘의 의미에 대해서는 차후에 설명할 것이다.

⑤ 4효변(四爻變)의 경우: 여섯 개의 효 중에서 임의의 네 효가 동시에 변한 경우로, 4효가 동(動)하면 지괘(之卦)의 부동효(不動爻) 중에 하효(下爻)를 취한다.

<table>
<tr><td>예 1)</td><td>예 2)</td></tr>
</table>

乾 1234→觀 九5   乾 1235→晉 九4

⑥ 5효변(五爻變)의 경우: 여섯 개 효 중에서 임의의 다섯 개 효가 동시에 변하는 경우로, 5효가 동(動)하면 지괘(之卦)의 부동효(不動爻)를 취한다.

예 1)   예 2)

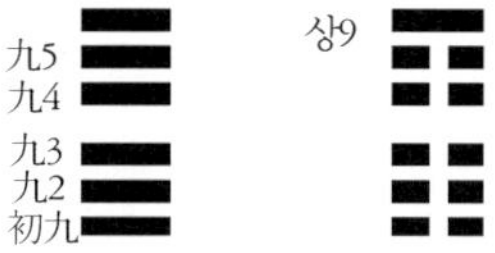

乾 12345→剝 상9   乾 12346→比 九5

⑦ 6효변(六爻變)의 경우: 여섯 개의 효 중에서 여섯 효가 동시에 변하는 경우로, 6효가 전부 동(動)하면 之괘인 곤괘(坤卦)의 괘사를 써야 하는데 건괘(乾卦)의 용구사(用九辭)를 쓴다.

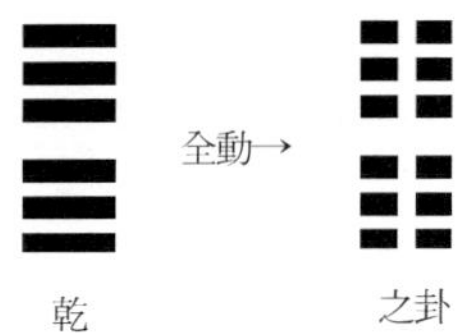

之괘인 건괘(乾卦)의 괘사를 써야 하는데 곤괘(坤卦)의 용육사(用六辭)를 쓴다.

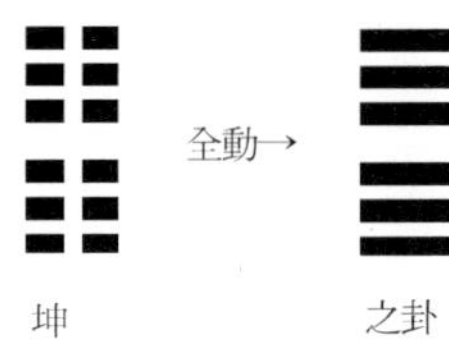

건곤괘 이외의 나머지 괘는 之괘의 卦辭로 점친다.

앞서 소개한 삼효변(三爻變)에 대해서 약간의 설명을 추가한다. 6개의 효 중에서 세 개의 효가 동시에 변하는 경우에 한해서 전십괘와 후십괘가 나온다.

① 전십괘(前十卦): 좀괘를 포함한 일련의 열 개의 괘를 전십괘라고 한다. 전십괘는 초효의 변효를 반드시 포함하고 있다. 전십괘는 본괘의 괘사와 단사를 취한다. 다음 10괘가 전십괘이다. 반드시 초효를 포함해서 下卦부터 변화를 시작한다.

■ 下卦에서 초효 한 개가 변하고, 上卦에서 임의의 두 효가 변한 경우

■ 下卦에서 초효, 2효가 변하고, 上卦에서 임의의 한 효가 변한 경우

■ 下卦에서 초효, 3효가 변하고, 上卦에서 임의의 한 효가 변한 경우

■ 下卦에서 초효, 2효, 3효가 모두 변하고 上卦에서는 변하는 효가 없는 경우

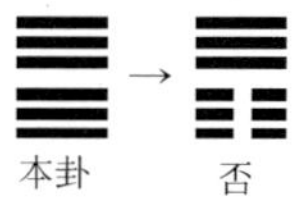

② 후십괘(後十卦): 후십괘는 之괘의 卦辭, 단사를 취한다. 다음 10괘가 후십괘다.

■ 下卦에서 2효 하나가 변하고, 上卦에서 임의의 두 효가 변한 경우

■ 下卦에서 3효 하나가 변하고, 上卦에서 임의의 두 효가 변한 경우

■ 下卦에서 2효, 3효가 두 개 변하고, 上卦에서 임의의 한 효가 변한 경우

■ 上卦에서 4효, 5효, 6효 세 개가 모두 변하고 下卦는 변하지 않는 경우

64괘의 卦主表: 6효 중에 괘의 주인이 되는 효

<표 2-3>

乾: 9.5	坤: 6.2	屯: 초9 9.5	蒙: 9.2 6.5	需: 9.5	訟: 9.5
師: 9.2 6.5	比: 9.5	小畜: 6.4 9.5	履: 6.3 9.5	泰: 9.2 6.5	否: 6.2 9.5
同人: 6.2 9.5	大有: 6.5	謙: 9.3	豫: 9.4	隨: 초9 9.5	蠱: 6.5
臨: 초9 9.2	觀: 9.5 상9	噬嗑: 6.5	賁: 6.2 상9	剝: 상9	復: 초9
无妄: 초9 9.5	大畜: 6.5 상9	頤: 6.5 상9	大過: 9.2 9.4	坎: 9.2 9.5	離: 6.2 6.5
咸: 9.4 9.5	恒: 9.2 6.5	遯: 9.5	大壯: 9.4	晋: 6.5	明夷: 6.2 6.5
家人: 9.5 6.2	睽: 6.5 9.2	蹇: 9.5	解: 9.2 6.5	損: 6.5	益: 9.5 6.2
夬: 9.5	姤: 9.2	萃: 9.5	升: 6.5	困: 9.2 9.5	井: 9.5
革: 9.5	鼎: 6.5 상9	震: 초9	艮: 상9	漸: 6.2 9.5	歸妹: 6.5
豊: 6.5	旅: 6.5	巽: 9.5	兌: 9.2 9.5	渙: 9.5	節: 9.5
中孚: 9.2 9.5	小過: 6.2 6.5	旣濟: 6.2	未濟: 6.5		

반드시 그런 것은 아니지만 이상과 같이 대체로 임금 자리[尊位]에 해당하는 제5효를 괘주(卦主)로 본 것이 많다.

설시할 때 주의사항은 다음과 같은 것들이 있다.

■ 바르지 않은 일을 점쳐서는 안 된다.

■ 하찮은 일이나 지극히 상식적인 문제에 대해 점쳐서는 안 된다.

■ 나쁜 괘가 나왔다고 같은 물음에 대해 반복해서 점을 쳐서는 안 된다.

■ 알고자 하는 문제를 구체적으로 설정해야 한다.

■ 자신의 역량에 알맞은 문제로 점쳐야 한다.

■ 점치고 싶은 욕망을 느낄 때 점치는 것이 좋다.

■ 마음이 어지러울 때는 점치지 않는다.

■ 항상 경건한 태도와 정직하고 평정된 마음으로 해야 한다.

■ 점을 쳐서 얻은 점단(占斷)은 무조건 믿어야 한다.

■ 괘효사의 해석에 신중을 기해야 한다.

이상으로 본서법에 대하여 알아보았다.

그런데 본서법에서 사용하는 18변은 그 과정이 복잡하고 또한 시간이 많이 걸리는 단점이 있다. 그래서 시중에는 대중들이 쉽게 점을 치기 위한 방편으로 동전을 이용한 척전법이나 시계를 가지고 치는 시계점 등 다양한 약식 점법이 소개되고 있다. 그러나 본서법이나 약식법을 이용하더라도 점을 치는 동안 본래의 마음이 변질되기 쉽다. 즉 대단한 근기를 갖지 않은 이상, 점을 치는 동안 초심을 잃기 쉽다는 데 문제가 있다. 이렇게 되면 올바른 점단을 기대하기 어렵다.

필자는 초심을 잃지 않으면서 이렇게 긴 시간이 필요한 18변의 서법을 대신할 수 있는 점법을 찾기 위해 많은 노력을 하였다. 그 결과 드디어 정다면체 주사위를 가지고 점을 치는 방법을 강구하게 되었다. 아래에 소개한다.

① 정8면체 주사위 두 개(빨강과 파랑)를 준비한다. 정8면체 주사위에는 1부터 8까지의 숫자가 새겨져 있는데 이 순서는 선천복희팔괘의 순서와 같다. 즉 1은 乾, 2는 兌, 3은 離, 4는 震, 5는 巽, 6은 坎, 7은 艮, 8은 坤이라고 규정한다.

② 8번(빨강) 정8면체 주사위는 상괘로 하고, 5번(파랑) 정8면체 주사위는 하괘로 한다.

③ 그리고 정6면체 주사위 여섯 개를 준비한다. 정6면체에는 1~6까지 점이 찍혀 있다. 각 번호에 스티커로 1~6까지 번호를 표시하여 붙인다.

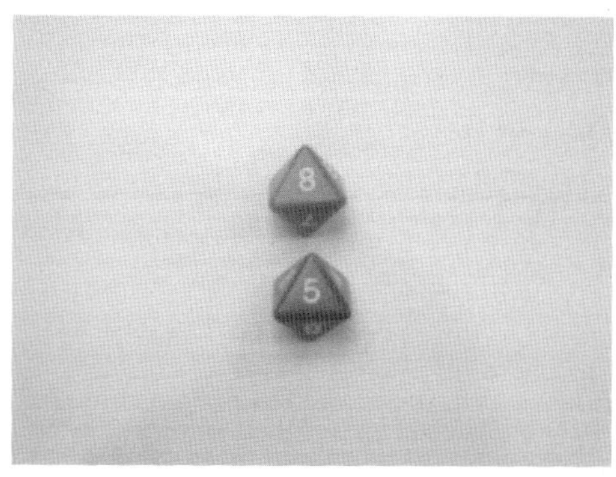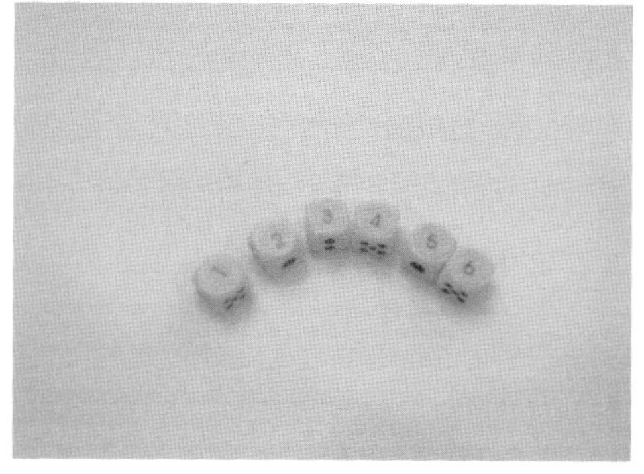

스티커를 붙인 여섯 개의 주사위는 변효(變爻)로 사용하기 위한 목적이다. 정8면체와 주사위 여섯 개를 동시에 던지면 대성괘와 변효가 동시에 나타난다.

예를 들어 보자.

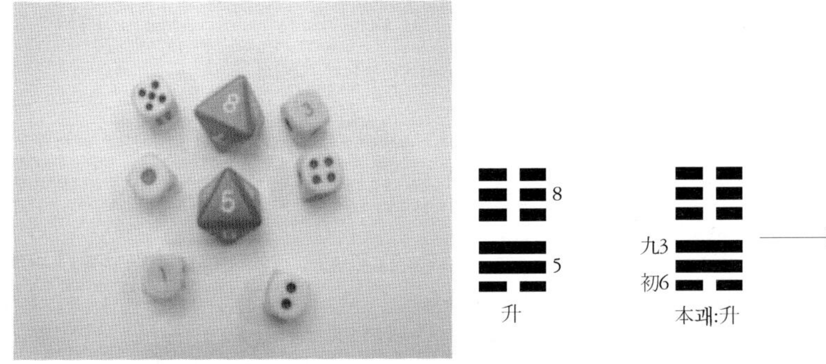

8개의 주사위를 동시에 던져서 위 그림과 같이 나왔다고 가정하자.

- 빨강 주사위가 8이면 상괘가 坤☷이 된다.
- 파랑 주사위가 5이면 하괘가 巽☴이 된다.
- 주사위로 나타난 괘상은 그러므로 지풍승☷☴이 된다.
- 정6면체 주사위의 스티커가 1과 3이면 변효가 1, 3효가 된다.
- 따라서 지풍승(본괘)의 1효와 3효가 변하여 지택림(之卦)이 된다.
- 지괘인 지택림괘(☷☱)의 변효 중 위의 것 즉 六三을 취해서 점괘를 해석한다.

이처럼 필자가 고안한 주사위점법은 정8면체와 정6면체를 이용한 것으로 초심을 잃지 않고 대성괘와 변효를 순식간에 뽑을 수 있다.

같은 질문에 대해 1회만 점을 치는 것이 원칙이지만 가령, 여행을 목적으로 운전을 하려고할 때는 시차를 두고 여러 번 점을 쳐 좋은 괘가 나올 때 출발하는 것이 좋다. 불과 몇 분 차이로 비명횡사하는 사고가 날 수도 있기 때문에 좋은 시간대에 운전을 하는 것이 좋지 않겠는가! 이 정다면체의 점은 신속하고 정확한 것이 특징이다. 어느 때 어디서든지 쉽게 활용할 수 있다. 역점이나 육효점에 이용하면 좋은 결과를 기대해도 좋다.

3. 하도(河圖)와 한글

한글은 세종28년 1446년에 반포되었다. 1940년 7월 경북 안동에서 훈민정음 해례본이 처음 발견되었고 1997년 10월, 유네스코 세계기록 문화유산으로 지정되었다.

한글은 세종의 命에 의해 정인지를 비롯한 집현전 학사들이 만들었다고 되어 있다. 그렇지만 한편 1443년 12월 세종대왕이 한글을 창제하고 공포했을 때까지도 집현전 학사들은 그 사실을 모르고 있었다는 설(說)도 있다. 그리고 한글 창제의 부당함을 상소한 것은 아이러니하게 바로 집현전 학사들이었다. 이러한 상소가 있었다는 사실로 미루어 볼 때 세종대왕이 한글 창제 구상에 앞서 재상을 비롯한 문무백관과 논의를 하지 않았다는 말이 된다. 또한 집현전 학사 중 대표적인 인물인 성삼문과 신숙주의 경우를 살펴봐도 한글 창제와 별 연관이 없어 보인다. 성삼문은 한글 창제가 거의 완성되었을 즈음에 집현전에 들어왔고, 신숙주 역시 창제 두 달 전에 집현전에 들어왔다가 그다음 해 바로 일본으로 건너갔기 때문에 한글 창제에 관여할 시간적 여유가 거의 없었던 셈이다.

그렇다면 어째서 훈민정음 해례본을 정인지를 비롯한 집현전 학사들이 만들었다고 전해지는 것일까? 그 이유는 아마도 당시 유학자들이 중국에 대한 모화사상이 뿌리 깊었고, 또한 한글 창제 사실이 중국에 알려지게 되면 국가의 존망이 위태로워질 수도 있기 때문에 세종이 자신의 이름을 숨기고 집현전 학자의 이름을 가탁하였을 공산이 크다.

이상은 한글이 창제되는 과정에서 빚어진 일화인데 그러나 우리는 한글이 세종과 집현전 학사들의 합작품이라고 결론짓고 한글 창제의 원리를 탐구해 보자.

한글은 어떤 원리를 가지고 만들어졌을까? 우선 한글 창제는 주역의 하도에 나타난 음양오행의 원리와 결부되어 만들었다는 것이 지배적이다. 당시, 대학자들의 모임이었던 집현전 학사들이 한글에 하도의 원리를 결부시켜 설명한 흔적이 곳곳에 엿보인다.

먼저 정인지의 음양오행에 대한 이해도를 그가 쓴 제자해(製字解)에서 살펴보자.

- 天地之道 一陰陽五行而已: 하늘과 땅의 이치는 하나의 음양과 오행일 따름이다.

- 坤復之間 爲太極而: 곤괘(坤卦)와 복괘(復卦)의 사이(음기가 다하고 일양(一陽)이 시생(始生할 때)가 태극이 된다.

- 動靜之後 爲陰陽: 움직이고 고요한 후에 음과 양이 된다.

- 凡有生類 在天地之間者 捨陰陽而何之: 무릇 생명을 가진 종류로서 하늘과 땅 사이에 존재하는 것이 음양의 이치를 버리고 어디로 가겠는가?

이와 같이 한글은 태극, 음양, 오행 사상에 배경을 두고 있다.

정음 28자는 ㄱㄴㄷㄹㅁㅂㅅㅇㅈㅊㅋㅌㅍㅎㆆ·ㅿㆁ의 18개 자음(子音)과 ㅏㅑㅓㅕㅗㅛㅜㅠㅡㅣ의 10개의 모음(母音)으로 구성되어 있다. 다만 ㆆ, ·, ㅿ, ㆁ 4글자는 현재 사용하지 않으니 24자만 사용하고 있는 셈이다.

자음은 아(牙: 어금니), 설(舌: 혀), 순(脣: 입술), 치(齒: 이빨), 후(喉: 목구멍) 소리로 구분하여 구강오행(口腔五行)이라고 이름 붙였으니 아래와 같다.

- 어금닛소리 ㄱㅋ은 木, ■ 혓소리 ㄴㄷㅌㄹ은 火,
- 입술소리 ㅁㅂㅍ은 土, ■ 잇소리 ㅅㅈㅊ은 金,
- 구멍소리인 ㅇㅎ은 水가 된다.

여기서 ㄱㄴㅁㅅㅇ 다섯 가지는 기본음이 되며 이것은 입과 혀의 모양을 본떠서 만들었다.

〈표 3-1〉

	구강구조	오행	사시	오음	방위
아음(牙音)	어금닛소리	木	봄	각(角)ㄱㅋㅇ	동
설음(舌音)	혓소리	火	여름	치(徵)ㄴㄷㅌ	남
순음(脣音)	입술소리	土	계절	궁(宮)ㅁㅂㅍ	중앙
치음(齒音)	잇소리	金	가을	상(商)ㅅㅈㅊ	서
후음(喉音)	목구멍소리	水	겨울	우(羽)ㅇㅎㅎ	북

<위의 표 3-1>과 같이 구강오행은 자연의 질서를 닮았다. 사시(四時)가 순환하는 이치나 하도가 상생하는 이치나 똑같다. 그런데 현재의 오행학자들이나 성명학자들은 입술소리인 ㅁㅂㅍ을 水에 배속하고 목구멍소리인 ㅇㅎ을 土에 배속하고 있는데, 그들이 이렇게 주장하는 논리는 "水는 물이고 물이라는 글자의 초성에 ㅁ(미음)이 있으니 ㅁㅂㅍ은 水가 된다."는 것이고, 또 목구멍은 그 형상이 둥글면서 트여(뚫려) 있고 또한 그 소리가 평이(平易)하며 두터우니 ㅇㅎ은 土에 해당한다는 것이다. 이러한 주장에 일리가 없는 것은 아니지만 오행의 이치나 소리가 가진 파동의 원리를 모르고 하는 주장이다. 말을 연구하자면 우선 소리를 알아야 하고, 소리가 어떻게 해서 발생하는가를 알아야 한다.

소리라고 하는 것은 폐(肺)의 호(呼)작용이 후두(喉頭)의 울대를 진동시켜 발생하는 것이니 이것을 음파(音波)라고 한다. 소리는 입안에 있는 구조물의 형태나 위치에 따라서 다르게 발출되는데 그것을 살펴보기로 하자.

- 폐는 오행으로 金에 속하는데 金生水의 이치에 따라 폐(金)에서 처음 발출되어 나온 소리가 목구멍을 통과하는데 이때 목구멍 형상을 본떠 만든 글자가 ㅇ이고, 따라서 이것을 북방 水에 배속하였다.
- 그다음은 水生木인데 목구멍에서 가까운 어금닛소리(牙音)가 이에 해당하고 또 동방

木에 배속된다. ㄱ은 혀뿌리(舌根)가 꺾이면서 나오며 이를 어금닛소리라고 하는데 나무가 꺾여 있는 형상을 본떴으므로 木이 된다.

- 그다음에는 木生火하므로 목구멍의 반대쪽에 있는 혓소리(徵音)가 이에 해당하고 남방 火에 배속된다. 혓소리는 ㄴ이 되는데 ㄴ은 혀끝을 잇몸 위에 붙인 모양으로 혀가 구부러진 형상이다.

불꽃은 '치' 하는 소리를 내면서 타오른다. 또 위로 타오르는 모습이 마치 혀가 날름거리는 모습과 유사하다고 보아 火에 배속시킨 것이다. 하도에서 水는 북방이 되고 그 대척점에 火는 남방에 속하니 따라서 목구멍(水)의 반대편에 있는 혀 끝(火)에 의한 혓소리는 火에 속한다고 본 것이다.

- 다음으로 火生土하는데 土는 각 계절의 끝 마디에 위치한다. 입술소리(脣音)는 중앙 土에 해당한다. 입술소리는 ㅁ이 되는데 입술 모양을 본떠 만든 글자다. 입술은 구강 안에 있는 목구멍, 어금니, 혀, 이빨을 모두 감싸고 있어서 土에 해당한다고 본 것이고 또한 입 구(口)字와 모습이 동일하다. 그리고 火에 속하는 혀가 土에 속하는 입술에 윤기를 만들어 주니 火生土가 된다.

- 다음은 土生金하는데 입술(土)은 그 바로 뒤에 있는 이빨(金)을 감싸고 있어서 잇소리(齒音)가 되고 이는 서방 金에 배속된다. 잇소리는 ㅅ(시옷)이 되는데 ㅅ은 잇몸에 박혀 있는 이빨의 모습이 삼각형(△)의 모양인 것을 보고 만든 글자이다.

이와 같이 水에서 시작하여 水生木, 木生火, 火生土, 土生金으로 오행이 상생하듯이 구강 구조도 목구멍에서 어금니로, 어금니에서 혀로, 혀에서 입술로, 입술에서 이빨로 순환 상생하면서 자음(子音)이 만들어진다. 자음(子音)은 오행 상생 순서에 따라 나열되어 있고 기본음이 ㄱㄴㅁㅅㅇ 5가지이다. 이 5가지의 기본음에다 여린 음에서부터 거센 음의 순서대로 획을 추가하면 ㅋ, ㄷㅌㄹ, ㅂㅍ, ㅈㅊ, ㅎ 9글자가 나오니 현재 우리가 사용하고 있는 14개의 자음은 이렇게 탄생한 것이다.

이것을 하도에 대입하면 아래와 같다.

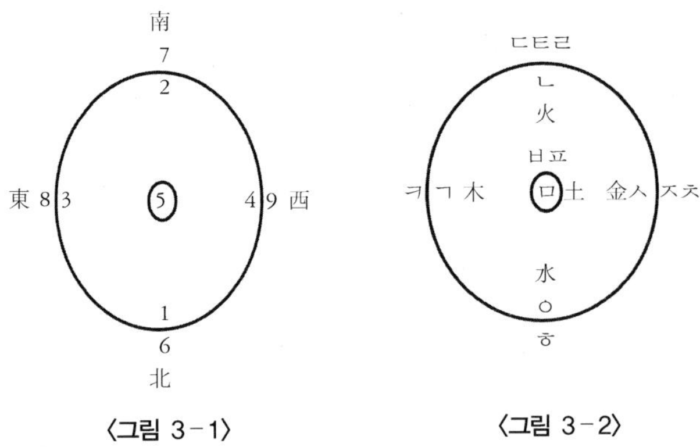

〈그림 3-1〉　　　　　〈그림 3-2〉

자음의 기본음은 하도의 생수 1, 2, 3, 4, 5에 배속된다(<그림 3-2>).

■1水는 ㅇ이 되고, ■2火는 ㄴ이 되고, ■3木 은 ㄱ이 되고, ■4金은 ㅅ이 되고, ■5土는 ㅁ이 된다.

나머지 아홉 개의 자음은 하도의 성수 6, 7, 8, 9, 10에 배속된다.

■6水는 ㅎ이 되고, ■7火는 ㄷㅌㄹ이 되고, ■8木은 ㅋ이 되고, ■9金은 ㅈㅊ이 되고 ■10土는 ㅂㅍ이 된다.

이와 같이 자음 14자는 하도의 생성수(生成數) 원리와 오행상생의 원리를 차용하여 만들어진 것이다. 그런데 ㅇ과 ㅎ이 북방水가 된다는 근거가 있기는 한 것인가? 그것은 훈민정음 원문에 다음과 같이 나와 있다.

■水乃生物之源 火乃成物之用: 물(水)은 만물을 낳게 하는 근원이고 불은 만물을 이루게 하는 작용이 되는데,

■故五行之中 水火爲大: 그러므로 오행 중에 水火의 역할이 크다.

■喉乃出聲之門 舌乃辨聲之管: 목구멍(水)은 소리를 내는 문이고 혀(火)는 소리를 분별하는 기관인데,

■故五音之中 喉舌爲主也: 다섯 가지 소리 중에 목구멍소리와 혓소리가 주장이 된다.

이상이 바로 목구멍소리(喉音)가 水에 해당한다는 근거이다. 또한 목구멍은 ㅇ과 같이 둥근 모양이고 그다음 오행이 생긴 순서에 따라서 水火木金土로 이어지는 것이다. 또 목구멍이 모든 음(音)의 시발점이 되는 천일생수(天一生水)라는 것을 분명하게 밝히고 있는 것이다.

훈민정음의 제자원리(製字原理)가 이처럼 분명한데도 ㅇㅎ이 土가 된다는 주장은 필자

의 눈에는 억측으로밖에 보이지 않는다.

　중국인들이 만든 5음 체계, 궁상각치우(宮商角徵羽)는 土金木火水의 순서인데 우리가 흔히 말하는 오행의 생성(生成)이치인 水火木金土나, 오행의 상생이치인 木火土金水의 순서와도 맞지 않는다. 그러나 훈민정음의 각치궁상우(角徵宮商羽→木火土金水)는 하도의 상생이치나 사시(四時)의 운행순서와 일치하니 ㅇㅎ은 土가 아니고 水라는 부인할 수 없는 결론에 이르게 된다. 또한 자음의 기본인 ㄱㄴㅁㅅㅇ은 ○ □ △(원방각) 삼재(三才)의 원리에 의해 만들어졌다. 즉 ㄱㄴㅁ은 방(方: □)에서, ㅅ은 각(角: △)에서, ㅇ은 원(圓: ○)에서 만들어진 것이다.

　앞서 설명한 바와 같이 자음은 구강오행의 이치에 따라서 木(어금닛소리), 火(혓소리), 土(입술소리), 金(잇소리), 水(목구멍소리)의 각치궁상우(角徵宮商羽)의 순서대로 배열된 것이지만 그 이전에 ○ □ △(원방각)이라는 삼재(三才)의 원리에 입각하여 다시 오행으로 분류되어 제자(製字)된 것이다.

　이상을 그림과 표로 정리하면 아래와 같다.

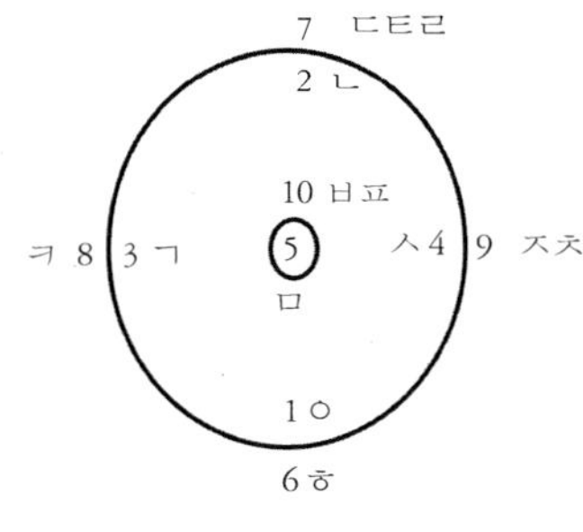

〈그림 3-3〉

〈표 3-2〉

삼재	오행	기본음	복자음	하도
地方□	木	ㄱ	ㅋ	3·8
	火	ㄴ	ㄷㅌㄹ	2·7
	土	ㅁ	ㅂㅍ	5·10
人角△	金	ㅅ	ㅈㅊ	4·9
天圓○	水	ㅇ	ㅎ	1·6

　다음은 모음 11자에 대한 제자원리(製字原理)를 고찰해 볼 차례이다.

아래 전개되는 내용은 훈민정음 해례본에 나온 것을 정리한 것이다. 훈민정음 해례본에 나타난 그림을 먼저 관찰해 보자. 모음(母音)의 형상은 천지인(天地人)에서 취하였으니 그 안에서 삼재(三才)의 도(道)가 갖추어져 있음을 볼 수 있다. 삼재는 만물의 선두가 되고 하늘은 삼재의 시작이 된다.

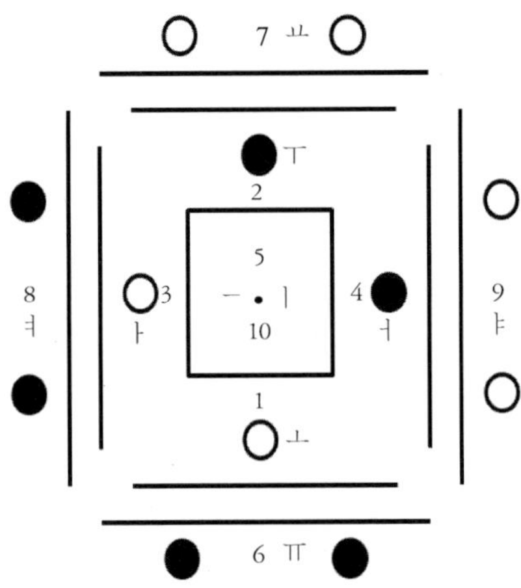

<그림 3-4> 훈민정음 해례본

그림에서 중앙에 보이는 ·ㅡㅣ 3글자가 나머지 8글자의 머리가 되고 ·는 또한 3글자 중의 머리가 된다.

- ㅗ가 처음으로 하늘에서 나오니 천일생수(天一生水)의 자리이며,
- ㅏ가 다음이 되니 천삼생목(天三生木)의 자리이다.
- ㅜ가 처음으로 땅에서 나오니 지이생화(地二生火)의 자리이며,
- ㅓ가 다음이 되니 지사생금(地四生金)의 자리이다.
- ㅛ는 두 번째로 하늘에서 나오니 천칠성화(天七成火)의 수이며,
- ㅑ가 다음이 되니 천구성금(天九成金)의 수이다.
- ㅠ가 두 번째로 땅에서 나니 지육성수(地六成水)의 수이며,
- ㅕ가 다음이 되니 지팔성목(地八成木)의 수이다.

水火인 ㅗ와 ㅜ는 음양의 기(氣)인데 음과 양이 처음으로 교합하는 것으로 입이 오므라지고, 金木인 ㅏ와 ㅓ는 음과 양의 질(質)이 정해졌으므로 입이 벌어진다.

·는 천생오토(天生五土)의 자리이며, ㅡ는 지십성토(地十成土)의 수이다.

ㅣ에만 자리와 수가 없다. ㅣ는 사람이 직립한 모습을 형상한 것인데 사람은 무극(無極)의 진리와 음양오행의 정기가 묘하게 합하여 엉킨 존재이니, 진실로 일정한 자리와 온전한 수를 논할 수 없다. 이는 모음의 소리 역시 스스로 음양, 오행, 방위, 수리를 지니고 있는 것이다.

지금까지 모음 11자에 대한 제자원리를 해례본을 통하여 알아보았다. 모음도 역시 하도의 원리가 그 배경에 깔려 있음을 알 수 있다. 그러나 필자는 외람되게도 이의를 제기하고자 한다. 집현전 학사들의 놀랍고도 뛰어난 학식에 머리 숙여 감탄하는 한편, 필자는 해례본에 나타난 삼재의 해석과 음양오행에 따른 모음의 배치가 하도의 원리와 부합되지 않는 점을 발견한 것이다.

선현들은 제자원리에 상하(上下), 내외(內外)의 음양오행의 원리를 결부시키는 과정에서 논리의 오류를 범한 것처럼 보인다.

먼저 삼재에 대한 논리의 오류를 보자.

- ■ ·를 하도 중앙의 천생오토(天生五土)의 자리에 놓아 天을 상징하고,

- ■ ㅡ 을 지십성토(地十成土)의 자리에 놓아 地를 상징하고,

- ■ ㅣ은 자리와 수가 없는 것으로 직립(直立)한 사람을 본떠 인(人)으로 상징하여 天·地·人 삼재를 규정하였는데 이것은 논리적으로는 일리가 있어 보이나 제자원리가 갖추어야 할 객관성을 잃어버렸다고 보인다. 제자원리는 어디까지나 상식적이고 객관성 있는 과학적인 논리를 갖추어야 하기 때문이다.

■ 다음으로 양수에 양모음을 적용하고 음수에 음모음을 적용한 논리의 오류다. 하도는 음양수가 합하여 오행을 이루고 있는데 오행보다는 음양수를 앞세워 음(音)을 설정하였다는 것이 문제다. 예를 들어 1·6水는 한 개의 모음이 나와야 되는데도 불구하고 1양수는 ㅗ음으로, 6음수는 ㅠ음을 설정하였다. 1·6은 똑같이 水인데 왜 音은 ㅗ와 ㅠ로 나타나는지 납득되지 않는다. 필자는 이것을 바로잡아야 한다고 주장한다. 즉 1은 ㅜ로, 6은 ㅠ로 해야 한다는 것이다

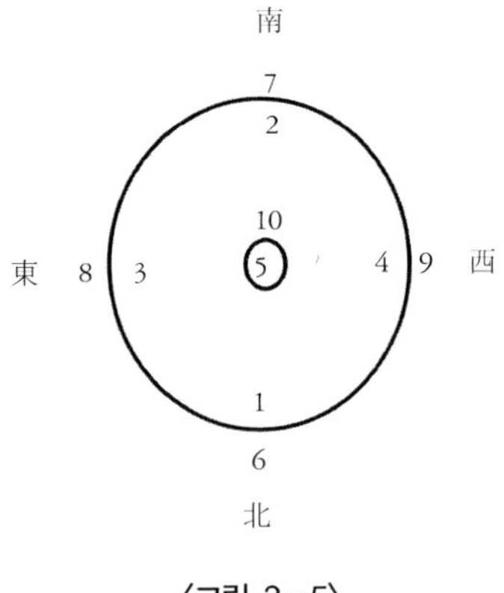

〈그림 3-5〉

위 그림에서 하도의 구성 원리를 살펴보면 오행이 각 방위에서 음양으로 짝을 짓고 있다. 그런데 중앙에 존재하고 있는 것이 5·10土이다. 5土가 하도의 정중앙에 있고 그 외각에 10土가 있어 서로 짝을 이루며 중앙土가 된 것이다. 특이한 것은 5·10土가 하도의 진정한 중심은 아니라는 사실을 알아야 한다. 좀 혼란스러울 독자도 있을 것이므로 이에 대해 자세한 설명을 해 보자.

사실, 진정한 의미에서 하도의 정중앙에는 <그림 3-5>에는 나타나지 않은 태극이라는 존재가 위치하고 있다. 다만 현실적으로 나타난 숫자가 5, 10이라서 이것이 土에 배속되었지만 5, 10은 사실 土가 되기 이전의 음양을 상징하는 것이었다. 그러므로 5, 10을 걷어내면 그 중앙에 우리 눈에 보이지 않는 형태로서의 태극이 존재한다.

태극생양의(太極生兩儀)의 표현대로 태극이 음양을 낳았는데 5가 양이고 10은 음으로 배속되어 중앙에 위치하고 있는 것이다. 그리고 1·6水, 2·7火, 3·8木, 4·9金이 5, 10의 외곽에서 사방으로 배치되어 있는 것이다. 그러므로 외곽의 사행(四行)과 중앙의 음양을 나타내는 5·10土가 합하여 오행을 이루고 있는 것이다. 중앙의 5·10土라는 음양이 태극과 함께 있을 때 이것을 일컬어 삼재라고 하는 것이다. 흔히들 天地人을 삼재라고 하는데 그렇다면 天地人 중에 어느 것이 태극이 되고 어느 것이 음양이 될까?

음양은 서로 상대적인 성질로 대응하는 것을 말하는데 天地가 당연히 음양이 될 수밖에 없을 것이고 그렇다면 나머지 하나 남는 人이 태극이 될 수밖에 없다. 그러면 이 논리를 적용하면 "태극이 음양을 낳았다는 말이고 그것은 곧 人이 天地를 낳았다."는 논리가 도출되는데 독자들은 이것을 받아들일 수 있겠는가?

결론부터 말하면 "그렇다"가 정답이다. 독자 여러분들은 이제 이 논리를 받아들여야 한다. 당연히 人이 天地를 生했다고 이야기할 수 있다. 사람이 天地를 창조했다고 하면 얼른 이해가 가지 않을 것이다. 그러나 人이라는 것이 단순히 사람만을 의미하는 단어가 아니다. 人이란 총체적 의미에서 생명체를 이루는 근본인자(因子)라고 표현할 수 있다. 또 다른 말로, 인간이 존재하지 않는 천지는 없다는 말이며 동시에 인간이 존재하지 않으면 천지도 존재하지 않는다는 말이 된다. 즉 인간 중심적 우주관을 지칭하는 개념이 된다.

천부경(天符經)에 인중천지일(人中天地一)이라는 글이 있다. 이것은, "사람 가운데서 天地가 하나다."라는 뜻이다. 인중천지일은 태극이 음양을 낳았다는 말과 같은 말이다.

해례본에서는 삼재를 제자원리의 근본으로 삼아서 ·를 天에, ㅡ을 地에, ㅣ을 人에 배속시켜 설명하였다.

·ㅡㅣ 세 글자는 ·(점)과 선으로 형성된 것이다. ·과 선으로 형성되었다는 것은 ·과 선이 차원의 문제와 직결되어 있음을 시사한다.

차원(dimension)이란 공간이나 도형이 넓어지는 정도를 나타내는 개념인데 차원의 개념은 기원전부터 있어 왔다. '기하학의 시조'라 불리는 고대 그리스의 수학자 유클리드(B.C. 330~275)는 그때까지 쌓아 온 기하학의 성과를 체계화해서 『기하학원론』을 썼다. 그 책에서 그는 점·선·면·입체를 다음과 같이 정의했다.

■ 점이란 부분을 갖지 않는 것이다.

■ 선이란 폭이 없는 길이다.

■ 면이란 길이와 폭만 가진 것이다.

■ 입체란 길이와 폭과 높이를 가진 것이다.

또 고대 그리스의 철학자 아리스토텔레스(기원전 384~322)도 자신의 저서 『천체론』에서 다음과 같이 말했다. "입체는 완전하며 3차원을 넘는 차원은 존재하지 않는다."라고.

·ㅡㅣ를 차원의 개념에 연계해서 살펴보자.

■ ·은 크기가 없는 공간 안에서는 그 위치만 정할 수 있으므로 점은 0차원이다. ㅡ과 ㅣ은 직선으로 되어 있으며 두 점 사이의 거리를 연결하는 선형으로 1차원이다 따라서 0차원의 ·은 근본자리인 태극이 되며 人을 본뜬 모습이고 ㅡ과 ㅣ은 수평선과 수직선인데 서로 음양 관계를 이루니 天地를 본뜬 모습이 되어야 논리적으로 타당하다.

■ ㅡ은 수평으로 중앙에 위치한 점이 좌우(左右)로 뻗어 나간 모습으로 음을 나타내고

地를 본뜬 형상이다(누워 있는 모습이므로 음이라고 생각해도 좋다).

■ㅣ는 중앙에 위치한 점이 상하(上下)로 연결된 모습이므로 양을 나타내고 天을 본뜬
모습이다(일어서 있는 모습이므로 양이라고 생각해도 좋다).

그러므로 해례본에서 주장하는바,

■ㆍ은 천생오토(天生五土)의 자리가 아니고 자리와 수가 없는 중앙핵심의 태극이어야
마땅하고,

■ㅣ은 자리와 수가 없는 중앙핵심에 놓을 것이 아니라 천생오토(天生五土) 자리에 놓
음이 마땅한 것처럼 보인다.

■물론 이때 ㅡ은 지십성토(地十成土) 자리에 그대로 둔다.

이렇게 ㅡㅣ를 음양으로 두고 ㆍ를 태극으로 상정해서 음양에 태극이 작용하여 면적을
상징하는 2차원의 사상(四象)을 만들어 낸다.

■ㅡ에 ㆍ태극이 위에서 작용하면 (ㅗ)가 되어 하도의 2火 자리에 위치하게 되고,

■ㅡ에 ㆍ태극이 아래에서 작용하면 (ㅜ)가 되어 하도의 1水 자리에 위(位)하게 된다.

이것은 양은 상(上)에 있고 음은 하(下)에 있다는 논리를 적용한 것이다.

■ㅣ에 ㆍ태극이 바깥쪽에 작용하면 ㅣㆍ(ㅏ)가 되어 하도의 3木 자리에 위치하게 되고,

■ㅣ에 ㆍ태극이 안쪽에 작용하면 ㆍㅣ(ㅓ)가 되어 하도의 4金 자리에 위치하게 된다.

이것은 木은 양이고 金은 음이라는 논리와 바깥은 양이고 안은 음이라는 논리를 적용한
것으로 그러므로 ㅏ는 3木이 되고 ㅓ는 4金이 된 것이다.

다시 말해, ㅗ는 수평선(ㅡ)을 기준으로 ㆍ(점)이 위에 붙은 것인데 이는 불[火]이 위로
타오르는 모습과 같으므로 火에 배속하는 것이 마땅하고, ㅜ는 수평선(ㅡ)을 기준으로 아
래에 ㆍ(점)이 붙어 있으니 이는 물이 아래로 흘러가는 모습과 같으므로 당연이 水에 배속
해야 마땅하다. 또 ㅏ는 수직선(ㅣ)을 기준으로 ㆍ(점)이 바깥[外側]에 붙어 있어 외부로
뻗어 나가려는 나무의 성질과 닮았으므로 당연이 木에 배속해야 마땅하고 ㅓ는 수직선
(ㅣ)을 기준으로 ㆍ(점)이 안[內側]에 붙어 있어서 내부로 수렴하고 응축하는 금속의 성질
을 닮았으므로 당연이 金에 배속해야 마땅하다. 이것을 하도에 대입하면 다음과 같다.

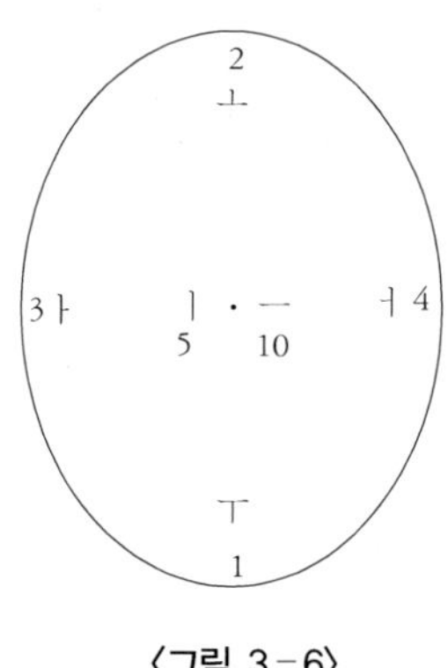

<그림 3-6>

여기서 ·은 태극이 되어 무궁한 조화(造化)를 부리는 작용의 본체가 되고 수직선(ㅣ)의 5±는 양이 되고 수평선(一)의 10±는 음이 된다. 이 음양의 바탕 위에 상하, 좌우로 태극이 작용하면 생수 1, 2, 3, 4의 자리에 ㅜㅗㅏㅓ라는 2차원적인 사상의 형상이 생기게 된다. ㅜㅗㅏㅓ는 一와 ㅣ의 수평수직선에 한 점이 상하좌우로 추가되어 가로 세로 형태의 면적을 나타내는 꼴이 된다. 따라서 생수 1, 2, 3, 4는 면적을 나타내는 사상으로 2차원을 상징하며 5, 10은 선을 나타내는 1차원의 음양이 된다.

면적을 나타내는 2차원의 1, 2, 3, 4라는 사상수에 5를 더하면 6, 7, 8, 9라는 성수가 되는데 그러므로 6, 7, 8, 9의 성수는 3차원의 입체가 된다. 그것은 1, 2, 3, 4의 면적에 5라는 높이를 더해서 6, 7, 8, 9라는 성수가 되기 때문이다.

다시 말해,

- 1水에 5를 더하면 6水가 되는데 이것은 1水 ㅜ에 한 획을 더 그어 복모음 ㅠ가 되고,
- 2火에 5를 더하면 7火가 되는데 이것은 2火 ㅗ에 한 획을 더 그어 복모음 ㅛ가 되고,
- 3木에 5를 더하면 8木이 되는데 이것은 3木 ㅏ에 한 획을 더 그어 복모음 ㅑ가 되고,
- 4金에 5를 더하면 9金이 되는데 이것은 4金 ㅓ에 한 획을 더 그어 복모음 ㅕ가 된다.

이것을 하도에 대입하면 다음과 같다.

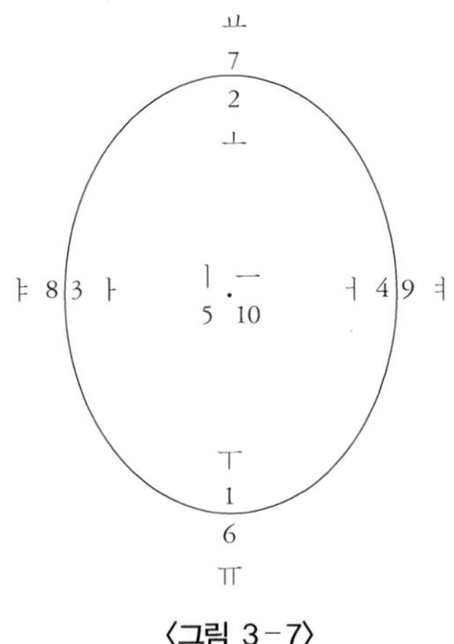

〈그림 3-7〉

　1, 2, 3, 4의 ㅜㅗㅏㅓ는 사상(四象)의 2차원으로 단모음이 되며 6, 7, 8, 9의 ㅠㅛㅑㅕ는 입체의 3차원으로 복모음이 된다. 따라서 이것을 하도의 이치대로 오행으로 분류하면, ■1·6 ㅜㅠ는 水가 되고, ■2·7 ㅗㅛ는 火가 되며, ■3·8 ㅏㅑ는 木이 되고, ■4·9 ㅓㅕ는 金이 되며, ■5·10 ㅣㅡ는 土가 된다.

　이상으로 하도에 원리에 의한 모음 10개를 배속해 보았다. 선현들의 피나는 노력과 훌륭한 업적을 과소평가하거나 폄하할 마음은 추호도 없을뿐더러 또한 그럴 만한 자격도 없다. 다만 하도의 이치를 정밀하게 분석한 결과 상식적이고 객관적인 논리가 따라야 할 것이라고 생각하여 위와 같이 규명하였다. 훈민정음은 백성을 가르치는 올바른 소리다. 올바른 소리에 걸맞은 올바른 논리 체계가 필요하다. 올바른 체계라는 토대 위에 한글의 위대성을 재천명하고 싶은 필자의 진심 어린 충정에서 나온 것이니 독자들의 현명한 판단을 기대한다.

〈표 3-3〉

오행	木	火	土	金	水
자음	ㄱㅋ	ㄴㄷㅌㄹ	ㅁㅂㅍ	ㅅㅈㅊ	ㅇㅎ
모음	ㅏㅑ	ㅗㅛ	ㅡㅣ	ㅓㅕ	ㅜㅠ

제 2 부

낙서(洛書)

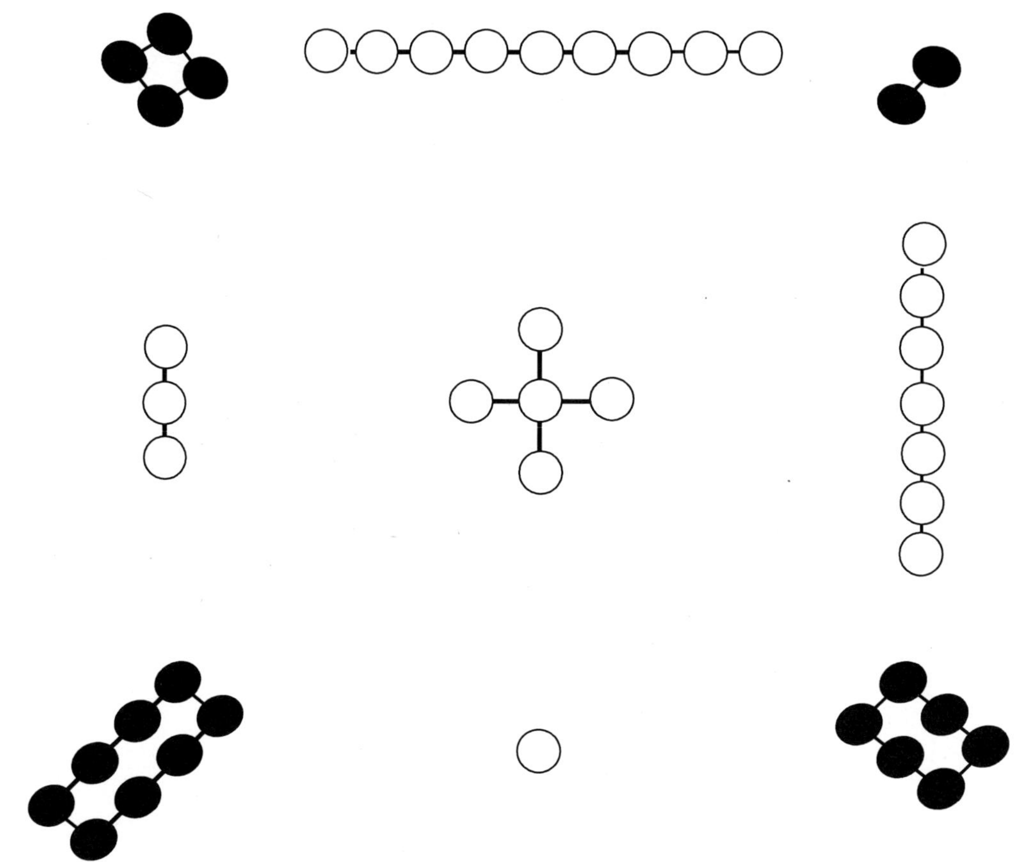

洛書

■ 낙서가 수를 얻는 과정

1. 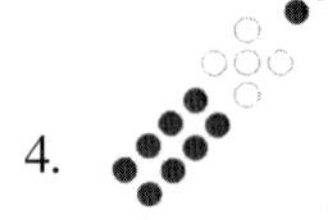　가장 먼저 中5가 자리를 잡는다.

2.　　1과 9가 상하로 對待하여 四正의 제1차 서위(序位)를 이룬다.

3.　　3과 7이 對待하여 四正의 제2차 서위(序位)를 이룬다.

4.　　2와 8이 대사(對斜)하여 四隅의 제1차 서위(序位)를 이룬다.

5.　　4와 6이 대사(對斜)하여 제2차로 四隅의 종수(終數)를 이루게 된다.

■ 대대(對待)란 대립하면서 서로 끌어당기는 관계, 상대가 존재함에 비로소 자기도 존재하는 관계, 상호 대립하면서 상호 의존하는 관계를 말한다.

대대(對待)의 논리적 특성은 다음과 같다.

- 대대관계는 무엇보다도 상반적(相反的)인 모습을 가진 타자(他者)를 적대적인 관계로 보는 것이 아니라 자신의 존재성을 확보하기 위한 필수적인 존재로서 요구하는 관계이다.

- 상반적 또는 상호 모순적 관계를 상호 배척 관계로 보는 것이 아니라 상호 성취의 관계, 더 나아가 운동을 일으킬 추동력의 근거로 본다.

- 대대관계에 있는 양자(兩者)는 대대관계에 있는 그 자체로서 균형과 조화를 이루고 있는 것으로 규정해도 무방하다.

- 대대는 공간적 관계에 머무르지 않고 시간적 관계까지 포괄한다. 불교의 연기(緣起)나 주역의 음양을 설명하는 곳에 자주 나타난다.

- 사정(四正)이란 팔방(八方) 중에서 동, 서, 남, 북의 네 방향을 말한다.
- 사우(四偶)란 팔방(八方) 중에서 동남, 동북, 서남, 서북으로 정방이 아닌 사방(斜方)을 말하며 사유(四維)라고도 한다.
- 대사(對斜)는 사우(四偶)끼리 대대(對待)하고 있는 상태를 말한다.

낙서의 전체적인 구조

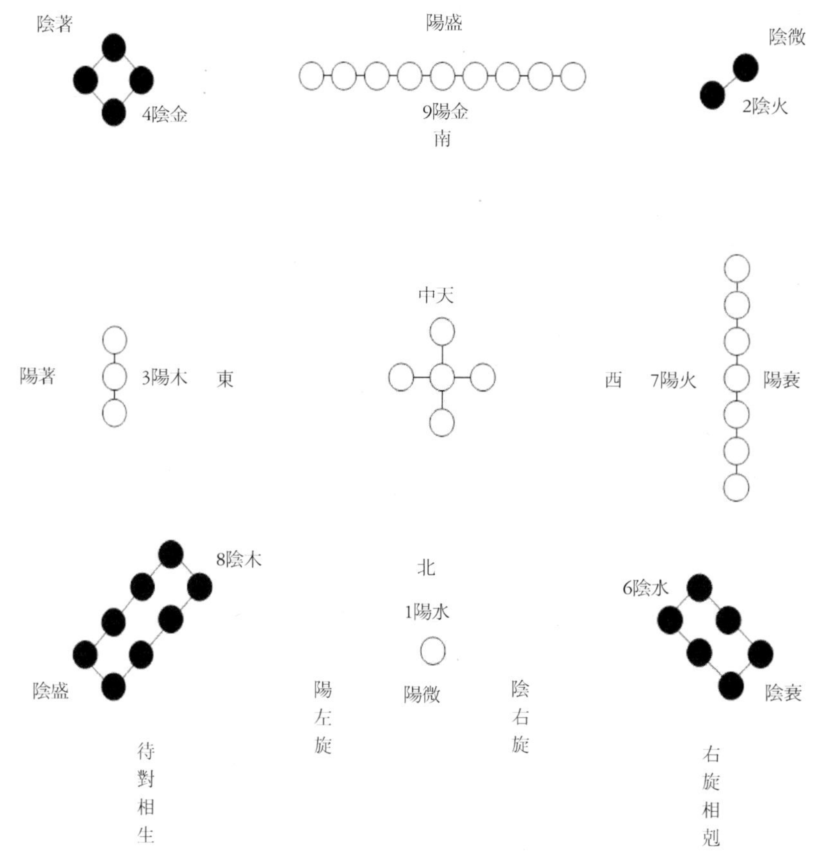

제1장 낙서(洛書)의 구조

1. 낙서의 상생상극

먼저 낙서에서 숫자만 추출해 보자.

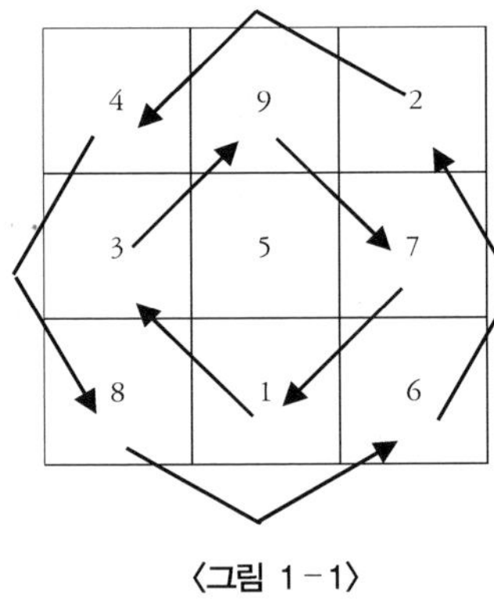

〈그림 1-1〉

양수(×3)	음수(×2)
1×3＝3	2×2＝4
3×3＝9	4×2＝8
9×3＝27(본수7)	8×2＝16(본수6)
7×3＝21(본수1)	6×2＝12(본수2)
1×3＝3	2×2＝4
순환: 1→3→9→7→1	순환: 2→4→8→6→2

■ 양수(陽數)는 陽이므로 진행방향은 좌선한다. 즉 1→3→9→7→1로 무한정 순환한다.

■ 음수(陰數)는 陰이므로 우선한다. 즉 2→4→8→6→2로 계속 순환한다.

① 대대상생(對待相生)이란?

위 〈그림 1-1〉에서 9와 1, 4와 6, 3과 7, 8과 2는 각각 대대관계인데 이때 9金은 1水를 金生水하고, 4金은 6水를 金生水하며, 또 3木은 7火를 木生火하고, 8木은 2火를 木生火한다. 즉 1·9, 2·8, 3·7, 4·6의 대대하는 수가 서로 상생관계를 이루는 것을 말한다.

② 우선상극(右旋相剋)이란?

1·6水가 2·7火를 水克火, 2·7火가 4·9金을 火克金, 4·9金이 3·8木을 金克木, 3·8木이 5土를 木剋土, 5土가 1·6水를 土克水하는 것을 말한다. 즉 시계반대방향으로 우선하면서 상극한다.

③ 미저성쇠(微著盛衰)란?

미(微)는 희미해지는 상(象), 저(著)란 점점 드러나는 상(象), 성(盛)은 점점 왕성해지는 상(象), 쇠(衰)는 점점 쇠약해지는 상(象)이다. 陽數는 1, 3, 9, 7 순으로 미저성쇠하고 陰數는 2, 4, 8, 6 순으로 미저성쇠한다.

미저성쇠론은 주역학자, 최석기(崔碩基) 선생의 저서 『하락연의(河洛演義)』에서 나오는 것인데 앞으로 전개되는 낙서에서 이를 일부 적용하게 될 것이다.

2. 낙서(洛書)의 수(數)

하도(河圖)는 음양오행의 생성(生成)을 나타내는 본체수(本體數)이고 낙서는 음양오행이 운용(運用)되는 용수(用數)이다.

낙서에는 양수(1, 3, 5, 7, 9) 다섯 개와 음수(2, 4, 6, 8) 네 개, 총 아홉 개의 수로 이루어져 있다. 이 아홉 수의 합은 45이다. 45가 의미하는 바는 후술할 것이다.

낙서에서 陽數는 사정방(四正方)에 위치하고 陰數는 사우방(四隅方)에 위치하고 있다. 서로의 위치가 다르지만 그러나 음수와 양수는 항상 서로 따라다닌다(<그림 2-1> 참조).

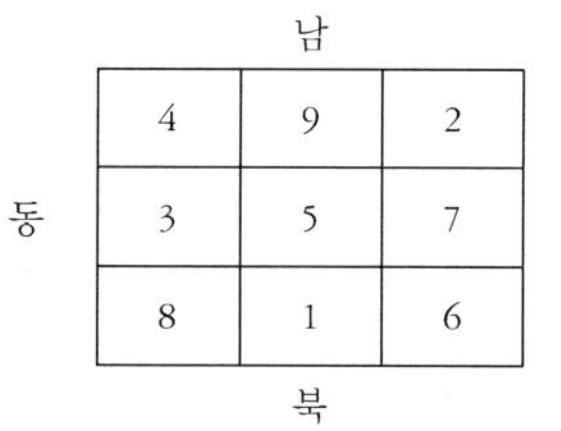

〈그림 2-1〉

옛 서적을 들춰 낙서의 유래를 설명하는 글을 찾아보면 항상 등장하는 것이 신령스런 거북이(神龜)다. 신귀의 등에 나타난 무늬의 위치에 수를 배치하였는데 다음과 같이 기술되어 있다.

　■9는 머리에 있고 ■1은 꼬리에 있으며 ■좌(左)에는 3이 있고 ■우(右)에는 7이 있으며 ■2와 4는 어깨에 있고 ■6과 8은 발에 있다.

　『주역』에 다음과 같은 구절이 있다. "易曰 天生神物 聖人則之"로, "역에 이르기를 하늘이 신물(神物)을 내니 성인이 이것을 본받았다"라는 뜻이다. 하늘이 거북이라는 신물(神物)을 통해 아홉 개의 숫자를 내려 주었고 성인은 이것을 보는 즉시 음양오행의 운용이 바로 숫자의 이치 속에 있다는 것을 정확하게 간파하신 것이다.

그러면 우선 <그림 2-1>에 있는 낙서의 구조를 자세히 살펴보자.

■ 양수 1, 5, 9와 3, 5, 7이 십자(十字)로 교차하고 있는데 이때 中5는 상하 좌우를 통하게 하는 수이다.

■ 음수 2, 4, 6, 8은 사우방(四隅方)에 있는데 이때 中5에 의해 막혀 있다.

■ 양은 정방(正方)에 위치하고 음은 우방(隅方)에 위치한다.

그림에서 보면 1·6水에서 시작하는데, 먼저 양(1)으로 시작하여 음(6)이 되고, 다시 음(6)에서 2·7火의 양(7)으로 연결된 다음 음(2)으로 간다. 음(2)은 4·9金의 양(9)으로 가고, 다시 음(4)으로 간다. 음(4)에서 3·8木의 양(3)으로 가고 양(3)은 음(8)으로 가서 한 사이클이 끝나게 된다. 이것이 바로 한 번 陰하면 한 번 陽하고 반대로 한 번 陽하면 한 번 陰하는, 소위 일음일양(一陰一陽)의 법칙이다. 구체적으로 말해서 한 번 왕성해지면(一盛) 한 번 쇠약해지고(一衰), 한 번 나타나면(一著) 한 번 미약하게 된다(一微). 양은 좌선(左旋)하여 음을 타고 음의 상(上)으로 올라가므로 양수는 사정위(四正位)에 위치하며, 음은 우선(右旋)하여 양의 하(下)로 내려가므로 음수는 사우위(四隅位)에 위치하게 된다. 그림을 보면서 구체적으로 보자.

양은,

■ 남쪽으로 운행할 때 가장 왕성하므로 9가 되고,

■ 서쪽으로 운행할 때 점점 쇠약해지므로 7이 되고,

■ 북쪽으로 운행할 때 가장 희미해지므로 1이 되고,

■ 동쪽으로 운행할 때 점점 나타나므로 3이 된다.

음은,

■ 동북으로 운행할 때 가장 왕성해지므로 8이 되고,

■ 서북으로 운행할 때 점점 쇠약해지므로 6이 되고,

■ 서남으로 운행할 때 가장 희미해지므로 2가 되고,

■ 동남으로 운행할 때 점점 나타나므로 4가 된다.

하도는 음양 생성의 이치이기 때문에 생장성쇠(生長盛衰)로 나타났지만 낙서는 음양 운용의 이치이기 때문에 성쇠미저(盛衰微著)로 나타난다. 이것을 도식으로 그리면 다음과 같다.

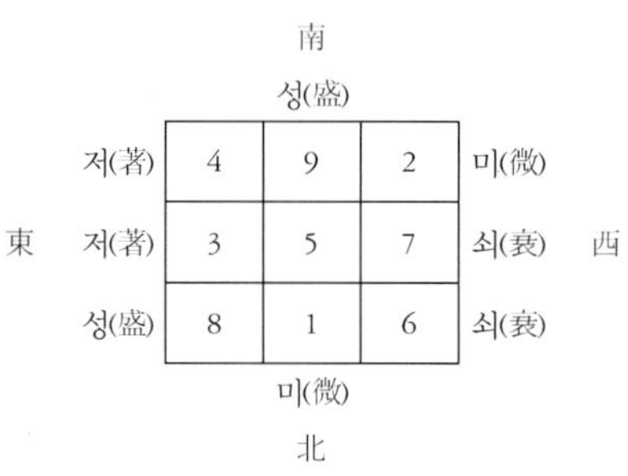

〈그림 2-2〉

- 양수 1, 3, 9, 7은 미저성쇠의 순(順)으로 좌선(左旋)하며 나타나고, 음수 2, 4, 8, 6은 미저성쇠의 순(順)으로 우선(右旋)하며 나타난다.

- 낙서의 음양운행의 수를 보면 1, 2는 미(微)하고, 3, 4는 저(著)하고, 6, 7은 쇠(衰)하고, 8, 9는 성(盛)한다.

- 남쪽에는 양이 가장 왕성한 상태인 9가 있다. 양이 이렇게 왕성한 곳에서는 양이 패권을 잡고 있는 양의 천지일 것처럼 예상되지만 그러나 현실은 그렇지 않다. 9의 우측에 희미한 음인 2가 존재한다. 반대로 음이 가장 왕성한 곳 8의 바로 옆에 희미한 양인 1이 위치하고 있다.

- 동서는 음양이 사귀는 곳이므로 양이 나타나면(著) 음도 역시 나타나고(著) 음이 쇠약해지면(衰) 양도 역시 쇠약해진다(衰).

- 5는 중앙에 위치하면서 사방(四方)에 응하고 있다. 응한다는 말을 정의(定義)하고 넘어가자. 5를 중심으로 남쪽에 9가 있고 북쪽에는 1이 있다. 가진 자와 못 가진 자의 빈부격차를 생각해 보자. 9는 1보다 8만큼 많고, 1은 9보다 8만큼 적다. 이때 1과 9를 더해서 2로 나누어 평균화하면 5가 된다. 이것이 중앙 5가 가진 역할이다. 나머지 사정방과 사우방의 숫자들도 전부 평균화하면 5가 된다. 5의 이러한 기능을 '응한다'라고 표현한다.

- 중앙 5는 홀수로 양수이다. 평균화 작용을 하는 5는 낙서를 구성하는 9수의 중추적(中樞的) 역할을 담당하고 있다.

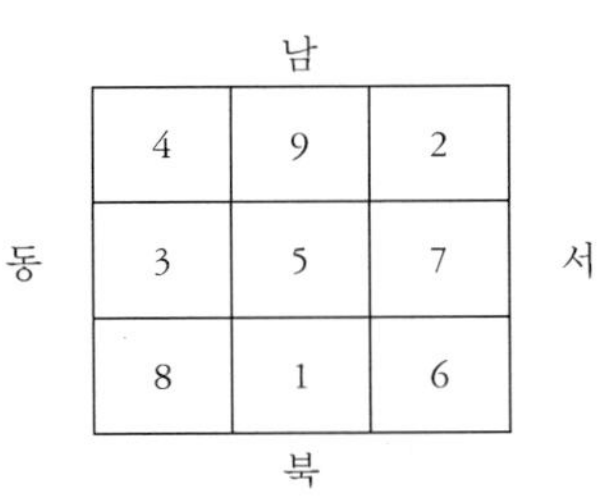

〈그림 2-3〉

- ■ 日이 처음으로 동3에 나오니 양이 나타나고(著)
- ■ 日이 남9에 이르니 양이 왕성하고(盛)
- ■ 日이 서7로 기우니 양이 쇠약해지고(衰)
- ■ 日이 북1에 빠지니 양이 미약하게 된다(微).

- ■ 月이 처음으로 서남2에서 태어나니 음이 미약하고(微)
- ■ 月이 동남4에서 점점 둥글어지니 음이 점점 나타나기 시작하고(著)
- ■ 月이 동북8에서 완전히 둥글어지니 음이 왕성해지고(盛)
- ■ 月이 서북6에서 점점 작아지니 음이 쇠약해진다(衰).

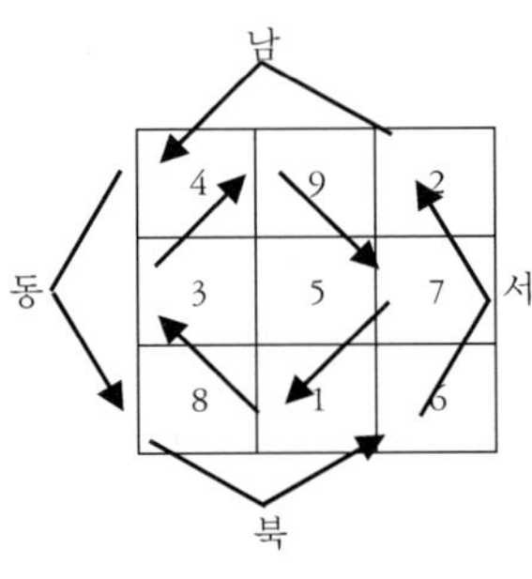

〈그림 2-4〉

<그림 2-4>를 보자.

- ■ 양은 좌선(1→3→9→7)한다.
- ■ 음은 우선(2→4→8→6)한다.
- ■ 음과 양이 동남(3, 4)에서 동시에 나타나고(著), 서북(6, 7)에서 함께 쇠약해진다(衰).

하도에서는 음양이 함께 좌선(左旋)하지만 낙서에서는 위와 같이 양은 좌선(左旋)하고 음은 우선(右旋)한다. 이러한 낙서의 원리를 이용하여 만든 것이 양 날개 풍력발전기다. 이 발전기는 날개를 두 개로 하여 하나는 좌선하고 하나는 우선하여 전기를 생산하는데 일반 풍력발전기보다 그 효율이 훨씬 뛰어나다. 나사못의 원리도 이와 동일하다. 즉 좌선하여 조이고 우선하여 푼다. 이것들은 음양을 운용하는 좋은 예가 된다.

3. 낙서(洛書)의 사상수(四象數)

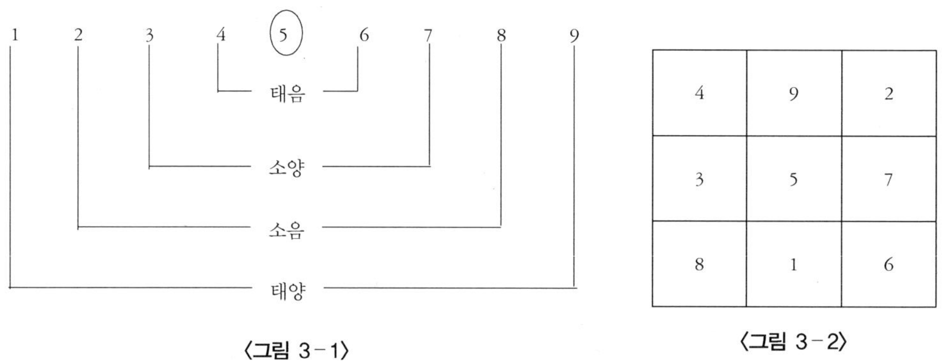

〈그림 3-1〉　　　　　　〈그림 3-2〉

낙서에 있는 아홉 개의 숫자를 분류하면,
- 1과 9는 태양(太陽)이 되고,
- 2와 8은 소음(少陰)이 되고,
- 3과 7은 소양(少陽)이 되고,
- 4와 6은 태음(太陰)이 된다.
- 5는 생수 1, 2, 3, 4 뒤에 있고, 성수 6, 7, 8, 9 앞에 위치한다. 또 생수와 성수의 중앙에 있으므로 사상(四象)의 중심이 된다.

이때,
- 태양의 1과 9를 더하면 10이 되고,
- 소음의 2와 8을 더하면 10이 되고,
- 소양의 3과 7을 더하면 10이 되고,

■ 태음의 4와 6을 더하면 10이 된다.

■ 중앙에 5가 있다.

이처럼 태양, 소음, 소양, 태음의 수를 더해도 그 합은 10을 넘지 않는다.

■ 中5에 태음의 4를 빼면 태양의 1이 되고, 태양의 1을 더하면 태음의 6이 된다.

$$5-4=1$$
$$5+1=6$$
$$1 \cdot 6水$$

■ 中5에 소음의 2를 빼면 소양의 3이 되고 소양의 3을 더하면 소음의 8이 된다.

$$5-2=3$$
$$5+3=8$$
$$3 \cdot 8木$$

■ 中5에 소양의 3을 빼면 소음의 2가 되고, 소음의 2를 더하면 소양의 7이 된다.

$$5-3=2$$
$$5+2=7$$
$$2 \cdot 7火$$

■ 中5에 태양의 1을 빼면 태음의 4가 되고, 태음의 4를 더하면 태양의 9가 된다.

$$5-1=4$$
$$5+4=9$$
$$4 \cdot 9金$$

이처럼 中5에 사상수를 더하거나 빼면 태양은 태음과, 소양은 소음과 서로 대대(對待)를 이루고 있음을 알 수 있다. 그리고 中5에 사상수를 빼거나 혹은 中5에 더하면 각각 1·6水, 2·7火, 3·8木, 4·9金이 나오게 됨을 알 수 있다. 또 中5와 바깥의 10을 더하면 15가 된다. 바깥의 10은 1·9, 2·8, 3·7, 4·6으로 서로 대대하고 있다. 낙서는 中5와 그 외곽의 수가 엮여 15라는 수를 이루는 체계이다.

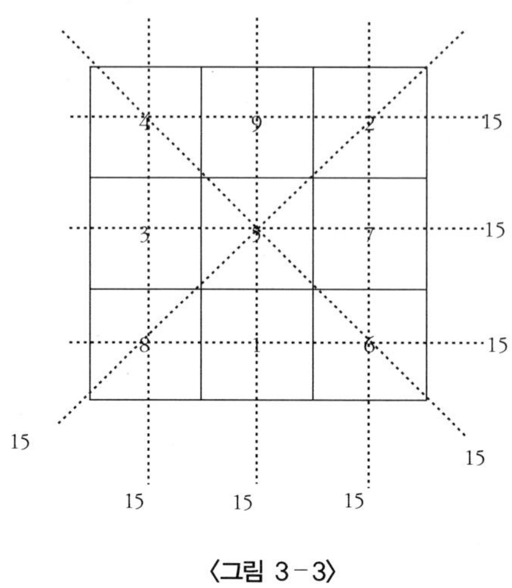

〈그림 3-3〉

서로 사귀면서 엮이는 것은 여러 방향이 있다. 먼저 가로, 세로 방향만 보면 그 합은 90(15×6)이다. 다음으로 열십자(+)와 대각선 방향(×)이 있으니 그 합은 각각 60(15×4)이 된다. 여기서 의문을 가지는 독자도 있을 것이다. 이미 가로와 세로에서 셈을 한 열십자 방향을 다시 계산에 넣어 합산하는 것은 중복이 아니냐는 문제이다. 그런데 열십자 방향과 대각선 방향은 가로, 세로선과는 다른 차원이므로 중복을 한 것이라는 정도로만 이해하자. 따라서 이제 결과적으로 위의 계산 결과를 모두 합산하면 150이 된다. 이것은 15를 10번 곱한 것이다. 150은 15가 가장 많이 부풀려진 상태의 수이다.

15라는 수를 분석해 보자. 일의 자리에 있는 5는 생수의 끝이고 십의 자리의 10은 성수의 끝이다. 생수와 성수의 끝을 합한 15로 귀결된다는 것은 예사롭지 않은 현상이다. 이것에 대한 이유는 앞으로 진행되는 학습을 통해서 알게 될 것이다. 일단 그 운용하는 수는 생수와 성수의 합수 15가 된다는 사실만 기억하자. 그런데 하도에는 5와 10이 동시에 존재한다. 그런데 낙서에 5는 있지만 10이 없는 이유는 무엇일까?

4	9	2
3	5	7
8	1	6

앞서 언급했듯이 위의 그림에서 홀수는 5를 중심으로 열십(十)자로 서로 통하고 있다.
양수 네 개(1, 3, 9, 7)는 중앙 5에 의해 서로 통하고 있다. 다시 말해 4정방이 5에 의해서
서로 통하고 있는 모습이다. 이에 반해 4우방(구석)에 위치하는 네 개의 음수(2, 4, 8, 6)는
어떤가? 5라는 양수에 의해서 서로 막혀 있다. 음수끼리 서로 사귀고 싶어도 5라는 양수
에 의해서 연락이 두절된 상태다. 그렇지만 이렇게 4우방(隅方)에 물러나 위치하면서 양수
(陽數)들을 보호하는 기능을 하고 있다. 마치 엄마가 아이를 보호하듯이! 그리고 낙서에는
10이 나타나 있지 않지만 中5의 바깥에서 모든 수들이 1·9, 2·8, 3·7, 4·6이 서로 마주
보며 도합 10을 형성하고 있다. 10의 위치가 존재하지 않지만 10수를 보충하고 있는 것이다.

서양에서도 낙서와 같은 마방진(魔方陣)이 있다. 그러나 동양의 수리 이론인 음양, 사상,
오행의 수리가 수립되지 않았고 단지 나타나는 현상 즉, 가로, 세로, 대각선 수의 합이 15
가 된다는 수의 배열만 파악했을 뿐이다.

동양의 수리학적 관점에서 낙서는 음양의 수가 운행하는 이치, 사상수가 서로 대대하
여 배열된 이치, 양수와 음수가 사정위와 사우위에 배열된 이치를 정확하게 설명하고 있
음을 이해하고 있어야 한다. 즉 사정위에는 5를 중심으로 태양(1·9)과 소양(3·7)이 배열
되어 있고, 사우위에는 태음(4·6)과 소음(2·8)이 배열되니 이는 곧 사상(四象)이 낙서에
배열되어 있다는 것을 알 수 있다.

제2장 낙서의 변화

1. 낙서(洛書) 9수의 용(用)

용수(用數)의 역할을 하는 낙서에는 10이 없고 1~9까지만 있다. 즉 10은 용수로 쓰이지 않고 1~9의 숫자만 용수로 쓰인다는 말이다. 따라서 낙서에 있는 아홉 개의 숫자는 실제적으로 사용되는 수들이다. 수를 차례대로 세어 나가 보자. 1에서 시작하여 다음의 하나를 2라 하고, 다음의 하나를 3이라 하고, 다음의 하나를 4라 하고, 다음의 하나를 5라 하고, 다음의 하나를 6이라 하고, 다음의 하나를 7이라 하고, 다음의 하나를 8이라 하고, 다음의 하나를 9라 하고 열 번째 있는 하나는 10이 되는데 10은 단수의 원리(1+0=1)로 하면 1이 된다. 말이 나온 김에 단수의 원리로 도출되는 1의 의미를 살펴보자.

요즘은 잘 사용하지 않지만 곡식을 계량하는 되[升]가 있다. 1되에서 차례로 9되까지 세어 나가다가 마지막 1되를 더하는 순간 10되가 되는데 이는 곧 1말[斗]과 같다. 1에서 9까지는 '되'라는 단위가 사용되다가 그 다음 1되가 추가되면 '말'이 되니 즉 단위가 달라지는 것으로 9까지 사용된 단위와 전혀 다른 차원이다. 같은 논리를 적용하여 11말은 1말 1되가 되고 12말은 1말 2되가 되고…… 이렇게 연속되면 19말은 1말 9되가 되고 그다음은 2말이 되는 식이다. 여기서 우리가 알 수 있는 중요한 것은 실제 사용되는 수가 1에서 9까지 아홉 개뿐이라는 사실이다. 그러므로 1, 2, 3, 4, 5, 6, 7, 8, 9는 용수(用數)의 차례이고 그것을 쌓으면(합하면) 45가 된다. 그러므로 9는 용수(用數)의 극(極)이다. 아홉 개의 수를 사용하면 양은 양수를 생하고 음은 음수를 생하여 사상이 각각 그 위(位)를 얻고 그 용(用)을 얻는 것이다.

- ■북1에 9를 곱하면 9가 되어서 9가 남에 위(位)하고,
- ■남9에 9를 곱하면 81이 되는데 81의 본수 1은 북에 위(位)하는데
- ■이 두 수를 합하면 90이 된다(9+81=90).

- ■동3에 9를 곱하면 27이 되는데 본수 7이 서에 위(位)하고,
- ■서7에 9를 곱하면 63이 되는데 본수 3은 동에 위(位)하는데
- ■이 두 수를 합하면 90이 된다(27+63=90).

- 서남2에 9를 곱하면 18이 되는데 본수 8이 동북에 위(位)하고,
- 동북8에 9를 곱하면 72가 되는데 본수 2는 서남에 위(位)하는데
- 이 두 수를 합하면 90이 된다(18＋72＝90).

- 동남4에 9를 곱하면 36이 되는데 본수 6이 서북에 위(位)하고,
- 서북6에 9를 곱하면 54가 되는데 본수 4가 동남에 위(位)하는데
- 이 두 수를 합하면 90이 된다(36＋54＝90).

90은 9에다 10을 곱한 것으로서 음양의 운행하는 수를 늘릴 만큼 끝까지 늘렸다는 의미다. 90일은 세 개월을 구성하는 일수(日數)가 되는데 한 계절이 세 개월이므로 4계절은 4×90＝360일이 되어 1년의 도수(度數)가 된다. 1년 360일을 팔방(八方)으로 나누면 45가 되는데 中5에 9를 곱해도 45가 되니 천하의 만사와 만물이 모두 낙서 9수의 용(用)이 아닌 것이 없다.

2. 낙서(洛書)와 삼천양지(參天兩地)

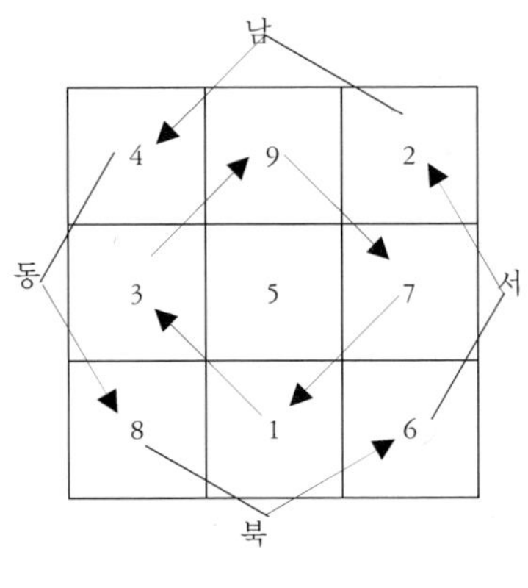

〈그림 2-1〉

삼천(參天)은 陽數 세 개라는 뜻으로 생수 1, 2, 3, 4, 5 중 1, 3, 5를 말하고, 양지(兩地)는 陰數 두 개라는 뜻으로 생수 1, 2, 3, 4, 5 중 2, 4를 말한다. 삼(參)은 3을 말하고 양(兩)은 2를 말한다. 사정(四正)의 陽數 1, 3, 9, 7의 합 20에 삼천의 3을 곱하면 60이 되고 사우(四

偶)의 음수 2, 4, 8, 6의 합 20에 양지의 수 2를 곱하면 40이 되고 60과 40을 더하면 100이 된다. 사정(四正)의 양은 1→3→9→7→1로 좌선(左旋)하고 사우(四偶)의 음은 2→4→8→6→ 2로 우선(右旋)하는데 이때 陽은 3을 용(用)하고 陰은 2를 용(用)한다.

<그림 2-1>의 낙서에 나타난 수리를 탐구해 보자.

삼천양지(參天兩地)에 따라 陽數에는 3을, 陰數에는 2를 곱하는 원칙을 따른다.

■ 북1에 3을 곱하면 3이 되고, 남9에 3을 곱하면 27이 되니 이것을 합하면 30이 되는데 이것을 반으로 나누면 각각 15가 된다.

■ 동3에 3을 곱하면 9가 되고 서7에 3을 곱하면 21이 되니 이것을 합하면 30이 되고 이것을 반으로 나누면 각각 15가 된다.

이것은 中5에 삼천(參天)의 수, 3을 곱하여 15가 되는 것과 동치이다.

■ 서남2에 2를 곱하면 4가 되고 동북의 8에 2를 곱하면 16이 되니 이것을 합하면 20이 되고 반으로 나누면 각각 10이 된다.

■ 동남4에 2를 곱하면 8이 되고 서북의 6에 2를 곱하면 12가 되니 이것을 합하면 20이 되고, 반으로 나누면 각각 10이 된다.

이것은 中5에 양지(兩地)의 수, 2를 곱하여 10이 되는 것과 동치이다.

■ 中5는 곧 생수 1, 2, 3, 4, 5 가운데 있는 5수인데 5는 양수(1, 3, 5)가 세 개로 삼(參)이 되고 음수(2, 4)는 두 개로 양(兩)이 되니 더하면 5가 되는 것이다.

中5에 5를 곱하면 25가 된다. 25는 그래서 양의 분수(分數), 15와 음의 분수(分數), 10 을 합한 수이다. 또 25는 곧 낙서의 양수인 1, 3, 5, 7, 9를 더한 수이다.

3. 낙서(洛書)와 대연(大衍)의 용수(用數)

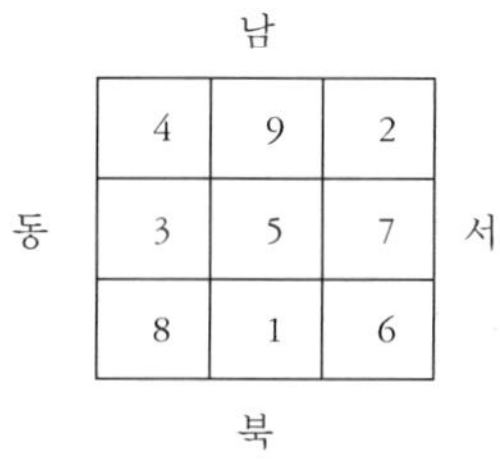

〈그림 3-1〉

　낙서에는 아홉 개의 수가 있는데 중앙의 5는 5를 둘러싼 8방(八方)과 8수(八數)를 운용하는 중심축이다. 8방이 각각 5수를 운용하므로 8×5는 40이 된다. 그런데 이 40은 8방에 위치한 1, 2, 3, 4, 6, 7, 8, 9를 전부 합한 수와 같다.

　8방에 위치한 수리를 세부적으로 살펴보자.

- 북1에 5를 곱하면 5가 되고 남9에 5를 곱하면 45가 되니 두 수의 합은 50이다.
- 동3에 5를 곱하면 15가 되고 서7에 5를 곱하면 35가 되니 두 수의 합은 50이다.
- 서남2에 5를 곱하면 10이 되고 동북8에 5를 곱하면 40이니 두 수의 합은 50이다.
- 동남4에 5를 곱하면 20이 되고 서북6에 5를 곱하면 30이니 두 수의 합은 50이다.

　<그림 3-1>에서 사정(四正)과 사우(四偶)에 서로 마주 보고 있는 수끼리 더하면 10이 되는데 이 10에 中5의 5를 곱하면 50이 된다. 이것이 이른바 크게 늘린 수, 즉 대연지수(大衍之數)가 되는 것이다. 그런데 크게 늘렸다는 것은 사실은 5를 10배로 늘렸다는 의미이다.

제3장 낙서팔괘(洛書八卦)의 구조

1. 낙서팔괘(洛書八卦)

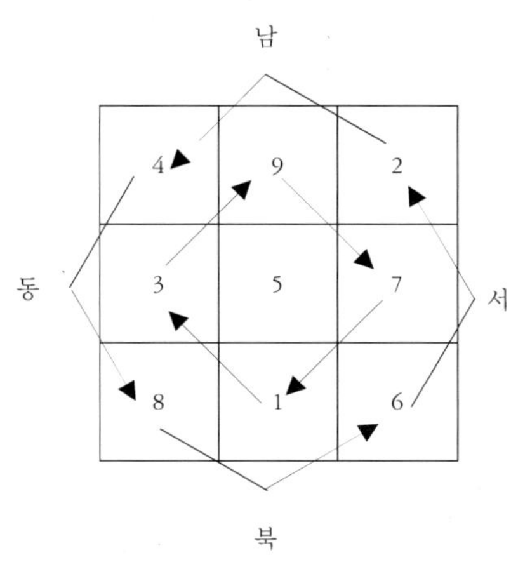

〈그림 1-1〉

생수 1, 2, 3, 4 중에 1은 태양이 되고 4는 태음이 된다. 1陽과 3陽의 중간에 있는 2陰은 소음이 되고 2陰과 4陰의 중간에 있는 3陽은 소양이 된다. 그러므로 1태양과 4태음은 음양의 정위(定位)가 되고 2소음과 3소양은 음양이 사귀는 것이 된다. 음양의 변용에 사용되는 수는 3과 2이다. 역(易)에 말하기를 "參天兩地而依數", 즉 "삼천과 양지는 수에 의지한다."라고 하는 것이 바로 이것을 의미한다.

삼천(參天)이라는 것은 생수 1, 2, 3, 4, 5 중에 1, 3, 5의 양수를 말하고 그 합수가 9가 되므로 건(乾)은 9를 사용하고, 양지(兩地)는 생수 1, 2, 3, 4, 5 중에 2, 4의 음수를 말하는데 그것의 합수가 6이 되므로 곤(坤)은 6을 사용한다. 삼(參)은 3이고, 즉 소양의 수이다. 양(兩)은 2인데 곧 소음의 수이다. 그러면 <그림 1-1>에서 양수에는 3을 곱하고 음수에는 2를 곱하는 변화를 살펴보자.

- ■ 日이 처음 동3에서 나와 3×3＝9가 되어 9가 남에 있고, 9×3＝27이 되어 7이 서에 있고, 7×3＝21이 되어 1이 북에 있고, 1×3＝3이 되어 3이 동에 있다. 또 양은 좌선하여 끊임없이 순환하고 있다.
- ■ 月은 처음 서남2에서 생하니 2×2＝4가 되어 4가 동남에 있고, 4×2＝8이 되어 8이 동

북에 있고 8×2＝16이 되어 6이 서북에 있고 6×2＝12가 되어 2가 서남에 있다.
이렇게 음은 우선(右旋)하며 끊임없이 순환하고 있다.

제1장 하도를 상기해 보자. 하도에서는 1, 2, 3, 4와 5, 10의 여섯 개 숫자를 사용하여
팔괘(八卦)를 얻게 되었다(하도 제3장 장전역도설 참조).

즉 건(乾: ☰)은 9가 되고, 곤(坤 :☷)은 6이 되며

감(坎: ☵)은 1이 되고, 리(離: ☲)는 4가 되고

진(震: ☳)은 3이 되고, 손(巽: ☴)은 2가 되며

간(艮: ☶)은 7이 되고, 태(兌: ☱)는 8이 된다.

이것을 낙서에 대입하면 다음과 같이 낙서팔괘가 된다.

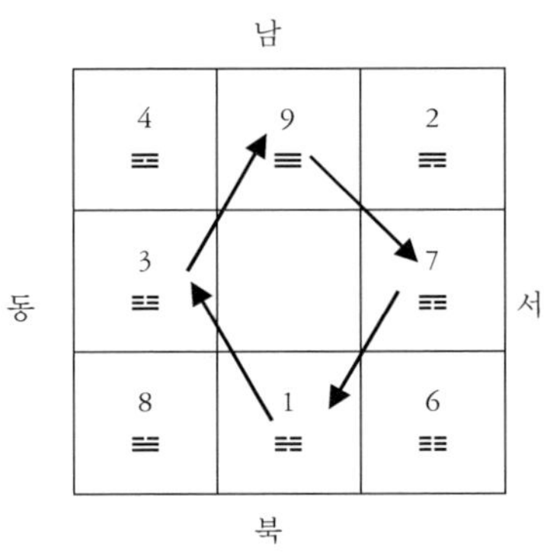

〈그림 1-2〉

- 日은 처음에 동3에서 나오는데 日은 양물(陽物)로써 양이 처음 나타나므로 동(動)이
  되어 동3은 震(☳)이 된다.
- 동3에 3을 곱하면 9가 되는데 9양은 아주 왕성한 상태로 2음과 4음 사이에서 활동하
  므로 건(健)이 되어 남9는 乾(☰)이 된다.
- 남9에 3을 곱하면 27이 되는데 7양은 쇠약하여 2음과 6음 사이에 멈추어 있으므로
  지(止)가 되어 서7은 艮(☶)이 된다.
- 서7에 3을 곱하면 21이 되는데 아직 세력이 미약한 1양이 6음과 8음 사이에 빠져 있
  으므로 함(陷)이 되어 북1은 坎(☵)이 된다.

■북1에 3을 곱하면 3이 되니 3은 1이 세 개 모여 된 수로써 동3의 震(☳)이 건전하게
　행하며 잠시도 쉬지 않는 것이다.

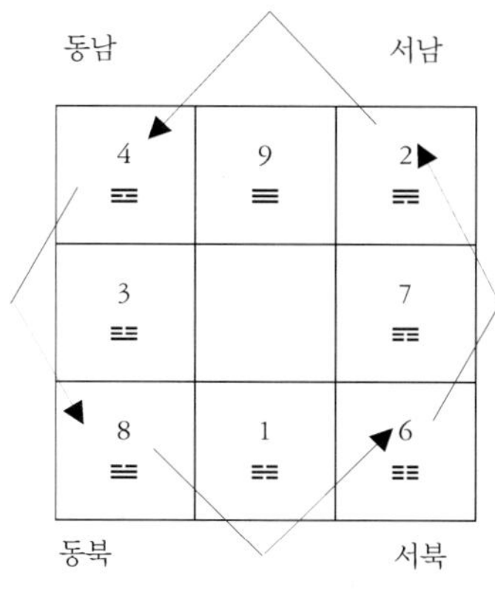

〈그림 1-3〉

■月은 처음에 서남2에서 나오는데 月은 음물(陰物)로서 9양과 7양 사이에 들어가 있으
　므로 입(入)이 되어 서남2는 巽(☴)이 된다.
■서남2에 2를 곱하면 4가 되니 4음이 나타나서 9양과 3양 사이에 걸려 있으므로 리(麗)
　가 되어 동남4는 離(☲)가 된다.
■동남4에 2를 곱하면 8이 되니 왕성한 8음이 3양과 1양 사이에서 즐거워하므로 열(說)
　이 되어 동북 8은 兌(☱)가 된다.
■동북8에 2를 곱하면 16은 6이 되고 쇠약한 6음은 1양과 7양 사이에서 지극히 미약한
　음이므로 순(順)이 되어 서북 6은 坤(☷)이 된다.
■서북6에 2를 곱하면 12가 되니 2는 곧 1에 1을 더한 수로써 서남 巽(☴)이 순행(順行)
　하여 어긋나지 않는 것이다.
음양의 운행으로써 보면,
■양은 좌행(左行)하여 먼저 3양이 동에서 나타나고 이때 4음은 동남에서 걸려 나타난다.
■9양이 남에서 활동할 때 2음은 서남에서 가만히 엎드려 있다.
■7양이 서에서 멈출 때 6음이 서북에서 순(順)하게 따른다.
■1양이 북에서 빠져 있을 때 8음은 동북에서 즐거워한다.
■음은 우행(右行)하는데 2음이 서남에 납작 엎드려 있을 때 9양이 남에서 건전하게 있다.

■4음이 동남에서 걸려 있을 때 3양이 동에서 나타난다.

■8음이 동북에서 즐거워 할 때 1양이 북에 빠져 있다.

■6음이 서북에서 순하게 있을 때 7양이 서에 멈추어 있다.

이상을 볼 때 양은 음을 거느리고 음은 양을 보호하는 작용을 하는 것을 알 수 있는데 이처럼 음양은 잠시도 떨어져 있지 않고 서로 붙어서 교호(交互)함을 알 수 있다.

2. 낙서팔괘(洛書八卦)의 특징

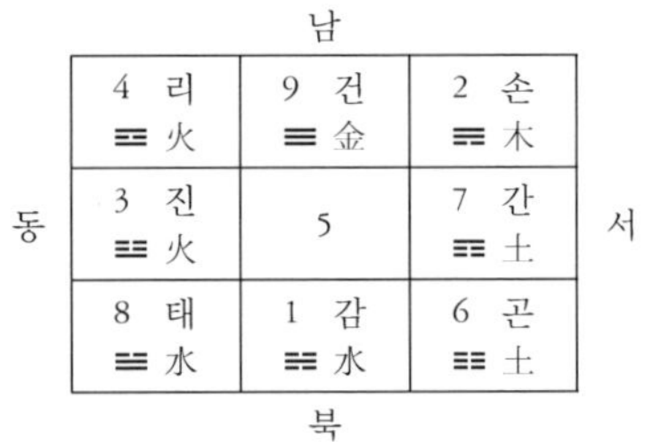

남

4 리 ☲ 火	9 건 ☰ 金	2 손 ☴ 木
3 진 ☳ 火	5	7 간 ☶ 土
8 태 ☱ 水	1 감 ☵ 水	6 곤 ☷ 土

동　　　　서

북

〈그림 2-1〉

낙서 9궁도에 하도 8괘도에서 도출된 괘와 숫값을 대입하면 낙서8괘가 되는데 위 그림과 같다. 그림에 나타난 낙서8괘는 다음과 같은 몇 가지 특징이 있다.

첫 번째 특징을 보자.

낙서8괘를 보면 네 개의 양괘, 건감진간(乾坎震艮)은 사정위에 있고 네 개의 음괘인 곤리손태(坤離巽兌)는 사우위에 있다. 이때 양괘는 양괘와, 그리고 음괘는 음괘와 서로 마주 대하고 있으면서 음양이 각각 그 위(位)에 바르게 위치하고 있다. 즉 홀수는 양괘와, 짝수는 음괘와 대응한다. 낙서에서 용수(用數)의 묘(妙)는 마주 대하는 숫자를 더하면 10이 된다는 데 있다. 그 합이 10이 되는 것을 자세히 살펴보자. ■북1과 남9는 10이 되며 ■동3과 서7이 10이 되며 ■서남2와 동북8이 10이 되며 ■동남4와 서북6이 10이 된다. 그런데 10을 2등분하면 5가 되어 左도 5가 되고 右도 5가 된다. 이것은 5의 평균화 작용에서 이미 설명한 바 있다. 5는 이러한 평균화 작업을 효과적으로 수행하기 위해 낙서의 정중앙에 위치하고 있는 것이다. 낙서에 5가 있다면 하도에는 5와 더불어 10도 있다. 다시 말해, 5와 더불어 10도, 곧 하도의 중수(中數)로 작용하는데 5는 생수의 마지막 수이고 10은 성수의 마지막 수이다. 내외를 정하자면 5가 안(內)이고 10이 바깥(外)이 되는데 낙서의 종횡

(縱橫)의 합이 모두 15가 되는 것은 그러므로 낙서에도 10이라는 수가 숨어서 존재하고 있음을 보여 주고 있는 것이다. 눈에 보이지 않는다고 존재하지 않는다고 단정할 수 없다.

이제 이것을 오행과 결합해 보고자 한다. 기존의 전통 주역에서 다루는 괘상의 오행배속과 다름에 유의해야 한다.

낙서8괘의 두 번째 특징을 보자.

<그림 2-1>에 나타난 오행관계를 살펴보면 마주 보는 괘들은 모두 상생관계를 형성하고 있음을 알 수 있다. 가령 남쪽의 9金은 남쪽의 1水를 生하고, 동쪽의 3火는 서쪽의 7土를 生하는 등이다. 또 사정(四正)괘와 사우(四隅)괘가 교차로 위치하는데 좌선하면서 서로 상극관계를 형성한다. 가령, 2木은 7土를 木克土하고, 6土는 1水를 土克水하는 식이다.

기존의 전통주역에서 괘상의 오행배속은 중국 전한(前漢)시대의 학자인 경방(京房, B.C. 77~37)의 주장에 바탕을 두고 있다. 잠시 그의 학설을 살펴보자.

8괘	☰	☱	☲	☳	☴	☵	☶	☷
5행	金	金	火	木	木	水	土	土
數	6	7	9	3	4	1	8	2

〈표 2-1〉

이와는 달리 <그림 2-2>는 오직 장전역도설에서 도출된 수에 따라 괘상을 기계적으로 대입한 결과로 나타난 그림이다. 이는 기존의 전통 주역에서 주장하는 괘상의 오행배속과 약간의 차이를 보이고 있으며 또한 숫값의 배속 또한 일부 상위(相違)함을 보이고 있다.

문왕8괘도와 장전 낙서8괘도를 함께 비교해 보자.

4 ☴ 木	9 ☲ 火	2 ☷ 土		4 ☴ 火	9 ☲ 金	2 ☷ 木
3 ☳ 木		7 ☱ 金		3 ☳ 火		7 ☱ 土
8 ☶ 土	1 ☵ 水	6 ☰ 金		8 ☶ 水	1 ☵ 水	6 ☰ 土

문왕8괘도　　　　　　　장전 낙서8괘도

〈그림 2-2〉

<그림 2-2>에서 회색음영 부분이 차이점이다. 물론 위치가 바뀐 것은 문왕8괘도와 장전낙서8괘도의 숫값의 차이 때문에 나타나는 필연적 현상이다.

두드러지는 특징은 다음과 같다.

- 문왕8괘도에서는 水와 火가 각각 한 개씩이고 木, 土, 金이 각각 두 개씩이다.
- 장전 낙서8괘에서는 金과 木이 각각 한 개씩이고 火, 水, 土가 각각 두 개씩이다.

그러면 장전8괘도에서 도출된 5행과 괘상의 의미를 어떻게 결합되는지 살펴보자.

- 乾(☰)은 경문에 健으로 표현하였으니 경방과 장전은 공히 金으로 보았다.
- 坤(☷)과 艮(☶) 역시 흙과 관계가 있으니 경방과 장전은 공히 土로 보았다.
- 離(☲)는 태양, 감(坎)은 달[月]이니 각각 火와 水로 보았고 경방과 장전도 같다.
- 巽(☴)은 부드러움의 상징이므로 木으로 보았고 경방과 장전도 똑같다.
- 震(☳)은 공기 중의 전위차(電位差)로 인해 발생하는 것이니 장전은 火로 보았고 경방은 딱딱한 나무로 취상하여 陽木으로 보았으니 서로 다르다.
- 兌(☱)는 연못으로 취상하였으니 장전은 水로 보았고 경방은 무른 金인 陰金으로 보았으니 서로 다르다.

다시 한 번 정리하면 다음과 같은 결론에 도달한다.

<그림 2-2>를 보면 우선 서로 마주 보는 괘가 상생관계를 형성하고 있다.

- 乾金이 生 坎水 ■離火가 生 坤土 ■震火가 生艮土 ■兌水가 生 巽木

이것은 양은 양을 생하고 음은 음을 생하여 음양이 각각 정해져 있는 것이다. 또 사정(四正)과 사우(四隅)가 각각 좌(左)로 돌면 상극(相克)관계에 있다.

- 艮土가 克 坎水 ■坎水가 克 震火 ■震火가 克 乾金
- 巽木이 克 坤土 ■坤土가 克 兌水 ■兌水가 克 離火

이것은 양이 양을 이기고 음이 음을 이겨서 음과 양이 각각 사용되는 것이다.

장전 낙서8괘의 세 번째 특징은 다음과 같다.

우선 <그림 2-2>를 2부분으로 분해해 보자.

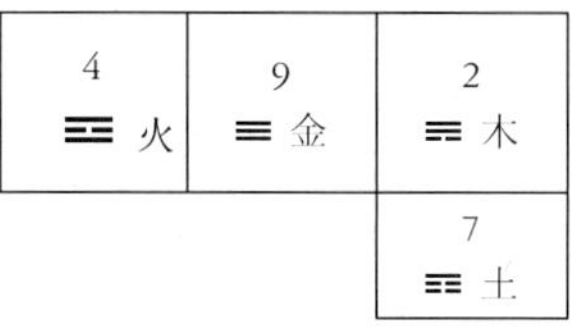

〈그림 2-3〉

<그림 2-3>은 ㄱ자 형태만 떼어 낸 것이다. 그런데 공통점이 발견된다. ☵ ☰ ☴ ☶은 전부 상효가 양이다. 그리고 서남쪽에 몰려서 뭉쳐 있다.

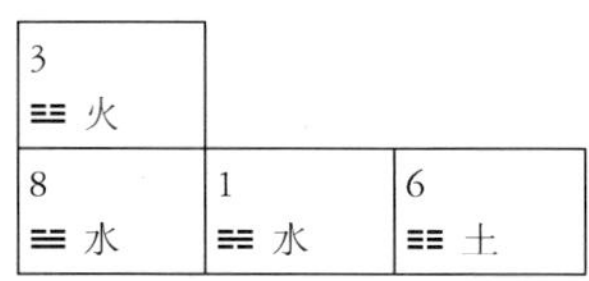

〈그림 2-4〉

<그림 2-4>는 어떤가. ㄴ자 형태의 배열이고 공통점은 상효가 전부 음이면서 동북쪽에 뭉쳐 있다. 음양이 서로 사귀면서 바뀐다는 대원칙을 가지고 있으면서도 그러나 상부에는 陽이 있고 하부에는 陰이 있으면서 각각 자신의 위(位)를 굳건히 지키고 있다는 뜻이 된다. 이처럼 낙서8괘는 양은 양대로 뭉쳐 있고 음 역시 음끼리 뭉쳐 있음을 여실히 보여주고 있다.

낙서8괘의 네 번째 특징을 보자.

4 ☷	9 ☷	2 ☷
3 ☷		7 ☷
8 ☷	1 ☷	6 ☷

〈그림 2-5〉

위 그림에서 보듯이 음영 처리된 4괘(陽圈에 위치한 괘)는 초효가 전부 양이다. 또 그 아래쪽(陰圈)의 4괘는 초효가 음인 괘들이다.

낙서8괘의 다섯 번째 특징은 선천8괘도와의 비교에서 나타난다.

8	9	2
4		1
3	6	7

복희선천8괘도

4	9	2
3		7
8	1	6

낙서8괘도

〈그림 2-6〉

위 그림의 음영으로 처리된 좌우측 4괘의 구성은 동일하다. 다만 순서만 다르다는 것을 알 수 있다. 즉 선천8괘도에서는 9, 8, 4, 3의 순서이고, 낙서8괘도는 9, 4, 3, 8의 순이다. 음영 처리되지 않은 부분의 괘들도 마찬가지다.

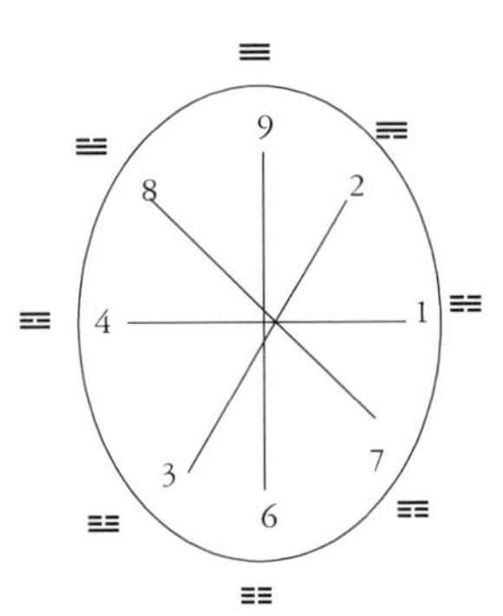

〈그림 2-7〉 선천8괘도

4	9	2
3		7
8	1	6

〈그림 2-8〉 낙서8괘도

- 낙서팔괘는 4 · 9金, 3 · 8木, 2 · 7火, 1 · 6水로 생수와 성수가 동행(同行)하며 각 오행의 국(局)을 형성하고 있다.
- 초효가 양효(陽爻)인 4 · 9, 3 · 8괘와 초효가 음효(陰爻)인 2 · 7, 1 · 6괘가 서로 양분(兩分)되어 있다.

이 점에 있어서는 선천팔괘도와 다를 바 없지만 수의 배열상의 순서가 서로 다르게 되어 있다.

- 선천팔괘도는 9와 6, 4와 1, 8과 7, 3과 2로 서로 마주 보며, 수의 합이 5가 된다.
- 낙서팔괘는 9와 1, 3과 7, 4와 6, 8과 2의 마주 보는 수의 합이 10이 된다.

이것은 낙서팔괘는 초효와 상효를 그리고 마지막에 중효를 그려 넣어 얻은 하도8괘의 나열이고 선천팔괘도는 초효와 중효를 그리고 마지막에 상효를 그리는 일생이분법(一生二分法)에 의해 얻은 괘의 나열이기 때문이다. 결국 낙서8괘도에서도 선천8괘도가 도출되고 있다.

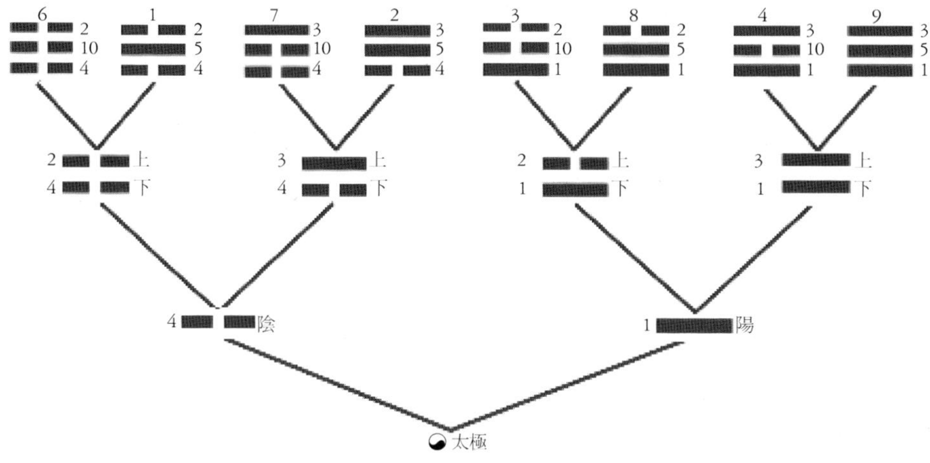

〈그림 2-9〉 하도팔괘도

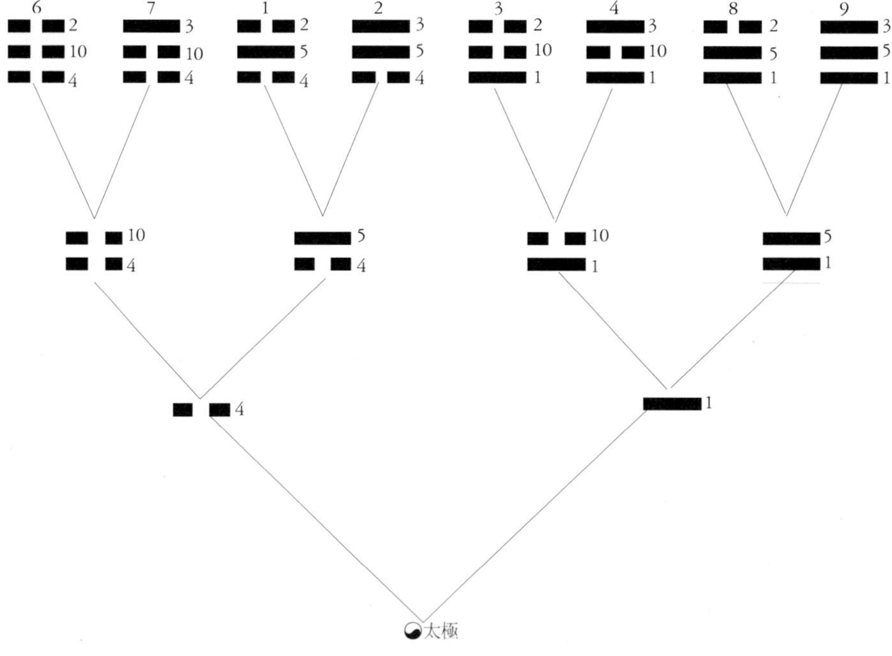

〈그림 2-10〉 선천팔괘도

3. 후천8괘도의 분석

지금까지 낙서9궁도에 장전역도설에서 도출된 8괘와 숫값을 대입하여 논리를 진행해 왔다.

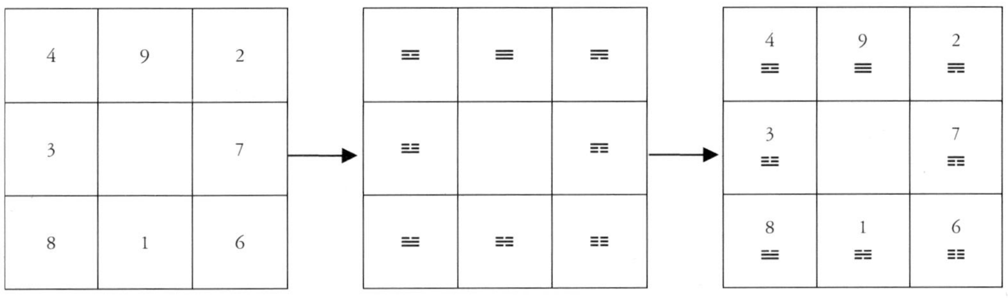

〈그림 3-1〉

그러면 이번에는 역발상을 해 보자. 즉 역으로 진행해 보자는 말이다. 후천8괘도를 9궁도에 대입하고 나서 거기에 장전역도설에 타나난 8괘의 숫값을 대입해 보자는 말이다.

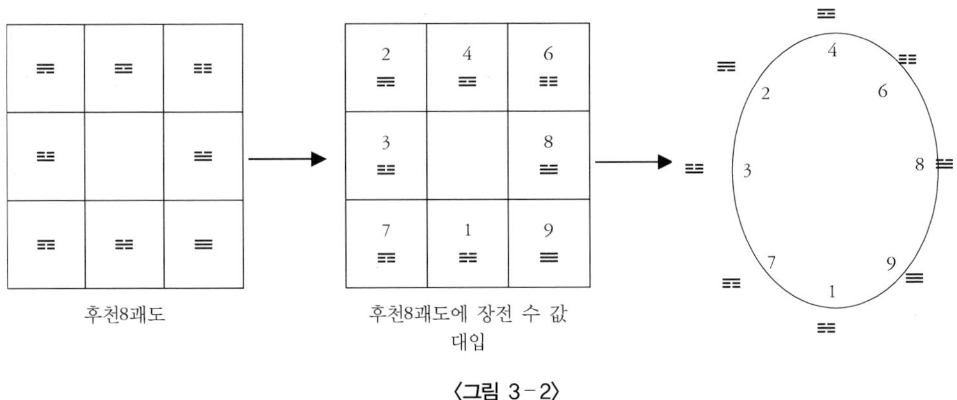

〈그림 3-2〉

이상의 결론을 가지고 분석해 보면,

■ 음괘와 양괘가 음수(짝수)와 양수(홀수)에 정확히 대응함을 볼 수 있다. 표로 정리하면 아래와 같다.

| 음괘 | ☲ 2 | ☵ 4 | ☳ 6 | ☶ 8 |
| 양괘 | ☴ 3 | ☶ 1 | ☲ 9 | ☵ 7 |

- 또 낙서8괘에서 상효가 양인 네 개의 효가 ㄱ자 모양으로 서남에 배치되었던 것과 같이 후천8괘도에서는 음괘 네 개가 2, 4, 6, 8 순의 ㄱ자 모양으로 서남에 똑같이 배열되고 있다.

- 마찬가지로 낙서8괘에서 상효가 음인 네 개의 효가 ㄴ자 모양으로 동북에 배치되었던 것처럼 후천8괘도에서도 3, 7, 1, 9 순의 ㄴ자 모양으로 동북에 배열되고 있다.

- ㄱ자 모양의 괘순과 ㄴ자 모양의 괘순을 분해해서 서로 대응하는 것을 도해해 보자.

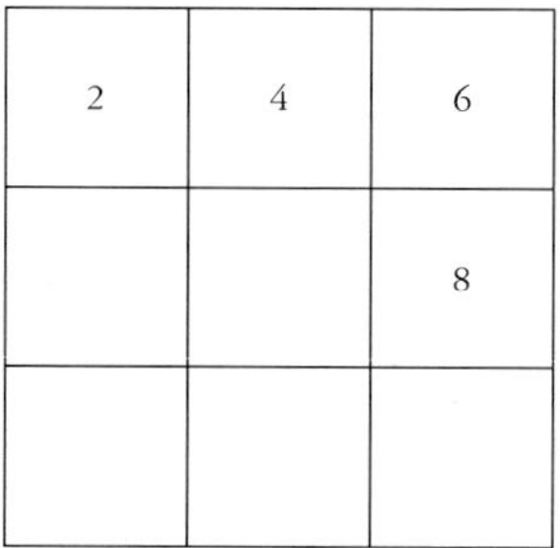

〈그림 3-3〉 ㄱ자 모양 괘순

<그림 3-1>의 아랫방향(수직)으로 ㄴ자 모양의 수를 대응시킬 차례이다. 그런데 공교롭게도 ㄱ자와 ㄴ자의 숫값은 합이 5를 이루며 대응하는 모양새를 갖춘다.

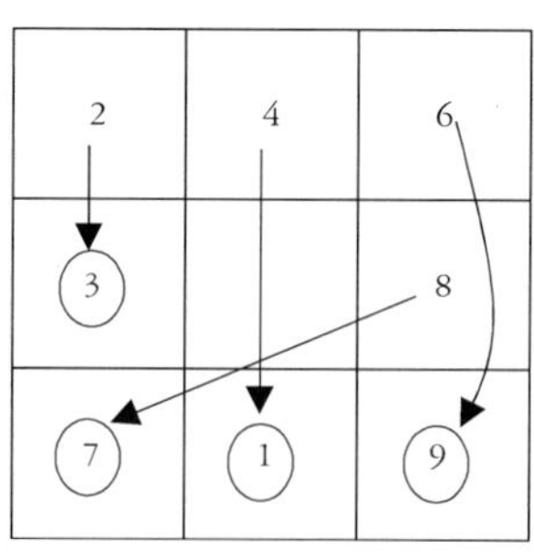

〈그림 3-4〉

다만 하나의 예외가 있다면 8은 아랫방향으로 대응하는 것이 아니라 수직으로 빗겨서

7에 대응한다는 사실이다. 물론 8과 7을 더하면 15가 되고 15에 본수의 논리를 적용하면 5가 되므로 합이 5가 된다는 사실은 여전히 변함없다. 이와 같이 합이 5가 된다는 사실은 중수 5가 분화되어 음양으로 나타나기 때문이다.

이상을 정리해 보면, 후천8괘도에서는 음괘와 양괘가 분명하게 상하(ㄱ자와 ㄴ자)로 나뉜다. 그러나 여기에 장전역도설의 숫값을 대입하는 순간 서로 대응하는 양괘와 음괘의 합이 5로 나타난다. 또 중수 5에서 분화된 양괘와 음괘는 괘를 이루는 세 개의 효가 전부 음양의 재질이 정반대로 나타남을 볼 수 있다. 가령 ☲ 2는 ☵ 3과 서로 대응하는데 그 합은 5이고 음양의 재질은 정반대이지 않는가! 다른 것도 전부 이와 같은 논리에 따른 구조를 이루고 있다.

이것이 갖는 의미를 한 번 짚고 넘어가자.

후천8괘도에서 음괘가 자리하고 있는 ㄱ자형 위치는 방위로 보면 남서쪽에 해당하는데 여기는 태양이 가장 강렬하게 맹위를 떨치다가 서쪽으로 사라지는 모습을 형용한다. 이렇게 태양이 기세 좋게 타오르는 곳은 그 體가 양이지만 그 用은 음이므로 모두 음괘로 이루어져 있고, 반대로 ㄴ자형 위치는 방위는 북동쪽으로 달의 힘이 작용하는 권역이므로 그 體가 음이지만 그 用은 양이 되어 전부 양괘로 이루어져 있는 것이다.

이상을 근거로 이제 선천8괘도와 후천8괘도가 갖는 의미를 종합적으로 살펴볼 차례이다.

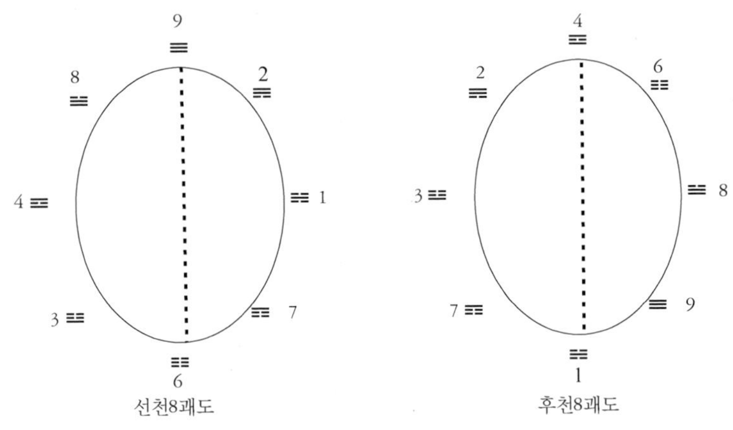

〈그림 3-5〉

위의 두 8괘도를 비교해 보자.

■선천8괘도는 天地(☰, ☷)가 주축(主軸)이 된 다음 나머지 6괘가 분포한 것이고, 후천8
　괘도는 日月(☲, ☵)이 주축이 된 다음 나머지 6괘가 분포한 것이다.

이 말을 달리 표현하면 선천8괘도가 우주의 설계도로 근본을 이루는 体라고 하면 후천
8괘도는 우주의 운행변화를 드러내는 用이 되는 것이다.

따라서 선천8괘도의 天(☰)의 자리는 장차 후천8괘도의 日(☲)로, 또 선천8괘도의 地(☷)
의 자리는 장차 후천8괘도의 月(☵)로 대체될 것을 예견하고 있는 것이다.

이것을 알기 쉽게 표현하자면 天(☰)의 중효가 변하여 日(☲)이 되고 地(☷)의 중효가 변
하여 月(☵)이 된다는 것과 같은 말이다.

■선천8괘도에서는 서로 마주 보는 대각선의 숫자의 합은 5가 되는 데 반해, 후천8괘도
　에서는 상하로 대응하는 괘의 합이 5가 된다(물론 비켜서 대응하는 것도 있지만 그것
　도 상하 개념에 포함시키자). 이것은 선천8괘도가 体가 되고 후천8괘도가 用이 되기
　때문에 나타나는 현상이다. 즉 후천8괘도는 음괘와 양괘가 상하로 나뉘어 서로 대응
　하고 있기 때문에 나타나는 현상이라는 말이다. 다만 ☵ 8과 ☲ 7이 직상직하(直上直
　下)로 만난다기보다는 약간 빗겨서 사선(斜線)으로 만나고 있다는 점이 좀 마음에 걸
　리기는 하지만 말이다.

■아래 후천8괘도에서 음영 처리된 4괘(☷4, ☳2, ☵3, ☶7)의 합은 16이고 아랫방향의
　4괘(☶6, ☵3, ☰9, ☳1)의 합은 24이다. 그 비율은 16:24＝2:3이 되니 이 비율은 선천
　의 삼천양지(參天兩地)와 반대로 삼지양천(參地兩天)을 이룬다.

2 ☳	4 ☴	6 ☶
3 ☵		8 ☵
7 ☶	1 ☳	9 ☰

〈그림 3-6〉

■사정방괘(☵3, ☴4, ☵8, ☳1)의 합은 16이고, 사우방괘(☳2, ☶6, ☰9, ☶7)의 합은 24
　가 되는데 이 비율 역시 16:24＝2:3이 되어 삼지양천(參地兩天)을 이룬다.

왜 삼지양천이 나온 것일까. 후천8괘도는 곧 地를 상(象)하였기 때문에 陽보다 陰이 우
세한 현상이 된 것이다.

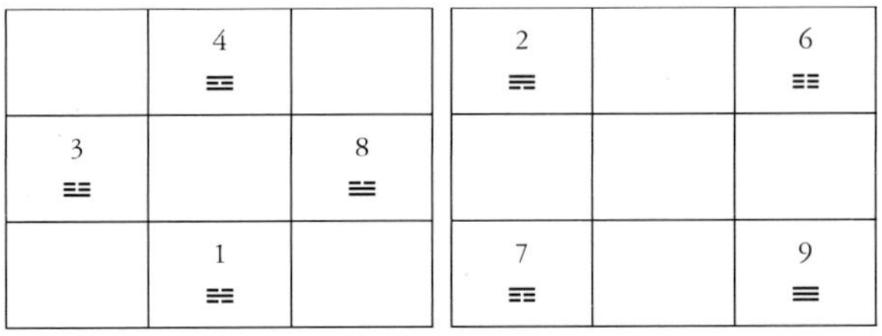

	4 ☳	
3 ☵		8 ☶
	1 ☲	

2 ☴		6 ☷
7 ☱		9 ☰

사정방 4괘   사우방 4괘

〈그림 3-7〉

주사위를 가지고 이미 장전역도설(혹은 하도8괘)의 수리를 입증했었고 그 입증된 수치를 선천8괘도나 후천8괘도에 대입하더라도 진리에 대한 결과는 동일하게 나타남을 알게 되었다. 후천8괘도에 대한 분석은 보다 정밀한 연구와 다양한 접근이 필요하다고 본다. 더욱 수준 높은 연구는 후학들의 몫으로 남겨 놓는다.

제4장 낙서와 9궁수의 변화

1. 낙서(洛書)의 구궁행로(九宮行路)

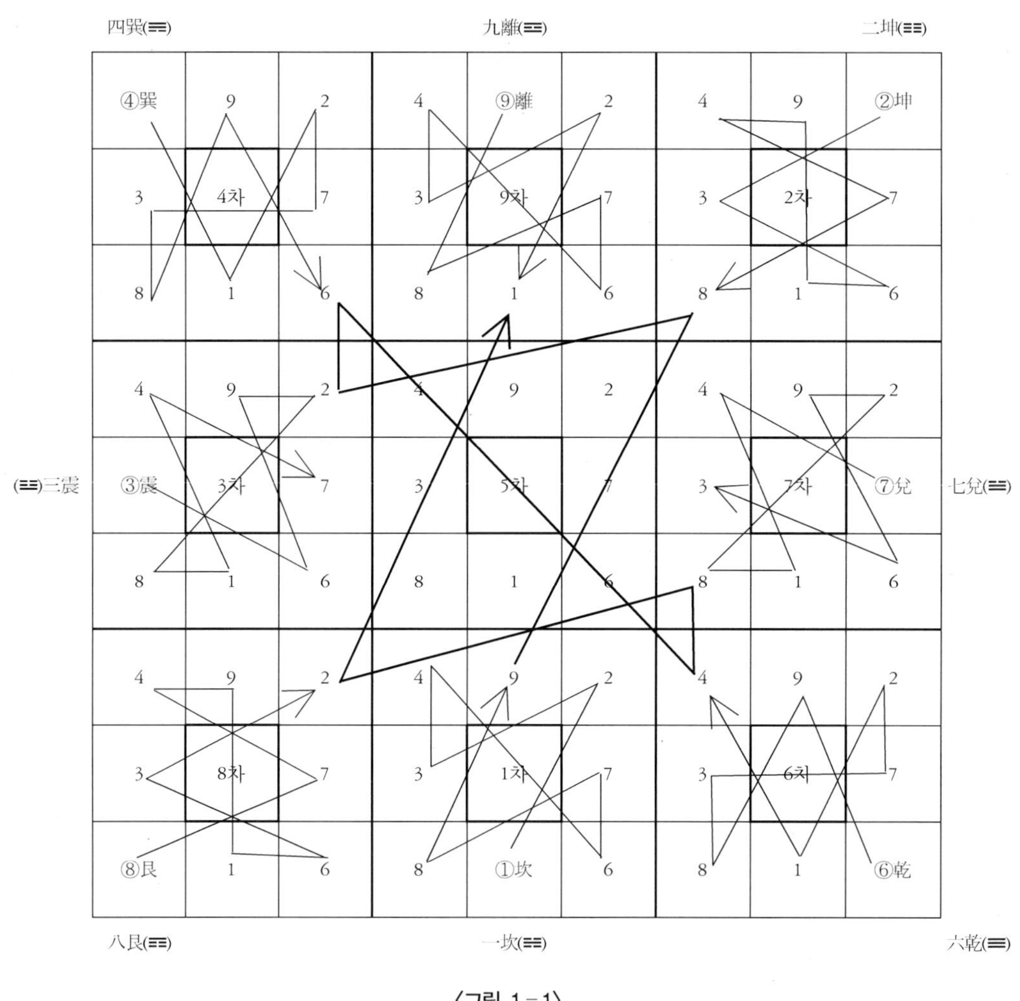

〈그림 1-1〉

아래 표에서 보는 것처럼 모든 수는 낙서구궁행로를 따라 9변(九變)의 변화를 거친다.

〈표 1-1〉

9궁	1坎水	2坤地	3震雷	4巽風	5中宮	6乾天	7兌澤	8艮山	9離火
1차궁	1	2	3	4	5	6	7	8	9
2차궁	2	3	6	1	5	9	4	7	8
3차궁	3	6	9	2	5	8	1	4	7
4차궁	4	1	2	7	5	3	8	9	6
5차궁	5	5	5	5	五	5	5	5	5
6차궁	6	9	8	3	5	7	2	1	4
7차궁	7	4	1	8	5	2	9	6	3
8차궁	8	7	4	9	5	1	6	3	2
9차궁	9	8	7	6	5	4	3	2	1

낙서에서 보면 1과 9, 3과 7, 2와 8, 4와 6이 대대(對待)하고 있는데 낙서구궁 행로에서 보듯 수가 진행하여 마지막으로 빠져나가는 수가 서로 대대(對待)하고 있다.

구체적으로 <그림 1-1>과 <표 1-1>을 비교해서 살펴보자.

- 1차 궁의 진로는 1, 2, 3, 4, 5, 6, 7, 8, 9인 데 반해 9차 궁은 9, 8, 7, 6, 5, 4, 3, 2, 1로 진행되고,
- 2차 궁의 진로는 2, 3, 6, 1, 5, 9, 4, 7, 8인 데 반해 8차 궁은 8, 7, 4, 9, 5, 1, 6, 3, 2로 진행된다.
- 3차 궁의 진로는 3, 6, 9, 2, 5, 8, 1, 4, 7인 데 반해 7차 궁은 7, 4, 1, 8, 5, 2, 9, 6, 3으로 진행되고,
- 4차 궁의 진로는 4, 1, 2, 7, 5, 3, 8, 9, 6인 데 반해 6차 궁은 6, 9, 8, 3, 5, 7, 2, 1, 4로 진행된다.
- 5차 궁과 5중궁은 모두 5로 되어 있는데 5수는 중정(中正)에 있어 모든 수가 중궁을 통과하게 되어 있다.

각 궁에 소속되어 있는 5수는 같지만 그 성(性)은 각각 다르다.

〈표 1-2〉

1차궁	2차궁	3차궁	4차궁	5차궁	6차궁	7차궁	8차궁	9차궁
本五	中五	奇五	偶五	生五	成五	虛五	實五	眞五

선천팔괘도는 사물의 순서를 하늘에서 아래를 내려다본 상태로 나열한 것이므로 하늘

이 위에 있고 땅이 아래에 있는 것으로 배치하였다. 그러나 후천팔괘도는 사물의 변화를 나타내는 것으로 물질의 변화는 항상 水로부터 시작된다고 보아 1水를 북방에 배치하였다. 그리하여 1부터 9까지 9변하는 것을 모두 3단계로 구분하였다. 즉 天에서 地로, 地에서 人으로의 변화는 天地人 3단계의 변화를 의미한다. 그 변화에 대하여 상술한다.

<표 1-1>에서, 먼저 陽數, 1과 3을 보자.

天은 1, 2, 3, 地는 4, 5, 6, 人은 7, 8, 9가 된다. 양은 음을 기준으로 변하고 음은 양을 기준으로 변화한다. 예를 들면 1, 2, 3은 양이고 4, 5, 6은 음이고 7, 8, 9는 양이 된다. 또 3, 6, 9는 양이고 2, 5, 8은 음이고 1, 4, 7은 양이다. 즉 양에서 음으로, 음에서 양으로 변화한다.

다음으로 陰數, 2와 4를 보자.

음수 2로 시작하는 2, 3, 6은 음이고 1, 5, 9는 양이고 4, 7, 8은 음이 된다. 음수 4로 시작하는 4, 1, 2는 음이고 7, 5, 3은 양이고 8, 9, 6은 음이 된다. 즉 음에서 양으로, 양에서 음으로 변화한다.

낙서구궁행로에는 이 세상의 물질이 변화하는 원리가 내포되어 있다. 1, 2, 3과 7, 8, 9를 선으로 연결하면 합동인 삼각형 두 개가 만들어진다. 또 1.4.7과 3.6.9를 선으로 묶으면 마찬가지로 합동인 삼각형이 두 개가 나타난다. 이것은 전자 공학에서 다루는 회로망이나 인체의 신경 회로망에 해당된다. 이 외에도 DNA의 2중 나선구조나 음악의 멜로디, 엔진에 의해 구동되는 프로펠러, 선풍기 날개의 회전 등에 모두 이 원리가 운용되고 있다. 만일 공학도가 위의 구궁원리를 잘 이해하면 물리학의 지평이 열리게 될 것이라고 확신한다.

<그림 1-1>과 대조하면서 좀 더 구체적으로 살펴보자.

■ 1차 궁은 1.2.3으로 삼각형을 이루어 1변을 하고, 3의 머리인 4와 연결하여 4.5.6으로 2변을 하고, 6의 머리인 7과 연결하여 7.8.9로 삼각형을 이루어 3변을 한다.

■ 2차 궁은 2.3.6으로 삼각형을 이루어 1변을 하고, 6의 왼쪽에 있는 1과 연결하여 1.5.9로 2변을 하고, 9의 왼쪽에 있는 4와 연결하여 4.7.8로 삼각형을 이루어 3변을 한다.

■ 3차 궁은 3.6.9로 삼각형을 이루어 1변을 하고, 9의 오른편에 있는 2와 연결하여 2.5.8로 2변을 하고 8의 오른 편에 있는 1과 연결하여 1.4.7로 삼각형을 이루어 3변을 한다.

■ 4차 궁은 4.1.2로 삼각형을 이루어 1변을 하고, 2의 아래에 있는 7과 연결하여 7.5.3으로 2변을 하고, 3의 아래에 있는 8과 연결하여 8.9.6으로 삼각형을 이루어 3변을 한다.

■ 6차 궁은 6.9.8로 삼각형을 이루어 1변을 하고, 8의 위에 있는 3과 연결하여 3.5.7로

2변을 하고, 7의 위에 있는 2와 연결하여 2.1.4로 삼각형을 이루어 3변을 한다.

- ■7차 궁은 7.4.1로 삼각형을 이루어 1변을 하고, 1의 왼편에 있는 8과 연결하여 8.5.2로 2변을 하고, 2의 왼편에 있는 9와 연결하여 9.6.3으로 삼각형을 이루어 3변을 한다.
- ■8차 궁은 8.7.4로 삼각형을 이루어 1변을 하고, 4의 오른편에 있는 9와 연결하여 9.5.1로 2변을 하고, 1의 오른편에 있는 6과 연결하여 6.3.2로 삼각형을 이루어 3변을 한다.
- ■9차 궁은 9.8.7로 삼각형을 이루어 1변을 하고, 7의 아래에 있는 6과 연결하여 6.5.4로 2변을 하고, 4의 아래에 있는 3과 연결하여 3.2.1로 삼각형을 이루어 3변을 한다.
- ■5차 궁은 5.5.5로 1, 2, 3차 궁을 연결하여 삼각형을 이루어 1변을 하고 4, 5, 6차 궁을 연결하여 5.五.5로 2변을 하고, 그 다음에 7, 8, 9차 궁을 연결하여 5.5.5로 삼각형을 이루어 3변을 한다.

이와 같이 아홉 개의 숫자가 9단계를 거쳐 변화하므로 도합 81궁으로 변화한다. 1에서 9까지 수의 변화는 구변(九變)이라고 하는데 이것은 선천(先天)의 변화로 理가 형상으로 변해 가는 과정이고, 9에서 1로 가는 수의 변화는 구복(九復)이라고 하는데 이것은 후천(後天)의 변화로 형상이 理로 되돌아가는 것이다.

2. 81 마방수(魔方數)

9궁수는 모든 수와 길흉관계에 대한 원리가 나올 뿐만 아니라 이 수에서 81 마방수가 나오게 된다. 81 마방수는 낙서의 9궁수를 확대한 것이다.

4 分局 360				9 分局 405				2 分局 342			
31	76	13	120	36	81	18	135	29	74	11	114＝369
22	40	58	120	27	45	63	135	20	38	56	114＝369
67	4	49	120	72	9	54	135	65	2	47	114＝369

3 分局 351				5 分局 369				7 分局 387			
30	75	12	117	32	77	14	123	34	79	16	129＝369
21	39	57	117	23	41	59	123	25	43	61	129＝369
66	3	48	117	68	5	50	123	70	7	52	129＝369

8 分局 396				1 分局 333				6 分局 378			
35	80	17	132	28	73	10	111	33	78	15	126＝369
26	44	62	132	19	37	55	111	24	42	60	126＝369
71	8	53	132	64	1	46	111	69	6	51	126＝369

<그림 2-1>

위 표에서 각 분국의 중심수(중앙의 회색 사각형 안)를 합하면 다음과 같다.

40	45	38	＝123
39	41	43	＝123
44	37	42	＝123

<그림 2-2>

■ 가로, 세로, 대각선으로 더하면 모두 123이다.

■ 123은 一天, 二地, 三人으로 天地人 三才數다.

■ 1＋2＋3＝6이 되며 6은 선천 三才에서 후천으로 넘어가는 후천 계승수가 된다.

■ 총 합수는 369가 된다.

<그림 2-1>에 있는 숫자가 어떤 원리로 각 분국 안으로 들어 앉아 있는지 그 원리를 알아보자.

우선 각 분국의 중앙수부터 따져 보자.

■ 40은 4+0=4가 되니 4분국수이고,

■ 45는 4+5=9가 되어 9분국수가 되고

■ 38은 3+8=11이 되고 11은 1+1=2가 되어 2분국수가 된다.

■ 39는 3+9는 12가 되고 12는 1+2=3이 되어 3분국수가 되고

■ 41은 4+1은 5가 되어 5분국수가 되고

■ 43은 4+3은 7이 되어 7분국수가 된다.

■ 44는 4+4는 8이 되어 8분국수가 되고

■ 37은 3+7은 10이 되고 10은 1+0이니 1이므로 1분국수가 되고

■ 42는 4+2는 6이 되어 6분국수가 된다.

앞서 다루었던 단수의 원리를 복습해 보자. 즉 39를 이루는 수는 3과 9인데 3과 9를 더하면 12가 되고 12는 다시 분해하면 1과 2가 되고 다시 1과 2를 더하면 3이 되는 것을 단수(單數)의 원리라고 한다. 단수란 수가 최대한 압축된 수로 단수의 원리에 포함된 뜻은 아주 심오하다. 이와 같이 단수에 적용하면 각 분국의 중심수뿐만 아니라 여타의 숫자들도 단수로 환원하면 모두 각 분국의 숫자로 나타난다.

예를 들면 4분국에 있는 숫자들을 단수로 환원하면 모두 4가 된다. 4분국에 있는 76은 7+6은 13이 되고 13은 1+3이 되어 4가 되고 58은 5+8=13이 되며 13은 1+3이 되어 4가 된다.

<그림 2-1>에서 각 분국 총합계 수를 보여 주는 종합도는 아래와 같다.

360	405	342	=1,107
351	369	387	=1,107
396	333	378	=1,107

〈그림 2-3〉

단수의 원리를 적용하여 수를 도출해 보자.

- 1,107은 1＋1＋0＋7로 합 9가 되니 단수로 9이다.

- 1,107이 세 개이므로 1,107×3＝3,321이고 3,321은 3＋3＋2＋1이니 단수로 9이다.

- 단수로 환원해 보니 모두 9가 됨을 알 수 있다.

81 마방수는 9궁 행로가 프랙털방식으로 확대되어 거기에 9를 더해 가며 진행한다.

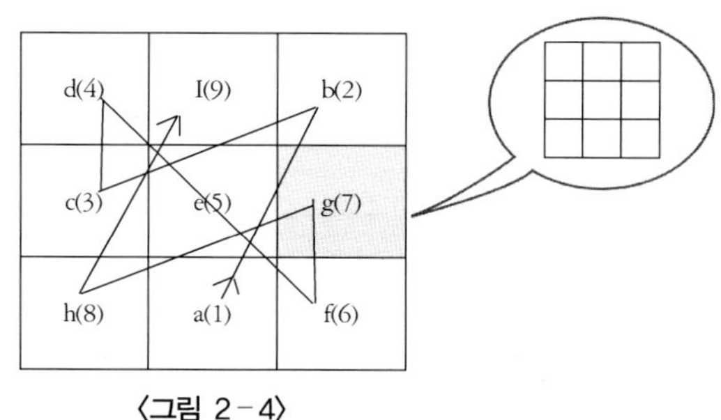

〈그림 2－4〉

위 <그림 2－4>는 구궁행로를 나타내며 a, b, c, d, e, f, g, h, i 순으로 진행된다(번호의 순서와 같다).

가령, g(7)분국의 사각형을 확대하면 그 안에 다시 9칸이 들어간다. 이것이 프랙털 구조를 이룬다는 말과 같다. 이런 식으로 다른 분국에도 모두 9칸이 들어가면 9칸이 아홉 개의 분국에 분포하므로 총 81칸이 만들어진다. 그러면 81 마방수가 되므로 9씩 더해 가며 진행하면 된다. 낙서의 9궁에서 모든 분국의 숫자는 a에 놓고 그 다음에 진행한다.

계속해서 7분국을 가지고 예를 들어 설명해 보자. 낙서의 7분국에 있는 수에 낙서 9궁을 만들고 a부터 i까지 9씩 더해 가며 9궁 행로를 따라 진행한다.

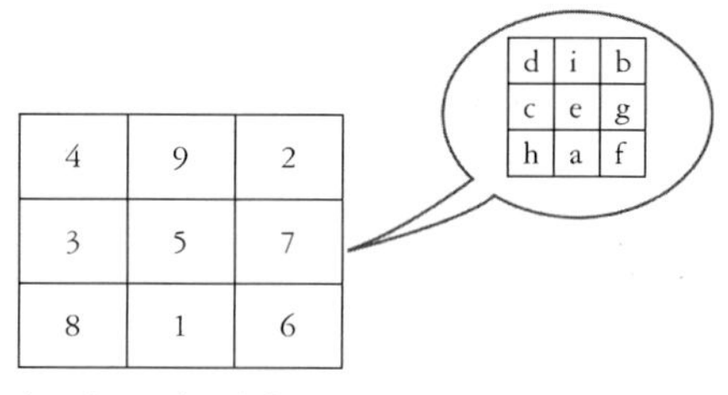

〈그림 2－5〉 낙서 9궁

<그림 2-1>에서 7분국을 보자.

■7분국은 원래 낙서구궁의 7번 자리에 한 번 더 구궁도를 펼친 것이다.

■7분국의 a자리에는 7이 들어간다.

■b자리에는 7에 9를 더한 16이 되고

■c자리에는 16에다 9를 더한 25가 된다.

■마찬가지 방식으로 계속 9를 더해 나가면 마지막 i자리에는 79가 들어가게 된다.

여타의 분국도 7분국과 똑같이 진행하여 만들면 된다.

중앙에 있는 5분국의 총 합수는 369인데 <그림 2-1>에서 표시한 것처럼 전국(全局)의 가로수의 합, 세로수의 합, 그리고 대각선의 합수는 모두 369이다. 그러면 369를 단수로 환원하면 어떻게 될까? 3+6+9=18이고, 18=1+8=9가 되어 9가 된다. 동양학에서 자연수는 1부터 9까지만 사용한다. 9는 수의 마지막으로 후천정수라고 칭한다.

<그림 2-2>에서 5분국의 가로, 세로, 대각선 각각 합수는 123이고 123은 단수로 6이 된다. 선천의 생수인 5수 다음에 오는 6수는 성수인데 후천으로 계승되므로 계승수라고 부른다. <그림 2-2>에 각 분국의 중심수만 모아서 나열하였다. 그런데 (40, 45, 38), (39, 41, 43), (44, 37, 42)를 가로선, 세로선 및 대각선으로 더해 보면 전부 123이 나온다. 이것은 모든 분국의 중심수를 합한 것이므로 모든 사물의 작용은 중심에서 이루어짐을 뜻하며, 또 이를 단수로 하면 6수가 되니 이 또한 선천에서 후천수로 생출 됨을 뜻한다. 81 마방수로 세계 각국의 위치를 구분하여 각국이 육갑(六甲)으로 어느 방위에 해당되는가를 살펴보자.

■동3의 진(震)괘(甲寅,乙卯)에 해당하는 나라는 극동인 동시에 한국이고,

■동남4의 손(巽)괘(乙巳)는 일본이다.

■남9의 리(離)괘(丙午)는 호주를 중심으로 한 남태평양의 제 군도(群島)에 해당하고,

■서남2의 곤(坤)괘(丁未)는 인도를 비롯한 남아프리카 제국이다.

■서7의 태(兌)괘(辛酉)는 미국을 비롯한 서방 제국이고,

■서북6의 건(乾)괘(戌亥)는 북미 제국이다.

■북1의 감(坎)괘(壬子)는 러시아 중심의 북방제국과 몽고(癸丑)이고,

■중궁(中宮)은(戊己)로 중국을 말한다.

위와 같이 동양권, 남양권, 서양권, 북양권과 간방(艮方)권을 중심하여 각 나라의 해당 부위를 구분한다.

81궁도에서 종횡으로 산출되는 합수 369와 낙서에서 종횡으로 산출되는 합수 15를 더

하면 384가 되는데 이는 주역 64괘에 안에 있는 384효와 일치한다(64괘×6효＝384효).

15	15	15	
4	9	2	15
3	5	7	15
8	1	6	15

〈표 2-6〉

369	369	369	
120	135	114	369
117	123	129	369
132	111	126	369

〈표 2-7〉

	369	369	369	369	369	369	369	369	369
369	31	76	13	36	81	18	29	74	11
369	22	40	58	27	45	63	20	38	56
369	67	4	49	72	9	54	65	2	47
369	30	75	12	32	77	14	34	79	16
369	21	39	57	23	41	59	25	43	61
369	66	3	48	68	5	50	70	7	52
369	35	80	17	28	73	10	33	78	15
369	26	44	62	19	37	55	24	42	60
369	71	8	53	64	1	46	69	6	51

〈표 2-8〉

3. 낙서잡기(洛書雜記)

◎ 낙서 그리는 법

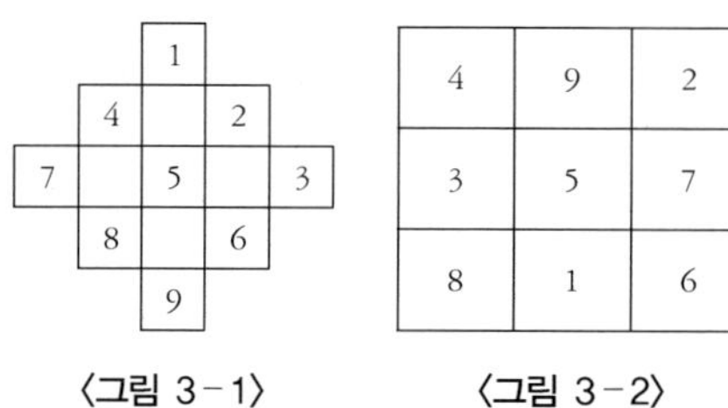

〈그림 3-1〉   〈그림 3-2〉

<그림 3-1>에서,

■ 1.2.3과 4.5.6과 7.8.9가 질서정연한 사선으로 일직선상에 완벽하게 존재한다.

■ 1, 3, 7, 9의 양수는 낙서의 바깥에 있고 2, 4, 8, 6의 음수와 中5는 낙서의 안에 있다.

■ 외측에 있는 양수들을 서로 반대편으로 자리바꿈하면 완벽한 낙서의 배열이 성립된

다(<그림 3-2>).

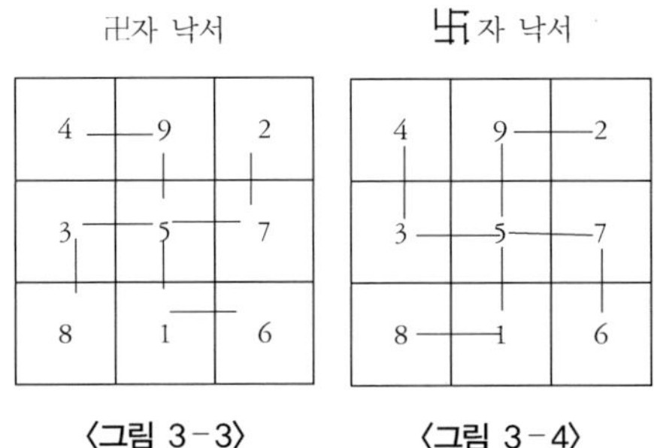

〈그림 3-3〉　　　〈그림 3-4〉

卍자 낙서에서 2.7.5.3.8을 연결하는 수의 합은 25가 되고, 4.9.5.1.6의 연결선 합도 25가 된다. 卐자 낙서에서 2.9.5.1.8을 연결하는 수의 합은 25가 되고 4.3.5.7.6의 합도 25가 된다. 이 원리는 미학적 균형을 갖추고 있는데 卍자와 卐자를 합하면 밭 전(田) 字가 된다. 이 田字 안에 숨겨진 무궁한 이치에 대하여는 차후에 자세히 논의될 예정이다.

제 3 부

하도낙서(河圖洛書)

제1장 하도낙서의 변화 수(數)

1. 하도낙서(河圖洛書)와 체용(体用)의 이치

체용이라는 용어는 동양철학을 전공하는 사람에게 자주 회자되는 단어이긴 하나 일반인들에게는 생소하기 그지없다. 한편 말문이 막히거나 대답이 궁색하면 체용을 들먹여 얼버무리는 모습으로 비치는 것도 사실이다. 필자도 처음 동양학에 입문하고 체용을 접하고 그 용어의 난해성 때문에 많은 혼란을 겪었었다. 이제 체용에 관한 정확한 용어 정의가 필요하다는 판단에 따라 아래에 자세하게 소개하려고 한다.

체용은 음양학을 이해하기 위해서라면 반드시 체득해야 하는 필수적인 개념이기 때문이다. 체용이란 과연 무엇인가? 간단히 말해 체(体)는 본체(本体), 용(用)은 작용(作用)을 의미한다. 용어 정의가 이렇게 간단한 데 반해 그 본질을 파악하는 것은 그리 녹록지 않다.

간단한 예를 들어 설명해 보자. 홍길동이라는 사람을 体로 표현하면 홍길동의 그림자는 그 用이 된다. 체가 움직이면 용은 체가 움직이는 대로 따라서 움직인다. 그림자 없는 사람이 없듯이 체와 용은 이렇게 불가분의 관계를 가지고 있다.

또 다른 예로, 홍길동을 체라고 하면 홍길동이 가진 성격은 용이 된다. 홍길동의 몸가짐에 홍길동의 성격이 드러나듯이, 체를 알면 어느 정도 용을 짐작할 수 있고, 용을 알아도 역시 그 본체를 어림짐작할 수 있다. 체용의 어원은 원래 불가(佛家)의 화엄경(華嚴經)에 등장하는데 훗날 주자(朱子)가 이를 역경(易經)에 도입하면서 일반화되어 지금까지 사용되어 오고 있다. 체용에 관해서는 중국 宋代의 학자 소강절(邵康節, 1011~1077)이 자신의 저서 『황극경세서(皇極經世書)』에서 다음과 같이 비교적 소상히 설명해 놓았다.

"체무정용(体無定用) 유변시용(唯變是用)"

"용무정체(用無定体) 유화시체(唯化是体)"

위 문구를 해석하면 "体에는 정해진 用이 없고, 오직 變하는 것만이 用이 되고" 또 "用에는 정해진 体가 없고 오직 化하는 것만이 体가 된다."이다.

먼저 "체무정용(体無定用) 유변시용(唯變是用)"을 살펴보자. 가령 홍길동이 늘 웃는 인상에 서글서글한 인품인 줄만 알았는데 알고 보니 간혹 화도 내고 독설(毒舌)을 내뱉기도 하는 것이 바로 체와 용을 함께 보는 것이다. 하나의 얼굴[体]이지만 천 가지 표정[用]이 나타날 수 있다. 때에 따라 울기도 하고 화도 내며 슬프기도 하고 심지어 두려운 얼굴을 하기도 하지만 홍길동의 본 얼굴은 서글서글한 인상이라는 것이다. 경우에 따라 감정의 변화가 외부로 흘러나와 여러 가지 표정으로 변하는 것, 그것이 바로 用이 되는 것이다. 하나의 얼굴이 천변만화하는 것, 이것이 바로 용의 다변성(多變性)이다. 体의 본성은 이렇게 한 가지 用으로만 나타나지 않는다. 그러나 본체는 어쨌거나 하나일 수밖에 없다.

변화(變化)라는 용어를 하도에서 이미 살펴본 바 있다. 變은 하나의 사물이 가지를 쳐서 무한히 분화해 나가는 상태를 말하고 化란 이와 반대로 무한히 분화했던 것이 하나의 점으로 점차 응축되어 가는 상태를 표현한다. 먼지처럼 작은 한 점이 빅뱅(big-bang)으로 폭발하여 무한대를 향하여 팽창하는 상태가 變이고, 반대로 무한히 커지던 우주가 열적 종말(heat death)에 이른 다음 다시 한 점으로 수축하는 상태가 化다.

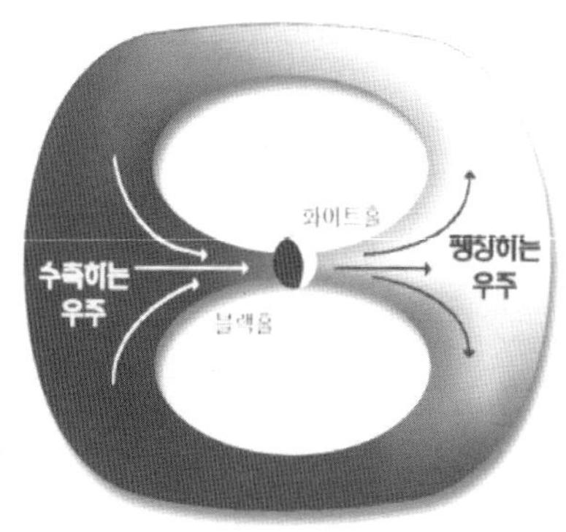

〈그림 1-1〉

불가(佛家)의 유명한 화두(話頭) 중에 "본래진면목(本來眞面目)"이란 게 있다. 수천수만 가지의 모습이 존재하지만 하나로 귀결되는 본 모습이 무엇인가를 탐구하는 수행이다. 본래의 진면목(体)을 빼면 나머지 모습은 모두 가상(假象) 혹은 허상(虛象)이라고 해도 좋다. 그 모습이 존재하지 않는다는 뜻이 아니라 잠시 허상을 빌려 존재하고 있을 뿐 본체(원모습)는 따로 존재한다는 말이다. 본체만 알면 천변만화의 허상을 아는 것은 식은 죽 먹기보다 쉽다. 학문이나 道를 추구함에도 역시 그 본체에 접근하여 본질을 파악하는 것이 무엇보다 중요하다.

이번에는 用의 입장에서 体를 관찰해 볼 차례인데 "용무정체(用無定体) 유화시체(唯化是体)"가 그것을 잘 설명하고 있다. 위의 내용과 좀 모순되는 것으로 비치기 십상이므로 주의해야 한다. "용에는 정해진 体가 없다." 다시 말해 "하나의 用에 정해진 체 하나만 있는 것이 아니라는 것"이다.

　예를 들어 보자. 수많은 사람들이 웃고 있다. 그들이 만면에 웃음을 띤다는 사실은 동일하지만 그 웃음을 제공하는 원천은 각기 다르다. 어떤 이는 오리의 뒤뚱거리며 걷는 몸짓에 웃고, 또 어떤 이는 돌 박이 딸의 재롱에 웃는다. 가섭(迦葉)은 부처의 연꽃에 미소 짓고, 연인은 상대의 사랑스러움에 미소 짓는다. 웃는다는 공통점이 있지만 그 미소의 원천은 각자가 다르다. 이때 웃음의 원인 제공자가 体가 되고, 웃는 행위는 用이 된다. 용은 하나지만 체는 여럿이다. 체와 용이 보는 입장에 따라 이렇게 다르다. 즉 체의 입장에서 용을 볼 때와 용의 입장에서 체를 보는 관점이 서로 대칭을 이룬다. 대칭은 자연계에서 일어나는 보편적 현상이다. 극단적으로 말해서 '대칭이 보이지 않으면 진리가 아닐 가능성이 더 많다'고 말할 수 있다. 체와 용이 이렇게 대칭을 이룬다는 것은 진리, 아니 적어도 진리에 가깝다고 말해도 좋다.

　이제까지 살펴본 체와 용이 음양과 결부되면, 역시 대칭적 행보를 보여 준다. 즉 체가 陽이면 용이 陰이 되고, 반대로 체가 음이면 용은 양이 되는 것이다. 그렇다고 체와 용이 늘 대립각만 세우는 관계인가 하면 꼭 그렇지도 않다. 음양 관계가 그런 것처럼 체용도 서로 상반(相反)을 하기도, 때로 상보(相補)하기도 한다.

　이제 체용 관계의 구체적인 예를 신체에서 찾아보자.

- 눈의 외형은 함몰되어 오목한 데다 가로로 누워 있는 것이 대체적 정형(定型)이다(간혹 개구리처럼 튀어나온 사람이 있기도 하지만 특이형은 제외하자). 오목한 것, 그리고 가로[橫]는 음에 속한다. 곧 체가 陰이라는 말이다. 그러면 눈의 쓰임[用]은 양이다. 즉 작용이 양이므로 눈알이 움직이는 것이다.
- 귀는 눈처럼 함몰된 것이 아니라 밖으로 돌출되어 있고 세로로 서 있다. 따라서 귀의 체는 陽이다. 그에 반해 귀의 작용(用)은 움직이지 못하고 단지 소리만을 포착하는 것이다(간혹 귀를 움직일 줄 아는 특이형은 제외하자).

　이상이 바로 체용의 음양 상보관계이다.

　이제까지 논한 체용의 개념을 가지고 하도의 체용을 고찰해 보자.

　하도는 체원용방(体圓用方)하고 낙서는 체방용원(体方用圓)한다고 한다. 말을 풀어 설명하면, 하도는 원을 본체로 하여 방을 작용으로 삼고, 낙서는 방을 본체로 삼고 원을 작용으로 삼는다는 말이다. 어째서 이런 논리가 나오는 것인가? 즉 하도는 그 체(体)가 둥글어서 하늘의 상(象)이 되고 낙서는 그 체(体)가 모가 나서 땅의 상(象)이 된다는 데에서 논리가 시작된다.

체(体)가 둥근 것은 모가 난 방(方)으로 용(用)을 삼고 체(体)가 모난 것은 둥근 원(圓)으로 용(用)을 삼는다. 하도의 체(体)가 둥근 것은 사각(四角)이 없기 때문이고 용(用)이 모가 나서 방(方)한 것은 기(奇)와 우(偶)가 같은 곳에 있기 때문이다. 낙서의 체(体)가 모난 것은 사각(四角)이 있기 때문이고 용(用)이 둥근 것은 기(奇)와 우(偶)가 따로따로 움직이기 때문이다. 우선 여기에 등장하는 기(奇)와 우(偶)에 대하여 용어정리를 할 필요가 있다. 즉 하도의 수는 함께 움직이므로 우(偶)라 하고, 낙서의 수는 홀로 움직이므로 기(奇)라 한다.

체원용방(体圓用方)한 하도에서 어떻게 괘(卦)를 그리게 되었는지를 고찰해 보자. 체원(体圓)한 것은 하나의 이치가 무궁하다는 뜻이고 용방(用方)한 것은 음양에 각각 상(象)이 있음을 말하는 것이니 성인(聖人)이 天地의 무궁한 이치를 체득하여 음양유상(陰陽有象)의 괘를 그은 것을 말한다.

체방용원(体方用圓)한 낙서에서 어떻게 홍범구주(洪範九疇)를 서출(叙出)하게 되었는가를 고찰해 보면 체방(体方)하다는 것은 구구(九區)의 분계(分界)를 말하는 것이요, 용원(用圓)하다는 것은 오행의 분수(分數)를 말하는 것이니 성인이 구구(九區)를 분계(分界)할 때 오행수의 분별(分別)을 알고 낙서의 이치대로 서주(叙疇)하였다는 것이다.

하도에 나열된 수는 1~10이고 낙서에 나열된 수는 1~9인데 10은 음수의 끝이고 9는 양수의 끝이다. 이것은 天地가 서로 사귀는 상(象)이고, 음과 양이 서로 체(体)가 되고 서로 용(用)이 되는 의미를 내포하고 있는 것이다.

하도(1~10)

1. 2. 3. 4.　　5.　　6. 7. 8. 9. 10

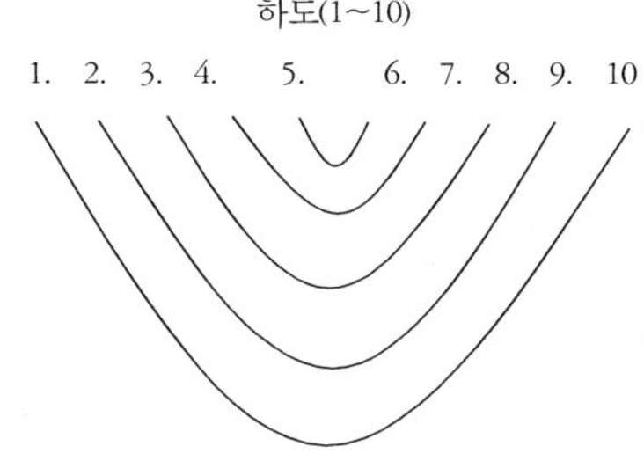

낙서(1~9)

1. 2. 3. 4.　　5.　　6. 7. 8. 9

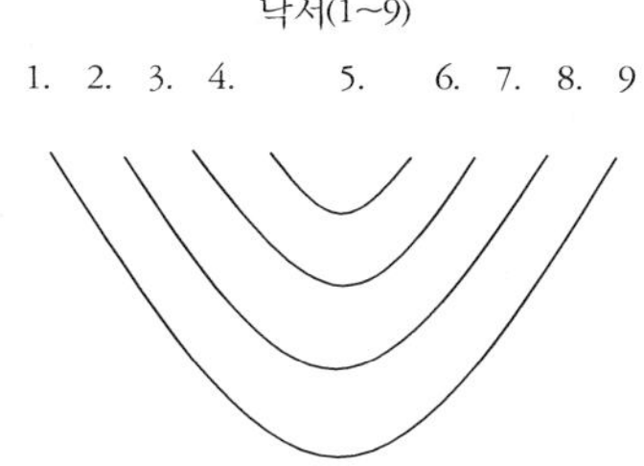

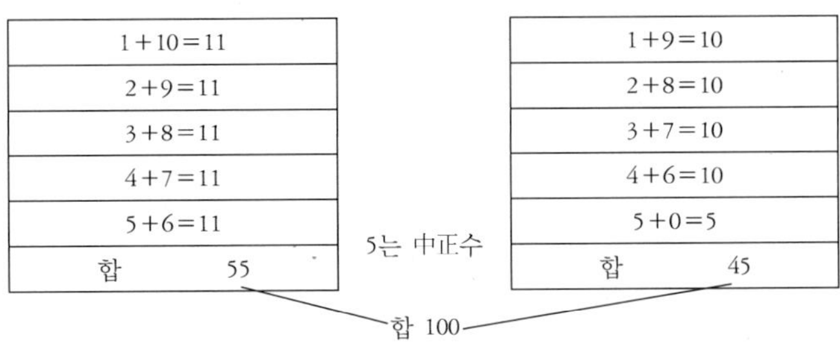

〈그림 1-2〉

100은 음양 방원(方圓)을 합한 수이므로 100에서 하도의 원수(圓數) 55를 빼면 낙서의 방수(方數) 45가 되고, 낙서의 방수 45를 빼면 하도의 원수 55가 된다. 100수 안에 하도의 원과 낙서의 방이 혼합되어 있다고 생각할 수 있는 대목이다. 그러므로 하도의 10은 곧 낙서의 방(方)이 되고 낙서의 9는 하도의 원(圓)이 된다. 따라서 하도는 낙서의 체(体)가 되고 낙서는 하도의 용(用)이 된다. 체(体)가 있으면 용(用)이 있고 용(用)이 있으면 체(体)가 있으므로 만물의 이치에는 하도와 낙서의 수를 포함하지 않는 것이 없다.

하도는 생수로써 성수를 통솔하고 낙서는 기수(奇數)로써 우수(偶數)를 통솔하니 하도는 음양 생성(生成)의 상합(相合)이 되고, 낙서는 음양기우(奇偶)의 상분(相分)이 된다. 이것을 기(氣)로 논하면 동처(同處)에 상합(相合)한 것은 유행(流行)의 묘용(妙用)이 되고 질(質)로 논하면 각소(各所)에 분거(分居)한 것은 대대(對待)의 정체(定体)가 된다. 그러므로 하도의 체용(体用)으로 괘를 긋게 되고 낙서의 체용(体用)으로 서주(叙疇)된 것이다.

괘(卦)라는 것은 음양의 상(象)이 되고, 주(疇)란 오행의 수가 되니 상(象)은 隅(짝수)가 아니면 세우지 못하고 수(數)는 奇(홀수)가 아니면 운행되지 못한다.

하도에도 기(奇)가 없는 것은 아니지만 그 용(用)에 있어서는 우(隅)에 의존하고, 낙서에도 우(隅)가 없는 것은 아니지만 용(用)에서는 기(奇)에 의존하게 된다. 우(隅)는 음양의 대대(對待)를 말하는 것이고 기(奇)는 오행의 질운(迭運:갈마드는 운)을 말한다. 그러기 때문에 대대(對待)는 고립할 수 없고 질운(迭運)은 다하여 없어질 수 없는 것이다.

天地의 상형(象形)과 사시(四時)의 운행과 인물(人物)의 생사(生死)가 이 묘화(妙化)의 원리에서 벗어날 수 없는 것이다. 이것을 하락의 경위(經緯)라고도 하고 도서(圖書)의 표리(表裏)라고도 한다. 하도는 음과 양이 生하고 成하는 수이고 낙서는 음과 양이 변용하는 수다. 생성의 수는 처음 1에서 생하였다가 10에서 성(成)하여 끝이 나며, 낙서의 변용하는 수는 1이 가장 작고 9가 가장 크다. 그러므로 수법(數法)에서 數가 10이 되면 10이 도리어 1이 되어 다음 단위로 나아간다. 그러나 하도의 10수는 數를 사용하는 위(位)이고 낙서의 9수는 수를 생하는 용(用)이 된다. 그러므로 하도의 10은 1을 포함해서 원(圓)이 되고 낙서는 10을 포함해서 방(方)이 되는 것이다.

2. 하도낙서(河圖洛書)에서 수의 변화

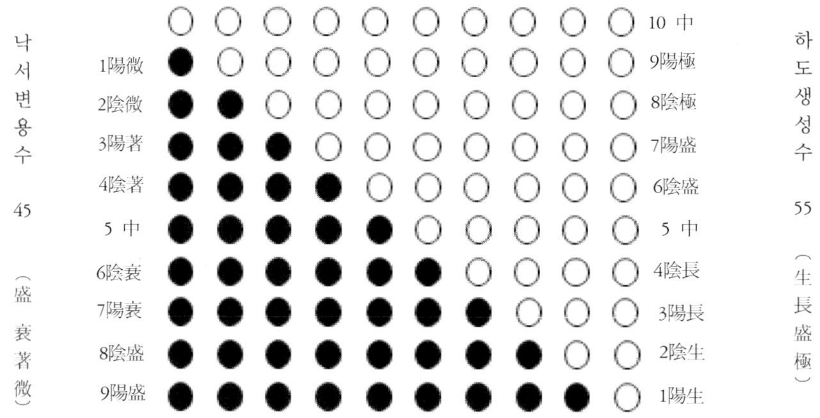

〈그림 2-1〉 하락 총 100數圖

　　하도의 수는 10에서 1을 얻어 1을 생하고 10에서 2를 얻어 2를 생하고 10에서 3을 얻어 3으로 장하고, 10에서 4를 얻어 4로 장하고, 10에서 5를 얻어 中에 거(居)하고, 10에서 6을 얻어 6으로 성하고, 10에서 7을 얻어 7로 성하고. 10에서 8을 얻어 8로 극하고, 10에서 9를 얻어 9로 극하고 10에서 10을 얻어 中에 거(居)한다.

　　낙서의 수는 10에서 1을 뺀 9를 사용하고, 10에서 2를 뺀 8을 사용하고, 10에서 3을 뺀 7을 사용하고, 10에서 6을 뺀 4를 사용하고, 10에서 7을 뺀 3을 사용하고, 10에서 8을 뺀 2를 사용하고, 10에서 9를 뺀 1을 사용하고, 10에서 10을 빼면 0이 되어 수가 없다.

　　그러므로 하도의 10수는 100수안에서 생(生)하고 성(成)하여 55가 되며 낙서의 9수는 100수의 안에서 변용하니 45가 된다.

　　하도의 10수는 음양이 生하고 成하는 것인데, 즉 1은 양의 生이 되고 2는 음의 生이 되고, 3은 양의 장(長)이 되고 4는 음의 장(長)이 된다. 6은 음의 성(盛)이 되고, 7은 양의 성

(盛)이 되고, 8은 음의 극(極)이 되고, 9는 양의 극(極)이 된다. 마지막으로 5와 10은 土가 되어서 中에 거(居)한다.

무릇 음양이 生하고 成하는 이치는 처음 生하자마자 곧 장(長)하고, 장(長)하자마자 곧 성(盛)하고, 성(盛)하자마자 곧 극(極)하고, 극(極)하자마자 다시 生하는데, 이처럼 生하고 生하는 것이 잠시도 쉬지 않고 일어난다. 이것을 하도의 생생지리(生生之理)라고 말한다.

낙서에서 음양의 운행하는 이치는 이미 성(盛)해지면 곧 쇠(衰)하고, 쇠(衰)해지면 곧 미(微)하고, 미(微)해지면 곧 저(著)하고, 저(著)해지면 다시 성(盛)해져서 그 넓고 넓은 운행의 이치를 측량하기 어렵다. 그러므로 하도의 生하고 成하는 도(道)가 없으면 낙서의 운행하는 도가 있을 수 없고, 낙서의 운행하는 도가 없으면 하도의 생성(生成)하는 도가 있을 수 없다.

그러므로 <그림 2-1>에서 보는 바와 같이,

- 양은 하도의 1에서 生하여 낙서의 9양에서 성(盛)하고,
- 음은 하도의 2에서 生하여 낙서의 8음에서 성(盛)하고,
- 양은 하도의 3에서 장(長)하여 낙서의 7양에서 쇠(衰)하고,
- 음은 하도의 4에서 장(長)하여 낙서의 6에서 쇠(衰)한다.
- 음은 하도의 6에서 성(盛)하여 낙서의 4음에서 저(著)하고,
- 양은 하도의 7에서 성(盛)하여 낙서의 3양에서 저(著)한다.
- 음은 하도의 8에서 극(極)하여 낙서의 2음에서 미(微)하고,
- 양은 하도의 9에서 극(極)하여 낙서의 1양에서 미(微)한다.
- 음과 양은 하도의 중앙인 5와 10에서 짝을 이루는데 오직 양은 낙서의 中5에서 주장을 하고 있다.

결론적으로 말해서 하도의 10수는 처음부터 생하고 낙서의 9수는 끝부터 변하므로 하도의 1은 낙서 9의 처음이 되고 낙서의 1은 하도 9의 끝이 된다.

처음과 끝이 있는 것이 역(易)의 이치(理)이고 처음과 같이 끝을 잘 맺는 것은 양의 덕(德)이다. 리(理)라고 하는 것은 한번은 음이 되고 한번은 양이 되면서 변하여 바뀌어 가는 변화의 도를 말하고 덕(德)이라는 것은 양은 건전하고 음은 순(順)하되 이간(易簡: 쉽고 간략)한 것을 말한다.

하도 55수와 낙서 45수를 합하면 100이 되는데 이것을 10줄로 나열하면 가로도 10이 되고 세로도 10이 된다.

위 <그림 2-1>에서 보듯이 하도의 10수는 우측에 흰점으로 되어 있는데 상부에 위치하고 있으므로 천원(天圓)이 된다. 이 처럼 하늘이 上에 위치하면서 땅을 덮고 있는 형상으로 天을 본떴다. 또 낙서의 9수는 좌측 아래의 검은 점으로 되어 있는데 아래에 있으므로 지방(地方)이 되고, 땅이 하늘을 이어서 받들고 있는 형상으로 땅(地)을 본떴다.

〈표 2-1〉

1×1＝1	6×6＝36	
2×2＝4	7×7＝49	
3×3＝9	8×8＝64	
4×4＝16	9×9＝81	
5×5＝25	10×10＝100	
합 55	330	385

1에서 10까지 최대한 늘린 수인데 1은 늘어나지 않는 수이므로 385에서 1을 빼면 384가 된다. 이것은 64괘×6효＝384효가 되는데 이렇게 수가 1에서 10까지 수가 미루어 나가면서 변하는 것을 알 수 있다.

3. 하도낙서(河圖洛書)의 가감승제(加減乘除)

역(易)에 태극(太極)이 있다고 말하는데, 이때 태극이란 상(象)과 수(數)가 아직 나타나지 않고 그 리(理)만 갖추고 있는 상태를 말한다. 다시 말해 태극의 동(動)과 정(靜)이 나누어지기 전의 상태를 말한다. 태극이 내포하고 있는 理는 가운데에 잠재되어 있고 象은 밖으로 드러나는 것이며 수는 하락의 수를 말한다.

음양의 이치에는 굴신승강(屈伸昇降: 구부리고, 펴고, 올라가고, 내려오는)이 있고 음양의 수에는 가감승제(加減乘除: 더하고, 빼고, 곱하고, 나누는)의 법칙이 있다. 하도낙서의 수를 가감승제하면 다음과 같이 수리의 오묘함이 드러난다.

① 가(加: 더하기)

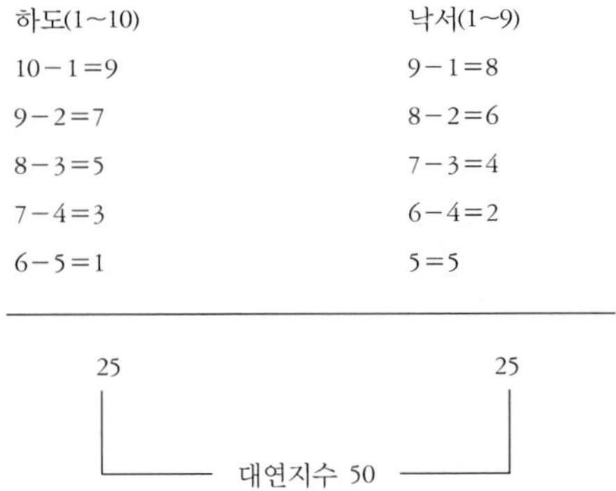

5는 곧 오방오행(五方五行)의 수이므로 하도와 낙서가 비록 원(圓)과 방(方)의 다른 점이 있으나 그 中正의 5는 변하지 않고 하도 낙서에 공통으로 나타난다. 하도의 5와 낙서의 5를 서로 나누면 각각 1이 되니 1은 곧 일리(一理)와 일기(一氣)일 뿐임을 나타낸다.

② 감(減: 빼기)

25는 1, 3, 5, 7, 9, 즉 천수(天數) 다섯 개를 합한 수다.

그러므로 하도와 낙서가 비록 생(生)하고 성(成)하고 변(變)하고 화(化)하는 것은 다르지만 그 양을 주로 하는 의리는 똑같다. 하도와 낙서에 음수의 개수 차이는 있지만 양수의 개수 차이는 없다. 즉 하도는 양수가 25이고 음수가 30이 되어 음수가 개수가 많고, 낙서는 양수가 25이고 음수가 20이 되어 양수가 많다. 하도의 25와 낙서의 25를 합하면 50이 되니 이것은 대연(大衍)의 수이고 또 음양의 괘(卦)를 만드는 이치가 여기부터 유래하는 것이다.

③ 승(乘: 곱하기)

하도 10수는 1에서부터 시작하여 10에서 끝나므로 처음의 수와 끝의 수로부터 서로 곱하면 다음과 같다.

$$
\begin{array}{ll}
1\times10=10 & 10\times1=10 \\
2\times9=18 & 9\times2=18 \\
3\times8=24 & 8\times3=24 \\
4\times7=28 & 7\times4=28 \\
5\times6=30 & 6\times5=30 \\
\hline
110 & 110
\end{array}
$$

合 220

낙서의 9수는 1에서부터 시작하여 9에서 끝이 나므로 처음과 끝의 수에서 서로 곱하면 다음과 같다.

$$
\begin{array}{ll}
1\times9=9 & 9\times1=9 \\
2\times8=16 & 8\times2=16 \\
3\times7=21 & 7\times3=21 \\
4\times6=24 & 6\times4=24 \\
\hline
70 & 70
\end{array}
$$

⑤

合 145

이 하도와 낙서의 수를 합하면 365인데 이것은 곧 하늘의 도수(度數)다.

또한 $10^2+11^2+12^2=100+121+144=365$가 된다.

하도의 수인 220에서 태음수 4를 빼면 건책수(乾策數)인 216이 되고 낙서의 수인 145에서 태양수 1을 빼면 곤책수(坤策數)인 144가 된다.

건책수는 36×6＝216이 되고 곤책수는 24×6＝144가 되어 이들의 합수가 360이 되니 당기지수(當朞之數) 360이 된다. 그러므로 하도는 건(乾)이 되고 낙서는 곤(坤)이 되어서 天地 음양의 건전하고 순(順)한 도(道)가 구비되어 있는 것이다.

④ 제(除: 나누기)

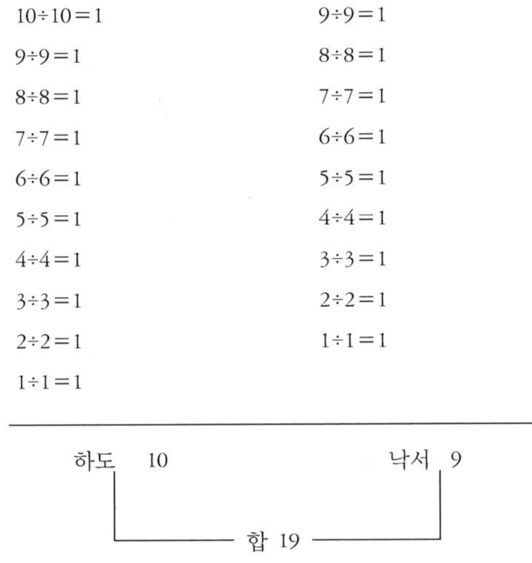

4. 하도(河圖)에서 낙서(洛書)로 변화하는 이치

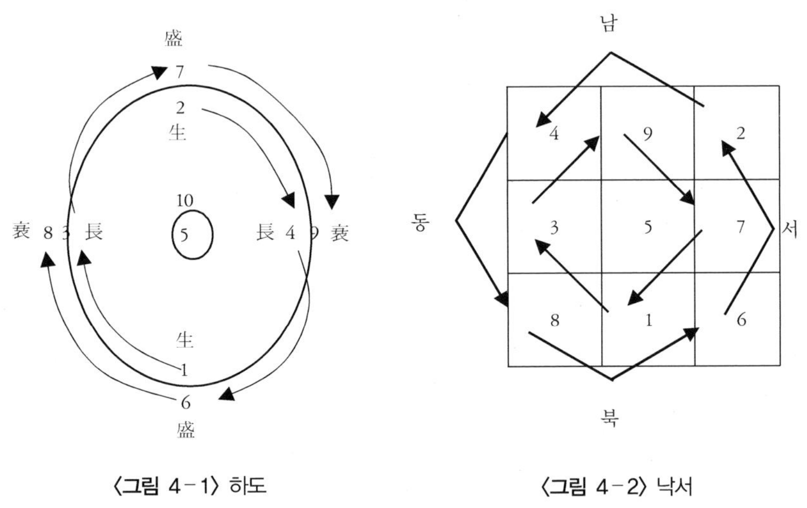

〈그림 4-1〉 하도   〈그림 4-2〉 낙서

<그림 4-1>과 <그림 4-2>를 보면서 해설한다.

하도나 낙서나 모두 북방 1水에서 출발한다. 水는 모든 물질의 기초를 이루는 기본 요소가 된다. 공기로 있던 요소들이 형상을 지니기 위해서는 수기(水氣)가 있어야 하는데 그것을 상징하는 숫자가 1이다. 그것이 오행을 갖추면 6수가 되어 1·6水가 북방에 있게 된다.

동방의 3·8木은 水에서 木으로 상생(相生)하면서 서로 기운을 교감하는데 자리를 옮기지 않고 그 자리를 유지하고 있다. 그러나 하도에서 1·6水와 3·8木은 동궁(同宮)에 함께 있고, 낙서에서 1.3의 기수(奇數)는 정위(正位)에 있고 6.8의 우수(偶數)는 우위(偶位)에 있게 된다. 그러나 개략적 방위로 볼 때 북방과 동방에 있다고 할 수 있다.

하도와 낙서의 다른 점은

■1·6水와 3·8木이 각기 북방과 동방에 같이 있는 데 반해

■2·7火와 4·9金은 서로 그 자리가 바뀌어 있다는 점이다.

하도에서와 달리 낙서에서는 2·9가 착종(二九錯綜)되어 이루어진다. 본래 하도의 남방에는 2·7火가 있고 서방에도 4·9金이 있었지만 낙서에서는 이와 반대로 서방으로 2·7火가 들어가고 남방으로 4·9金이 들어간다. 이와 같이 9金과 2火가 서로 착종(錯綜)하였다고 하는 것을 금화교역(金火交易)이라고도 부른다. 이처럼 火와 金이 그 위치를 바꾼 것은, 하도가 오행이 생성(生成)되는 수인 데 반하여 낙서는 오행이 변용(變用)하는 수가 되므로 그 나열 순서가 뒤바뀐 것이다. 하도는 좌선(左旋)하여 오행상생이 되고 마주 대하여서는 상극이 되니 이것은 하도가 양(陽)이고 원(圓)이 되기 때문이다. 낙서는 우선(右旋)하여 오행상극이 되고 마주 대하여서는 상생이 되니 이것은 낙서가 음(陰)이고 방(方)이 되기 때문이다. 이렇게 되는 원인은 하늘의 이치를 나타내는 하도와, 땅의 이치를 나타내는 낙서는 서로 반대의 입장에서 사물을 표현하기 때문이다.

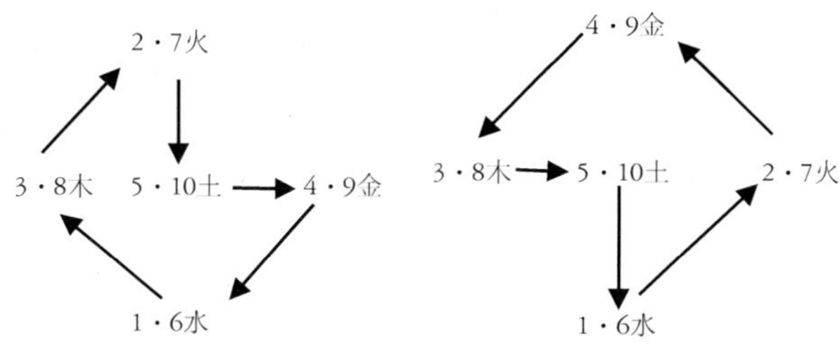

〈그림 4-3〉 하도좌선도   〈그림 4-4〉 낙서우선도〉

하도좌선도에서 보자.

■ 동방의 봄이 가면 남방의 여름이 자연스럽게 따라오면서 5土와 10土를 만들어 준다(3 +2=5, 8+2=10, 3+7=10, 8+7=15).

■ 서방의 가을이 가면 북방의 겨울로 자연스럽게 이어지면서 5土와 10土를 만들어 준다(1+4=5, 1+9=10, 6+4=10, 6+9=15).

이것은 하도의 흐름으로 상생을 나타낸다.

낙서우선도를 보자.

■ 북방의 겨울과 대조적인 남방을 합해서 5土와 10土를 형성한다(1+4=5, 1+9=10, 6 +4=10, 6+9=15).

■ 동방의 봄과 대조적인 서방의 가을을 합해서 5土와 10土를 형성한다(3+2=5, 3+7= 10, 8+2=10, 8+7=15).

이와 같이 하도는 상생을 낙서는 상극을 기본으로 삼고 있는데, 하도는 사물의 음양을 순서대로 나열한 것이며, 낙서는 상극으로 짝을 이루고 있는 것이다.

하도가 낙서로 가면서 2·7火와 4·9金이 서로 자리를 바꾸게 되는 것은 火와 金은 상극 관계인데 그 바탕을 바꾸어야 하므로 그 자리를 바꾸어서 사용하게 된 것이다.

■ 하도의 중앙에 있는 5와 10은 합하면 15가 되는데 이 15는 음양이 생성(生成)하는 수의 극(極)이다. 만물은 극하면 변하므로 이 15수로써 사상(四象)의 수에 변용(變用)하여 낙서의 사정(四正)과 사우(四隅)의 수가 되는 것이다. 그러므로 15에 10을 빼면 5가 되는데 5는 양수의 中이 되므로 이 5를 들어서 낙서의 중정수(中正數)로 하고 또 15에서 5를 빼면 10이 되는데 10은 음수의 끝이 되므로 10을 나누어서 낙서의 사정사우(四正四隅)와 대대(對待)의 수를 삼는다. 즉 1·9와 3·7 그리고 2·8과 4·6으로 사정사우가 되며 서로 대대관계를 갖게 된다.

하도의 수를 미루어 추구해 보면 낙서에 정확하게 부합됨을 알 수 있다. <그림 4-1>과 <그림 4-2>를 참조하면서 아래를 주의 깊게 확인하길 바란다.

■ 하도의 북방에 있는 1水를 1×1 하면 1이 되고, 남방에 있는 7火를 7×7 하면 49가 되는데 본수인 1과 9를 상대하면 10이 되는데, 이는 낙서에서 북1과 남9의 10이 된다.

■ 하도의 동방에 있는 3木을 3×3 하면 9가 되고, 서방에 있는 9金을 9×9 하면 81이 되는

데 본수인 1과 9를 상대하면 10이 되는데 이는 낙서에서 동3과 서7의 10이 된다.

■ 하도의 서방에 있는 4金에 6水를 곱하면 24가 되고, 8木에 2火를 곱하면 16이 되는데 본수인 4와 6이 상대하면 10이 되는데 이는 낙서의 서북6과 동남4의 10이 된다.

■ 하도의 북방에 있는 6水에 8木을 더하면 14가 되고, 2火에 4金을 더하면 6이 되는데 본수인 4와 6을 상대하면 10이 되는데 이는 낙서의 동북8과 서남2의 10이 된다.

그러므로 하도의 수는 낙서의 리(理)가 되고, 낙서의 수는 하도의 리(理)가 되어서 하나는 체(体)가 되고 하나는 용(用)이 되는 것이다.

하도는 음양이 바뀌지 아니하는 정(正)한 체(体)로써 불역(不易: 바뀌지 않음)을 말하고, 낙서는 음양을 측정할 수 없는 변용(變用)으로써 변역(變易: 바뀜)을 말한다. 하도와 낙서는 서로 체(体)와 용(用)이 되어 일음일양(一陰一陽)의 도(道)를 나타내는 근본의 이치(理)됨의 다름 아닌 것이다.

5. 하락(河洛) 15수와 오행(五行)의 변화

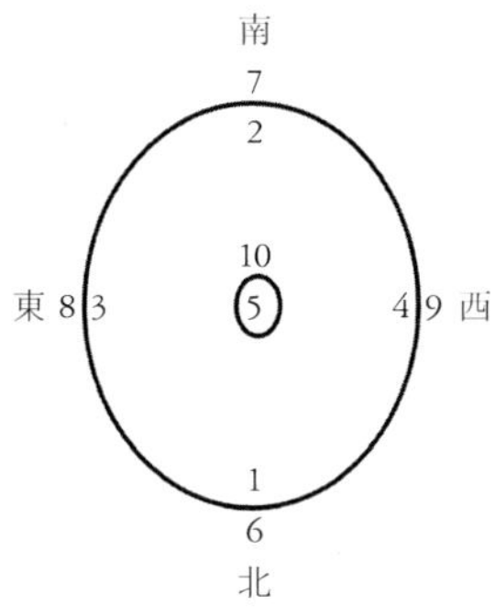

〈그림 5-1〉 하도

하도의 1, 2, 3, 4, 5는 오행의 생수이고, 6, 7, 8, 9, 10은 오행의 성수다. 또 1, 3, 5, 7, 9는 오행의 양수이고, 2, 4, 6, 8, 10은 오행의 음수다.

생성과 음양의 수가 오방오위(五方五位)에 서로 함께 나열되어 있고 특히 5와 10은 중앙에 거(居)하는데 5는 양土이고 10은 음土이다.

■ 북水는 양土5의 1/5을 얻어서 생하였고, 음土10의 6/10을 얻어서 성(成)하였는데 바탕이 없이 흐르기만 한다(1 · 6水).

■남火는 양土5의 2/5를 얻어서 생하였고 음土 10의 7/10을 얻어서 성(成)하였는데 바탕
　이 없이 불꽃만 타오른다(2·7火).
■동木은 양土5의 3/5을 얻어서 생하였고 음土10의 8/10을 얻어서 성(成)하였는데 전체
　의 반을 넘었으니 바탕이 든든하면서 부드러운 것이다(3·8木).
■서金은 양土5의 4/5를 얻어서 생하였고 음土10의 9/10를 얻어서 성(成)하였는데 전체
　의 반을 훨씬 넘었으니 바탕이 굳고 강하다(4·9金).
■中土는 양土5의 5/5를 얻어서 생하였고 음土10의 10/10을 얻어서 성(成)하였는데 전부
　를 얻었으니 바탕이 굳고 두텁다(5·10土).

하도에서 보면 다음과 같다.
■북6＋서9＝15
■남7＋동8＝15
■북 6×6＝36＝6, 동 3×3＝9 이들 6과 9를 더하면 15
■남 7×7＝49＝9, 서 4×4＝16＝6, 이들 9와 6을 더하면 15
■동 3×3＝9, 서 4×4＝16＝6, 이들 9와 6을 더하면 15

이처럼 하도는 종횡으로 모두 15가 되는데 이 15로써 이리저리 섞여서 사귀면 낙서의
수가 된다. 그러므로 낙서에 있는 아홉 수의 나열은 하도의 中15에서 도출된 것이며 하도
오방(五方)의 나열은 곧 낙서의 中5수가 변화되어 나온 것이라고 할 수 있다.
　하도에서 음양이 생성(生成)하는 수는 中5와 中10에서 끝이 되는데 中5는 오행의 위(位)
가 되고 中10은 오행의 용(用)이 된다. 그러므로 낙서는 오행이 중정(中正)에서 통솔하여
팔방(八方)에 운용된 것이다. 팔방의 수가 서로 마주 대하면 10이 되고 나누면 각각 5가
되는데 이것은 오행이 각각 팔방에 운행되는 것을 보여 주는 것이다.

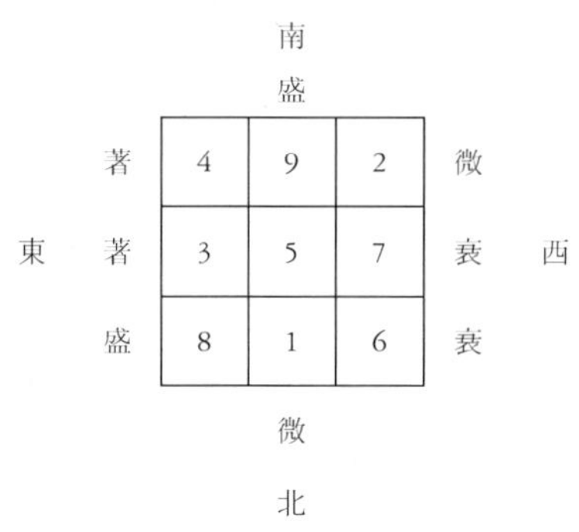

〈그림 5-2〉

　음양오행의 수는 10을 넘지 않는데 그 운행되는 도(道)는 미약할 때도 있고, 나타날 때도 있고, 왕성할 때도 있고, 쇠약할 때도 있으므로 북이 1이 되면 남은 반드시 9가 되고, 남이 9가 되면 북은 반드시 1이 되고, 동이 3이 되면 서는 반드시 7이 되면 동은 반드시 3이 되고, 서남이 2가 되면 동북은 반드시 8이 되고, 동북이 8이 되면 서남은 반드시 2가 되고, 동남이 4가 되면 서북은 반드시 6이 되고, 서북이 6이 되면 동남은 반드시 4가 된다.

　이것을 정리하면,
- 1, 2는 10수의 1/10과 2/10가 되므로 음양이 미약할 때이고(微),
- 3, 4는 10수의 3/10과 4/10가 되므로 음양이 나타날 때이고(著),
- 8, 9는 10수의 8/10과 9/10가 되므로 음양이 왕성할 때이고(盛),
- 6, 7은 10수의 6/10과 7/10이 되므로 음양이 쇠약할 때(衰)가 된다.

제2장 금화교역(金火交易)

1. 하락(河洛)과 금화교역

양수의 시작은 1水이며 끝은 9金이고 음수의 시작은 2火이며 끝은 10이다.

몸은 형상으로서 눈에 보이는 존재이므로 양수라 하고 마음은 형상으로 눈에 보이지 않는 존재이므로 음수라고 가정하고 논리를 전개하고자 한다. 하도에서 마음으로 존재하던 2火가 낙서에서는 서방으로 자리 잡고 몸으로 존재하던 9金이 낙서에서는 남방에 자리 잡게 되었는데 이것을 금화교역(金火交易)이라고 한다. 낙서는 1에서 시작하여 9로 끝나는데 이것은 양수의 전개를 통해 몸의 변화나 물질의 변화를 잘 나타내고 있다. 즉 몸의 시작은 1水로 시작하는데 그 형상을 나타내는 괘는 감(坎: ☵)괘라고 한다.

이것은 물을 가리키는데 인체는 수양성(水樣性)의 수정란에서 탄생하였기 때문에 낙서의 1감수(坎水)를 물질의 시작인 북방에 배치하였다. 그리고 마지막에는 9로 끝나는데 이것은 리(離: ☲)괘라고 한다. 리(離)는 불을 가리키는데 즉 몸은 물에서 시작하여 불에서 끝난다는 것이다.

실제로 인체가 어릴 적에는 수분이 많아 부드럽지만 나이가 들수록 수분이 고갈되어 거칠고 딱딱해진다. 9는 오행으로 金인데 金이란 단단함의 표상이다. 단단하다는 것은 수분기가 그만큼 없어졌다는 것이다.

물은 1·6水이고 불은 2·7火인데 낙서에서는 9를 리화(離火)라고 했다. 9는 오행으로 金이니까 불기운으로 金이 단단해진다는 것을 암시하는 것이다. 실제에서 보더라도 쇠는 용광로에서 제련(製鍊)을 통해 단단해진다.

이러한 원리에 의해 한 방울의 물로 시작한 인체의 1양은 내면으로부터 솟구치는 온기인 3양으로 발전하게 된다. 낙서에서는 이것을 3진뢰(震雷)라고 하는데 1과 3은 이처럼 양의 상승을 가리키는 숫자이므로 낙서에서 동방에 배치하게 된 것이다. 동방은 양이 상승하는 곳이고 서방은 양이 하강하는 곳이다. 양은 본래 아래에서부터 위로 상승하기 때문에 1을 아래 북방에 3을 위 동방에 배치한 것이다. 반대로 가장 윗자리 남방에 9리화(離火)가 있고 서방에 7태택(兌澤)이 있는데 이것은 양이 하강하는 것을 의미한다.

북방에서 1과 3으로 양이 상승하면 반드시 남방에서는 9에서 7로 하강하게 된다. 하도에서 火를 생하는 2는 남방에서 벗어나 낙서에서는 9金의 옆자리인 서방에 배치되어 양의 절정기인 9수와 음의 시작인 2수가 머리와 꼬리가 서로 맞물린 상태가 된다. 이것은 양이 극에 이른 상태에서 마음의 시작인 음수 2가 태동되는 것을 의미한다. 그러므로 인간의 몸과 마음이 하나로 합쳐져 본래의 중심인 자성자리를 회복한다는 것이다.

9는 金인데 인체의 장기 중에 폐(肺)에 해당한다. 인체에서 폐는 오장육부 중에서 가장 높은 곳에 위치하고 있어 양이 더 이상 올라갈 여지가 없다. 따라서 폐에 이르면 이제는 밑으로 내려갈 일만 남은 것이다. 이처럼 폐는 오장육부 중에서 마지막 양기를 조절해야 하는 곳이므로 까딱 잘못하다가는 다른 장기보다도 빨리 양기로 인한 질병에 시달리게 된다. 그러므로 인체는 정교하게도 폐가 심장을 싼 채 맨 위에 있으니 이러한 오묘한 이치가 내포되어 있음을 간과해서는 안 된다. 심장의 불기운, 즉 낙서의 2수로 폐를 극하지 않으면 폐가 단단해질 수 없으므로 폐 옆에 심장이 있는 것이다. 불기운은 모든 것을 따뜻하게 하여 이완시키는 능력이 있는데 그것이 지나치면 아예 형체를 태워 버리게 된다. 폐에 화기가 지나치면 허열(虛熱)이 발생하게 되는데 이런 현상은 폐결핵을 앓고 있는 환자에서 확인할 수 있다.

4·9金과 2·7火가 교역을 할 때 9金 옆에 7火가 있지 않고 2火가 있는 것은 바로 이러한 연유 때문이다. 물질이 극대화된 9金 옆에 따스한 마음을 소유한 2음화(陰火)가 있다는 사실이 바로 금화교역(金火交易)의 멋진 모습이다.

2. 금화교역(金火交易)과 오운육기(五運六氣)

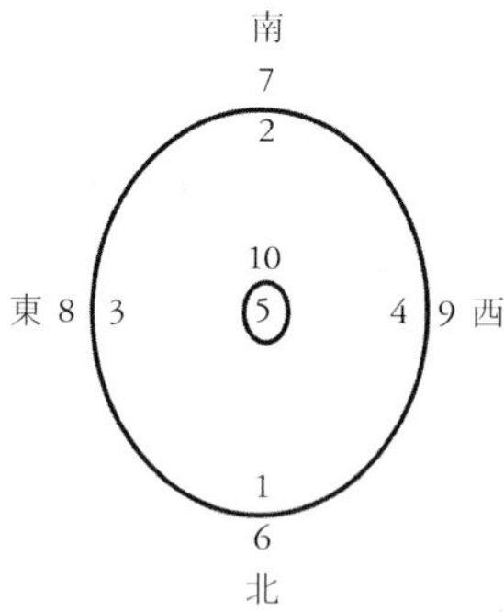

〈그림 2-1〉 하도

하도의 수는 양수 1, 3, 5, 7, 9와 음수 2, 4, 6, 8, 10으로 이루어져 있다. 1, 3, 5, 7, 9 양수의 합은 25가 되고 2, 4, 6, 8, 10 음수의 합은 30이 되는 것은 이제 익히 알고 있다.

하도에서 이들 양수와 음수는 각각 오방(五方)에 자리 잡고 있다. 그러면 각 방위의 평균값은 어떻게 구할 수 있을까? 양수의 합을 5로 나누거나 음수의 합을 5로 나누면 된다. 먼저 양수 25를 5로 나누면 5가 된다. 5는 천수(天數)로서 하늘을 상징하며 오운(五運)을 나타내고 음양이 대대(對待)하면 십천간(十天干)으로 펼쳐진다. 다음으로 음수 30을 5로 나누면 6이 되는데 6은 지수(地數)로서 땅을 상징하며 육기(六氣)를 나타내고 역시 음양이 대대(對待)하면 12지지(地支)로 펼쳐진다.

이와 같이 하도의 수는 사물의 운기(運氣)를 나타내며 운기는 간지(干支)로 나타낼 수 있다. 천간지지(天干地支)는 우주의 경위(經緯)를 나타내는 부호이며 동시에 운기(運氣)를 나타내는 부호이다. 따라서 하도의 체수(体數)는 삼라만상의 형상(形象)을 나타내며 용수(用數)는 삼라만상의 운기(運氣)를 주관한다.

오운육기의 개념을 이해하기 위하여 한동석(1911~1968) 선생의 『우주변화의 원리』에 나오는 오운(五運)과 육기(六氣)를 간략하게 소개한다.

오행법칙이 자율적으로 변화하는 요인을 운(運)이라고 하는데 이 운(運)도 역시 다섯 개의 법칙을 가지고 있다. 그것을 명기하면 아래와 같다.

- 갑기토운(甲己土運)
- 을경금운(乙庚金運)
- 병신수운(丙辛水運)
- 정임목운(丁壬木運)
- 무계화운(戊癸火運)

오운(五運)이라는 것은 우주의 본질적인 개념이나 법칙을 말하는 것이 아니고 다만 자율적으로 우주가 변화하는 법칙과 상(象), 즉 그 내면에서 일어나는 법칙과 상을 말하는 것이다. 오행의 경우 甲乙木, 丙丁火, 戊己土, 庚辛金, 壬癸水의 순서로 좌선(左旋)하면서 木火土金水의 순으로 상생하는 데 반해 오운은 土에서부터 시작하여 좌선(左旋)하면서 土金水木火의 순으로 상생한다. 즉 甲己土가 乙庚金을 생하고 乙庚金이 丙辛水를 생하고, 丙辛水가 丁壬木을 생하고, 丁壬木이 戊癸火를 생한다.

육기(六氣)라는 것은 지구의 운동과정에서 오행의 질(質)에 변화를 일으켜서 운행지기

(運行之氣)가 하나 더 불어나게 됨으로써 6종의 기(氣)가 된 것인데 이것은 지구에만 존재하는 기(氣)이다. 오행은 허공에 있는 오행의 별들이 각자 자신의 빛을 발(發)하는데 이 빛들은 그들이 지니고 있는 성질 그대로의 빛인 것이다. 이 기운이 운동을 시작하면 오운으로 변화하는데 이 오운의 기화(氣化)작용이 지구주위에 집중하게 되고 지구에서는 이것이 육기(六氣)로 변화되는 것이다. 육기는 木, 火, 상화(相火)라는 세 개의 양과 金, 水라는 두 개의 음, 그리고 中央 土로써 구성되었는데 따라서 양의 과잉을 면할 수 없게 되었다. 따라서 지기(地氣)에서 탄생한 인간은 과잉한 양의 공격에 육체가 견디어 내지 못하여 언젠가 죽게 되는 것이며 정신의 청탁도 여기에서 연유되어 일어나게 되는 것이다.

육기는 다음과 같은 여섯 가지 기운을 말한다.

- 사해궐음풍목(巳亥厥陰風木)
- 자오소음군화(子午少陰君火)
- 축미태음습토(丑未太陰濕土)
- 인신소양상화(寅申少陽相火)
- 묘유양명조금(卯酉陽明燥金)
- 진술태양한수(辰戌太陽寒水)

운(運)이라는 것은 우주나 인간에게 작용하는 운동주체이고 기(氣)라는 것은 그 운동을 통일하는 주재자(主宰者)가 된다. 이와 같이 이질적인 운과 기가 교합하면서 일으키는 변화는 바로 사물 자체의 변화를 말한다. 다시 말하면 운이라는 것은 생명의 운동 주체이고 기라는 것은 형질의 통일 주체이다. 그러므로 자기가 자기 스스로를 자영(自營)하는 생명체, 즉 인간은 운의 작용이 주가 되고, 초목과 같이 외기(外氣)에 의지해서 생을 유지하는 것은 기의 작용이 주체가 된다. 운은 다섯 가지이고 기는 여섯 가지로 짝이 맞지 않아서 항상 어긋나게 운행되고 있다. 그런데 바로 여기에서 변화가 발생하는 것이다. 만일 운과 기가 같은 수라면 변화는커녕 무변화 상태에 빠지고 말 것이다.

예를 들면 작년 1월 1일, 금년 1월 1일, 명년 1월 1일이 기후나 日月의 출입시간이나 기타 모든 조건들이 언제나 동일하여 변화가 없게 될 것이다. 그러나 운과 기의 수가 서로 다르다는 이유로 변화가 발생하는 것이다. 이러한 변화를 오운과 육기가 교역하는 그림을 통하여 보도록 하자.

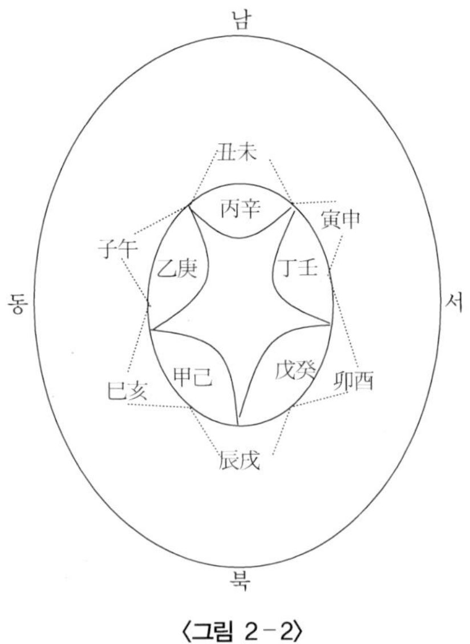

〈그림 2-2〉

동남방에서는 사해목(巳亥木), 자오화(子午火), 축미토(丑未土)가 운행하고 있지만 그 속에서는 을경금(乙庚金)과 병신수(丙辛水)가 은근히 작용하고 있는데 그 이유는 다음과 같다.

■ 외부에 염열(炎熱)이 심할 때는 내부에서 한기(寒氣)가 생하여야만 타오르는 염열을 방지할 수 있는 생리적인 기전이 발생한다. 예를 들면 더울 때 냉수를 많이 먹는 것은 바로 이 때문이다. 한의학적으로 장위(腸胃)가 냉한 사람은 여름에 더욱 냉하다(그림의 동남과 같다). 이것은 바로 운과 기의 운행이 서로 어긋나는 운동을 하기 때문이다.

■ 하절 여름철에 염열이 심할 때에 동남방이 내부에서 金水運이 작용하고 있는 것은 장차 서북에서 丁壬木운과 戊癸火운을 자신의 품 속에 포위하려는 의도가 있기 때문이다. 이와 같은 상태를 금화교역이라고 한다. 서북방에는 인신상화(寅申相火), 묘유금(卯酉金), 진술수(辰戌水)의 금수지기(金水之氣)가 표면에서 작용한다. 그러나 내부에서는 丁壬木운과 戊癸火운이 작용하고 있으니 이것은 외부에서 작용하고 있는 금수지기가 내부에 있는 木火운을 포위하고 있는 상(象)이다. 천도(天道)가 이러하므로 천도의 원리를 닮은 사람도 겨울에는 속은 덥고 외부에 있는 피부는 차갑게 되는데 이것은 천인(天人)이 합일하는 원리이다. 그런데 서북에서 이러한 상(象)이 나타나는 것은 동방에서 金水운이 교역하려고 하던 의도가 여기에 와서 나타난 것이다. 다시 말해 여기에 이르러서 교역을 완성한 것이다. 金水운이 동(動)할 때는 목화지기(木火之氣)로써

나타나고 木火운이 정(靜)할 때는 금수지기(金水之氣)로써 포위한다는 원리가 이 그림에 내재되어 있다.

우주의 변화는 운과 기가 합일함으로써 이루어지는데 그 합일하는 운과 기의 동정 작용에는 반드시 기본 법칙이 있다. 동남에서는 운이 주동적 작용을 하고 서북에서는 기가 주재적(主宰的) 작용을 하니 이것을 운기의 교호작용(交互作用)이라고 한다. 그러므로 동남에서 木火之氣가 나타나고 있는 것은 金水운이 動하면서 이루어지는 변화 상태에 불과하고 서북에서 木火운이 잠복하는 것은 금수지기가 정(靜)함으로써 이루어지는 주재 작용의 변화한 상태에 불과한 것이다.

운과 기는 이와 같이 동(動)할 때는 운이 주동하고 정(靜)할 때는 기가 주재하면서 만물을 생성하는데 그것은 바로 운은 기를 생하고 기는 운을 생하려는 교호작용인 것이다. 바꿔 말하면 운은 형(形)을 생하기 위함이고, 기는 정신을 생하기 위해서 그러한 작용을 하는 것이다. 즉 운은 생명의 주동체(主動体)이고, 기는 통일의 주재자(主宰者)라고 하는 것이다. 이와 같이 운이 기를 생하고 기가 운을 생하는 음양작용은 바로 형(形)과 신(神)이 교호생사(交互生死)하는 작용인데 형(形)은 金水로써 이루어지고 신(神)은 木火로써 이루어지는 것이므로 금화교역이란 바로 형(形)과 신(神)의 교역이며 형신의 교역은 또한 오운과 육기에서 이루어지는 것이다.

"오행의 작용만을 표시한 낙서에서조차 금화교역이 나타나고 있는데 어찌 오운육기가 운행함에 있어 금화교역이 나타나지 않겠는가!"라고 절규하는 한동석 선생의 금화교역론은 실로 탄복을 금치 못할 혜안이 아닐 수 없다. 결국, 이 모든 이론은 하도 낙서의 기본 원리를 결코 벗어날 수 없음이 다시 한 번 자명해진다.

제3장 하도낙서와 인간

1. 하락(河洛)의 인체활용(人体活用)

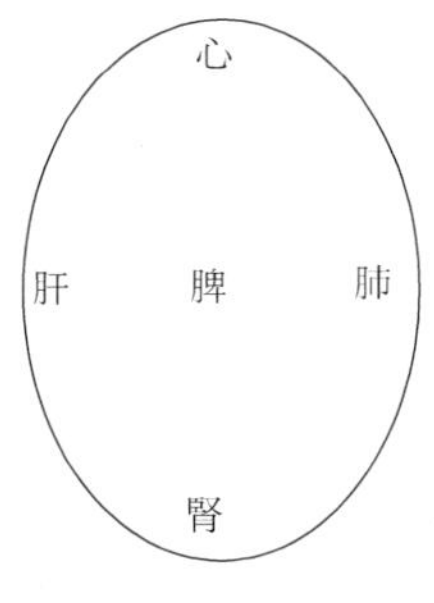

〈그림 1-1〉
하도오장(五臟)

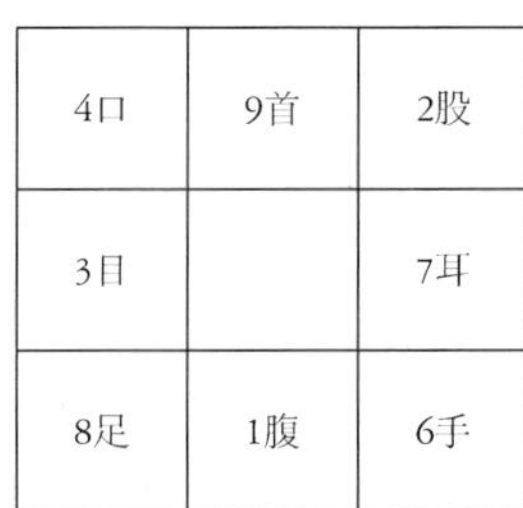

〈그림 1-2〉 낙서 팔체(八體)

天下의 만물에는 하도와 낙서의 리(理)가 없는 것이 없는데 오직 사람이 그중에서 가장 귀한 것은 오행의 리(理)와 기(氣)를 모두 갖추고 있기 때문이다.

<그림 1-1>처럼 사람의 내부에는 하도의 이치대로 오장(五臟)이 갖추어져 있으니 간심비폐신(肝心脾肺腎) 다섯 가지다. 또 그림 1-2처럼 사람의 외부는 낙서의 이치에 따라 팔체(八体)가 배속되어 있으니 首, 腹, 耳, 口, 目, 手, 足, 股가 그것들이다.

- 신(腎)은 하도의 1·6水인데 그 덕은 지(智)가 되고,
- 심(心)은 2·7火인데 그 덕은 예(禮)가 되고,
- 간(肝)은 3·8木인데 그 덕은 인(仁)이 되고,
- 폐(肺)는 4·9金인데 그 덕은 의(義)가 되고,
- 비(脾)는 5·10土인데 그 덕은 신(信)이 된다.

이 다섯 가지의 心으로써 中에 거(居)하여 바깥을 응하면 낙서의 나열이 된다. 낙서의 中5는 곧 心인데 心의 소임은 생각하는 것이다.

역(易)에서 말한바, 팔체(八体)의 8괘 배속은 다음과 같다(<그림 1-2>).

- 건(乾: ☰)은 수(首)가 되고 ■곤(坤: ☷)은 복(腹)이 되고, ■감(坎: ☵)은 이(耳)가 되고, ■리(離: ☲)는 목(目)이 된다. ■간(艮: ☶)은 수(手)가 되고, ■태(兌: ☱)는 구(口)가 되고 ■진(震: ☳)은 족(足)이 되고 ■손(巽: ☴)은 고(股: 넓적다리)가 된다고 하였다.

이제 선천팔괘도의 괘상을 낙서에 배열하면 다음과 같다.

4口☷	9首☰	2股☱
3目☲	5	7耳☵
8足☳	1腹☷	6手☴

〈그림 1-3〉

■ 팔방(八方)의 마주 대하는 수를 모두 서로 합하면 10이 되는데 수(首)로써 통솔한 후
에 복(腹)으로써 감추는 것이므로 수(首)는 9가 되고 복(腹)은 1이 된다.

■ 이(耳)로써 통한 후에 목(目)으로써 분별하므로 이(耳)는 7이 되고 목(目)은 3이 된다.

■ 수(手)로써 취한 후에 구(口)로써 부르므로 수(手)는 6이 되고 구(口)는 4가 된다.

■ 족(足)으로써 밟은 후에 고(股)로써 정(定)하므로 족(足)은 8이 되고 고(股)는 2가 된다.

그런데 이 10을 2로 나누면 각각 5가 되는데 5는 중심 수이므로 곧 중심의 상이다. 그러
므로 모든 체(體)의 운용이 공평하고 정직한 것은 모두 중심 수 5인 마음이 하는 것이다.
낙서는 곧 하도의 오방(五方)이 나열된 것이고, 하도의 中10은 낙서 팔방의 수이다.

대개 용(容: 얼굴, 외부의 자태)이란 마음이 밖에 나타나는 것이고, 사(思)는 마음이 中에
서 움직이는 것인데, 中에서 움직이는 것이 바르면 밖에 나타나는 용(容)의 모습이 순(順)
하다. 그러므로 마음의 체(體)와 용(用)은 하도와 낙서의 理다.

이번에는 후천팔괘도를 낙서에 대입하고 8규(八竅)에 배속하면 다음과 같다.

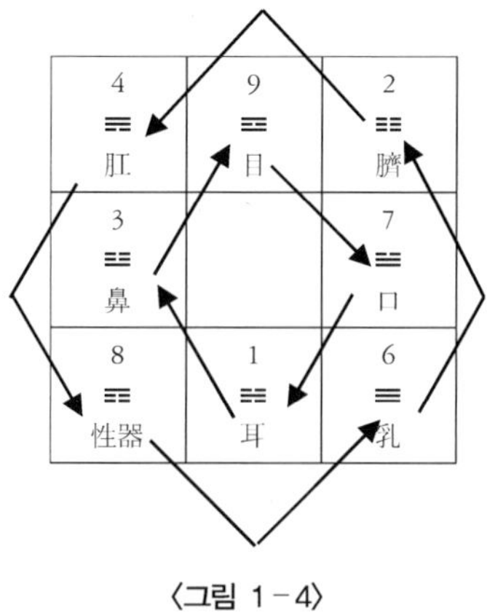

〈그림 1-4〉

<그림 1-4>에서 보듯,

- ■6건(乾: ☰)은 유(乳)가 되고, ■2곤(坤: ☷)은 제(臍)가 되고,
- ■1감(坎: ☵)은 이(耳)가 되고, ■9리(離: ☲)는 목(目)이 된다.
- ■7태(兌: ☱)는 구(口)가 되고, ■8간(艮: ☶)은 성기(性器)가 되고,
- ■3진(震: ☳)은 비(鼻)가 되고, ■4손(巽: ☴)은 항문(肛門)이 된다.

후천팔괘도의 사정방(四正方)에는 얼굴의 이목비구(耳目鼻口)가 나열되어 있고 사우방(四隅方)에는 몸통에 있는 유제성항(乳 臍, 性, 肛)이 배열되어 있다. 다시 말해 낙서의 특징은 사정방과 사우방으로 뚜렷이 구별된다는 점인데 팔규(八竅)에 대입하면 정확하게 얼굴의 사규(四竅)와 몸통의 4규(四竅)로 구분되어 나타난다. 얼굴에 있는 사규 중에 눈, 코, 입은 전면에 있고 귀는 약간 후면으로 위치한다. 전면의 눈, 코, 입에는 각각 영(靈), 혼(魂), 백(魄)이 깃들어 있고 후면의 귀에는 神이 깃들어 있는데, 후면에 있는 神은 전면에 있는 영혼백(靈魂魄)을 총괄한다고 보면 된다. 마찬가지 이론을 적용하면, 몸통에 있는 사규 중에 젖, 배꼽, 성기는 전면에 있고 항문은 약간 후면에 있다. 젖에는 심(心)이 깃들어 있고, 배꼽에는 혈(血)이 깃들어 있으며, 성기에는 정(精)이 깃들어 있고 후면의 항문에는 기(氣)가 깃들어 있다. 후면의 항문의 기는 전면에 있는 심혈정(心血精)을 총괄한다고 보면 된다.

이처럼 낙서는 인체의 8규(八竅)와 정확하게 일치하고 있음을 알 수 있다. 다시 말해,
- ■얼굴에서는 귀와 눈이(1과 9), ■코와 입이(3과 7) 각각 대대(對待)하여 있고, ■몸통에서는 배꼽과 성기(2와 8), ■젖과 항문이(6과 4) 각각 대대(對待)하여 생명활동을 영위하고 있다.

낙서에서 양수 1, 3, 9, 7이 순서대로 순환하듯, 얼굴의 사규도 귀에서 코로(1→3), 코에서 눈으로(3→9), 눈에서 입으로(9→7), 입에서 귀로(7→1) 기(氣)가 연속해서 순환하고 있다. 낙서에서 음수 2, 4, 8, 6이 순서대로 순환하듯 몸통의 사규도 배꼽에서 항문으로(2→4), 항문에서 성기(4→8), 성기에서 젖으로(8→6), 젖에서 배꼽으로(6→2) 끊임없이 기(氣)가 순환하고 있다.

인체의 감각 반응을 예로 들어보면 쉽게 이해할 수 있다.
- ■인간이 귀로 소리를 듣게 되면 소리의 감정이나 강약의 변화에 따라 가장 먼저 호흡 형태가 다양하게 반응한다. 가령, 언짢은 소리를 들으면 호흡이 거칠어지고 유쾌한 소리를 들으면 호흡이 평온해진다(귀1→코3).
- ■눈으로 오는 반응도 바로 나타난다. 호흡이 거칠어지면 눈이 점점 충혈되고 동공이

수축하는 데 반해 호흡이 평온해지면 눈빛도 온화해진다(코3→눈9).

- 입으로 오는 반응도 나타난다. 눈이 충혈되면 입에서 격한 감정의 소리가 나오게 되고 눈빛이 고요해지면 입에서 부드러운 소리가 나오게 된다(눈9→입7). 입에서 나오는 소리의 감정이나 강약에 따라 귀가 이 소리를 듣고 코와 눈과 입으로 차례로 반응하며 계속 순환하면서 정신활동을 하게 되는 것이다(입7→귀1).
  (1→3→9→7→1)

- 우리가 먹는 음식물은 몸 안에서 소화되고 분해되는데 특히 배꼽 주변(위장과 소장이 위치)에서 혈(血)로 전환되어 생명활동을 시작하게 된다. 이 혈(血)의 작용으로 불필요한 조박(糟粕)은 항문을 통해 배설되고 양질(良質)의 곡기(穀氣)는 정기(精氣)로 전환된다. 이 정기(精氣)가 왕성하게 활동하여 성기에 이르게 되면 성기(고환)에 축적된다(배꼽2→항문4)(항문4→성기8).

- 생명의 에너지인 정(精)이 가슴에 있는 젖에 이르게 되면 칠정(七情: 喜怒哀懼愛惡慾)의 근본이 되는 심(心)으로 전환되어 욕심이 발동된다(성기8→젖6).

- 다시 젖에서 나오는 욕심의 종류나 강약에 따라서 배꼽과 항문과 성기로 차례대로 반응하며 계속 순환하면서 생명활동을 영위하게 되는 것이다(젖6→배꼽2).
  (2→4→8→6→2)

하도는 간심비폐신(肝心脾肺腎)으로 인체 내부의 오장(五臟)에 해당하고 낙서는 인체의 외부에 팔체(八体)와 팔규(八竅)로 드러나 생명활동을 하게 되니 인체의 생명활동 역시 하도와 낙서의 리(理)를 떠나서는 존재할 수 없는 것이다.

2. 하락(河洛)의 덕(德)

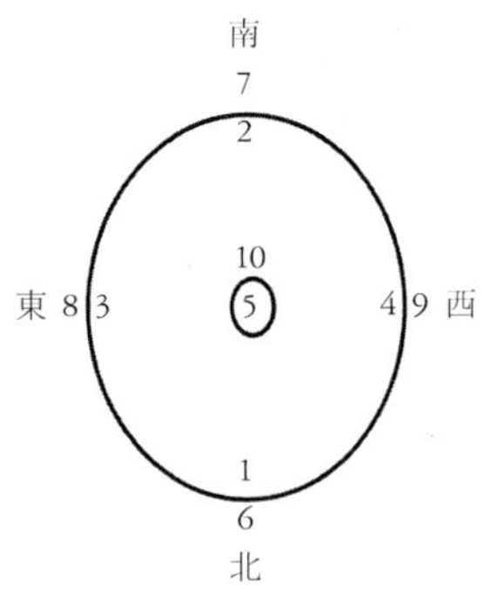

<그림 2-1> 하도

위 하도에서 남火와 북水는 서로 마주 보며 상극(相剋)하고 있다. 1·6水에서 1은 양에 속하는데 안으로 밝다. 그러나 6은 음에 속하므로 밖으로 어둡다. 2·7火에서 2는 음이므로 안으로 어둡고 7은 양이므로 밖이 밝다. 그러므로 그 기(氣)는 서로 대대(對待)하여 극(剋)이 되지만 그 리(理)는 서로 통함이 있다. 이것은 남의 7火양은 북1水의 양이 6음 안에서 생하여 3양을 거쳐 2음火의 바깥에서 성(盛)한 것이기 때문이고, 북의 6水음은 남2火의 음이 7양火 안에서 생하여 4음을 거쳐 1양 水의 바깥에서 성(盛)한 것이기 때문이다.

괘상을 가지고 살펴보면 더욱 분명하다. 1·6水는 내명외암(內明外暗)으로 감괘(坎卦: ☵)에 해당하는데 ☵의 중앙은 양효이고 밖은 두 개의 음효로 되어 있으니 그러므로 안은 밝고 밖은 어둡다고 표현한다. 반대로 2·7火는 외명내암(外明內暗)으로 리괘(離卦: ☲)에 해당하는데 ☲괘는 중앙은 음효로 안은 어둡고 밖은 밝은 모습이다.

맹자의 사단론(四端論)에서는 水와 火를 규정하는 다음과 같은 글이 있다.

- 水之德爲智 而智之端爲是非之心, 즉 "水의 덕(德)은 지(智)가 되는데, 지(智)의 발단은 시(是)와 비(非)를 분변(分辨)하는 마음이다."
- 火之德爲禮 而禮之端爲辭讓之心, 즉 "火의 덕(德)은 예(禮)가 되는데 예(禮)의 발단은 사양하는 마음이다."

시(是)와 비(非)를 분변(分辨)하는 마음은 곧 火의 밝은 성(性)이고, 사양하는 마음은 곧 물이 아래로 흐르는 水의 성(性)이다.

이것을 좀 더 구체적으로 말하면 다음과 같다.

水(智) 是非之心 → 流下之性
火(禮) 辭讓之心 → 明辨之性

水(智)의 본성은 유하지성(流下之性)과 시비지심(是非之心)이다. 그런데 이 시비지심은 명변지성(明辨之性)으로부터 나온다. 水의 성질이 명확한 것을 지향하기 때문에 火의 속성인 명변지성으로부터 나오는 것이다. 火(禮)의 본성은 명변지성(明辨之性)과 사양지심(辭讓之心)이다. 그런데 이 사양지심은 유하지성(流下之性)으로부터 나온다. 火의 속성이 지혜롭게 밝히는 것이기 때문에 水의 유하지성으로부터 나오는 것이다. 그러므로 水와 火가 서로 상극관계이지만 잠시도 서로 떨어져 있지 않고, 또 상통하지만 서로 섞이지 않는다.

위 하도에서 동木과 서金은 서로 마주 보며 상극(相剋)하고 있다. 3·8木은 3이 양이므로 속이 강하고 8이 음이므로 겉은 부드럽다. 4·9金은 4가 음이므로 속이 부드럽고 9가 양이므로 겉은 강하다. 그러므로 동, 서가 마주 대함에 그 바탕은 상극(相剋)이지만 그 리(理)는 상통함이 있다. 이것은 서의 9金양은 동3의 양이 8음 안에서 장(長)하여 7양을 거쳐 4음의 바깥에서 극(極)하기 때문이고, 동의 8음木은 서4의 음이 9양 안에서 장(長)하여 6음을 거쳐 3양의 바깥에서 극(極)하기 때문이다. 3·8木은 내강외유(內剛外柔)로 안으로는 강하고 밖으로 부드러우며, 4·9金은 외강내유(外剛內柔)로 바깥이 강하고 안으로 부드럽다.

사단론에서 木과 金을 규정하는 다음과 같은 글이 있다.

- 木之德爲仁 而仁之端爲惻隱之心, 즉 "木의 덕은 인(仁)이 되는데 인(仁)의 발단은 측은지심(惻隱之心)이다."
- 金之德爲義 而義之端爲羞惡之心, 즉 "金의 덕은 의(義)가 되는데 의(義)의 발단은 수오지심(羞惡之心)이다."

측은한 마음은 곧 金의 과강(果剛)한 성품 때문이고, 부끄러워하고 미워하는 수오지심은 木의 유순(柔順)한 성품 때문이다.

이것을 좀 더 구체적으로 말하면 다음과 같다.

木(仁) 惻隱之心→柔順之性
金(義) 羞惡之心→果剛之性

木의 본성은 유순지성(柔順之性)과 측은지심(惻隱之心)인데 이 측은지심은 과강지성(果剛之性)으로부터 나온다. 金의 본성은 과강지성(果剛之性)과 수오지심(羞惡之心)인데 이 수오지심은 유순지성(柔順之性)으로부터 나온다. 그러므로 金과 木이 서로 상극관계이지만 서로 떨어져 있지 않고 상통하지만 서로 섞이지 않는다. 이러한 연유로 낙서에서는 水火가 서로 마주 보지 않고 북과 서에 연결되어 있고(1·6과 2·7) 金과 木이 서로 마주 보지 않고 남과 동에 서로 연결되어 있는 것이다(4·9와 3·8).

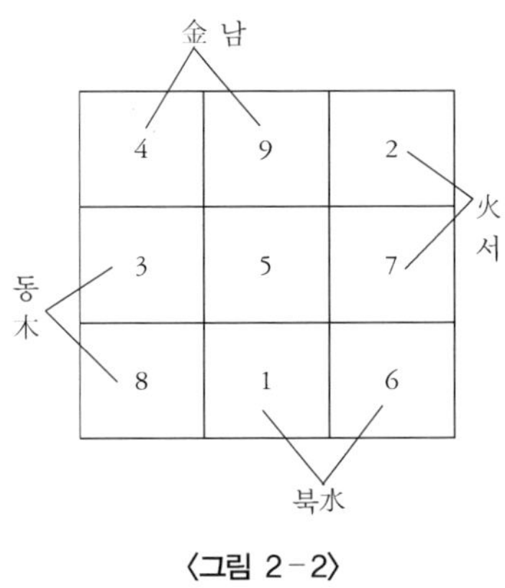

〈그림 2-2〉

이와 같이 하도와 낙서의 덕은 서로 긴밀한 관계를 유지하고 있는 것이다.

3. 하락(河洛)과 사상체질(四象体質)

체질의학은 지금부터 100여 년 전 동무(東武) 이제마(李濟馬) 선생께서 지은 『동의수세보원(東醫壽世保元)』이란 책에서부터 출발한다. 사람들 체질의 특성에 따라 태양인, 소양인, 태음인, 소음인의 사상(四象)으로 구분하여 각 체질에 따른 병증의 원인과 처방에 대하여 논했다. 참으로 위대한 발상이 아닐 수 없다.

소위 체질론이라는 것이 비단 우리나라에만 존재했던 것은 아니다. 하지만 이제마의 사상체질론만큼 체계적이고 근본적이며 정밀하지는 못하다. 중의학에서는 이제마 선생의 사상체질론에 관해 "기발한 발상이며 독보적이기는 하나 독단적이고 체질구별이나 체질 처방이 너무 관념적이고 추상적이어서 참고는 되나 그것을 따르기에는 많은 문제가 따른다."고 지적하고 있다. 이러한 문제 제기는 사상체질론이 조선 성리학(性理學)의 사단칠정론(四端七情論)에 따른 관념적 사고에서 출발했다고 보는 편견 때문에 생긴 것이라고 보인다.

모든 생명체는 우주자연의 기운에 의하여 생성(生成)되었기 때문에 각 개체가 지니고 있는 고유의 기운만 찾을 수 있다면 체질론은 간단하고 명확해질 수 있는 것이다.

이제마 선생은 성리학에 밝아서 성리학만을 참고하여 사상체질론의 체계를 잡은 것으로 오해할 여지가 있다. 그러나 그의 사상체질론을 정밀히 검토해 보면 그가 역리(易理)에 대단히 밝았던 의학자라는 것이 곳곳에 감지된다. 특히 하도와 낙서에 대해 깊은 통찰력이 있었던 것으로 생각된다.

기존의 한의학과 사상체질론의 현격한 차이는 오행해석상 개념차이가 있다는 사실이다. 이제껏 살펴보았듯이 하도는 음양오행의 생성원리(生成原理)에 바탕을 둔다면 낙서는 음양오행의 실제적인 운용원리(運用原理)에 바탕이 있다고 할 수 있다. 다시 말해 하도는 본질 오행이며 낙서는 현상오행이라고 말할 수 있다. 한의학의 경전, 『황제내경(黃帝內經)』의 모든 기본 원리는 하도의 본체오행에 기초한 것이고, 사상체질론은 낙서의 운용오행을 기초하고 있다.

하도와 낙서의 차이는 1·6水와 3·8木은 그 위치가 그대로이지만 2·7火와 4·9金은 상호 위치가 바뀌어 남쪽에 있던 하도의 2·7火가 낙서의 서방으로 옮겨가고, 서쪽에 있던 하도의 4·9金이 낙서의 남방으로 옮겨 간 것, 즉 金과 火의 교역(交易)에 있다.

성리학적 측면에서 사단(四端)을 분류하면 다음과 같다.

〈표 3-1〉

	본체오행(하도)	운용오행(낙서)	체질론
木	인(仁)	인(仁)	태양(太陽)
火	예(禮)	의(義)	소양(少陽)
金	의(義)	예(禮)	태음(太陰)
水	지(智)	지(智)	소음(少陰)

이와 같이 사단(四端)을 현상오행으로 분류하여 사상체질론의 성정(性情)을 규정하고, 이제마 선생은 오장육부(五臟六腑)의 현상적 기능을 세밀히 분석하여 본체오행과 운용오행으로 다음과 같이 분류하였다.

〈표 3-2〉

	본체오행	운용오행
위.비	土	火
심장	火	土
폐.대장	金	木
간.담	木	金
신.방광	水	水

본체오행에 따른 오행 분류를 보자.

- 끊임없이 움직이고 있는 심장은 발열량이 가장 많기 때문에 본질적으로 火에 배속된다.
- 인체의 중앙에 있는 비장과 위장은 土가 되며,
- 폐와 대장은 인체의 장부 중에 흰색에 가깝고 단단하므로 金이 된다.
- 간은 잘라 내도 다시 복원되는 힘이 아주 강하다. 그 복원력은 마치 겨우내 얼어 있던 대지를 뚫고 봄에 파릇파릇 피어나는 초목의 신선함과 생동감에 비유하여 木에 배속된다.
- 신장과 방광은 소변과 정액을 주관하여 물의 작용이 가장 활발하므로 水가 되었다.

그러나 운용오행에서는 본체오행과 달리 심장을 土로 보았다. 왜 그랬을까?

심장은 나머지 장부와 직접 관련되어 있고, 또 심장 자체에 木火金水 네 개의 기운을 동시에 지니고 있기 때문이다. 心을 해부학적으로 살펴보면 4구역으로 구획되어 있음을 볼 수 있다(좌심방, 우심방 그리고 좌심실, 우심실).

연상원의 『도 닦는 법』 가운데 체질론에 심장의 해부학적 구조를 다음과 같이 설명하고 있다.

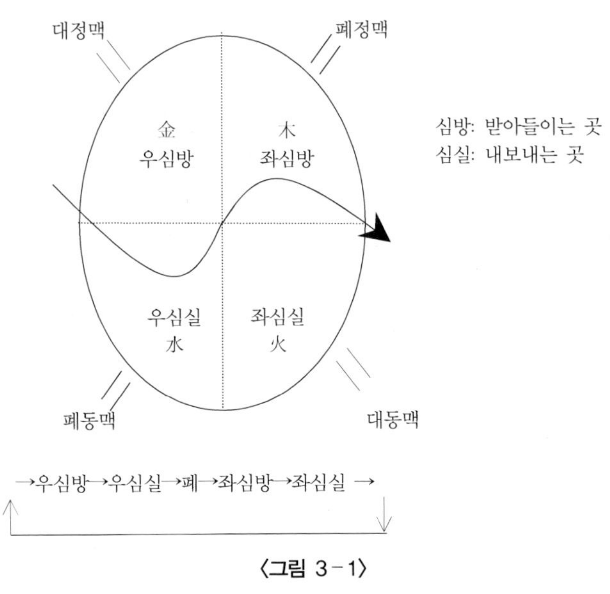

〈그림 3-1〉

- 우심방(金): 모으는 기운이 강하여 체내의 피를 모으며, 인체의 각 부위에 나가 있던

피를 다시 모두 모으는 작용을 한다. 가을의 작용으로 태음의 성향이다.
- 우심실(水): 끌어내리는 기운으로 우심방에 모인 피를 끌어내려 응축시키는 힘으로 피를 허파로 내보내는 작용을 한다. 겨울의 작용으로 소음의 성향이다.
- 좌심방(木): 허파에서 돌아온 산소를 듬뿍 지닌 맑은 피를 통과시키며 활력 있는 좌심실로 보내는 작용을 한다. 봄의 작용으로 태양의 성향이다.
- 좌심실(火): 강력하게 뿜어 흩뿌리는 왕성한 기운으로 대동맥을 통해 피를 인체의 전체로 힘차게 쏘아 보낸다. 여름의 작용으로 소양의 성향이다.

사상체질에 위의 심장의 방실(房室)에 배속하면
- 태양인체질(木)은 좌심방(木)이 실하고 우심방(金)이 허하다.
- 소양인체질(火)은 좌심실(火)이 실하고 우심실(水)이 허하다.
- 태음인체질(金)은 우심방(金)이 실하고 좌심방(木)이 허하다.
- 소음인체질(水)은 우심실(水)이 실하고 좌심실(火)이 허하다.

필자는 얼굴의 오관(五官)도 본체오행과 운용오행에 따라 다음과 같이 분류하였다.

〈표 3-3〉

	본체오행	운용오행	체질
귀	金	木	태양
눈	土	火	소양
눈썹	火	土	
코	木	金	태음
입	水	水	소음

- 본체오행에서 입은 물과 영양분을 빨아들이는 식물의 뿌리와 같으므로 水에 배속
- 코는 빨아들인 영양분을 위로 뽑아 올리는 식물의 줄기와 같으므로 木에 배속
- 눈썹은 줄기를 통하여 넓게 펴지는 식물의 이파리와 같으므로 火에 배속
- 눈은 이파리 사이에서 피어나는 식물의 꽃과 같으므로 土에 배속
- 귀는 암술, 수술의 조화로 꽃을 피우고 그 조화로 이루어진 식물의 열매이므로 金에 배속

그러나 본체오행과 달리 운용오행에서는 눈을 火에 배속하고 눈썹을 土에 배속하였다. 그럴 만한 이유가 있다. 얼굴에서 구체적인 활동 기관은 귀, 눈, 코, 입이지만 눈썹은 실제적 작용과는 무관하다. 그러나 눈썹은 4가지 기관과 음, 양으로 유기적인 관계를 갖고 있으므로 土에 배속된 것이다.

- 눈은 얼굴의 상부(上部)에 있어 빛을 내는 태양과 같으므로 火에 배속
- 입은 얼굴의 하부(下部)에 있고 모든 것을 끌어 내리려는 속성이 있으므로 水에 배속
- 코는 냄새를 느끼면서 모든 것을 끌어 모으는 속성이 있으므로 金에 배속
- 귀는 소리를 느끼면서 위로 솟아오르는 속성이 있으므로 木에 배속

그러므로

- 태양인은 이마가 넓고 크게 발달했으며 귀가 발달한 데 비해 코가 약하고,
- 태음인은 코와 볼에 살이 많고 잘 발달되어 있으나 이마 부위와 귀가 발달되지 못했다.
- 소양인은 눈과 광대뼈가 잘 발달되어 안광이 빛나고 반면에 입 주위가 약하고,
- 소음인은 입과 입술과 턱이 발달되어 크지만 눈과 광대뼈 부위가 약하다.

손가락에서도 본체오행과 운용오행을 살펴보자.

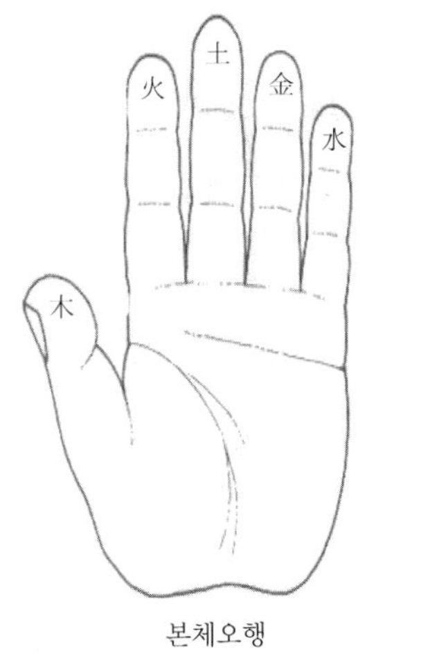

본체오행

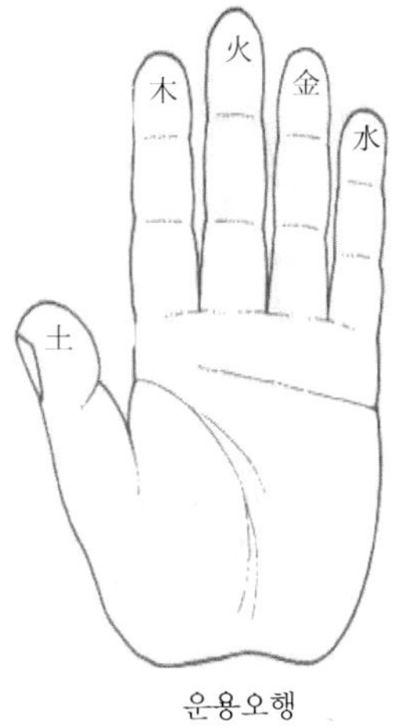

운용오행

〈그림 3-2〉

본체오행에서는 비위(脾胃)를 인체의 중앙에 배속하여 土로 했고, 손에서도 가운뎃손가

락을 土라고 정하고 오행상생의 원리에 의하여 엄지손가락부터 木火土金水로 규정했다. 그러나 실제 기능을 중시하는 운용오행의 입장에서 보면 전체를 대표하는 엄지손가락이 나머지 네 개의 손가락을 자유롭게 접촉할 수 있으며 물건을 집거나 쓸 때마다 나머지 네 개의 손가락은 엄지손가락의 도움을 받을 수밖에 없다. 인체 내에 하나의 독립된 장기이면서 동시에 나머지 네 개의 장기를 대표하며 관장하여 자체 내에 木火金水의 기능을 간직하고 있는 것이 심장인 것처럼 엄지손가락 역시 나머지 2, 3, 4, 5指를 자유롭게 넘나들 수 있으니 土가 아니고 무엇이겠는가! 그리고 2지, 3지, 4지, 5지는 봄, 여름, 가을, 겨울의 木火金水의 순서를 따르는 것이다.

그러면 이와 같은 배속을 근거로 손가락의 장단과 사상체질의 관계를 보자.

■ 태양인은 2지가 다른 손가락에 비해 길고 실하며 상대적으로 4지는 짧고 허하다.
■ 소양인은 3지가 다른 손가락에 비해 길고 실하며 상대적으로 5지는 짧고 허하다.
■ 태음인은 4지가 다른 손가락에 비해 길고 실하며 상대적으로 2지는 짧고 허하다.
■ 소음인은 5지가 다른 손가락에 비해 길고 실하며 상대적으로 3지는 짧고 허하다.

인체는 사지(四肢)와 머리를 합해서 도합 오지(五肢)로 되어 있다. 또한 손가락의 엄지와 나머지 네 손가락의 관계가 그렇듯 인체의 좌우수족(左右手足) 사지는 모두 머리의 통제 아래 활동을 하고 있다. 당연히 머리는 土가 되고, 좌우수족은 木火金水가 된다. 이와 같이 인체의 사지와 머리, 손가락, 얼굴, 심장, 이 모든 것들이 土의 통제 아래 木火金水로 질서 정연하게 배열되어 그 생명활동을 영위하고 있는 것이다.

사상체질을 창시한 이제마 선생은 본체오행과 운용오행을 두루 통찰하여 인체의 허실을 정확하게 파악하신 것이다. 하지만 이 모든 것들이 하락의 범주를 벗어나 성립된 이론은 하나도 없다는 것은 너무나도 명약관화(明若觀火)한 사실이다.

제4장 하도낙서와 괘(卦)

1. 36궁(宮) 서괘(序卦)

　주역 64괘는 상경(上經) 30괘와 하경(下經) 34괘로 이루어져 있다. 또한 64괘는 모두 8개의 부도전괘(不倒轉卦)와 28괘(56괘는 각기 2괘씩 도전을 이루고 있으므로 실제는 28괘)의 도전괘로 나타난다. 부도전괘란 괘를 위에서 보나 아래에서 보나 모양이 같은 것으로 64괘 중 8개가 있는데 다음과 같다.

　이 중에 건, 곤, 이, 대과, 감, 리 여섯 개는 상경에 있고 중부, 소과 2괘는 하경에 있다. 따라서 상경 30괘 중 부도전괘 6괘를 빼면 24괘의 도전괘가 있다. 24개의 도전괘는 괘체가 서로 뒤집어진 관계의 괘를 말한다. 임의의 괘를 위에서 보거나 아래에서 볼 때 서로 다르므로 두 개의 괘가 되는 셈이다. 그러나 위에서 보거나 아래에서 보거나 똑같은 괘체를 유지하는 부도전괘는 한 개의 괘가 되는 셈이다. 결국, 상경에 있는 도전괘 24개는 12괘가 된다. 그러므로 상경의 괘는 부도전괘 6괘, 도전괘 12괘를 합쳐 18괘로 요약된다.

　도전괘의 예는 아래와 같으며 64괘 중 모두 28괘가 있다.

*그 외 22개는 생략

　하경 34괘 중 부도전괘 2괘를 제외하고 나머지 32괘는 도전괘가 된다. 또 이 32괘는 도전하면 같은 괘가 되므로 결국 16괘인 셈이 된다. 그러므로 부도전괘 2괘와 도전괘 16괘를 합하여 도합 18괘가 된다. 따라서 상경은 18괘로 요약되고 하경은 18괘로 압축되니 상경 하경을 합하면 총 36괘로 요약된다.

64괘를 상경 18괘, 하경 18괘로 요약했다면 이것을 다시 6괘씩 상경에 3효, 하경에 3효로 나누어 1효에 6괘씩 집어넣어 6효로 완성할 수 있다.

<표 1-1>

		효	1	2	3	5	7	9	
상경 (上經)	10 괘	양18 음18	䷀	䷁	䷂	䷄	䷅	䷆	1 효
	12 괘	양17 음19	11	13	15	17	19	21	2 효
			䷊	䷌	䷎	䷐	䷒	䷔	
	8 괘	양17 음19	23	25	27	28	29	30	3 효
			䷖	䷘	䷚	䷛	䷜	䷝	
하경 (下經)	12 괘	양18 음18	31	33	35	37	39	41	4 효
			䷞	䷠	䷢	䷤	䷦	䷨	
	12 괘	양19 음17	43	45	47	49	51	53	5 효
			䷪	䷬	䷮	䷰	䷲	䷴	
	10 괘	양19 음17	55	57	59	61	62	63	6 효
			䷶	䷸	䷺	䷼	䷽	䷾	
		효	양21 음15	양19 음17	양13 음23	양23 음13	양11 음25	양21 음15	

설괘전(設卦傳) 제2장에서 공자는 괘의 형성에 대하여 다음과 같이 설명하고 있다.

- 兼三才而兩之, 故易 六畫而成卦: "삼재를 겸해서 두 번 했기 때문에 그러므로 역이 여섯 획으로 괘를 이루고"

- 分陰分陽, 迭用柔剛, 故易六位而成章: "음으로 나누고 양으로 나누며, 유와 강을 차례로 썼기 때문에 역이 여섯 자리로 문채를 이루느니라."

이처럼 육획(여섯 획)으로 한 괘를 이루고 육위(여섯 자리)로 문채를 이룬다고 했으니 64괘도 36괘로 압축하여 6효로 이루어진 하나의 괘를 이룰 수 있으니 그것을 바로 건위천(乾爲天 ☰)괘로 나타낼 수 있다는 말이다.

위의 <표 1-1>을 6등분한 것이 바로 그것이다. 먼저 상(上) 1효에 나타난 괘는 모두 10괘가 된다. 즉 건(乾), 곤(坤) 2괘(부도전괘)와 나머지 8괘의 도전괘를 합친 결과이다. 그런데 도전괘 8개는 뒤집어도 그 구조가 같으니, 결국 4괘로 압축된다. 따라서 도합 6괘가 된다. 그것을 도식으로 나타내면 아래와 같다.

■ 부도전괘 두 개

■ 도전괘 8개

상(上) 2효에 나타난 괘는 모두 12개의 괘다. 전부 여섯 개의 도전괘로 구성되어 있으므로 12괘가 된다.

■ 도전괘 12개

상(上) 3효에 나타난 괘는 모두 8괘다.

부도전괘 네 개의 괘와 도전괘 네 개의 괘로 도합 8개의 괘이다. 부도전괘 4괘와 합하여 6괘가 된다.

■ 부도전괘 네 개

■ 도전괘 네 개

하(下) 4효에 나타난 괘는 모두 12괘다. 모두 여섯 개의 도전괘로 구성되어 있어 12괘가 된다.

■ 도전괘 12개

하(下) 5효에 나타난 괘는 모두 12괘다. 모두 여섯 개의 도전괘로 구성되어 있어 12괘가 된다.

■ 도전괘 12개

하(下) 6효에 나타난 괘는 모두 10괘다. 즉 부도전괘(중부, 소과) 두 개와 도전괘 8개이다.

■ 부도전괘 두 개(☱, ☵)

■ 도전괘 8개

이상과 같이 64괘는 36괘로 요약할 수 있고 또 36괘는 각 6효에 6괘씩 배속할 수 있다. 결국 주역의 수괘(首卦)인 건괘(乾卦)에 64괘를 모두 함축할 수 있다는 말이 된다.

이번에는 각 효에 나타난 6괘의 음효 및 양효의 숫자를 관찰해 보자. 아래와 같다.

〈표 1-2〉

	1	2	3	4	5	6
양효	18	17	17	18	19	19
음효	18	19	19	18	17	17
합계	36	36	36	36	36	36

다음의 표는 삼천양지(參天兩地)의 원리를 적용하여 양효에는 3을 곱하고 음효에는 2를 곱하여 그 합으로 산출된 것이다. 또 양효1, 음효2로 곱하여 합한 수로 괘의 뜻을 분석해 본다.

〈표 1-3〉

경	효	양3. 음2	양1. 음2	음양효	位, 數	卦意
상경 (18괘)	1	18×2=36 18×3=54 합 90	18×2=36 18×1=18 합 54	음효 18개 양효 18개 同一: 理	54=陽行之位	天>地, 天一生水 有水無火 而潤物
	2	19×2=38 17×3=51 합 89	19×2=38 17×1=17 합 55	음효>양효 19>17 以陰統陽	55=54의 運行數	天<地, 地二生火 有火無水 而暎物
	3	19×2=38 17×3=51 합 89	19×2=38 17×1=17 합 55			天=地 ☲: 坤之上下變(大離) ☵: 乾之上下變(大坎) 坎離 終

하경 (18 괘)	4	18 × 2 ＝ 36 18 × 3 ＝ 54 합 90	18 × 2 ＝ 36 18 × 1 ＝ 18 합 54	음효 18개 양효 18개 同一: 氣	54 ＝ 陰行之位	天＝地 陰卦＝陽卦
	5	17 × 2 ＝ 34 19 × 3 ＝ 57 합 91	17 × 2 ＝ 34 19 × 1 ＝ 19 합 53	음효<양효 17<19 以陽統陰	53 ＝ 54의 운행수	天＝地 陽卦>陰卦
	6	17 × 2 ＝ 34 19 × 3 ＝ 57 합 91 총합 540 540÷6＝90	17 × 2 ＝ 34 19 × 1 ＝ 19 합 53 총합 324 324÷6＝54			天地無 ☲ 乾之中變(離) ☵ 坤之中變(坎) 既濟 未濟 終
		坤用 6×6位 45－9＝36 36…6은 태음수 36×6＝216	乾用 9×6位 55－1＝54 54…4는 태음수 54×4＝216	上經 上陽理 下經 下陰氣	陽: 左旋過一位 (순환무궁) 陰: 右旋不及一位 (순환무궁)	碁三百: 日月運行之理存焉
		乾之策				

<표 1－3>을 보면서 6효에 배속된 괘의 뜻을 자세히 살펴보자.

상경의 1효에는 모두 10개의 괘가 있는데 다음 6괘로 분석한다.

이상 6괘에 대한 분석은 다음과 같다.

- 양효 18개와 음효 18개로 구성되어 있다.
- 모두 36효로 구성되어 있는데 양효와 음효의 개수가 동일하다.
- 양효를 1로, 음효를 2로 계산하면 그 합이 전부 54가 된다.
- 54는 양이 운행하는 위(位)로 운행지위가 된다.
- 이 6괘 가운데 ☰괘는 네 개, ☷괘가 세 개가 있는데 따라서 天이 地보다 많다.
- 이렇게 天의 힘이 地보다 더 강하므로 天一이 水를 먼저 生하게 된다.
- 6괘 가운데 ☷괘는 세 개 있지만 ☰괘는 하나도 없다.
- 이렇게 水만 있으므로 만물을 윤택하게 한다.
- 음효와 양효의 개수가 동일하면서 상경은 理를 주관한다.

상경에 2효에는 모두 12괘가 있는데 다음 6괘로 분석한다.

이상 6괘에 대한 분석은 다음과 같다.

- 양효 17개와 음효 19개로 구성되어 있다.
- 총 효수는 36효인데 음효가 양효보다 많다.
- 양효를 1로, 음효를 2로 계산해서 합산하면 55가 된다.
- 55는 54운행지위의 운행수가 된다.
- 이 6괘 가운데 ☷이 세 개이고 ☰이 두 개로 地가 天보다 많다.
- 地의 힘이 더 강하므로 地二가 火를 生하게 된다.
- 6괘 가운데 ☲괘는 두 개 있고 ☵괘는 전무하다.
- 이렇게 火만 있으므로 만물을 건조하게 말린다.
- 음효가 양효보다 많으므로 음이 양을 통솔한다(이음통양: 二陰統陽).

상경에 3효에는 모두 12괘가 있는데 다음 6괘로 분석한다.

䷜ ䷋ ䷇ ䷑ ䷓ ䷖

이상 6괘에 대한 분석은 다음과 같다.

- 양효 17개, 음효 19개로 구성되어 있다.
- 총 효수는 36효인데 음효가 양효보다 많다.
- 양효를 1로, 음효를 2로 하여 합산하면 55가 된다.
- 55는 54운행지위의 운행수가 된다.
- 6괘 가운데 ☰괘가 한 개, ☷괘가 한 개로 天과 地의 개수가 같다.
- 이렇게 天과 地가 같으므로 天地가 상교(相交)하여 水火를 生한다.
- ䷚는 ☲괘를 크게 부풀린 것으로 ䷝의 초효와 상효가 변한 것으로 이것을 대리(大離: ☲)괘라 하고, ䷛는 ☵괘를 크게 부풀린 것으로 ䷜의 초효와 상효가 변한 것으로 이것을 대감(大坎: ☵)괘라고 한다.
- 상경의 마지막 3효 중에 6괘의 배열 중 마지막 4괘의 배열은 水火로 끝을 맺는다.
- 즉 상경을 이루는 끝부분 괘상들은 이(頤: 火), 대과(大過: 水), 감(坎: 水), 리(離: 火)로 水火의 배열로 마지막 순서가 이루어진다.

하경의 4효에는 모두 12괘가 있는데 다음 6괘로 분석한다.

이상 6괘에 대한 분석은 다음과 같다.

- 양효 18개, 음효 18개로 구성되어 있다.
- 총 효수 36효 중에 양효와 음효의 개수는 동일하다.
- 양효를 1로, 음효를 2로 계산하여 합산하면 54가 된다.
- 이 54는 음이 운행하는 위(位)로 운행지위가 된다.
- 이 6괘 가운데 ☰괘가 한 개이고 ☷괘가 한 개로 天과 地의 숫자가 같다.
- 그리고 水와 火가 나타나 있다.
- 양괘 여섯 개와 음괘 여섯 개로 서로 숫자가 같다.
- 음효와 양효가 동일하면서 하경은 기(氣)를 주관한다.

하경에 5효에는 모두 12괘가 있는데 다음 6괘로 분석한다.

이상 6괘에 대한 분석은 다음과 같다.

- 양효 19개와 음효 17개로 구성되어 있다.
- 총 효수 36효 중 양효가 음효보다 많다.
- 양효를 1로, 음효를 2로 계산하여 합산하면 53이 된다.
- 53은 54운행지위의 운행수가 된다.
- 6괘 중 ☰괘가 한 개, ☷괘가 한 개로 天과 地의 숫자가 같다.
- 그리고 水와 火가 나타나 있다.
- 음괘가 양괘보다 많다.
- 양효가 음효보다 많으므로 양이 음을 통솔한다(以陽統陰).

하경의 6효에는 모두 10괘가 있는데 다음 6괘로 분석한다.

이상 6괘에 대한 분석은 다음과 같다.

- 양효 19개와 음효 17개로 구성되어 있다.

■총 효수 36효 가운데 양효가 음효보다 많다.

■양효를 1로, 음효를 2로 계산하여 합산하면 53이 된다.

■이 53은 54운행지위의 운행수가 된다.

■유일하게 ☰괘와 ☷괘가 없어 天地가 없는 상태다.

■3효와 마찬가지로 水火가 각각 두 개씩 있다.

■양효가 음효보다 많으므로 양이 음을 통솔한다(以陽統陰).

■☲는 ☷괘를 벌린 상으로 ☰의 중앙에 있는 3·4효가 변하여 된 것으로 리(離)괘를 상(象)하고, ☵는 ☰괘를 벌린 상으로 ☷괘의 중앙에 있는 3·4효가 변하여 된 것으로 감(坎)괘를 상(象)한다.

■그래서 하경의 마지막 6효 중에 6괘의 배열 중 마지막 3괘의 배열은 水火로 끝을 맺는다.

■즉 하경 말미의 네 개의 괘상, 중부(中孚), 소과(小過), 기제(旣濟), 미제(未濟)는 모두 水火의 상(象)이다.

■상경 3효와 하경 3효에는 각각 6괘씩 배속되어 양효 음효 합하여 36효로 구성되어 있다.

■음효를 1로, 양효를 1로 계산하면 36이 되는데 이것은 곤수(坤數)인 6을 용(用)한 것으로 6×6위(位)는 36이 되는데 36은 낙서수 45에서 태양수 9를 뺀 수와 동일하다.

■36에서 30을 제외한 6수는 태음수이다. 36에 태음수 6을 곱하면 건지책(乾之策) 216이 된다.

■양효를 1로, 음효를 2로 계산하면 합이 324가 되는데 이것을 6위(位)로 나누면 각위(位)의 평균값이 54가 된다.

■이것은 건수(乾數) 9를 용(用)한 것으로 9×6위는 54가 되는데 54는 하도수 55에서 태양위수 1을 뺀 수이다.

■54에서 50을 제외한 4수는 태음수이다. 54에 태음수 4를 곱하면 건지책(乾之策) 216이 된다.

■양효를 3으로, 음효를 2로 계산하면 그 합이 540이 되는데 이것을 6위로 나누면 각위의 평균값이 90이 된다.

■이 90에, 양효를 1, 음효를 2로 계산한 평균값 54를 더하면 곤지책(坤之策) 144가 된다.

■이제 건지책 216과 곤지책 144를 더하면 360 주천도수(周天度數)가 된다.

上經은 리(理)를 주관하며 天地와 일월성신(日月星辰)의 운행하는 원리를 설명하였고 下經은 기(氣)를 주관하며 인사(人事)와 사회적 제도와 관련된 원리를 설명하였다.

- 상경은 양이므로 54양행지위의 운행수가 55가 되므로 1부터 10까지의 합수 55로 하도의 원리대로 좌선(左旋)하며 54보다 1위(位)를 더해 무궁하게 순환한다.
- 하경은 음이므로 54음행지위의 운행수가 53이 되므로 우선(右旋)하며 54보다 1위 작게 53으로 무궁하게 순환한다.

이것은 서경(書經)의 기삼백(朞三百: 천문운행 원리를 나타내는 造曆法)에서 표현하는 것처럼 日月운행의 원리와 같다. 6효에 배속된 6괘는 소성괘(小成卦)가 두 개씩 모여 있으므로 모두 소성괘가 12개로 되어 있다. 이들 소성괘의 분포를 살펴보자.

〈표 1-4〉

	☰	☷	☵	☲	☳	☴	☶	☱	없는 괘	많은 괘
1	4	3	3	0	1	0	0	1	☲ ☴ ☶	☰
2	2	3	0	2	2	1	2	0	☵ ☱	☷
3	1	1	2	2	2	2	1	1		
4	1	1	1	2	0	4	2	1	☳	☴
5	1	1	1	1	2	1	4	1		☶
6	0	0	2	2	2	1	1	4	☰ ☷	☱

- 상경 1효의 특징은 ☰ ☷의 天地가 7개로 12개 중 반인 50%를 넘고 그 다음 水가 세 개로 많으며 火가 없다는 것이다. 그리고 ☷보다 ☰이 네 개로 가장 많아 1효는 ☰인 天이 주도하고 있다. 이것은 天地가 상교(相交)함에 제일 먼저 천일생수(天一生水)로써 만물이 生함을 나타낸 것이다.

- 상경 2효의 특징은 아직도 ☰ ☷의 天地가 다섯 개로 12개 중 우위를 차지하고 있으며 ☳, ☶, ☲가 두 개씩이며, 水가 없다는 것이다. 이것은 天地가 상교(相交)함에 두 번째로는 지이생화(地二生火)하여 만물을 건조하게 말리는 것이다. 그리고 ☰보다 ☷이 세 개로 가장 많아 2효는 ☷인 地가 주도하고 있다는 사실을 알 수 있다.

- 상경 3효의 특징은 8괘가 골고루 빠짐없이 전부 다 구비되어 있다는 것이다. ☵ ☲ ☳ ☴이 두 개씩으로 가장 많고 ☰ ☷ ☶ ☱이 한 개씩으로 되어 있다. 이것은 天地가 상교(相交)하여 드디어 8괘로 대변되는 만물을 창조하게 된 것이다. 天地와 연못과 바람이 고요하게 안정되고 일월성신(日月星辰)의 작용이 정상적으로 운행되고 있는 모

습을 나타낸다.

- 하경 4효의 특징은 ☶괘가 네 개로 가장 많고 ☱괘가 없는 것이다. 그다음으로 ☲ ☳ 가 두 개씩이다. 이것은 만물이 어느 정도 성장하여 음양이 서로 감응하여 짝짓기를 하는 단계로 양을 상징하는 ☶괘와 음을 상징하는 ☱괘가 산택통기(山澤通氣)를 하는 형상으로 뜨거운 ☲(火)의 기운이 분위기를 만들어 주고 있다. 아직 분위기가 무르익지 않아 ☱괘는 없다.

소남(小男)에 해당하는 ☶괘가 주도하므로 네 개로서 가장 많다.

- 하경 5효의 특징은 ☱괘가 네 개로 가장 많고 8괘가 모두 있다. 그다음으로 ☲괘가 두 개로 많다. 4효에서 네 개로 가장 많던 ☶괘는 한 개로 줄고 하나도 없던 ☱괘가 두 개로 많아졌다. 이것은 시간이 지남에 따라 ☶괘는 힘이 미약해지고 소녀(小女)에 해당하는 ☱괘가 주도하게 되어 ☲괘로 발동이 걸린 상태라 할 수 있다.

- 하경 6효의 특징은 ☱괘가 네 개로 가장 많고 ☰ ☷의 天地가 없어지고 그다음에 ☳ ☴ ☶이 두 개씩으로 많다. 天地가 없다는 것은 이제는 조부모(祖父母)의 시대는 지나갔고 부모에 해당하는 ☳ ☴는 각기 한 개씩으로 안정되어 있고 손자에 해당하는 ☵ ☶이 ☲ ☵(日月)의 보호 아래 왕성하게 활동하고 있음을 나타낸다. ☱괘가 ☲괘보다 많은 것은 하경은 음인 기(氣)가 주도하기 때문에 ☱卦가 네 개로 가장 많은 것이다.

이와 같이 36궁(宮)에 배속된 괘들을 자세히 분석하여 주역 64괘가 어떤 구조로 이루어져 있으며 괘열의 순서를 정한 서괘(序卦)의 의미를 어느 정도 이해할 수 있게 되었을 것이다. 아직도 풀리지 않는 서괘(序卦)의 비밀은 많은 학자들의 궁금증을 자아내고 있지만 역(易)은 본래 이간(易簡)한 것이므로 밝은 지혜와 세밀한 연구를 통하여 정진한다면 언젠가는 명료하게 그 진실이 드러나지 않을까 생각한다.

2. 현대과학으로 드러난 8괘

우주의 근본인 태극(太極)이 3변(1, 2, 4, 8)의 과정을 거치면 8가지의 강약(强弱) 에너지의 형태를 나타나는데 이것을 부호로 표시한 것이 8괘 체제라고 정의한다.

우리 주변을 둘러싼 삼라만상이 8괘의 범주를 벗어나서 존재하는 것은 없다. 따라서 8괘는 우리가 살고 있는 지구, 더 넓게는 우리의 우주 어디서나 보편적으로 적용되는 자연의 법칙이라고 할 수 있다. 특히 물질을 근본단위별로 분류해 놓은 원소주기율표와 8괘를 비교해서 설명할 수 있다.

그렇다면 원소 주기율표의 1족부터 8족에 이르는 원소들을 8괘에 비교해 보자.

- 건(乾: ☰)괘는 제1족과 같이 가장 강한 것이며,
- 태(兌: ☱)는 제2족으로서 양성이 조금 약한 것이고,
- 리(離: ☲)는 제3족,
- 진(震: ☳)은 제4족,
- 손(巽: ☴)은 제5족,
- 감(坎: ☵)은 제6족,
- 간(艮: ☶)은 제7족,
- 곤(坤: ☷)은 음성이 제일 높고 양성이 약한 제8족에 속한다.

현재 주기율표에 나타나 있는 원소 수는 총 118개이지만 태극의 본질을 보여 주는 0족을 포함하여 모두 8족으로 나누어져 있다. 원소의 번호는 핵(核)을 중심으로 첫 궤도(K殼)에는 최대 두 개의 전자가 들어갈 수 있다.

아래 그림에서 중앙은 핵이고 그 외곽이 K각이고, 그 다음이 L각이다.

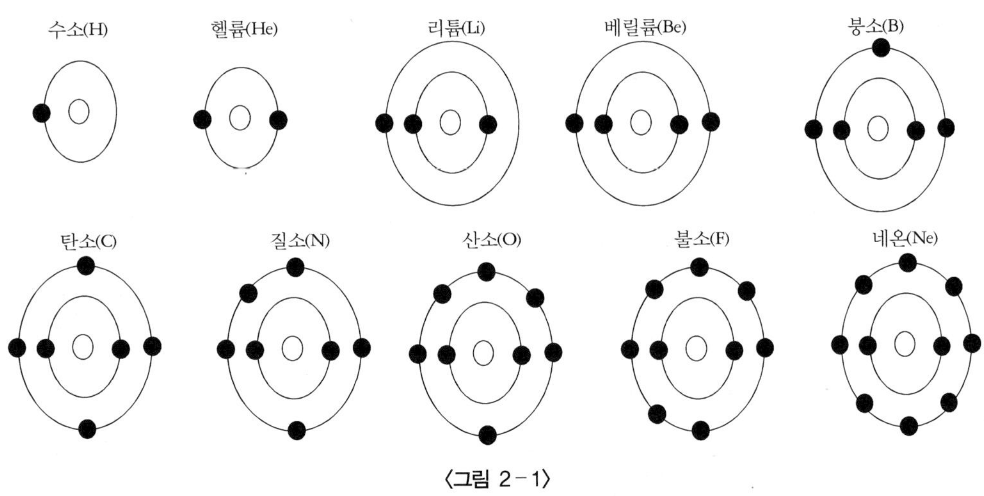

〈그림 2-1〉

예를 들어, K각에 한 개의 전자가 들어 있는 것이 수소이고, 두 개가 들어 있는 것이 헬륨이다. 다음 궤도(L각)에는 8개의 자리가 있다. L각의 8개자리가 전자 8개로 다 메워지

면 다시 세 번째 궤도가 구성된다. 전자의 수가 많으면 핵의 수량도 같아지므로 전자를 보면 핵의 수량을 측정할 수 있다. 이와 같이 전자의 수가 달라지면 질량 역시 달라져 완전히 다른 별개의 원소가 된다. 둘째 궤도인 L각을 보면 겉에 한 개의 전자를 가지고 K각에 두 개의 전자를 가진 것을 리튬(Li)이라고 하는데 1족(族)에 속한다. L각에 두 개의 전자를 가지고 K각에 두 개의 전자를 가진 것을 베릴륨(Be)이라고 하는데 2족에 속한다. 같은 식으로 K각에 세 개의 전자가 있으면 붕소(B)가 되고 3족에 속하며, 네 개를 가지고 있으면 탄소(C)가 되고 4족에 속하고, 다섯 개를 가지고 있으면 질소(N)가 되고 5족에 속하며, 여섯 개를 가지고 있으면 산소(O)가 되고 6족에 속하고, 7개를 가지고 있으면 불소(F)가 되고 7족에 속하며, 8개를 가지고 있으면 네온(Ne)이 되는데 네온은 8괘로는 곤(☷)에 배속하며 8족에 속하게 된다. 이와 같이 주기율표에 8족으로 분류되는 원소는 8괘와 배속시킬 수 있다. 또 8괘를 유전자에 배속시킬 수도 있다.

유전자 DNA를 이루는 염기는 4가지의 조합으로 되어 있다. 즉 구아닌, 아데닌, 시토신, 티아민이다. DNA는 두 가닥의 염기의 띠가 나선형으로 꼬여 있다. 네 개의 염기는 서로 짝을 이루어 결합하는데 아데닌은 구아닌과, 시토신은 티아민이 서로 짝이 된다. 이것은 음과 양으로 구별되는데 세 개의 염기가 하나의 유전자를 결정하게 된다. $2^3 = 8$이 되므로 결국은 8개의 조화를 이룰 때 하나의 DNA가 형성된다.

식물들의 수정작용(受精作用) 역시 꽃의 수술화분(花粉)이 세 개의 핵을 가지고 암술을 찾아들 때, 암술의 배낭을 한 개의 핵에서 3회의 분열을 일으켜 8개의 핵이 되어 다시 위의 세 개, 아래의 세 개 가운데 두 개로서 3등분되어 웅핵(雄核)들과 수정작용을 하여 결실을 얻게 된다는 것도 결국은 8괘의 성향을 그대로 드러낸 것이다.

현대과학의 첨단이라고 할 수 있는 컴퓨터 역시 8개의 비트(회로)에 의해서 하나의 답을 얻어내는 것과 같이 전지전능(全知全能)한 조화(造化)를 일으키는 것이 바로 8괘다. 오늘날 원소의 종류가 118종으로 되어 있으나 물질을 구성하는 원소는 63종으로 알려져 있다. 왜 64가 아니고 63일까? 64괘라는 것이 본래 태극이라는 1에서 출발한 것이므로 1을 제하면 63이 된다.

64괘의 6효를 2진법으로 나열하면 처음에 000000으로 시작해서 000001, 000010, 000011, 000100, 000101, 000110, 000111……의 순서로 진행하다가 마지막 63번째 가면 6자리에 모두 1이 채워져 111111이 된다. 그다음에는 7번째 자리가 없으므로 다시 000000의 자리로 되돌아간다. 즉 태극에서 63번 분열하였다가 다시 0(태극)으로 되돌아가는 순환의 원칙대로 컴퓨터는 태극의 천리(天理)를 모방한 것이다.

2진법 체계의 컴퓨터 부호를 8괘에 배속시켜 보자. 라이프니츠는 음은 0, 양은 1에 대응한다고 보고 다음과 같이 전개하였다.

- 000은 ☷이 되고,
- ☷에서 1효가 변하면 001이 되니 ☶이 되고,
- 010은 ☵이 되고,
- 011은 ☴가 되고,
- 100은 ☳이 되고,
- 101은 ☲가 되고,
- 110은 ☱이 되고
- 111은 ☰이 되어 완전한 8괘가 구성된다.

0에서 7회를 반복하면 8괘가 되고, 63회를 거듭 오르면 64괘가 되는데 역의 이치(易理)는 바로 컴퓨터의 원리에 정확히 일치한다.

사상체질을 숫자에 배속해도 역시 논리적이다. 음효(--)는 0이 되고 양효(─)는 1이라고 하면,

- 태음인 ⚏는 00이 되고,
- 소양인 ⚎는 10이 되고,
- 소음인 ⚍는 01이 되고,
- 태양인 ⚌는 11이 된다.

이것은 효는 아래로부터 위로 그려 올라가므로 2진법의 수를 아래로부터 위로 올라가는 순서를 따라서, --는 0으로, ─는 1로 대응하여 차례로 쓴 것이다.

이상을 일목요연하게 정리해 보자.

- 태극을 하나의 커다란 전체로 보았을 때 그 커다란 전체를 1이라고 하자.
- 그 태극(1)이 둘로 나뉘면 음양이 되는데 따라서 음양은 각각 태극의 반(1/2)씩이 된다.
- 그 음양이 다시 각각 둘로 나뉘면 사상이 되는데 따라서 사상 중의 일상(一象)은 태극의 1/4씩이 된다.
- 사상을 다시 각각 둘로 나누면 여덟 개의 괘상, 즉 8괘가 되는데 이때 임의의 한 팔괘는 태극의 1/8이 된다.

이것을 표로 만들면 다음과 같다.

<table>
<tr><td>팔괘</td><td>☷</td><td>☶</td><td>☵</td><td>☴</td><td>☳</td><td>☲</td><td>☱</td><td>☰</td><td>$\frac{1}{8}$</td><td>1</td></tr>
<tr><td>사상</td><td colspan="2">⚏</td><td colspan="2">⚎</td><td colspan="2">⚍</td><td colspan="2">⚌</td><td>$\frac{1}{4}$</td><td>2</td></tr>
<tr><td>음양</td><td colspan="4">⚋</td><td colspan="4">⚊</td><td>$\frac{1}{2}$</td><td>4</td></tr>
<tr><td>태극</td><td colspan="8">•</td><td>1</td><td>8</td></tr>
</table>

이것은 마치 지상에 존재하는 만민이 하늘을 우러러 존경심을 쌓아 가는 모습에 비유할 수 있다.

- 지상에 태극이 있다.
- 태극이 분화하여 위로 향해서 음양으로 나뉜다. 태극의 힘8을 2등분한 값 4가 초효가 된다.
- 음양이 재분화하면 4상이 되는데 4상 중에 위에 있는 효는 태극의 힘8을 4등분한 값으로 2가 된다.
- 사상이 다시 분화하면 8괘가 되는데 8괘 중에 위에 있는 효는 태극의 힘8을 8등분한 값으로 1이 된다.
- 이제 건곤을 가지고 도식하면 아래와 같다(화살표는 하늘에서 땅으로 확산되는 모습이기 때문이다).

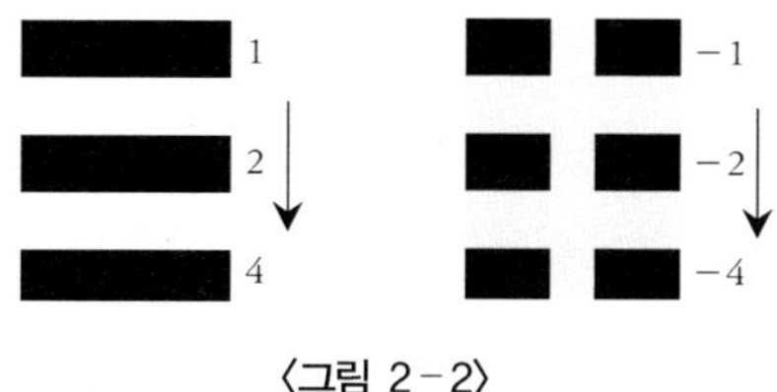

〈그림 2-2〉

이와 같은 계산법을 8괘에 전부 적용하면 아래의 표가 만들어진다.

〈표 2-2〉

8괘								
	−1 −2 −4	1 −2 −4	−1 2 −4	1 2 −4	−1 −2 4	1 −2 4	−1 2 4	1 2 4
합	−7	−5	−3	−1	1	3	5	7

위의 표를 가지고 원도(圓圖)를 만들면 아래의 복희선천8괘도가 된다.

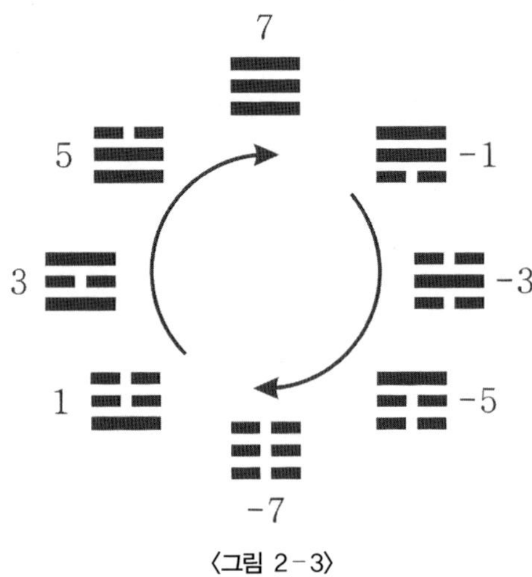

<그림 2-3>

마주 보는 괘의 합은 전부 7이 된다(양효의 값만 계산한 것).

■☰+☷=7+0=7

■☱+☶=6+1=7

■☲+☵=5+2=7

■☳+☴=4+3=7

다시 8괘에서 64괘까지 분열하면 다음과 같이 숫값이 매겨진다.

<표 2-3>

효위(爻位)	태극	1	2	3	4	5	6
분열수	●	$\frac{1}{2}$	$\frac{1}{4}$	$\frac{1}{8}$	$\frac{1}{16}$	$\frac{1}{32}$	$\frac{1}{64}$
값	64	32	16	8	4	2	1

따라서 대성괘의 건괘와 곤괘를 예로 들어 양효와 음효의 숫값은 다음과 같다.

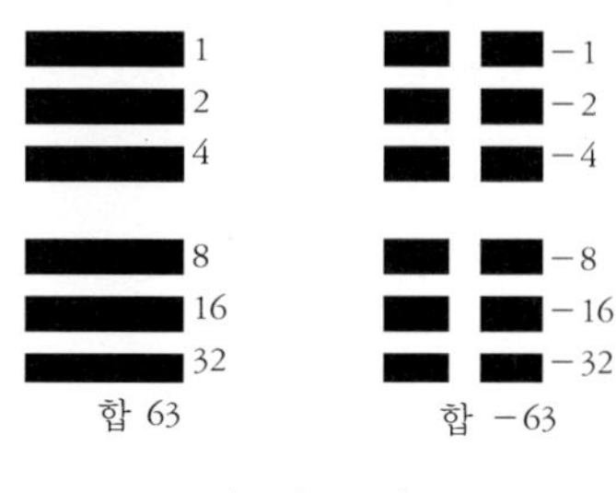

〈그림 2-4〉

임의의 대성괘의 값을 계산하는 것은 이와 같이 하면 된다. 뇌풍항과 풍뇌익의 예를 들어 보자.

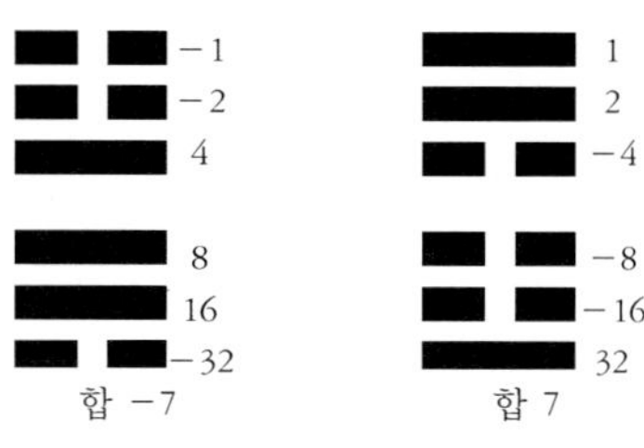

〈그림 2-5〉

〈그림 2-4〉에서 보면 양수의 합은 63, 음수의 합은 −63으로 항상 63이라는 수를 유지한다.

잠시, 현대 수학의 개념 하나를 도입해 보자. 주역의 대성괘는 총 64개이고 여기에 태극이 들어가면 도합 65가 된다. 주역에서 65라는 수는 아주 중요한 의미를 가지고 있다. 즉 주역의 괘상을 이진법에 따라서 합산하면 65를 벗어나지 못한다. 65는 바로 0이 된다. 만일 65를 벗어나서 66이 되면 66에서 65를 뺀 값, 즉 1과 동일한 값이 된다. 이것을 수학에서는 modulus(略, mod.)라고 하는데 시계에서 볼 수 있다. 가령, 시계의 눈금은 1부터 12까지 있다. 12시를 넘어 13시가 되면 13시−12시＝1이 되고 우리는 13시를 1시라고 하는 것과 같은 논리이다. 따라서 시계는 mod 12 체계이다. 주역(周易)은 수학적으로 mod 65 체계라고 말한다. 따라서 뇌풍항(雷風恒)을 합산한 −7은(65−7) 58과 동치이고 곤(坤)괘 −63도 65에서 63을 뺀 2와 동치관계가 된다. 이런 식으로 64괘를 전부 계산하여 나온 값을 근거로 다음의 복희 64괘도가 만들어진다.

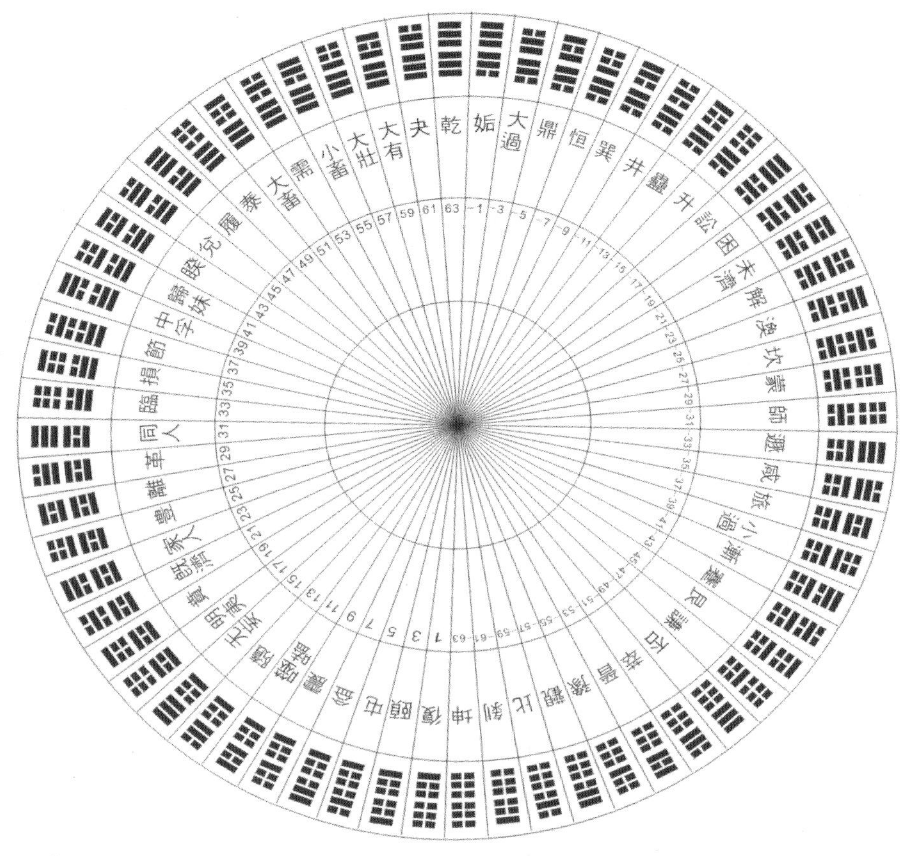

〈그림 2-6〉 복희 64괘변도

위 그림에서 좌반구를 이루는 地雷復(1)부터 乾爲天(63)까지는 1, 3, 5, 7, 9로 진행하여 63에서 끝나며 모두 양수이고, 우반구의 天風姤(−1)부터 坤爲地(−63)까지는 −1, −3, −5, −7, −9……로 진행하여 −63에서 끝나며 모두 음수로 배열되었다.

이미 언급한 바와 같이, 음의 값에 65(mod 65)를 더하면 짝수의 정수로 환원된다. 즉 坤爲地의 합산은 −63인데 여기에 65를 더하면 2로 환원된다는 말이다. 이렇게 坤(2)에서 姤(4)로 가고 다시 우반구를 따라 상향하면 위와 같은 복희64괘가 만들어진다. 이 그림에서 서로 마주 보는 괘는 6효를 이루는 음양이 정반대로 되어 있음을 알 수 있다.

예를 들어 보자.

井　　　噬嗑　　　節　　　旅

−11(54)　　11　　　37　　−37(28)

이것은 결과적으로 대성괘의 생성원리인 일정팔회법(一貞八悔法)과 동일하다. 일정팔회법이 무엇인가? 가령, 하괘에 건(☰)을 깔고 상괘에 8괘가 차례대로 와서 짝 짓는 방법이다.

<그림 2−6>을 보자. 乾(☰)을 하괘에 깔고 상괘에 팔괘를 차례로 배열하면 乾, 夬, 大有, 大壯, 小畜, 需, 大畜, 泰라는 여덟 개의 괘상이 산출된다(하괘가 전부 ☰이라는 공통점을 갖고 있다). 마찬가지로 이번에는 兌(☱)를 하괘에 두고 상괘에 여덟 괘를 차례로 배열하면 履, 兌, 睽, 歸妹, 中孚, 節, 損, 臨 여덟 개의 괘가 산출된다. 이러한 방법으로 8괘 중에 임의의 한 괘를 하괘에 깔고 여덟 번 반복하면 64괘를 얻게 되는 데 이것을 일정팔회법이라고 한다. 즉 기본이 되는 하괘는 그대로 두고(一貞), 상괘만 여덟 번 바꾸어서(八悔) 64괘를 도출시키는 방법이다.

복희씨가 당시에 이런 수학적 지식을 토대로 64괘도를 작성했는지는 알 길이 없다. 그러나 이렇게 무작위로 한 괘를 하괘에 두고, 상괘에 차례로 다른 여덟 괘를 배속하여 그렸다고 설명하는 일정팔회법보다는, 이처럼 대성괘에 숫값을 매겨 합산하여 64괘의 괘열이 만들어 졌다고 설명하는 편이 훨씬 더 보편적이고 설득력이 있음은 당연해 보인다. 결과가 어차피 같게 되었다는 것만 우선 기억하자.

3. 하락잡기(河洛雜記)

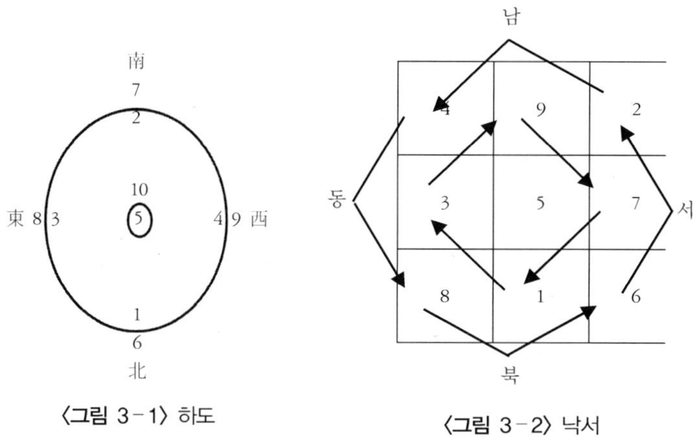

〈그림 3−1〉 하도　　　　　　　　〈그림 3−2〉 낙서

하도에서 상생상극의 수리관계를 살펴본다.

① 상생(相生)

■ 木生火   木 < 3×9＝27＝7 / 8×9＝72＝2 > 火

      火 < 7×9＝63＝3 / 2×9＝18＝8 > 木

■ 金生水   金 < 9×9＝81＝1 / 4×9＝36＝6 > 水

      水 < 1×9＝9 / 6×9＝54＝4 > 金

■ 水生木   水 < 1×3＝3 / 6×3＝18＝8 > 木

      木 < 3×7＝21＝1 / 8×7＝56＝6 > 水

② 상극(相剋)

■ 水剋火   水 < 1×7＝7 / 6×7＝42＝2 > 火

■ 金剋木   金 < 9×7＝63＝3 / 4×7＝28＝8 > 木

낙서에서 상생상극의 수리관계를 살펴본다.

① 상생(相生): 9를 곱함으로써 대대(對待)관계가 상생이 된다.

- 남9×9＝81
- 서7×9＝63
- 북1×9＝9
- 동3×9＝27
- 서남2×9＝18
- 동남4×9＝36
- 동북8×9＝72
- 서북6×9＝54

② 상극(相剋): 낙서에서는 7을 곱함으로써 오행에 상극(相剋)이 일어나거나 상모(相母) 작용이 일어난다.

- 水剋火
$$水 \begin{cases} 1×7＝7 \\ 6×7＝42＝2 \end{cases} 火$$

- 火剋金
$$火 \begin{cases} 2×7＝14＝4 \\ 7×7＝49＝9 \end{cases} 金$$

- 金剋木
$$金 \begin{cases} 4×7＝28＝8 \\ 9×7＝63＝3 \end{cases} 木$$

- 木母水
$$木 \begin{cases} 3×7＝21＝1 \\ 8×7＝56＝6 \end{cases} 水$$

이와 같이 상모(相母) 작용, 즉 어미에게 의존함으로써 일어난 어미가 손해를 보는 개념의 작용이 일어난다. 이것은 상극과는 다르며 주오행(主五行)에 긍정적인 개념은 아니다. 즉 木母水는 어미인 水가 자식인 木으로 인해 피해를 보는 경우이다. 낙서의 中5를 제외한 사행(四行)은 이와 같이 우선(右旋)하며 7을 곱해 가면서 상극 상모하고 있다. 여기서 상생은 9를 곱하면서 발생하고 상모는 7을 곱하면서 발생한다는 사실에 주의하면 된다.

9는 노양수(老陽數)이고 7은 변화를 주도하는 소양수(少陽數)이기 때문에 이러한 현상이 일어나는 것이다.

제5장 제3의 역(易)

1. 주사위로 드러난 제3의 역(易)

알다시피 주사위는 정6면체로 되어 있고 각 면은 전부 정4각형이며 꼭짓점은 8개다. 주사위의 여섯 면에는 숫자 1, 2, 3, 4, 5, 6이 매겨져 있고, 또 서로 마주 보는 면의 숫자의 합은 7이다. 즉 1과 6, 2와 5, 3과 4가 서로 마주 보고 있는데 그 합이 7이 된다는 말이다. 그런데 여기서 한 가지 주목할 사실이 있다. 여섯 개의 숫자를 가지고 있는 주사위에 사실은 7이라는 숫자 하나가 더 숨어 있다는 사실이다. 이는 64괘에 태극이 하나 숨어 있어서 mod. 65가 되는 주역체계가 되는 것과 마찬가지다. 따라서 주사위에 새겨진 1~6까지 수에 숨겨진 수, 1(태극)을 더하면 mod. 7이 된다. 마주 보는 수의 합이 7인 이유가 바로 이 때문이다. 또 한 가지 기억하고 넘어갈 것이 있다. 앞서 이미 다루었던 1, 2, 4에 관한 것이다.

- 점(●)으로 표시되는 태극의 힘을 1이라고 하자.
- 태극이 둘로 나뉘어 음양이 되며 음과 양은 각각 1/2씩의 힘을 가지고 있다.
- 음양이 다시 각기 둘로 나뉘면 사상이 되는데 사상은 각각 1/4씩의 힘이다.
- 사상이 다시 각각 둘로 나뉘면 8괘가 되는데 8괘 각각은 1/8씩의 힘이다.

이제 여기서 분수를 없애기 위하여 각각에 8을 곱하면,

- 태극은 그 힘이 8이고
- 음양의 각각은 4씩이 된다(1효).
- 사상의 각각은 2씩 되고(2효)
- 8괘의 각각은 그 힘이 1씩이 된다(3효).

태극에서 음양이 가장 먼저 생겼고 다음에 사상이, 마지막에는 8괘가 생겨났으므로 생긴 순서로 보면 태극이 가장 나이가 많아서 그 힘이 8이 되고, 그 다음이 음양으로 그 힘이 4가 되고 다음에 사상의 힘이 2가 되고 마지막에 나온 8괘는 가장 신생(新生)이므로 그 힘이 1이 된다. 결과적으로 임의의 어느 8괘를 구성하는 세 개의 효의 힘은, ■ 초효: 4 ■2효: 2 ■3효: 1이 된다.

이제 주사위로 다시 돌아가서 1면, 2면, 4면을 3효, 2효, 1효에 배속시키고 전부 양효라고 규정하자. 그러면 1면, 2면, 4면의 대칭면인 6면, 5면, 3면 역시 3효, 2효, 1효에 속하면

서 음효가 된다. 이때 mod. 7을 적용하면 6은 −1이 되고, 5는 −2가 되고, 3은 −4가 되는데 이것은 음효를 만들기 위해서다.

이제 주사위의 여섯 면과 8괘를 구성하는 세 개의 효의 힘을 정리해 보자.

〈표 1−1〉

1면	삼효	1	6면	삼효	−1
2면	이효	2	5면	이효	−2
4면	일효	4	3면	일효	−4

그러므로 주사위의 1, 2, 4면은 양수 값이면서 동시에 양효를 표시하고, 6, 5, 3면은 이와 대칭이 되므로 음수 값이면서 동시에 음효를 표시한다.

이번에는 주사위의 꼭짓점을 살펴보자. 모두 8개의 꼭짓점이 있는데 임의의 3면이 만나는 곳에 한 개의 꼭짓점이 생긴다. 이상으로부터 다음과 같은 논리를 만들 수 있다.

■ 세 면이 만나서 세 개의 효를 만들고 이것은 8괘 중의 어느 한 괘를 형성한다.

■ 꼭짓점이 8개인 것은 8괘와 서로 상응한다.

■ 주사위를 이루는 6면은 양면(陽面)과 음면(陰面)으로 나눌 수 있는데 양면은 바로 양효를, 음면은 또 음효를 구성하는 요소가 된다.

이상을 근거로 주사위에 괘를 표시해 보자.

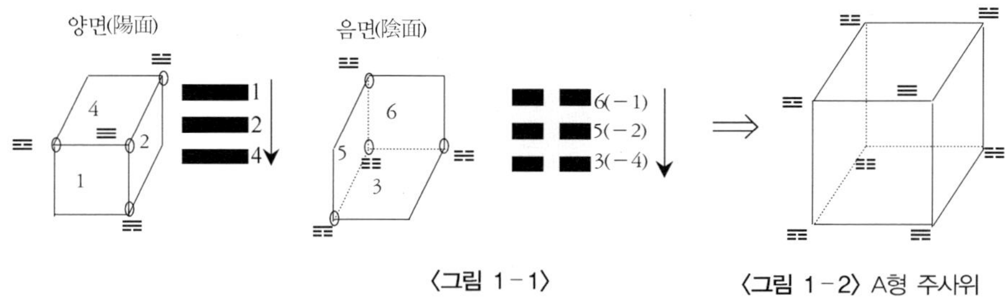

〈그림 1−1〉　　　　〈그림 1−2〉 A형 주사위

위와 같은 식으로 주사위의 6면 중에 3면을 선택하는 경우의 수와 하향식(↓) 계산에 의해 합산하면 아래와 같은 표로 정리된다.

〈표 1-2〉

면	괘	합	면	괘	합
1 2 4	1 / 2 / 4	7	6 5 3	6(−1) / 5(−2) / 3(−4)	−7
6 2 4	6(−1) / 2 / 4	5	1 5 3	1 / 5(−2) / 3(−4)	−5
1 5 4	1 / 5(−2) / 4	3	6 2 3	6(−1) / 2 / 3(−4)	−3
6 5 4	6(−1) / 5(−2) / 4	1	1 2 3	1 / 2 / 3(−4)	−1

위 <표 1−2>에서 나온 값을 크기 순서대로 나열하면 바로 복희선천팔괘도와 같다. 이런 논리로 만들어진 주사위를 A형(A type) 주사위라고 부르자.

① A형(A type)주사위

A형 주사위 논리(즉 복희선천팔괘도)로 만들어진 수를 양값과 음값으로 분류하고 또 그 둘을 합산하면 아래와 같다.

〈표 1-3〉

8괘	☰	☱	☲	☳	☴	☵	☶	☷
양값	7	6	5	4	3	2	1	0
음값	0	−1	−2	−3	−4	−5	−6	−7
합계	7	5	3	1	−1	−3	−5	−7

이렇게 만들어진 주사위에는 다음과 같은 3가지 특징이 있다.

■주사위 각 면에 위치하고 있는 네 괘의 합은 그 면의 4배와 값이 같다.

주사위 1면 ☰+☳+☵+☷=7+3+(−1)+(−5)=4(1면인데 4가 나왔다)

주사위 2면 ☰+☱+☶+☴=7+5+(−3)+(−1)=8(2면인데 8이 나왔다)

주사위 3면 ☷+☵+☳+☴=(−7)+(−3)+(−5)+(−1)=−16(−16÷4=−4(3))

주사위 4면 ☰+☱+☳+☵=7+5+1+3=16(16÷4=4)

주사위 5면 ☷+☶+☴+☲=(−7)+(−5)+3+1=−8(−8÷4=−2(5))

주사위 6면 ☷+☶+☵+☴=(−7)+1+5−3=−4(−4÷4=−1(6))

■주사위 각 면을 이루는 네 개의 꼭짓점에서 마주 보는 대각선 방향 괘의 합은 서로
 같다.

주사위 1면 ☰+☱=☲+☳7+(−5)=3+(−1)=2

주사위 2면 ☰+☴=☲+☵7+(−3)=5+(−1)=4

주사위 3면 ☷+☵=☶+☴(−7)+(−1)=(−3)+(−5)=−8

주사위 4면 ☰+☴=☲+☳7+1=5+3=8

주사위 5면 ☷+☴=☶+☵(−7)+3=1+(−5)=−4

주사위 6면 ☷+☲=☶+☴(−7)+5=1+(−3)=−2

■한 꼭짓점을 중앙(중심)으로 그 외곽방향의 3괘의 합은 중앙 꼭짓점의 값과 같다.

☰7을 중심으로 그 외곽의 ☱+☲+☳=5+3+(−1)=7이 되어 중심 7과 같다.

☱5를 중심으로 그 외곽의 ☰+☲+☴=7+1+(−3)=5가 되어 중심 5와 같다.

☲3을 중심으로 그 외곽의 ☰+☱+☴=7+1+(−5)=3이 되어 중심3 과 같다.

☳1을 중심으로 그 외곽의 ☱+☲+☷=5+3+(−7)=1이 되어 중심1 과 같다.

☴−1을 중심으로 그 외곽의 ☰+☴+☵=7+(−3)+(−5)=−1이 되어 중심−1과 같다.

☵−3을 중심으로 그 외곽의 ☱+☷+☳=5+(−7)+(−1)=−3이 되어 중심−3과 같다.

☶−5를 중심으로 그 외곽의 ☲+☷+☳=3+(−7)+(−1)=−5가 되어 중심−5와 같다.

☷−7을 중심으로 그 외곽의 ☶+☴+☵=(−3)+1+(−5)=−7이 되어 중심 −7과 같다.

이상의 내용이 A형 주사위에 들어 있는 논리인데 이는 제3부 4장 2절에 있는 <그림 2−2>
에서 이미 언급하였다. 기억이 나지 않는 독자들을 위하여 아래 <표 1−4>에 다시 한 번
정리한다.

〈표 1−4〉

팔괘	☷	☶	☵	☴	☳	☲	☱	☰	$\frac{1}{8}$	1
사상		☶		☴		☲		☰	$\frac{1}{4}$	2
음양		--				—			$\frac{1}{2}$	4
태극				•					1	8

■태극이 하부인 지상에 있다.

■지상에서 하늘을 향해서 올라가며 분화하는 구조이다. 이는 마치 지상에 살고 있는 만민이 하늘을 우러러 존경심을 쌓아 가는 모습에 비유할 수 있다(제3부 4장 2절 <그림 2-2> 참조).

② B형(B type) 주사위

다음으로 B형(B type) 주사위를 탐구해 볼 차례이다. 아래 <표 1-5>는 A형 주사위와 정반대의 논리를 가지고 있다. 즉 하늘에서 땅으로 내려오며 분화하는 구조이다.

〈표 1-5〉

태극	●								1	8
음양	--				—				$\frac{1}{2}$	4
사상	==		==		==		=		$\frac{1}{4}$	2
팔괘	☷	☶	☵	☴	☳	☲	☱	☰	$\frac{1}{8}$	1

위 그림에서 보면 태극은 상부인 하늘 쪽에 있다. 하늘에 있던 태극이 땅을 향해 그 氣를 살포하고 있는 모습이다. 마치 하늘에 계신 상제님께서 지상에 있는 만민에게 은혜를 내려 주고 있는 모습이라고 비유해도 좋다.

■1단계에서는 태극은 음양이라는 형태로 내려온다. 태극의 힘이 8이라면 4라는 음의 힘과 역시 4라는 양의 힘으로 나뉘어 내려오는 것이다.

■2단계에서 사상으로 다시 재분화한다. 그런데 사상의 모습은 두 개의 효를 가진 구조인데 아래에 있는 하효는 8이라는 태극의 힘을 4등분하여 양효의 숫값이 2가 되고 음효의 숫값도 2가 된다.

■3단계에서 다시 한 번 더 분화하여 8괘가 만들어진다. 8괘의 모습은 세 개의 효를 가진 형태인데 3단계의 효는 8이라는 태극의 힘을 8등분하여 양효의 숫값은 1이 되고 음효의 숫값이 1이 된다.

■이상의 내용을 아래와 같이 도식하여 나타낼 수 있다.

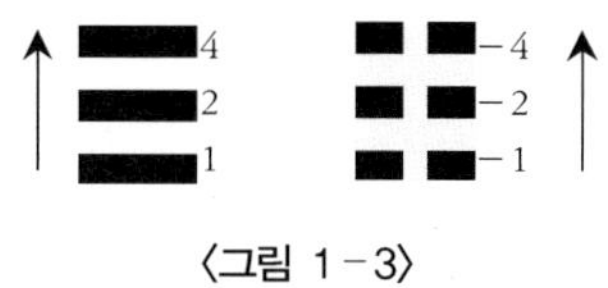

〈그림 1-3〉

이와 같이 얻어진 8괘의 숫값은 A형 주사위에서 1면과 4면의 위치를 바꾸었을 때 얻어지는 8괘의 숫값과 동일하다. 이것을 B형 주사위라고 하자.

③ B형 주사위

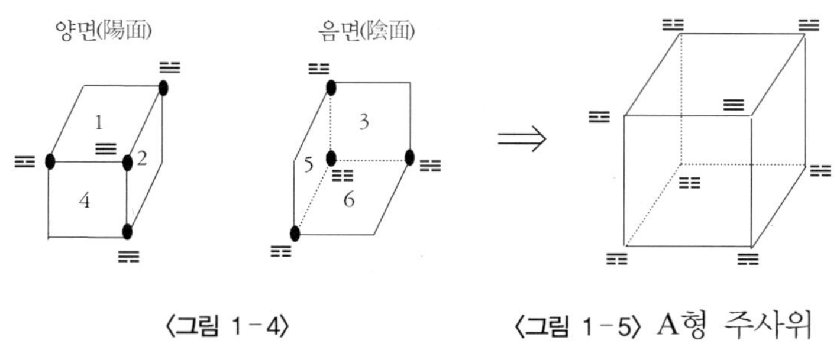

〈그림 1-4〉　　　　〈그림 1-5〉 A형 주사위

이것을 8괘에 전부 적용하여 값을 구하고 순서대로 배열하면 아래와 같다.

〈표 1-6〉

8괘								
합	7	5	3	1	-1	-3	-5	-7

그러면 이제 A형 주사위와 B형 주사위를 비교해 보자.

■ A형 주사위나 B형 주사위 모두 사정(四正)에 있는 ☰ ☷ ☵ ☲는 8괘의 숫값이 같다.

■ 사우(四隅)에 있는 ☳ ☶ ☴ ☱은 A형 주사위와 B형 주사위에서 그 숫값이 다르다.

■ A형 주사위나 B형 주사위의 4면에 있는 4괘는 양값을 갖고 3면에 있는 4괘는 음값을 갖는다.

지금까지 A형 주사위와 B형 주사위를 고찰하여 보았는데 보다시피 화살표가 어느 방향이냐에 따라 나타나는 괘상의 숫값이 일정하지 않다는 문제점이 발생한다. 다시 말해, A형 주사위처럼 하향식(↓)으로 계산하거나 혹은 B형 주사위처럼 상향식(↑)으로 계산하는 것 중에 일방적으로 어느 한쪽을 채택할 수 없는 상황이 발생한 것이다. 이 문제를 해결하는 방법은 없을까?

필자는 다음과 같은 방법을 강구하여 보았다. 즉 A형 주사위와 B형 주사위의 진행방향을 서로 교차시켜 음양이 상교(相交)하게 하는 방법이다.

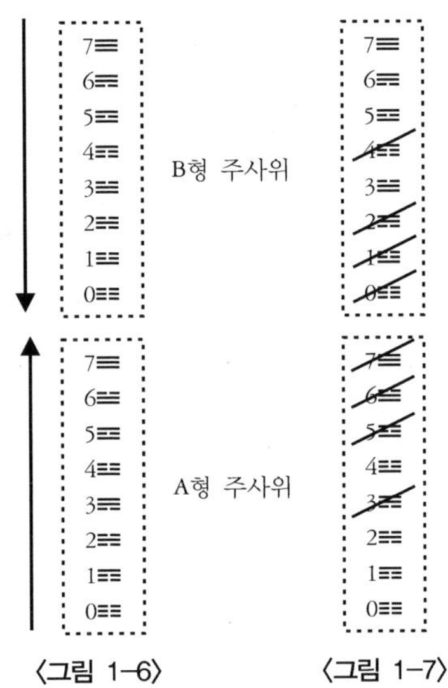

위 <그림 1-6>에서 보면,

■ A형 주사위의 괘열은 아래로부터 위로 상향하는 방향이다.

☷	☶	☵	☴	☳	☲	☱	☰

■ B형 주사위의 괘열은 위로부터 아래로 하향하는 방향이다.

☰	☱	☲	☳	☴	☵	☶	☷

그러면 이제 A형과 B형을 상교시켜 쌍방을 서로 섞어 보면 어떨까? 그 방법을 알아보자. 서로 겹치는 것을 솎아 내는 방법을 사용해 볼 것이다(그림 1-13).

<그림 1-7>에서 ╱ 표시는 소거해 버린다는 뜻이다. 차례로 소거해 나가 보자.

■A형은 ☷에서 출발한다. B형은 ☰에서 출발한다. 여기까지는 문제없다.

■A형의 두 번째는 ☳이다. B형의 두 번째는 ☴이다. 여기도 문제없다.

■A형의 세 번째는 ☵이다. B형의 세 번째는 ☶이다. 여기도 문제 될 것이 없다.

■A형의 네 번째는 ☶이다. 그런데 B형의 두 번째에서 이미 ☴을 사용하였으므로 여기서 사용할 수 없다. B형의 네 번째는 ☳이다. ☳은 A형의 두 번째에서 이미 사용하였으므로 여기서 사용할 수 없다. 그러므로 솎아 내야 한다.

■A형의 다섯 번째는 ☲이다. B형의 다섯 번째는 ☱이다. 문제없다.

■A형의 여섯 번째는 ☱이다. ☱는 B형의 세 번째에서 이미 사용하였으니 취할 수 없다. B형의 여섯 번째는 ☲인데 ☲도 A형의 세 번째에서 이미 사용하였으니 취할 수 없다. 그러므로 역시 솎아 내야 한다.

■A형의 일곱 번째는 ☴인데 ☴는 B형의 다섯 번째에서 이미 사용하였으니 취할 수 없다. B형의 일곱 번째는 ☵인데 ☵ 역시 A형의 다섯 번째에서 이미 사용하였으니 취할 수 없다.

■A형의 여덟 번째는 ☰인데 ☰은 B형의 첫 번째에서 이미 사용하였으니 취할 수 없다. 그러므로 솎아 내야 한다. B형의 여덟 번째는 ☷인데 ☷도 역시 A형의 첫 번째에서 이미 사용하였으니 취할 수 없다. 그러므로 솎아 내야 한다.

이제 최종적으로 남아 있는 괘만 취하면 새로운 괘열이 등장한다. 이러한 작업의 목적은 A형 주사위와 B형 주사위가 무질서하게 섞이지 않고 자연스럽게 섞이게 함이다. A형 주사위와 B형 주사위가 자연스럽게 상교(相交)하면서 순리대로 숫값이 결정된 것이다.

〈표 1-7〉

괘	☰	☱	☲	☳	☴	☵	☶	☷
숫값	7	6	5	4	3	2	1	0

그런데 여전히 남아 있는 문제가 있다. A형과 B형을 혼합하여 얻은 장점은 있지만 상향(↑)이나 하향(↓)이 혼잡되어 있어서 여간 번거로운 게 아니다. 그런데 자세히 살펴보니 한 가지 기발한 생각을 떠올릴 수 있다. 즉 양괘는 하향식으로 계산하고 음괘는 상향식으로 계산하면 된다는 사실이다. 8괘를 음양으로 분류하는 방법만 알고 있다면 괘를 보

는 순간, 즉각적으로 화살표 방향을 매길 수 있다는 것이다. 그럼 전통 주역에서 8괘의 음양은 어떻게 구분하는가?

건(☰)과 곤(☷)은 음·양이 자명한데 그 외의 여섯 괘는 괘의 특이점의 유무로 구분한다. 즉 세 개의 효 중에서 적은 쪽이 특이점이다. 가령, ☳은 양효가 두 개 음효가 한 개인데 적은 효가 음효이므로 음괘라고 규정한다. 나머지도 이과 같은 규칙을 따르면 8괘의 음양이 정해진다.

〈표 1-8〉

음괘	☳	☵	☶	☰
양괘	☰	☴	☷	☲

따라서 네 개의 음괘는 상향(↑)의 계산법을 취하고, 네 개의 양괘는 하향(↓)의 계산법을 취하면 된다는 결론이다. 음괘인지 양괘인지에 따라서 매겨지는 방향이 다르고 또 그에 따른 숫값이 다르다는 사실을 발견한 것이다.

필자는 이것을 현대적인 수학적 기법을 이용하여 좀 더 일반화할 필요성을 느꼈다. 수학에 어려움을 겪는 독자는 건너뛰어도 좋다. 다음을 보자.

분수함수 $y = \dfrac{4}{x}$ 는 다음과 같다.

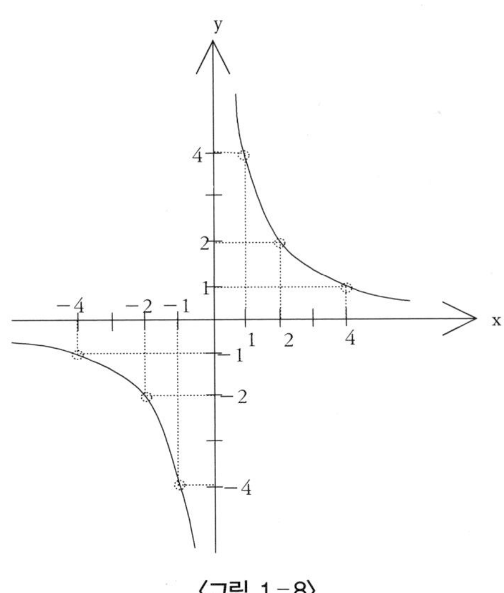

〈그림 1-8〉

위의 분수함수 그래프는 x값과 그에 따라 도출되는 y값이 반비례관계임을 보여 준다.

■y축의 양수 부분은 양효에 속하고 음수 부분은 음효를 나타낸다.

■y축에 4, 2, 1을 대입했을 때 산출되는 x값으로 효에 번호를 매긴다.

가령 건괘(☰)와 곤괘(☷)를 가지고 예를 들어 보자.

■y=4일 때 x는 1, y=2일 때 x는 2, y=1일 때 x=4가 되며 방향은 위에서 아랫방향이 된다. y값이 양수면 양효를 나타낸다. 그러면 도출되는 x값은 1, 2, 4가 된다.

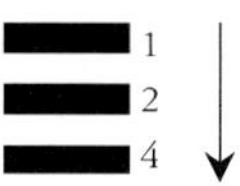

■y=−1일 때, x는 −4, y=−2일 때 x는 −2, y=−4일 때 x는 −1이 되며 아래로부터 위 방향이 된다. y값이 음수면 음효를 나타낸다.

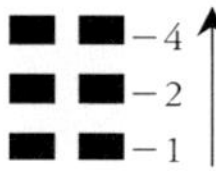

■양괘는 그 본향(本鄕)이 上에 위치하므로 上에서 출발하고, 음괘는 그 본향이 下에 위 치하므로 下에서 출발한다.

■양괘는 上에서 출발하여 下에 이르러 가장 큰 힘을 갖는다. 그런데 본향이 上이므로 다시 下에서 上으로 올라가려는 성질을 갖게 된다.

■음괘는 下에서 출발하여 上에 이르러 가장 큰 힘을 갖고 上에서 본향인 下를 향해 내 려오려는 성질을 갖게 된다.

이러한 논리에 따라 산출된 양괘와 음괘의 값을 크기순으로 나열해 보자.

〈표 1-9〉

8괘	1 2 4	4 2 −1	4 −2 1	−1 −2 4	−4 2 1	−1 2 −4	1 −2 −4	−4 −2) −1
합	7	5	3	1	−1	−3	−5	−7

결론적으로 말해, 일률적인 상향식, 혹 하향식이 아니고 A형 주사위와 B형 주사위를 상교(相交)시켜 보면 음괘와 양괘의 여부에 따라 각기 다른 값을 매긴 괘열이 산출되었다.

64괘 중에 天地否(☰☷)를 보면, 하늘은 본향인 상부에 있고 땅도 본향인 하부에 있어 서로 교류가 일어나지 않아 꽉 막힌 형국이다. 이에 반해 地天泰(☷☰)는, 하늘 기운은 아래로 내려오고 땅기운은 위로 올라가 천지가 사귀어 통하게 되었으니 서로 氣를 통하고 있는 형상이다. 아래의 뜻이 위로 올라가고 위의 뜻이 아래로 내려와 상하가 서로 잘 소통되어 태평한 세상이 되는 것이다. 하늘이 아래로 내려오고 땅이 위로 올라가듯이 음양이 상교(相交)되니 진실로 천지가 사귀어 통하게 되는 것이다.

y축 위에 나타난 양괘는 y값에 따라 x값이 위에서부터 1.2.4로 내려오고, y축 아래에 나타난 음괘는 y값에 따라 x값이 아래에서부터 1.2.4로 올라가니 지천태가 바로 이 모습을 분명하게 보여 주고 있다.

이와 같이 陰陽이 相交하여 얻어진 八卦의 괘열을 토대로 주사위에 배속하면 C형 주사위가 탄생된다.

④ C형 주사위

〈표 1-10〉

괘상	☰	☱	☲	☳	☴	☵	☶	☷
양값	7	6	5	4	3	2	1	0
음값	0	−1	−2	−3	−4	−5	−6	−7
합계	7	5	3	1	−1	−3	−5	−7

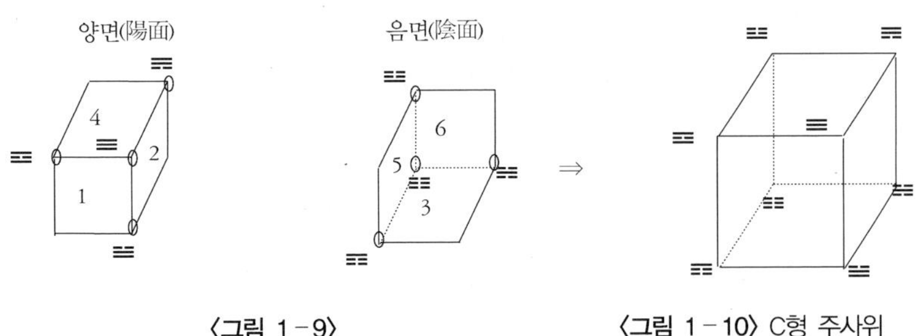

〈그림 1-9〉 　　　　〈그림 1-10〉 C형 주사위

이제 각 면이 만드는 8괘의 수치를 계산해 보자.

〈표 1-11〉

면	괘	합	면	괘	합
1 2 4	(1, 2, 4 ↓)	1+2+4=7	1 2 3	(−4, 2, 1 ↑)	1+2−4=−1
6 2 4	(4, 2, −1 ↑)	−1+2+4=5	6 2 3	(−1, 2, −4 ↓)	−1+2−4=−3
1 5 4	(4, −2, 1 ↑)	1−2+4=3	1 5 3	(1, −2, −4 ↓)	1−2−4=−5
6 5 4	(−1, −2, 4 ↓)	−1−2+4=1	6 5 3	(−4, −2), −1 ↑)	−1−2−4=−7

이렇게 이루어진 C형 주사위는 3가지 특징을 가지고 있다.

■주사위 上에 각 면에 위치하고 있는 4卦의 合은 그 면을 4배한 값이 된다.

주사위 1면 $\equiv + \equiv\equiv + \equiv\equiv + \equiv\equiv \rightarrow 7-1+3-5=4 \rightarrow (4÷4)=1$

2면 $\equiv + \equiv + \equiv\equiv + \equiv\equiv \rightarrow 7+5-1-3=8 \rightarrow (8÷4)=2$

3면 $\equiv\equiv + \equiv\equiv + \equiv\equiv + \equiv \rightarrow -7-3-5-1=-16 \rightarrow (-16÷4)=-4(3)$

4면 $\equiv + \equiv + \equiv\equiv + \equiv\equiv \rightarrow 7+3+5+1=16 \rightarrow (16÷4)=4$

5면 $\equiv\equiv + \equiv\equiv + \equiv\equiv + \equiv\equiv \rightarrow -7+1+3-5=-8 \rightarrow (-8÷4)=-2(5)$

6면 $\equiv\equiv + \equiv\equiv + \equiv\equiv + \equiv\equiv \rightarrow -7-3+5+1=-4 \rightarrow (-4÷4)=-1(6)$

■주사위 上에 각 꼭짓점끼리 마주 보는 卦의 合은 그 면 안에서 서로 같다.

주사위 1면 $\equiv + \equiv\equiv = \equiv\equiv + \equiv\equiv \rightarrow 7-5=3-1=2$

2면 $\equiv + \equiv\equiv = \equiv\equiv + \equiv\equiv \rightarrow 7-3=5-1=4$

3면 $\equiv\equiv + \equiv\equiv = \equiv\equiv + \equiv\equiv \rightarrow -7-1=-3-5=-8$

4면 $\equiv + \equiv\equiv = \equiv\equiv + \equiv \rightarrow 7+1=5+3=8$

5면 $\equiv\equiv + \equiv\equiv = \equiv\equiv + \equiv\equiv \rightarrow -7+3=1-5=-4$

6면 $\equiv\equiv + \equiv\equiv = \equiv\equiv + \equiv\equiv \rightarrow -7+5=1-3=-2$

■주사위 上에 爻卦는 爻卦와 꼭짓점으로 연결되어 있는 3卦의 合과 같다.

$\equiv$ 7: $\equiv\equiv + \equiv\equiv + \equiv\equiv \rightarrow 5+3-1=7$

$\equiv\equiv$ 5: $\equiv + \equiv\equiv + \equiv\equiv \rightarrow 7-3+1=5$

$\equiv\equiv$ 3: $\equiv + \equiv\equiv + \equiv\equiv \rightarrow 7+1-5=3$

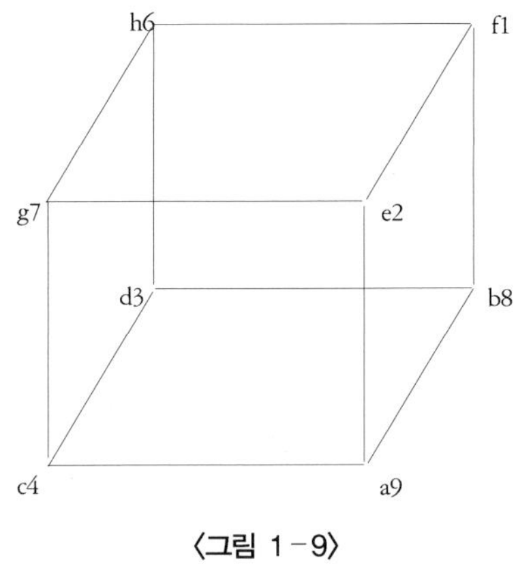

〈그림 1-9〉

$$☶\ 1:\ ☷+☴+☶ \rightarrow -7+5+3=1$$
$$☵\ -1:\ ☰+☷+☵ \rightarrow 7-3-5=-1$$
$$☳\ -3:\ ☶+☴+☳ \rightarrow -7+5-1=-3$$
$$☵\ -5:\ ☷+☵+☳ \rightarrow -7+3-1=-5$$
$$☷\ -7:\ ☷+☵+☷ \rightarrow 1-3-5=-7$$

陰陽이 相交하여 얻어진 C형 주사위에 있는 8괘의 1면과 4면의 위치를 바꾸었을 때 다른 값이 얻어진다. 이렇게 만들어진 것을 D형 주사위라고 하자. 즉 陽卦와 陰卦의 숫값 진행 방향이 반대로 되어 계산된 값이 다르게 나타난다. 그런데 D형 주사위도 C형 주사위에서 사용한 소거법을 이용하여 아래와 같이 정리할 수 있다. 단 화살표 방향이 다른 것에 주의를 기울여야 한다. 역시 A형과 B형 주사위로부터 도출된 것이다.

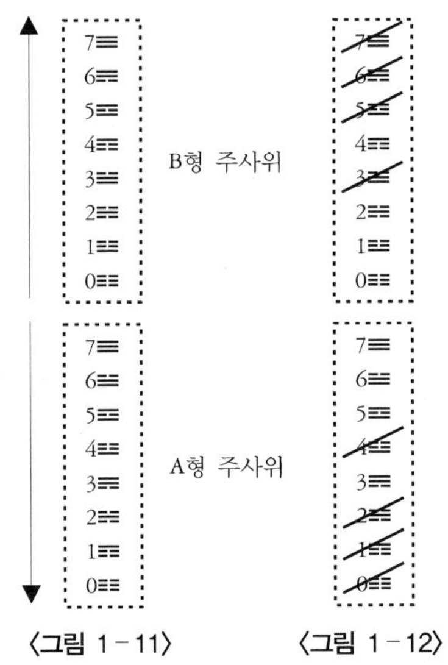

〈그림 1-11〉　　　　〈그림 1-12〉

소거하고 남은 괘들만 추리면 다음과 같다.

〈표 1-12〉

괘	☰	☱	☲	☳	☴	☵	☶	☷
숫값	7	6	5	4	3	2	1	0

⑤ D형 주사위

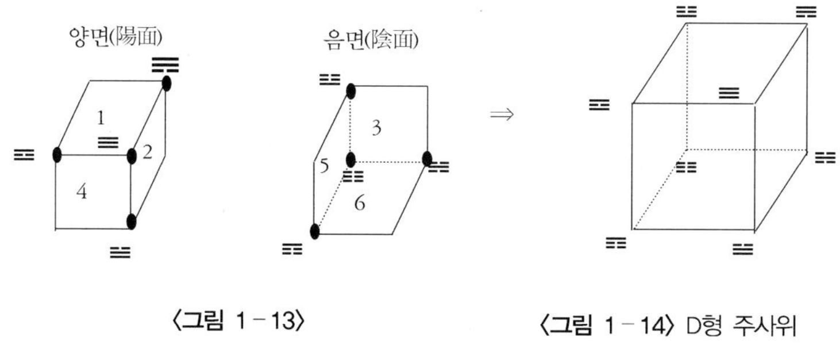

〈그림 1-13〉　　　　　　〈그림 1-14〉 D형 주사위

〈표 1-13〉

괘상	☰	☱	☲	☳	☴	☵	☶	☷
양값	7	6	5	4	3	2	1	0
음값	0	−1	−2	−3	−4	−5	−6	−7
합계	7	5	3	1	−1	−3	−5	−7

이제 각 면이 이루는 8괘의 숫값을 따져 보자.

〈표 1-14〉

면	괘	합	면	괘	합
1 2 4		1+2+4=7	6 5 3		−1−2−4=−7
1 3 5		1−2−4=−5	1 2 3		1+2−4=−1
6 2 3		−1+2−4=−3	1 5 4		1−2+4=3
6 5 4		−1−2+4=1	6 2 4		−1+2+4=5

　　D형 주사위의 특성도 C형 주사위와 동일하다. 단지 주사위의 1면과 4면의 위치를 바꾸었을 때 陽卦인지 陰卦인지에 따라 화살표 진행방향만 바뀔 뿐이다. 다만 사정(四正)에 있는 乾坤坎離는 진행방향과 관계없이 일정한 값이 매겨지는 반면, 사우에 있는 震兌巽艮은

진행방향에 따라 값이 달라진다는 사실만 유의하면 된다. 그런데 양괘인지 음괘인지에 따라 진행방향이 바뀌는 불편은 감수한다 치더라도 그러나 최소한 8괘가 갖는 숫값이 일정한 체계는 없을까 하는 생각에 다다랐다. 즉 1면과 4면의 위치가 변화해도 괘의 숫값이 달라지지 않는 체계가 없을까 하는 자연스런 문제 제기이다. 그것에 대해서 탐구해 보기로 하자.

A형, B형 주사위에 적용한 일률적 진행방향은 효(爻)와 효(爻) 사이에 일어날 수 있는 물리적 작용을 전혀 고려하지 않은 채, 단지 자연현상에서 있을 수 있는 그대로의 역상(易象)만 나타낸 것이다. 다시 말해서 자연에 존재하는 인력작용(人力作用)만을 고려하여 나타낸 것이란 말이다. 그런데 현대 물리에서는 자연계에 다음과 같은 4가지 물리적 작용이 있다고 알려져 있다. 그중에 A형이나 B형 주사위는 아래의 상인력, 하인력만을 고려하여 만들어진 개념이고 그 외에 두 개의 추력이 더 존재한다.

〈표 1-15〉

상인력(上引力) ↑	하인력(下引力) ↓	상합추력(相合推力) ↑	반발추력(反撥推力) ↓

음양이 상교하여 얻어진 C형, D형 주사위에도 음괘인지 양괘인지에 따라 숫값의 진행방향이 바뀌어 괘가 일정한 값을 갖지 않는데 이것 역시 효(爻)와 효(爻) 사이에 물리적 법칙은 고려하지 않은 채, 단지 수학적 계산만을 일률적으로 적용한 결과이다. 그러나 효와 효 사이에는 위에서 보여 준 4가지 작용 중 하나가 반드시 작용하게 되어 있다.

사상(四象)을 형성하는 두 효를 위의 4가지 작용으로 표시하면 다음과 같다.

■=은 ↑로 표시 ■==은 ↓로 표시 ■==은 로 ↑표시 ■==은 ↓로 표시한다.

이것은 자석에서 같은 극끼리는 서로 밀고, 반대 극끼리는 서로 당기는 것처럼 음효와 양효 사이에 서로 밀고 당기는 작용이 있음을 표시한 것이다.

이상을 근거로 음양 상교의 법칙에 다음과 같은 추력(推力)의 법칙을 상정해 볼 수 있다.

① 추력의 법칙 Ⅰ: C형 주사위에 해당: (相合推力) ↑
주효(主爻)에 가까운 효는 주효의 음양을 따라 음양이 바뀌며 또 주효에 합산(合算)되어

상합(相合)하고 나머지 효와는 반발한다.

<표 1-16>

	1 / 2 / 4	−1 / −2 / 4	4 / −2 / 1	4 / 2 / −1	1 / −2 / −4	−1 / 2 / −4	−4 / 2 / 1	−4 / −2 / −1
양	7	6	5	4	3	2	1	0
음	0	−1	−2	−3	−4	−5	−6	−7
합	7	5	3	1	−1	−3	−5	−7

② 추력의 법칙 Ⅱ: D형 주사위에 해당: (反撥推力)

주효를 제외한 나머지 2효는 서로 상합하고 주효와는 서로 반발한다. 따라서 주효와 나머지 2효는 서로 대응하여 음양의 힘과 수를 반대로 갖게 된다.

<표 1-17>

	4 / 2 / 1	−4 / −2 / 1	1 / −2 / 4	1 / 2 / −4	4 / −2 / −1	−4 / 2 / −1	−1 / 2 / 4	−1 / −2 / −4
양	7	6	5	4	3	2	1	0
음	0	−1	2	−3	−4	−5	−6	−7

주사위의 1면과 4면의 위치가 바뀜에 따라 8괘의 숫값이 각각 다르게 나타났던 것이 추력의 법칙 Ⅰ과 Ⅱ를 적용한 결과 이제 8괘가 일정한 숫값을 갖게 되었다. 이와 같은 작업은 이유 없이 한 것이 아니다. 실제로 필자는 다음과 같은 고민을 하게 되었기 때문이다.

가령, 진(震: ☳)괘와 태(兌: ☱)괘를 비교했을 때 구조적으로 보더라도 진(☳)괘보다 태(☱)괘에 양기(陽氣)가 더 많다(☱에는 양효가 두 개이고, ☳에는 양효가 한 개).

그러나 자연에 나타나는 실상을 보면 우레를 상징하는 진(☳)괘가 연못의 상징인 태(☱)괘보다 더 역동적이라는 것은 너무도 자명하다. 따라서 진(☳)괘는 +6, −1의 숫값을 갖고, 태(☱)는 +1, −6의 숫값을 갖는다. 따라서 추력의 법칙을 적용하면 수학적 계산상으로나 자연에서 나타나는 현상적으로나 서로 일치함을 알 수 있다. 추력의 법칙을 적용하여 8괘의 상수 값을 종합하면 아래와 같다.

〈표 1-18〉

8괘	☰	☳	☲	☴	☶	☵	☱	☷
양값	7	6	5	4	3	2	1	0
음값	0	−1	−2	−3	−4	−5	−6	−7
합	7	5	3	1	−1	−3	−5	−7

실제로 氣의 값이 플러스(+)로 나타난 괘는 ☰ ☳ ☲ ☴인데 이는 하늘, 우레, 불, 바람을 형상한 것으로 무형(無形)의 陽氣를 상징하고, 마이너스(−)로 나타난 괘는 ☶ ☵ ☱ ☷인데 산, 물, 연못, 땅을 형상한 것으로 유형(有形)의 陰氣를 상징한다.

따라서 음양이 상교하는 주사위에 나타난 8괘에 추력의 법칙을 적용한 결과 8괘의 상수 값이 실제의 자연현상과 정확하게 일치함을 알 수 있다. 또한 8괘의 상수 값은 陽氣와 陰氣의 다소(多小)에 따라 일정하게 배열되어 있음을 알 수가 있다. 또 복희8괘를 표현한 A형 주사위가 사물의 외상(外象)을 파악함에 그 비중을 두었다고 한다면, 추력의 법칙으로 만들어진 8괘는 제3의 易으로써 사물 속에 내재되어 있는 상수리(象數理)의 이치를 극명하게 보여 주고 있음을 알 수 있다.

이제 陰陽相交로 얻어진 推力八卦의 주사위를 도해하면 다음과 같다.

〈표 1-19〉

8괘	☰	☷	☱	☳	☶	☵	☲	☴
양값	7	6	5	4	3	2	1	0

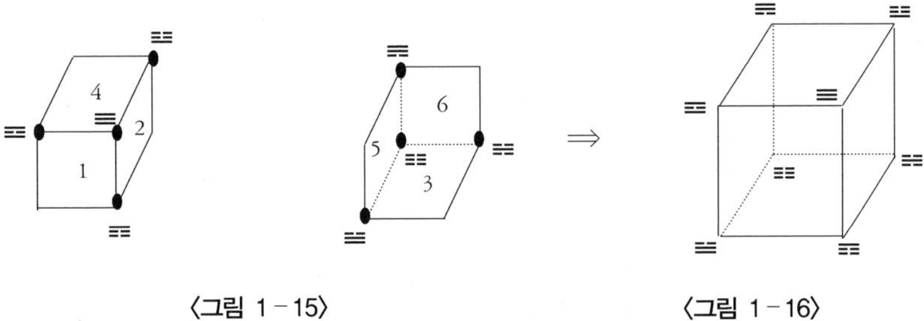

〈그림 1-15〉   〈그림 1-16〉

1 2 4 ↓	1+2+4=7	3 5 6 ↑	−1−2−4=−7
6 2 4 ↓	−1+2+4=5	3 5 1 ↑	1−2−4=−5
4 5 1 ↑	1−2+4=3	6 2 3 ↓	−1+2−4=−3
4 5 6 ↑	−1−2+4=1	1 2 3 ↓	1+2−4=−1

이렇게 얻어진 주사위가 추력8괘 주사위이다.

이제 지금까지 전개한 모든 주사위들을 종합하면 다음 4型으로 요약할 수 있다.

■A형 주사위: 8괘의 숫값을 上에서 下로 일률적으로 매긴 주사위

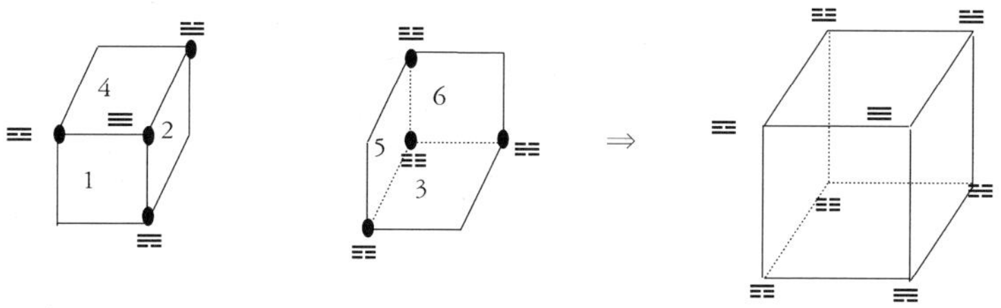

8괘	☰	☱	☲	☳	☴	☵	☶	☷
양값	7	6	5	4	3	2	1	0

■B형 주사위: 8괘의 숫값을 下에서 上으로 일률적으로 매긴 주사위

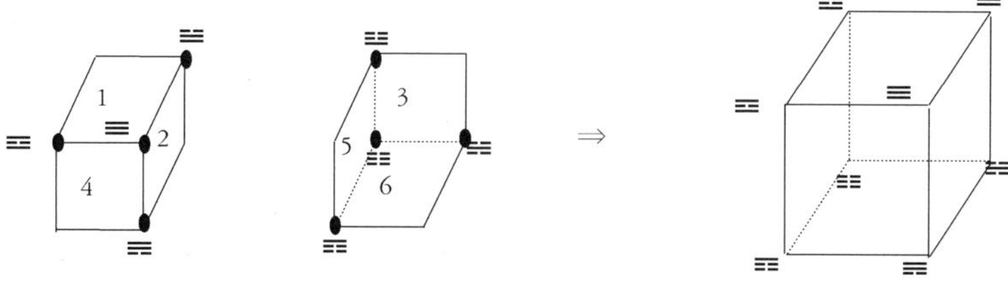

8괘	☰	☱	☲	☳	☴	☵	☶	☷
양값	7	3	5	1	6	2	4	0

■C형 주사위: 8괘의 숫값을 陽卦는 上에서 下로, 陰卦는 下에서 上으로 매긴 주사위

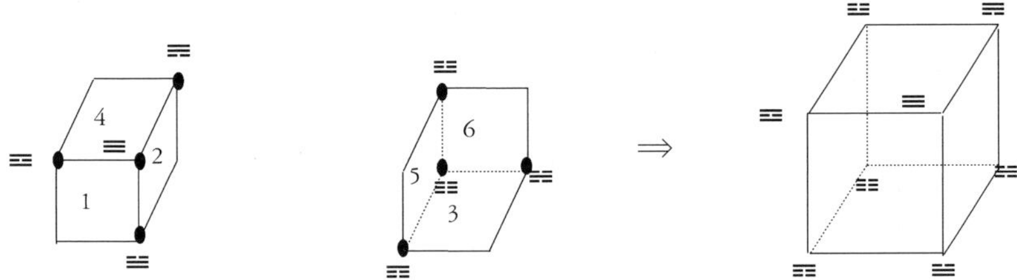

8괘	☰	☱	☲	☳	☴	☵	☶	☷
양값	7	6	5	4	3	2	1	0

■D형 주사위: 8괘의 숫값을 陽卦는 下에서 上으로, 陰卦는 上에서 下로 매긴 주사위

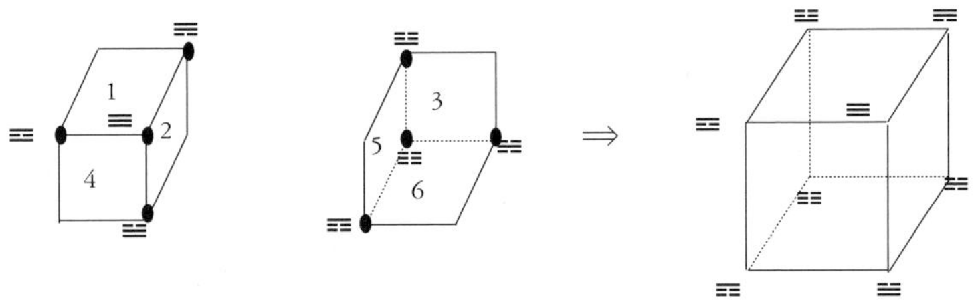

8괘	☰	☱	☲	☳	☴	☵	☶	☷
양값	7	3	5	1	6	2	4	0

이상 4가지 주사위에서 얻어지는 八卦의 상수 값을 총정리해 보면 다음과 같다.

위 그림에서 보듯, A, B, C, D형의 주사위상에 나타나는 팔괘 중에 ☰ ☷ ☵ ☲는 값이 일정하지만 ☱ ☴ ☳ ☶의 값은 각각 두 가지 경우로 나타난다.

그런데 여기에 추력의 법칙 Ⅰ, Ⅱ를 적용하면 8괘가 항상 일정한 상수 값을 가지게 된다.

이제 자연계에 존재하는 4가지 힘과 사상을 연계시켜 보자.

물리학에서 주장하는 4가지 힘은 전자기력, 중력, 강력, 약력이다. 이 4가지 힘을 태양(太陽: ☰), 태음(太陰: ☷), 소양(少陽: ☵), 소음(少陰: ☲)의 사상(四象)에 대응시켜 보자.

일반적으로 두 개의 힘은 진행방향에 따라 다음과 같은(↑↓↑↓) 4가지로 경우로 분류된다. 이 4가지의 힘을 주사위 이론에서는 4型의 주사위(A, B, C, D)에 배속하면 아래의 표와 같다. A형 주사위는 상인력(↑)이 작용하고 B형 주사위는 하인력(↓)이 작용한다. 또 C형 주사위는 A형과 B형을 합쳐서 만든 것으로 상합추력(↑)이 작용하고, D형 주사위는 C형에서 1면과 4면을 바꾸어 만들어진 것으로 반발추력(↓)이 작용한다.

부호	↑↑	↓↓	↓↑	↑↓
四象	☰	☷	☵	☲
물리학	전자기력	중력	강력	약력
주사위	A형 주사위	B형 주사위	C형 주사위	D형 주사위

위 표에서 보듯, 자연계에는 4가지의 힘이 존재하고 있는데 네 가지 힘(4라는 수)은 뉴턴이나 데카르트에 의해 주도된 근대물리학적 사고에 의하면 존재할 수 있는 가장 이상적인 경우의 수라고 말할 수 있다. 아인슈타인은 이 4가지 힘을 하나로 통합하려 했지만 결국 뜻을 이루지 못하고 현재까지 물리학계의 커다란 숙제로 남아 있다. 그러나 필자가 제안한 추력(推力)의 법칙을 적용한 새로운 주사위 이론은 이러한 문제 해결에 결정적인 단서를 제공할 것이라고 확신한다.

4型의 주사위와 자연계의 4가지 힘과의 상관관계는 차후 연구로 미루기로 하자. 다만 이 4型의 주사위가 복희팔괘 주사위의 변형이라는 사실만 주목하고 넘어가자.

복희8괘는 초효(初爻)부터 상효(上爻)에 이르기까지 자연 발생적으로 그려지는 8괘로,

이는 자연현상을 있는 그대로 충실하게 반영한 것이다. 즉 x축과 y축의 직교(直交)상에 평면적으로 그려진 주사위다. 변형된 또 다른 3型의 주사위 역시 전개방법상 차이만 있을 뿐 데카르트적 사고의 귀결일 뿐이다.

뉴턴의 만유인력(萬有引力)에 뿌리를 둔 자연계의 4가지 힘 역시 복희8괘에 나타난 네 개의 주사위와 큰 차이가 없다.

우리가 이제까지 다룬 것은 x축과 y축이 데카르트 평면에서 만나고 있다고 가정하고 논리를 전개시켰다. 그러나 이제 발상의 전환이 필요할 때다. x축과 y축이 반드시 평면에서만 만나야 할 이유는 없다. 곡률이 0이 아니라 마이너스(−)일 경우와 플러스(+)일 경우를 상정하면 이상의 4型 주사위와는 전혀 다른 새로운 주사위가 등장할 여지가 있는 것이다. 이런 점에서 물리학과 수학의 접목이 불가피해지는 것이며 만유인력에 기초한 기존 물리학을 벗어나 만유추력(萬有推力)에 기초한 새로운 물리학의 세계가 열리게 될 것이다. 만유추력이란 우주만물 간에 서로 추력(推力)이 존재하고 또 이 추력으로 인해 만물 운동이 발생된다는 동양 역학(易學)에 바탕을 둔 새로운 자연과학의 이론이다. 이는 필자의 스승이신 도랑(道郞) 鄭熙哲(1918~1994) 선생님께서 창시(創始)한 학설이다. 4型 주사위가 뉴턴의 만유인력 사고방식의 결론이라면 또 하나의 새로운 주사위는 만유추력이라는 독특한 동양적 사고방식이 가미된 통일된 이론을 제시할 것이다. 여기서 복희팔괘의 숫값과 새로운 주사위의 8괘의 숫값이 4가지 힘의 상수로 결정된다. 즉 복희팔괘는 태양태음(太陽太陰)의 성격을 나타내고, 새로운 주사위는 소음소양(少陰少陽)의 성격을 띠게 된다.

2. 장전(長田) 8력도(八力圖)

자연계에 있는 네 가지 힘 중, 일률적 상향(上向)이나 하향(下向)의 힘을 인력(引力)이라고 일컫는다. 이 인력을 효과적으로 표현한 것이 4型의 주사위다. 4型의 주사위에 들어 있는 8괘 값의 계산방향은 上에서 下이거나, 下에서 上으로의 양상이므로 이것은 인력에 비유할 수 있다.

- 인력에는 상향하려는 건력(乾力: ↑)과 하향하려는 곤력(坤力: ↓)의 두 종류가 있다.
- 추력은, 두 개의 작용력 중에 한 개는 아래로부터 상향하려하고, 또 한 개는 위로부터 하향하려고 해서 서로 상합(相合)하는 추력을 만드는데 이것을 태력(泰力: ↑)이라 한다.

■또 다른 추력으로, 위에 있는 한 개는 상향하려고 하고 아래에 있는 다른 한 개는 하향하려고 하여 결과적으로 서로 반발하는 것 같은 모습을 띤 추력을 비력(否力: ↓↑)이라고 한다.

이상의 네 가지 힘의 특성을 가장 극적으로 보여 주는 예가 64괘 중 건곤태비(乾坤泰否)이므로 이들 네 괘의 이름을 빌려 건력(乾力), 곤력(坤力), 태력(泰力), 비력(否力)이라고 명명(命名)하였다.

64괘는 소성괘 두 개가 上, 下에 위치하여 대성괘를 이루는데 上下의 위치에 따라 각기 제위(位)에서 상대 위치에 있는 괘에 작용을 하는 것이다. 따라서 한 개의 소성괘는 위치에 따라 여덟 개 힘의 수치를 가지게 된다. 이것을 도표화한 것이 장전(長田) 팔력도(八力圖)이다.

長田 八力圖

괘위 \ 구분	八力	性向	☰	☱	☲	☳	☴	☵	☶	☷
在上	上乾力 ☰	↑ 在上에서 上으로 작용하는 인력	7	4	5	3	1	2	6	0
	上坤力 ☷	↓ 在上에서 下로 작용하는 인력	0	3	2	4	6	5	1	7
	上泰力 ☷	↓↑ 在上에서 下로 작용하는 相合推力	0	1	2	3	4	5	6	7
	上否力 ☷	↑↓ 在上에서 上으로 작용하는 反撥推力	7	6	5	4	3	2	1	0
在下	下乾力 ☰	↑ 在下에서 上으로 작용하는 인력	7	4	5	3	1	2	6	0
	下坤力 ☷	↓ 在下에서 下로 작용하는 인력	0	3	2	4	6	5	1	7
	下泰力 ☷	↑ 在下에서 上으로 작용하는 相合推力	7	6	5	4	3	2	1	0
	下否力 ☷	↓ 在下에서 下로 작용하는 反撥推力	0	1	2	3	4	5	6	7

예를 들어 건(乾: ☰)괘는

上에 있을 때 上乾力과 上否力은 7이고, 上坤力과 上泰力은 0이다.

下에 있을 때 下乾力과 下泰力은 7이고, 下坤力과 下否力은 0이다.

이제 장전8력도를 바둑판에 옮기는 작업을 해 보자.

바둑판은 가로 19줄과 세로 19줄에 그 교차점이 총 361점으로 이루어져 있다. 바둑판의 1선이 19줄인 것은 하도10수와 낙서 9수를 합한 수이다.

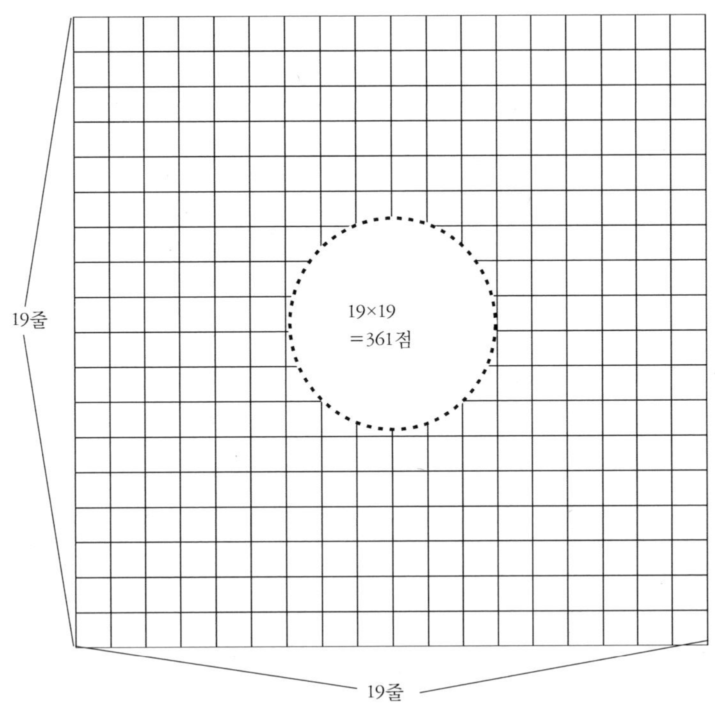

바둑판은 19줄×19줄＝361점인데 바둑판의 한가운데 천원(天元)점 1점을 빼면 360점이 되어 1년 주천도수(周天度數)가 된다.

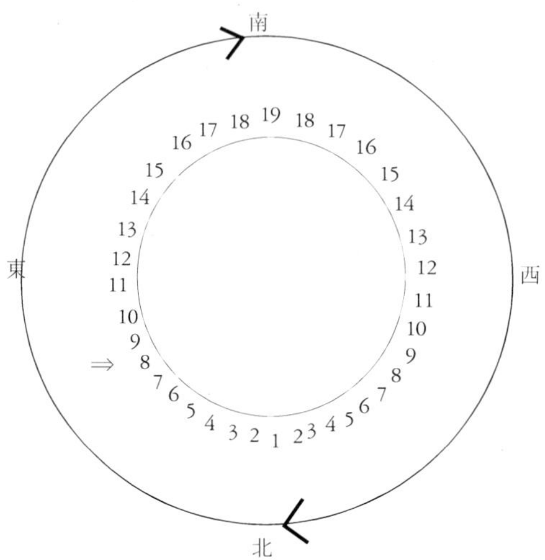

위 그림처럼 1에서 19까지 좌선(左旋)하여 전개하면 그 합이 190이 되며, 18에서 2까지 우선(右旋)하여 진행되면 그 합이 170이 된다. 190과 170을 합하면 360이 되어 이 역시 1년 주천도수가 된다.

동양의 수론으로 보면, 수의 기본은 1에서 시작하여 9에서 종결되지만 그 변화는 19에서 끝난다는 의미가 담겨 있다.

바둑판으로 다시 가 보자. 바둑판을 크게 4등분하면 밭전(田)의 모습이 된다. 정중앙의 한 점이 바로 천원(天元)점이다. 밭전은 다시 입 구(口)가 네 개 모여서 되었다고 할 수 있다.

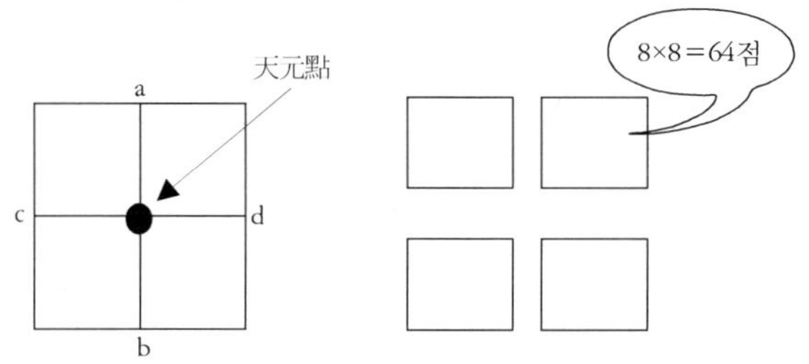

각각의 입 구(口) 안에는 또다시 가로 8줄×세로 8줄로 이루어진 소형바둑판이 들어 있는데 총 64집(점)이 들어 있다.

그러면 바둑판의 최 외곽에 있는 점은 몇 개일까?

19줄씩 사방이니까 19×4＝76일까? 아니다. 중복되는 점이 4군데 있으므로 76−4＝72가 된다. 혹은 17×4＝68이고 68에 4점(아래 그림 흑점 네 개)을 더하면 72가 된다.

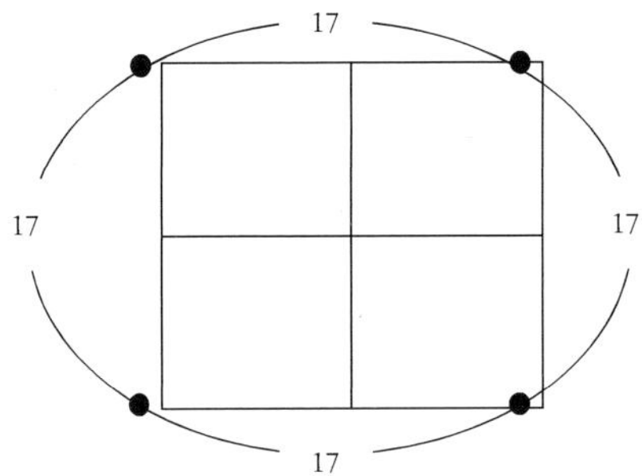

동양에서 72는 중요한 의미를 지닌 수이다. 바로 1년이 72후(候)에 해당되기 때문이다. 일후(一候)는 5일로 하여 72후는 360일에 해당된다. 바둑판의 큰 입 구(口)는 이렇게 1년 도수를 상징하고 있는 것이다.

이번에는 田 자 안에 들어 있는 중앙의 열 십(十)을 보자. 열 십(十)의 중앙 교차점에 천원(天元)이 있고 큰 입 口 자에 해당하는 4점을 제외하면 천원에서 a까지 8점, 천원에서 b까지 8점, 천원에서 c까지 8점, 천원에서 d까지 8점으로 4×8＝32가 되어 모두 32점이 된다. 이 32수는 8괘가 사상(四象)으로 분류되는 것을 상징한다.

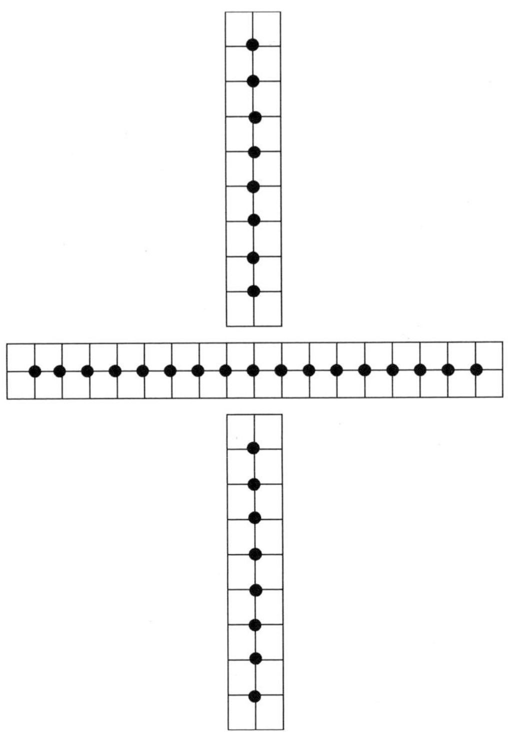

그러므로 田의 사방 외곽에 72점과 ＋ 자 가운데 32점, 그리고 田의 중심에 있는 천원 1점을 합하면 도합 105점이 된다.

이제 전체 361점에서 큰 田에 있는 105점을 빼면 256이 되는데 큰 田에는 또한 네 개의 입 구(口)가 있으니 이 네 구역에 256점이 고루 배속될 것이다. 그러면 한 구역의 입 구(口)에는 256÷4가 되어 각각 64점씩 배속된다.

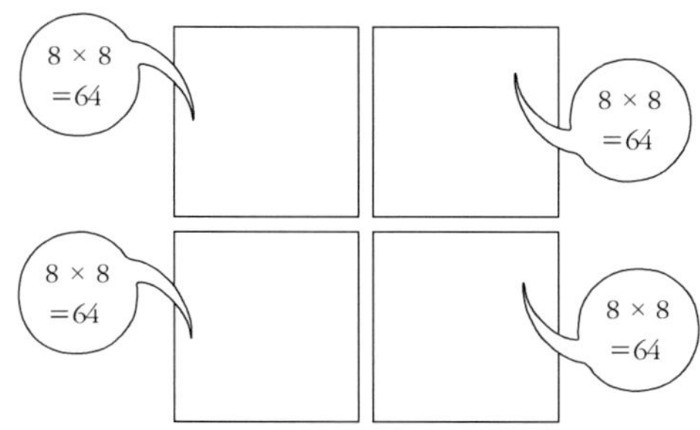

각 모서리에 위치한 입 구(口) 속에 64점이 배속되므로 64괘로 전환하여 배속할 수 있다. 그러면 큰 田의 중앙 열 십(＋)은 x축과 y축으로 표시하고 네 개의 입 구(口)는 각각 사상(四象)으로 구분하여 그 뜻을 표현하면 어떨까?

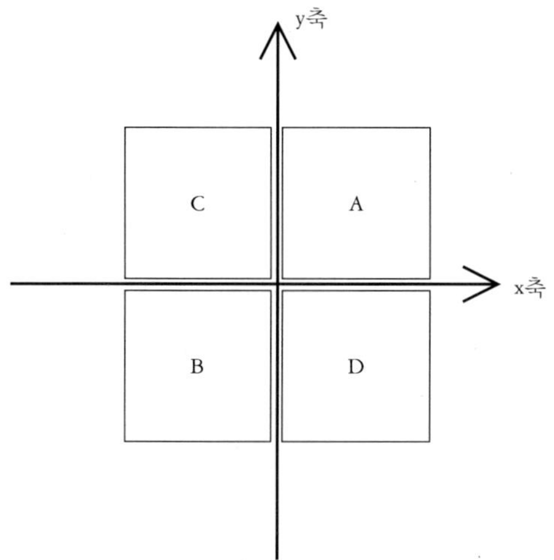

■A구역의 입 구(口)는 x축, y축이 모두 양(＋)이므로 사상으로 ＝에 배속하고 ↑ 으로

표시하는 데 따라서 건력순(乾力順)으로 64괘를 배열한다.

- ■B구역의 입 구(□)는 x축, y축이 모두 음(−)이므로 사상으로 ☷에 배속하고 ↓으로 표시하는 데 따라서 곤력순(坤力順)으로 64괘를 배열한다.

- ■C구역의 입 구(□)는 x축이 음(−), y축이 양(+)이므로 사상으로 ☳에 배속하고 ↑으로 표시하는 데 따라서 태력순(泰力順)으로 64괘를 배열한다.

- ■D구역의 입 구(□)는 x축이 양(+), y축이 음(−)이므로 사상으로 ☶에 배속하고 ↓으로 표시하는 데 따라서 비력순(否力順)으로 64괘를 배열한다.

또한 A구역의 건력(乾力)에서 B구역의 곤력(坤力)을 뺀 것이 복희64괘도이고 C구역의 태력(泰力)에서 D구역의 비력(否力)을 뺀 것이 부인(符印)64괘도이다.

뒤에 첨부한 바둑판을 보면 그곳에 나타난 수치는 건곤태비(乾坤泰否)라는 사상(四象)으로 나누어진 64괘의 상수 값이다.

예를 들어 건력(乾力) 63은 ䷀괘이고 곤력(坤力) 00은 ䷁괘다. 따라서 ䷀괘의 값은 건력(乾力) 63에서 곤력(坤力) 00을 뺀 63이 된다. 또 건력 55는 ䷉(履)괘이고, 곤력 8은 ䷉(履)괘이다. 따라서 ䷉(履)괘의 값은 55−8로 47이 된다. 태력(泰力)과 비력(否力)도 마찬가지로 계산한다.

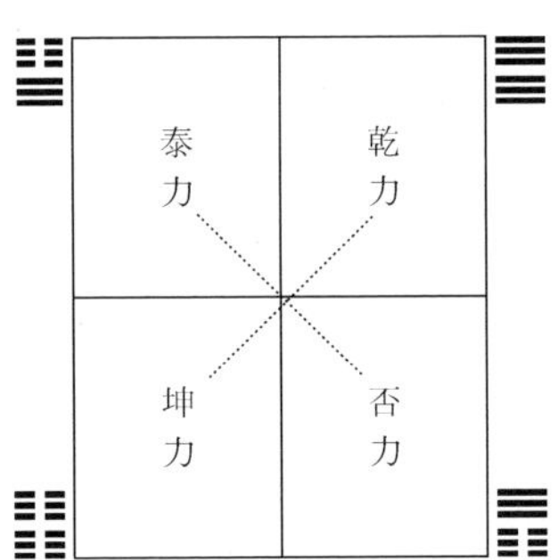

泰力								地元								乾力
	63	62	61	60	59	58	57	56	7	56	57	58	59	60	61	62	63	
	55	54	53	52	51	50	49	48	6	48	49	50	51	52	53	54	55	
	47	46	45	44	43	42	41	40	5	40	41	42	43	44	45	46	47	
	39	38	37	36	35	34	33	32	4	32	33	34	35	36	37	38	39	
	31	30	29	28	27	26	25	24	3	24	25	26	27	28	29	30	31	
	23	22	21	20	19	18	17	16	2	16	17	18	19	20	21	22	23	
	15	14	13	12	11	10	09	08	1	08	09	10	11	12	13	14	15	
	07	06	05	04	03	02	01	00	0	00	01	02	03	04	05	06	07	
地元	7	6	5	4	3	2	1	0	天元	0	1	2	3	4	5	6	7	地元
	07	06	05	04	03	02	01	00	0	00	01	02	03	04	05	06	07	
	15	14	13	12	11	10	09	08	1	08	09	10	11	12	13	14	15	
	23	22	21	20	19	18	17	16	2	16	17	18	19	20	21	22	23	
	31	30	29	28	27	26	25	24	3	24	25	26	27	28	29	30	31	
	39	38	37	36	35	34	33	32	4	32	33	34	35	36	37	38	39	
	47	46	45	44	43	42	41	40	5	40	41	42	43	44	45	46	47	
	55	54	53	52	51	50	49	48	6	48	49	50	51	52	53	54	55	
	63	62	61	60	59	58	57	56	7	56	57	58	59	60	61	62	63	
坤力								地元								否力

상괘
하괘

泰力　地元　　乾力
7
6
5
4
3
2
1
0
地元　7　6　5　4　3　2　1　0　天元　0　1　2　3　4　5　6　7　地元
0
1
2
3
4
5
6
7
坤力　地元　　否力

伏羲六十四卦變圖

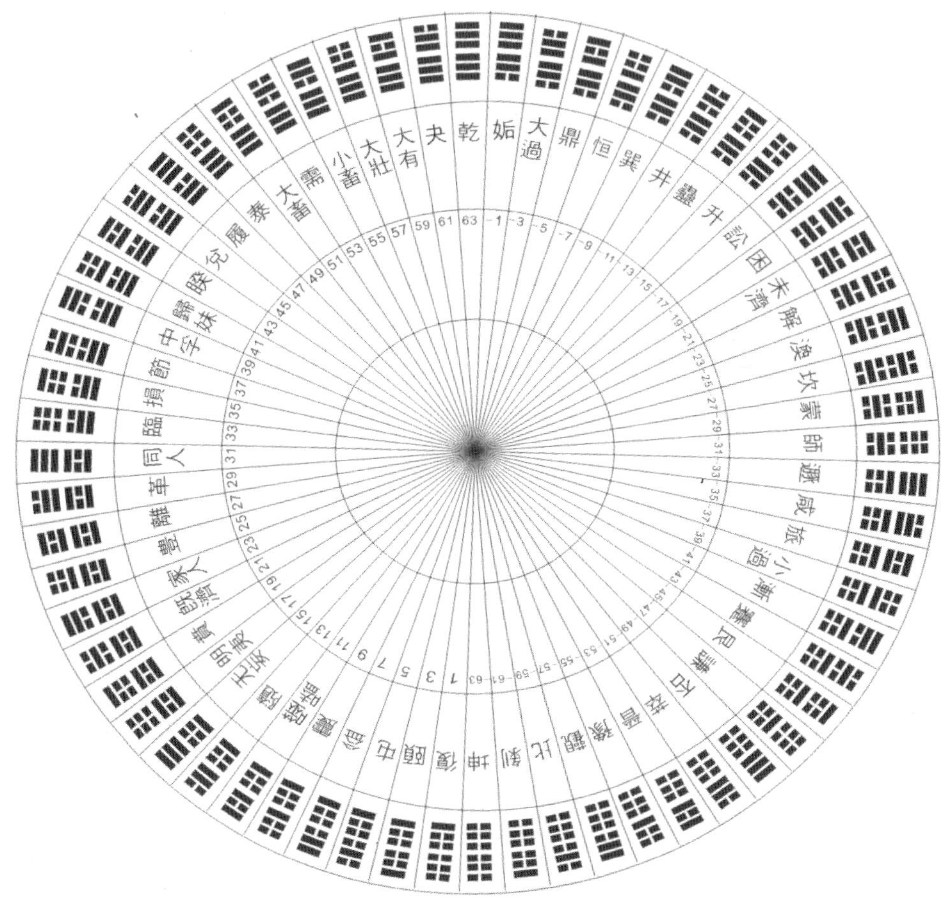

伏羲六十四卦變圖

卦	⚌	⚏	引力		少陰		卦	⚌	⚏	引力		少陽	
䷖	32	31	1				䷪	31	32	−1			
䷚	33	30	3				䷛	30	33	−3			
䷃	34	29	5				䷰	29	34	−5			
䷨	35	28	7				䷞	28	35	−7			
䷳	36	27	9				䷹	27	36	−9			

卦	=	==	引力		老陽	卦	=	==	引力		老陰	
▦	37	26	11			▦	26	37	−11			
▦	38	25	13			▦	25	38	−13			
▦	39	24	15			▦	24	39	−15			
▦	40	23	17			▦	23	40	−17			
▦	41	22	19			▦	22	41	−19			
▦	42	21	21			▦	21	42	−21			
▦	43	20	23			▦	20	43	−23			
▦	44	19	25			▦	19	44	−25			
▦	45	18	27			▦	18	45	−27			
▦	46	17	29			▦	17	46	−29			
▦	47	16	31			▦	16	47	−31			

伏羲六十四卦變圖

卦	=	==	引力		老陽	卦	=	==	引力		老陰	
▦	48	15	33			▦	15	48	−33			
▦	49	14	35			▦	14	49	−35			
▦	50	13	37			▦	13	50	−37			
▦	51	12	39			▦	12	51	−39			
▦	52	11	41			▦	11	52	−41			
▦	53	10	43			▦	10	53	−43			
▦	54	9	45			▦	9	54	−45			
▦	55	8	47			▦	8	55	−47			
▦	56	7	49			▦	7	56	−49			
▦	57	6	51			▦	6	57	−51			

䷿	58	5	53			䷿	5	58	−53		
䷿	59	4	55			䷿	4	59	−55		
䷿	60	3	57			䷿	3	60	−57		
䷿	61	2	59			䷿	2	61	−59		
䷿	62	1	61			䷿	1	62	−61		
䷿	63	0	63			䷿	0	63	−63		

符印 64卦變圖

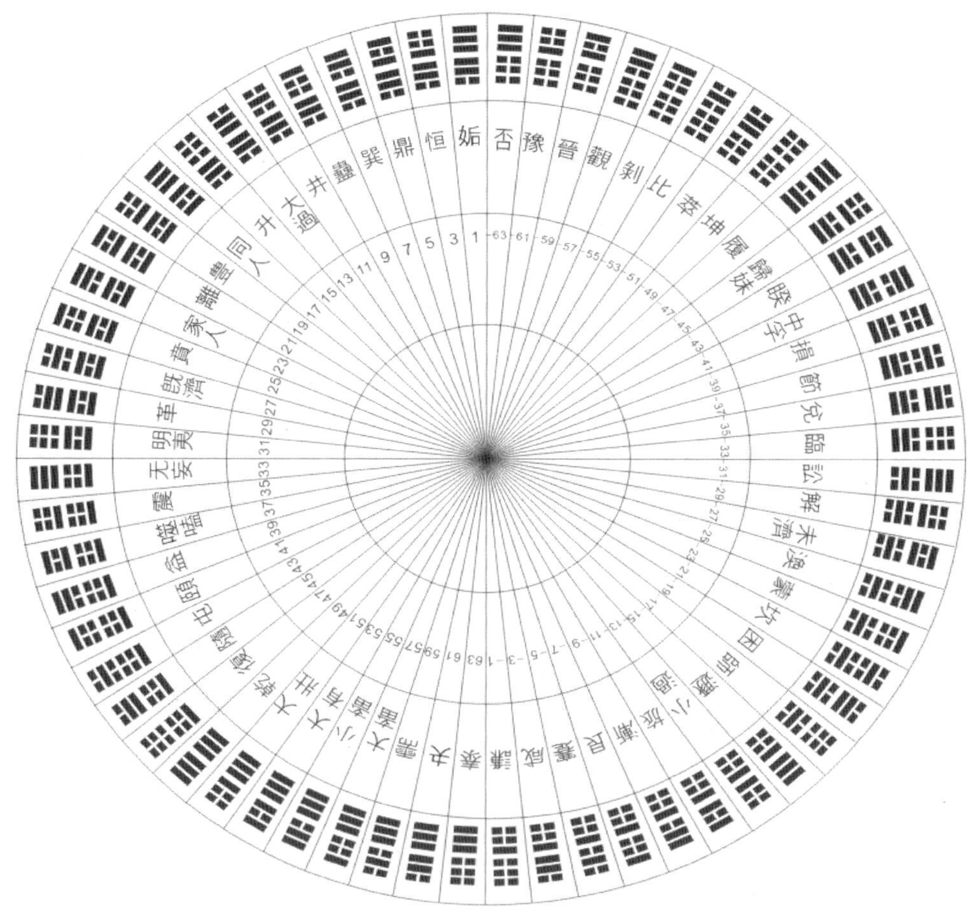

符印六十四卦變圖

卦	☰	☷	推力		少陰		卦	☰	☷	推力		少陽	
	32	31	1					31	32	−1			
	33	30	3					30	33	−3			
	34	29	5					29	34	−5			
	35	28	7					28	35	−7			
	36	27	9					27	36	−9			
	37	26	11					26	37	−11			
	38	25	13					25	38	−13			
	39	24	15					24	39	−15			
	40	23	17					23	40	−17			
	41	22	19					22	41	−19			
	42	21	21					21	42	−21			
	43	20	23					20	43	−23			
	44	19	25					19	44	−25			
	45	18	27					18	45	−27			
	46	17	29					17	46	−29			
	47	16	31					16	47	−31			

符印六十四卦變圖

卦	☰	☷	推力		老陽		卦	☰	☷	推力		老陰	
	48	15	33					15	48	−33			
	49	14	35					14	49	−35			
	50	13	37					13	50	−37			
	51	12	39					12	51	−39			

☵/☷	52	11	41				☷/☵	11	52	−41			
☷/☶	53	10	43				☶/☷	10	53	−43			
☳/☷	54	9	45				☷/☳	9	54	−45			
☷/☷	55	8	47				☷/☷	8	55	−47			
☱/☰	56	7	49				☰/☱	7	56	−49			
☳/☰	57	6	51				☰/☳	6	57	−51			
☲/☰	58	5	53				☰/☲	5	58	−53			
☵/☰	59	4	55				☰/☵	4	59	−55			
☶/☰	60	3	57				☰/☶	3	60	−57			
☴/☰	61	2	59				☰/☴	2	61	−59			
☳/☰	62	1	61				☰/☳	1	62	−61			
☷/☰	63	0	63				☰/☷	0	63	−63			

文王六十四卦引推力圖

卦	=	==	引力	==	==	推力	卦	=	==	引力	==	==	推力
☰/☰	63	0	63	56	7	49	☷/☷	0	63	−63	7	56	−49
☷/☷	34	29	5	53	10	43	☶/☷	17	46	−29	20	43	−23
☷/☰	58	5	53	61	2	59	☰/☷	23	40	−23	16	47	−31
☵/☷	16	47	−31	23	40	−17	☳/☷	2	61	−59	5	58	−53
☱/☰	59	4	55	59	4	55	☴/☷	55	8	47	8	55	−47
☴/☰	56	7	49	63	0	63	☰/☷	7	56	−49	0	63	−63
☰/☷	47	16	31	40	23	17	☵/☰	61	2	−59	58	5	53
☷/☷	8	55	−47	31	32	−1	☷/☷	4	59	−55	1	62	−61
☷/☷	38	25	13	54	9	45	☷/☳	25	38	−13	36	27	9

卦	☰	☷		☷	☷		卦	☰	☷		☷	☷	
☷☱	48	15	33	15	48	−33	☰☷	3	60	−57	3	60	−57
☱☰	37	26	11	50	13	37	☷☰	41	22	29	44	19	25
☴☳	1	62	−61	4	59	−55	☶☷	32	31	1	55	8	47
☰☵	39	24	15	48	15	33	☷☰	57	6	51	60	3	57
☵☷	33	30	3	52	11	41	☰☷	30	33	−3	38	25	13
☳☷	18	45	−27	21	42	−21	☷☵	45	18	27	42	21	21
☷☰	14	49	−35	30	33	−3	☵☷	28	35	−7	33	30	3

文王六十四卦引推力圖

卦	☰	☷	引力	☷	☷	推力	卦	☰	☷	引力	☷	☷	推力
☰☷	15	48	−33	24	39	−15	☷☰	60	3	57	57	6	51
☵☷	5	58	−53	2	61	−59	☷☵	40	23	17	47	16	31
☷☶	43	20	23	43	20	23	☶☷	53	10	43	10	53	−43
☶☷	10	53	−43	29	34	−5	☷☶	20	43	−23	17	46	−29
☷☰	49	14	35	12	51	−39	☰☷	35	28	7	51	12	39
☴☰	62	1	61	62	1	61	☰☴	31	32	−1	32	31	1
☷☳	6	57	−51	6	57	−51	☳☷	24	39	−15	39	24	15
☷☱	22	41	−19	22	41	−19	☱☷	26	37	−11	37	26	11
☷☵	46	17	29	46	17	29	☵☷	29	34	−5	34	29	5
☳☷	36	27	9	49	14	35	☷☴	9	54	−45	28	35	−7
☷☴	11	52	−41	27	36	−9	☴☷	52	11	41	9	54	−45
☷☱	44	19	25	41	22	19	☱☷	13	50	−37	26	37	−11
☴☷	27	36	−9	35	28	7	☷☴	54	9	45	14	49	−35
☷☱	19	44	−25	19	44	−25	☱☷	50	13	37	13	50	−37

䷽	51	12	39	11	52	−41	䷇	12	51	−39	25	38	−13
䷎	42	21	21	45	18	27	䷖	21	42	−21	18	45	−27

"주사위로 드러난 8괘"에 관한 내용은 필자가 20여 년 전에 완성한 『역상투기원론(易象骰棋原論)』 중 일부를 발췌하여 쓴 것이다. 부족한 글이지만 학역(學易)에 뜻을 둔 강호제현께 참고가 되었으면 하는 마음으로 부끄럽지만 이제 발표하게 되었다. 또한 본서에서 밝힌 '중천부인도(中天符印圖)'는 천생신물(天生神物)하여 성인칙지(聖人則之)한 그대로, 신물(神物)을 있는 그대로, 그린 것이다. 하도에 용마, 그리고 낙서에 거북은, 즉 성인의 뜻을 매개하는 신물이다. 마찬가지로 부인도 의 출현 배경에도 양정부(洋艇符)와 해사인(海蛳印)이라는 신물이 있다.

『격암유록(格庵遺錄)』의 송가전(松家田)에서는 다음과 같이 예언했다.

"中天靈符更來하여 坤南乾北人之八卦가 地天泰卦人秋期라." "八卦陰陽更配合에 八卦變天正易法이라."

이는 先天을 이은 中天의 부인도(符印圖)의 출현을 예고하는 것인데 다음 장에서는 주사위 이론에 근거하여 부인도를 간략히 해설해 보기로 하겠다.

3. 부인도(符印圖)

앞서 A, B, C, D형 주사위에 추력의 법칙을 적용하여 8괘의 고유한 숫값을 다음과 같이 결정한 바 있다.

8괘	☰	☳	☲	☴	☶	☵	☱	☷
양수값	7	6	5	4	3	2	1	0
음수값	0	−1	−2	−3	−4	−5	−6	−7
고유수	7	5	3	1	−1	−3	−5	−7

위의 도표에서 보는 바와 같이, ☰(하늘), ☳(우레), ☲(불), ☴(바람)은 양수 7.5.3.1로 나타나고 ☶(산), ☵(물), ☱(연못), ☷(땅)은 음수 −1, −3, −5, −7로 나타나고 있다. 즉 하늘, 우레, 불, 바람은 무형한 陽氣이고 산, 물, 연못, 땅은 유형한 陰氣인데 유무형의 氣가

대대(對待) 하고 있는 형상이다. 이것을 8괘도로 표현하면 다음과 같다.

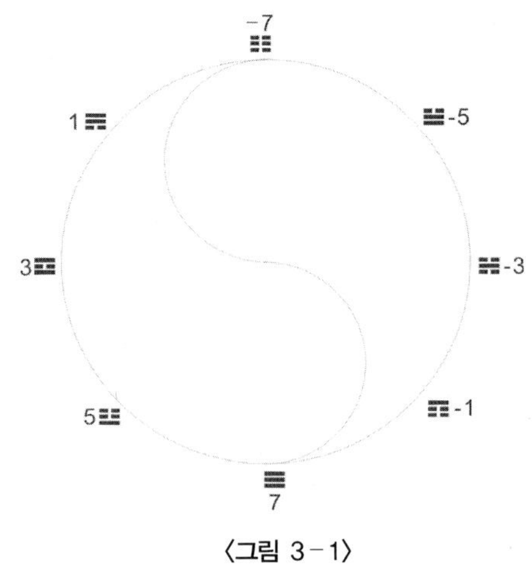

<그림 3-1>

▇☲과 ☵이 +7과 −7이 서로 마주 보고 ▇☳과 ☴가 +5와 −5가 서로 마주 본다.

▇☴와 ☳이 +3과 −3이 서로 마주 보고 ▇☵과 ☲이 +1과 −1이 서로 마주 본다.

자연에 있는 8가지 요소 중 하늘, 우레, 불, 바람은 무형의 氣로 좌반구에 위치하고 땅, 연못, 물, 산은 유형의 형상으로 우반구에 위치하고 있다.

서로 마주 보고 있는 괘의 짝은 중효의 음양이 서로 반대로 되어 있다.

추력의 법칙을 적용하여 8괘의 고유 값을 매긴 <그림 3-1>은 후에 부인도를 해석하는 중요하고도 기초적인 단서를 제공한다.

필자가 주사위를 가지고 추력의 법칙을 적용하여 여기까지 이론을 전개할 수 있었던 것은 부인도(符印圖)를 처음 접한 1976년 1월 3일 이후 35년간의 연구 결과이다.

선천 복희8괘도와 후천 문왕8괘도에 이어 이제 제3의 역(易)이라고 할 수 있는 중천부인도(中天符印圖)를 완성하신 분은 1918년(戊午年) 경남 함안군 군북면 죽산리에서 탄생하신 도랑(道郎) 정희철(鄭熙哲) 선생님이시다. 선생님의 성장과정을 보면 그 총명과 영민함으로 군북면은 물론이요, 함안군 일대에 신동으로서 명성이 자자하였다. 군북초등학교 1학년을 마치고 더 이상 배울 것이 없다는 판단하에 학교를 그만두고 대신 주역에 몰두하며 10년의 세월을 정진하던 어느 날, 집 앞 우물에 있던 고동이(우렁이)를 보고 '이것은 하늘이 내리신 나선형의 신물(神物)임'을 직감하셨다고 한다. 그 순간에 대각개오(大覺開悟)하여 마침내 중천부인도를 완성하셨다. 이때가 선생님의 나이 19세인 1936년이다. 이

후 주공(周公)이 지은 384효사(爻辭)를 합리적이고 과학적인 이치에 근거해 현대적 감각에 맞춰서 개작(改作)하시고 '과학정역(科學正易)'이라고 명명(命名)하셨다. 그뿐 아니라 당신의 천재성은 전 세계 통일어(統一語)인 11조 문자 우주어(十一造文字宇宙語)를 창제하신 데서 확연히 드러난다. 또한 현대의 천문역법(天文曆法)이 천문도수에 어긋남을 인지하시고 음력 초하루, 月의 大小, 그리고 24절기를 정확하게 계산할 수 있는 자연과학적인 조력(造曆)의 원리에 입각해 우주력(宇宙曆)을 만드시기에 이르셨다. 더구나 서구의 아날로그적인 만유인력법칙을 배제하고, 그 대신 부인도라는 디지털적 물리법칙에 기반을 둔 만유추력(萬有推力)의 법칙을 내놓으셨다. 이러한 만유추력의 원리는 비단 조력(造曆)만을 위한 것이 아니었다. 그것을 이용하여 수많은 발명특허를 내신 것에 고스란히 나타나 있다. 목록을 열거하면 다음과 같다.

- 최초의 무곡 병기관
- 고도의 컴퓨터인 기억독서담화타자 인작기
- 조력과 파동력을 이용한 발전기인 원동력기관
- 세계 통일시계인 만국시간대조시계
- 공기를 이용한 리모컨인 부자총
- 무정차 승강열차
- 자동 생산 농작기

이에 관련된 내용은 부인도의 원리를 바탕으로 저술하신 당신의 저서 『과학정역』에서 그 실체를 낱낱이 확인할 수 있다.

필자는 당시 선생님으로부터 건네받은 '부인도와 과학정역'의 원리를 터득하기 위해 그 동안 주역과 천부경 그리고 황제내경과 같은 관련 서적을 탐독하고 연구하다가 드디어 30여 년 만에 주사위를 통해서 부인도의 원리를 만분지 일 정도나마 해독할 수 있게 되었다.

우선 선생님께서 만드신 부인도를 아래에 소개한다.

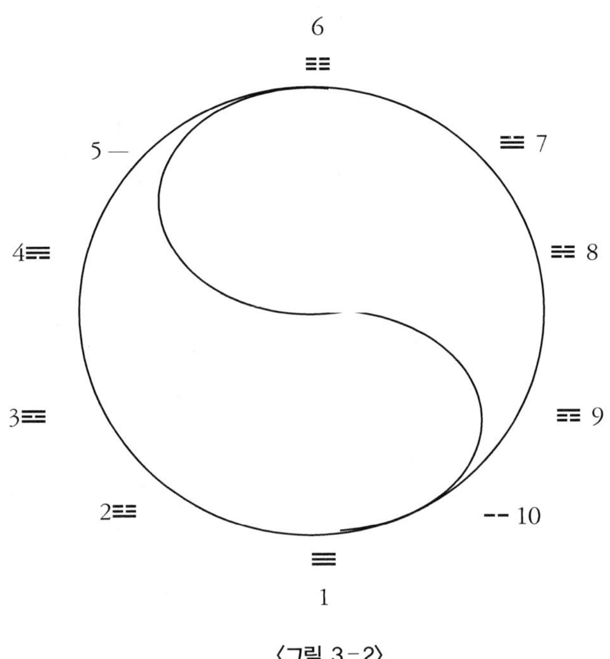

〈그림 3-2〉

<그림 3-2>의 부인도를 자세히 살펴보면,

- 복희 8괘도와 반대로 坤(☷)이 上에 있고 乾(☰)이 下에 있다. 이것은 머리가 땅에 있고 꼬리가 하늘에 있는 象으로 천생신물(天生神物)인 고동이(우렁, 소라)의 형상이다.
- 복희 8괘도가 괘상으로 천지비(天地否, ䷋)이라면 부인도는 지천태(地天泰, ䷊)이다.
- 동효(動爻, 一)와 정효(靜爻, --) 2효가 추가되어 모두 10수로 표현하였다.
- 8괘의 배속은 무형의 陽氣와 유형의 陰氣가 서로 대대(對待)하고 있다.

○ 최초의 부인도

아래 그림은 도랑(道郎) 선생님으로부터 직접 받은 그림에 근거하여 필자가 다시 도안한 것이다. 부인도를 보는 방법은 그림의 중앙에 내 자신이 있고 그 중앙으로부터 밖에 있는 괘상을 쳐다봐야 한다. 중앙에서 밖을 보느냐, 아니면 밖에서 중앙을 보느냐에 따라 괘상이 정반대가 되므로 이 점을 유의해야 한다.

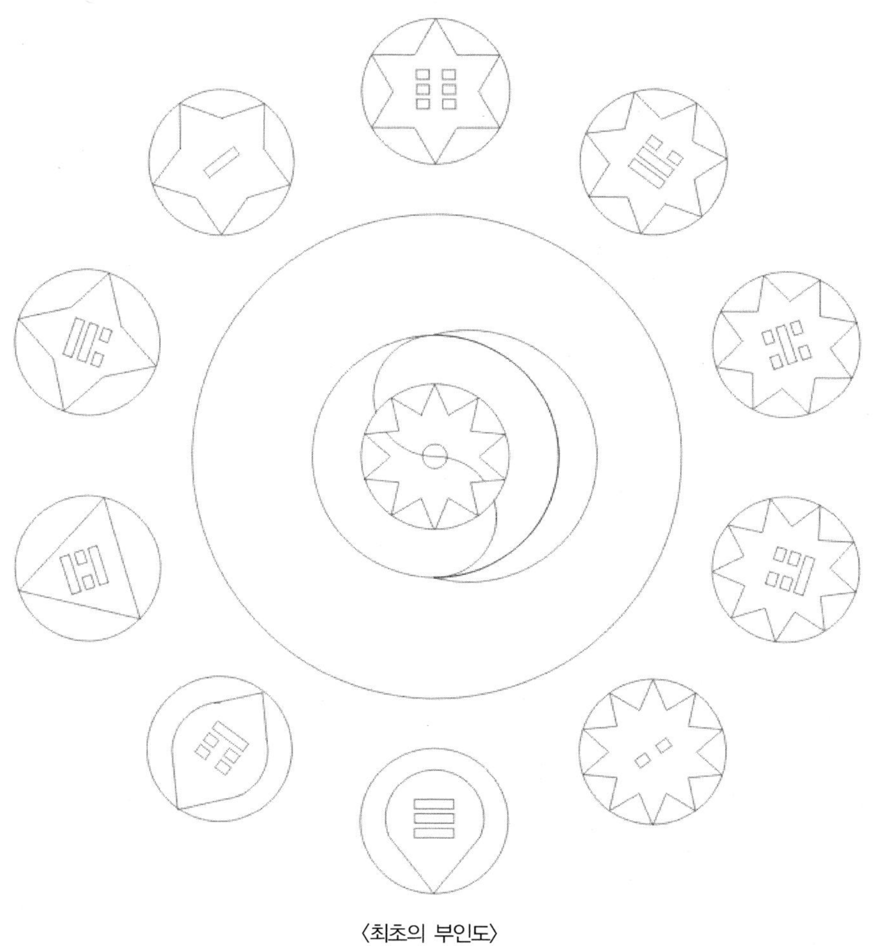

〈최초의 부인도〉

○ 완성된 부인도

　　다음 그림은 도랑(道郞) 선생님의 지시에 따라 1989년에 1차 완성하고 그 후 잘못된 점을 지적 받아 수차례 보완 수정을 거듭하다가 2009년 7월부터 5차례의 개작(改作)을 통하여 2010년 8월 6일에 최종적으로 완성하였다.(다음 그림)

<완성된 부인도>

　　다음은 필자가 선생님께 전수받은 부인도의 설괘 내용이다. 독자들은 아직 이에 대한 깊은 뜻을 알지 못할 것이다. 다만 어떠한 체계로 되어 있는지 간략하게 이해하자는 의미에서 소개하는 것이다.

00 ●00 ●00 820 하니(발음: 아 하 하 정 하니)

乾坤 丨中 하고

震兌 丨光 하고

離坎 人申 하고

巽艮 十自 하고

動靜 大帝 하나니라.

위의 문장의 뜻은 다음과 같다.

"하늘과 땅이 가운데 갈고리(亅)처럼 있고,

우레가 바다 속까지 빛으로 통(丨)하고 있고,

불과 물이 있으면 사람은 어디서든지 살 수 있으며,

바람과 산이 있어 10수를 자연의 법칙으로 삼고,

동물과 식물을 잘 활용하여 큰 임금이 되느니라."

위의 부인도에 매겨진 숫자에 유의하면서 좀 더 세부적으로 살펴보자(<그림 3-2> 참고).

■乾은 1번이고 坤은 6번이다.

亅(갈고리 궐)은 글자 위에 점이 한 개 있고 中에는 점이 여섯 개 있다.

■震은 2번이고 兌는 7번이다.

震은 丨(뚫을 곤)에 두 개의 점이 있고 光에는 7개의 점이 있다.

■離는 3번이고 坎은 8번이다.

人은 글자 위에 세 개의 점이 있고, 申에는 8개 있다.

■巽은 4번이고 艮은 9번이다.

十은 글자 위에 네 개의 점이 있고 自에는 아홉 개의 점이 있다.

■ 動은 5번이고, 靜은 10번이다.

大는 글자 위에 다섯 개의 점이 있고 帝에는 10개의 점이 있다.

大 帝

이상은 어느 날인가 필자가 선생님으로부터 직접 받아 적은 글이다.

그 내용이 심원하여 내용을 섭렵하기가 한없이 어려웠다.

계속해서 동정 2효와 8괘에 대한 선생님의 말씀을 녹취한 그대로 가감 없이 옮겨 적는다.

1. 乾(☰): H(수소)가 가득한 상태.
2. 震(☳): 태양광선이 대기권에 처음 진입할 때 일어나는 전기에 의한 스파클 현상.
   우주만유(宇宙萬有)의 通氣의 근원이다.
3. 離(☲): 스파클(sparkle)이 일어날 때 火가 발생한다.
4. 巽(☴): 대기권을 통과할 때 유속에 의한 압축 폭발 현상으로 소리가 발생한다.
5. 動(一): 동물이 이 소리를 처음 듣게 된다.
6. 坤(☷): 지구라는 한 덩어리 땅에서 소리와 빛에 대한 반사현상이 처음으로 발생된다.
7. 兌(☱): 땅위에 골이 파진 곳에 연못이나 바다가 생기게 된다.
8. 坎(☵): 바다에 물이 고이게 된다. 물은 높은 곳에서 낮은 곳으로 모이게 된다.
9. 艮(☶): 바다 밑에도 산이 있다. 산은 바다 밑으로부터 육지까지 연결된다.
10. 靜(--): 육지의 맨 꼭대기에는 식물이 있다. 대기권 내에 H(수소), O(산소), C(탄소), N(질소)이 있다.

그 후 1988년도에 선생님께서 (11부인 태양계 성수 십계 진리표)를 주시며 이것을 참조하여 부인도를 그려 오라고 말씀하셨다. 또 주역의 양효(一)와 음효(--)를 다음과 같이 바꾸어 표시하라고 말씀하셨다.

■ 양효(一)는 (- 一 -)으로.

■ 음효(--)는 (一 - 一)으로.

따라서 기존에 주역의 괘상 표시법이 달라진다. 가령, 乾卦(☰)와 坤卦(☷)를 예로 들면 아래와 같다.

다음은 11부인 태양계 성수 10계 진리표이다. 이것을 참조하여 1989년에 1차 완성하고

2010년 8월 6일 최종 완성하였다.

1. 符印 太陽系 星數 十界 眞理表

11조문자수	•	0	1	2	3	4	5	6	7	8	9
태양계혹성 동정효 및 8괘	辰極	大暑彗靜	天乾	海震	人離	水巽	金動	地坤	火兌	木坎	土艮
천간 지지	戊亥	水曜壬申	癸酉	甲子	乙丑	丙寅	丁卯	戊辰	己巳	庚午	辛未
혹성 색깔	凹白	凹橙	凹靑	凹藍	凹綠	凹灰	凹桃	凹松	凹赤	凹菫	凹黃
태양 색깔	凸全	凸菫	凸灰	凸松	凸桃	凸赤	凸橙	凸黃	凸綠	凸靑	凸藍

　　제5장 1절 '주사위로 드러난 제3의 역(易)'에서 이미 살펴본 바와 같이 1, 2, 4면을 양효로 규정하였고, 또 그 대칭면 6, 5, 3면을 음효로 규정하여 주사위 이론을 전개해 왔었다. 이때 서로 대칭되는 면의 합은 7이 되고 이에 따라 자연스럽게 8괘의 숫값이 산출되었다.

　　필자는 이제 또 다른 시각으로 주사위를 관찰해 보기로 하였다. 기존의 주사위가 1·6면, 2·5면, 3·4면이 서로 마주 보고 있는데 이번에는 인위적으로 1·4면, 2·5면, 3·6면을 마주 보게 만들어 본 것이다. 이것은 주역의 대성괘를 이루는 6효 가운데 1효와 4효가, 2효와 5효가, 그리고 3효와 6효가 응한다는 것에 착안하여 주사위 면의 숫자를 재구성한 것이다.

　　주사위에 6면에 새겨진 숫자가 꼭 그 수가 되어야 할 당위성이 있는 것은 아니다. 주역의 상응 관계에 있는 효들 사이에 적용하기 위하여 임의로 그렇게 숫자를 배치한 것이다. 가령 64괘 중 수화기제(䷾)를 예로 들어 보자. 수화기제는 익히 알다시피 6효가 전부 음양위(陰陽位)에 정위(正位)하고 있는 괘다. 음양위의 정위란 양효(陽爻)는 양위(陽位)에 있고 음효(陰爻)는 음위(陰位)에 있는 것을 말한다.

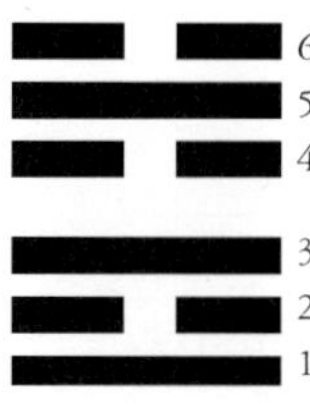

이제 수화기제의 6효와 주사위의 6면을 연결하여 주사위를 구성해 보자. 그러면 1, 5, 3 홀수는 양면(陽面)이고 4, 2, 6 짝수는 음면(陰面)이다.

수화기제의 1·4, 2·5, 3·6효가 서로 음양으로 상응하듯이 주사위의 1면과 4면, 2면과 5면, 3면과 6면이 서로 대응하는 구조가 된다(아래 그림 참조).

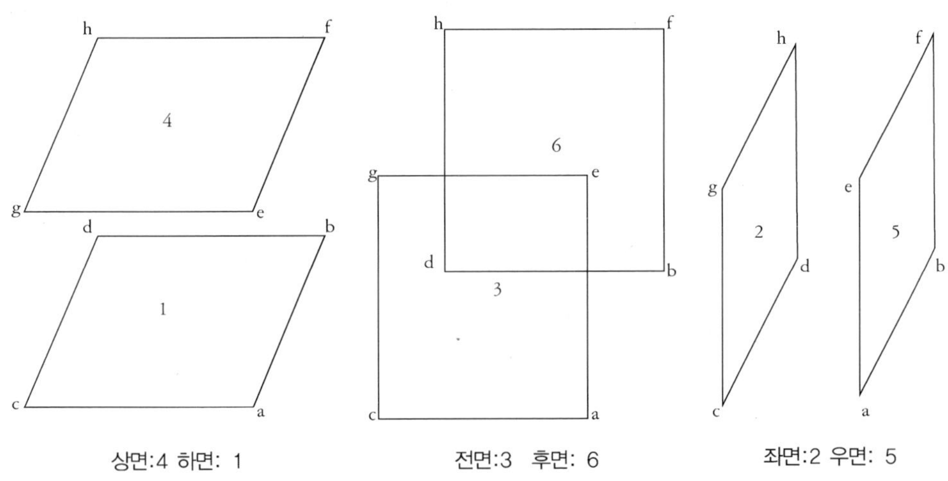

상면:4 하면: 1　　　　전면:3　후면: 6　　　　좌면:2 우면: 5

이와 같이 배속한 것을 가지고 건괘(乾卦)와 곤괘(坤卦)에 배속하여 보자.

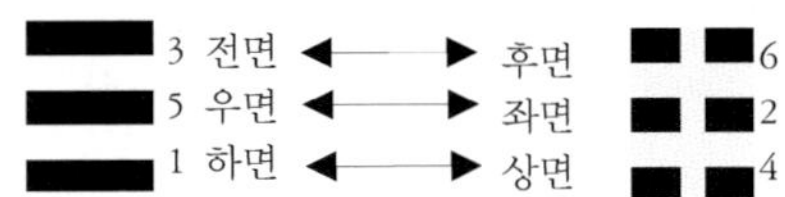

- ■1과 4는 하면과 상면으로 각각 건괘, 곤괘의 초효에 해당하며 지(地)를 상징
- ■2와 5는 좌면과 우면으로 각각 건괘, 곤괘의 2효에 해당하며 인(人)을 상징
- ■3과 6은 전면과 후면으로 각각 건괘, 곤괘의 3효에 해당하며 천(天)을 상징

이상과 같이 주사위(정6면체)의 6면에 天地人이 각각 대칭이 되어 배치되었고 이것은 곧 天地人 三才의 이치를 내포하고 있음을 알 수 있다.

위와 같은 작업은 결국 정육면제(주사위)를 도입하여 8괘를 입체화한 것이다.

이번에는 주사위의 6면 중에서 임의의 3면이 만나서 이루는 한 개의 꼭짓점을 만드는 경우의 수를 모두 망라해 보자(위 주사위 그림 참조).

■a=(1.5.3) ■e=(4.5.3)

■b=(1.5.6) ■f=(4.5.6)

■c=(1.2.3) ■g=(4.2.3)

■d=(1.2.6) ■h=(4.2.6)

이상에 근거해서 정6면체에 괘상을 배속하면 아래와 같다.

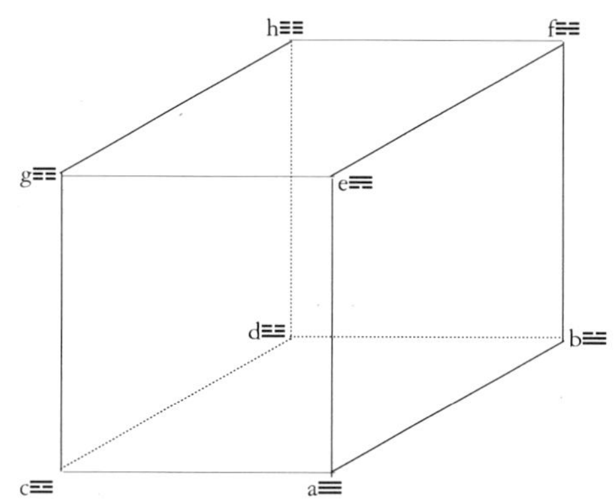

참고로 위 정6면체에서 2면을 10면으로, 6면을 2면으로 바꾸면 하도 수에 의한 8괘 값이 산출되는데 이는 하도 3장 2절 '입체로 드러난 하도와 8괘'에서 이미 다루었던 내용이다.

그러면 위의 새로운 주사위(정6면체)를 통해서 규명하고자 하는 것은 무엇인가? 그것은 주사위에서 8개의 괘들이 어떤 흐름을 타고 서로 연결되어 있는지를 파악하기 위함이다.

주사위의 중심 괘는 건괘와 곤괘인데 이들을 일명 부·모괘(父母卦)라고도 말한다. 즉 건괘는 양면(陽面)인 1.5.3이 만나는 꼭짓점에 위치하고 곤괘는 음면(陰面)인 4.2.6이 만나는 꼭짓점에 위치하고 있다.

위와 같이 주사위가 양면과 음면으로 형성되었다고 볼 수도 있는 반면 또한 아래와 같이 볼 수도 있다. 즉 정6면체의 전개도를 만들어서 설명할 수도 있다는 말이다.

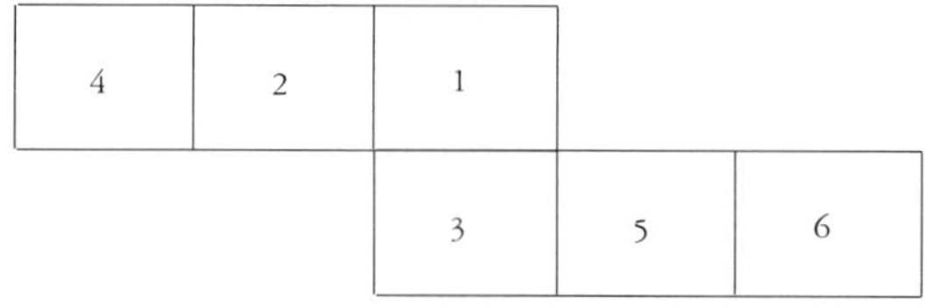

위 그림에서처럼 2면을 중심으로 1(하면)과 4(상면)의 한 세트와 5면을 중심으로 3(전면)과 6(후면)의 한 세트가 맞물려 주사위를 이룬다고 해도 말이 된다. 다만 전개도를 이용한 방식에서는 각 면을 대표하는 대표 괘를 하나씩 둘 수 있다. 그것을 알아보자.

■ 1(홀수)면의 대표 괘는 1효가 양효인 ☵이 된다.

■ 2(짝수)면의 대표 괘는 2효가 음효인 ☵가 된다.

■ 3(홀수)면의 대표 괘는 3효가 양효인 ☵이 된다.

■ 4(짝수)면의 대표 괘는 4효(1효와 동일)가 음효인 ☲이 된다.

■ 5(홀수)면의 대표 괘는 5효(2효와 동일)가 양효인 ☲이 된다.

■ 6(짝수)면의 대표 괘는 6효(3효와 동일)가 음효인 ☲가 된다.

이상의 대표 괘를 수화기제에 적용하면 주사위 면과 음·양효가 일치함을 알 수 있다.

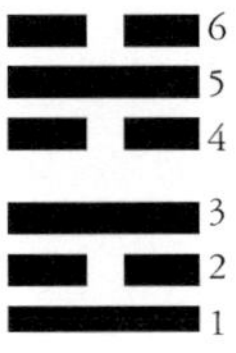

	음양	주사위면	대표 괘
1효	양효	1면	☵
2효	음효	2면	☵
3효	양효	3면	☵
4효	음효	4면	☲
5효	양효	5면	☲
6효	음효	6면	☲

이제 주사위에 배속된 괘와 전개도를 비교하면서 괘의 진행을 고찰해 볼 차례이다.

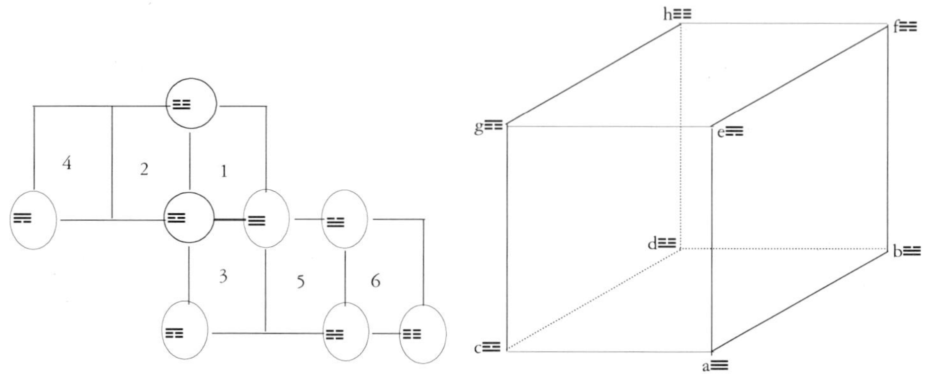

이제 진행되는 과정을 살펴보자.

■ 1.5.3이라는 양면(陽面)의 시작은 양의 대표인 건(☰)에서부터 시작된다.

■ 건(☰)은 다음에 1면의 대표 괘인 ☵으로 진행된다.

■ ☵ 다음에는 2면의 대표 괘인 ☳로 진행된다.

■ ☳ 다음에는 4면의 대표 괘인 ☶으로 진행된다.

이상으로 1차 진행이 완료되었다.

■ ☶에서 다음으로 진행되는 것이 좀 난해하다. 결론부터 말하자면 ☶은 ☷으로 간다. 왜 그런지에 대한 이론이 아직 완전히 확립된 것은 아니다. 다만 부인도에 의하면 ☶과 ☷ 사이에 동효(動爻, ─)가 작용한다는 사실만은 분명하다. 그 기전(機轉)에 관한 연구는 앞으로의 우리들의 몫이다.

똑같은 논리를 적용해 이제 음면(陰面)을 고찰해 보자.

■ 4.2.6이라는 음면(陰面)의 시작은 곤(☷)에서부터 시작된다.

■ ☷ 다음에는 6면의 대표 괘인 ☱로 진행된다.

■ ☱ 다음에는 5면의 대표 괘인 ☲으로 진행된다.

■ ☲ 다음에는 3면의 대표 괘인 ☴으로 진행된다.

이상의 진행이 2차 진행이다.

■ ☴에서 다음의 진행 역시 난해하다. 결론부터 말하면, ☴다음은 ☰으로 진행된다. 앞에서와 마찬가지로 다만 부인도에 의하면 ☴에서 ☰으로 진행되는데 정효(靜爻, ┅─)가 작용한다는 사실이다. 이에 관한 기전도 역시 후일을 기약할 수밖에 없다.

이제 이상에서 진행된 괘의 흐름을 표로 정리해 보자.

괘	☰	☷	☵	☶	━	☳	☴	☱	☲	╍
수	1	2	3	4	5	6	7	8	9	10

이것이 부인도(符印圖)의 순환 괘상이다.

여기서 잠시 주사위 각 면의 특징을 다시 한 번 짚고 넘어가자.

■ 주사위 1면: ☰ ☱ ☲ ☳으로 구성되어 있다.

　　　　　1면이므로 초효가 모두 양효이다.

　　　　　초효를 빼고 2효와 3효만 가지고 정리하면 ⚌ ⚍ ⚎ ⚏의 사상이 나타난다.

　　　　　1면의 대표 괘는 ☱이다.

■ 주사위 2면: ☰ ☱ ☲ ☳으로 구성되어 있다.

　　　　　2면이므로 2효가 모두 음효이다.

　　　　　2효를 제외하고 1·3효만 가지고 정리하면 ⚌ ⚍ ⚎ ⚏의 사상이 나타
난다.

　　　　　2면의 대표 괘는 ☱이다.

■ 주사위 3면: ☰ ☱ ☲ ☳으로 구성되어 있다.

　　　　　3면이므로 3효가 전부 양효이다.

　　　　　3효를 빼고 1·2효만 가지고 정리하면 ⚌ ⚍ ⚎ ⚏의 사상이 나타난다.

　　　　　3면의 대표 괘는 ☱이다.

■ 주사위 4면: ☰ ☱ ☲ ☳으로 구성되어 있다.

　　　　　4면이므로 1효가 모두 음효이다.

　　　　　1효를 빼고 2·3효만 가지고 정리하면 역시 ⚌ ⚍ ⚎ ⚏의 사상이 나타
난다.

　　　　　4면의 대표 괘는 ☱이다.

■ 주사위 5면: ☰ ☱ ☲ ☳으로 구성되어 있다.

　　　　　5면이므로 2효가 전부 양효이다.

　　　　　2효를 빼고 1.3효만 가지고 정리하면 ⚌ ⚍ ⚎ ⚏의 사상이 나타난다.

　　　　　5면의 대표 괘는 ☱이다.

■주사위 6면: ☷ ☷ ☷ ☷으로 구성되어 있다.

　　　6면이므로 3효가 전부 음효이다.

　　　3효를 빼고 1·2효만 가지고 정리하면 ☷ ☷ ☷ ☷의 사상이 나타난다.

　　　6면의 대표 괘는 ☷이다.

이상으로 부인도에 관하여 간략하나마 해설을 마쳤다.

부인도와 주사위를 연결하여 논리를 전개한 것은 도랑(道郞) 선생님으로부터 사사하여 전수받은 내용이 아니고 전적으로 필자 자신의 창안에 의한 것이다. 선생님의 고론(高論)에 어느 정도나 부합하는지 확인할 길도 없다. 다만 당신이 유산으로 남기신 부인도에 근거하여 연구를 거듭한 끝에 이상의 이론에 다다를 수 있었다.

결과적으로 주사위와 결부시켜 연결고리를 찾아가는 길은 마치 선승이 화두를 잡고 정진하는 것과 같았다. 특히 아직 풀리지는 않았지만 주사위 4면의 ☷에서 ☷으로 진행과 ☷에서 ☷으로 진행하는 길목에 작용하는 동효(動爻, ─)와 정효(靜爻, --)의 개념은 마치 섬과 섬을 연결하는 징검다리처럼 작용하는 것은 사실이다. 급격한 충돌에 완충작용을 한다는 말이다.

이렇게 동정(動靜) 2효를 부가하여 완성된 부인도는 주사위 6면을 두루 통과하면서 입체적 운동을 하는바, 이는 완벽한 '제3의 역(易)'이라는 데 추호의 의심도 없다.

실로, 부인도는 천생신물(天生神物)하고 성인칙지(聖人則之)한 주역의 완성작이라고 믿는다.

복희, 문왕, 주공, 공자의 사성(四聖)으로 이어지는 학맥의 전통을 도랑(道郞) 선생님께서 이어받아 부인도를 완성하신 것은 우리에게는 너무도 지대한 홍복(洪福)임에 틀림없다고 확신한다.

長田 후기

부인도는 단편적인 시각으로는 그 전모(全貌)를 파악할 수 없고 다방면에 걸친 입체적 시각을 가져야 가능하다.

이제까지 펼친 논리는 필자가 20여 년 전에 연구했던 「주사위를 통한 부인도에 대한 소고」란 논문을 발판으로 간략하게 정리하여 일부만 공개한 것이다.

앞으로 후속 편이 나오면서 밝혀질 일이지만 부인도는 조력(造曆)과도 불가분의 관계가 있을 뿐만 아니라 더 나아가 태양계의 실상, 만물의 생성과정, 언어 문자의 원리까지도 다루고 있다.

부인도는 인류가 생존하는 데 필수적인 정치, 경제, 사회, 문화, 예술, 과학 등 다방면에 걸쳐 새로운 비전을 제시하는 기본 모델이 될 것이라고 확신하고 있다. 하도의 장(章)에서 이미 밝힌 바대로 인류는 봄, 여름이라는 5400년의 주기를 마치고 가을 문명에 해당하는 후천(後天) 대개벽(大開闢)에 접어든 현시점에서 부인도는 성인(聖人)이 인류의 진화를 위하여 천생신물(天生神物)을 보시고 그대로 칙지(則之)한 소위 '성인입상이진의(聖人立象以盡意)'의 표상(表象)이다.

후속으로 출간 예정인 『과학정역과 부인도』, 『우주력과 우주어』, 『해인(偕仁)의 도정(道政)』을 통하여 더욱 상세하게 소개될 것이다.

끝으로 부인도를 만드신 도랑(道郞) 정희철(鄭熙哲) 선생님을 그의 후학들은 우주어를 사용하여 다음과 같이 호명하고 있다.

우주어 신(新) 성명: 00 ●00 ●00 820 00 ●10 ● ● ● ●
　　　　　　　　아 하 하 정 아 카 아가면

존명(尊名): 儒佛仙侳太尊

이명(異名): ● 尊

　　　　　聖零

　　　　　ㄹㅌ 11)

---

11) 국내에 존재하는 옥편에는 나오지 않는다. 일본 옥편에서 간혹 나타나는데 '판단할 불'이라고 새겨져 있다. ㄹ 두 개가 등을 맞대고 있는 글자.

如淵 후기

長田 선생님을 뵌 지 5년이란 시간이 흘렀고 이 책을 계획하고 착수하여 탈고하기까지 또 1년 6 개월이 흘렀다. 지나간 시간이 주마등처럼 눈앞에 스친다.

먼저 40여 성상(星霜)을 오로지 동양학에 쏟아부으신 그 열정에 경의를 표하며 그 결과물을 내놓는 이번 작업에 함께 참여한 것이 본인에게는 크나큰 영광이다. 선생님과의 끝없이 이어진 난상토론, 그리고 그 안에 숨어 있는 이치를 논리로 엮어 내는 일 또한 녹록지 않은 작업이었다. 문제는 이론을 어렵지 않게 독자들에게 전달하는 것이었다.

개념은 머릿속에서 분명한데 그것을 논리적으로 얽어매는 것! 그것은 애를 낳아 본 적도 없는 본인이지만 여자의 산고(産苦)가 이와 같을 것이라는 것을 간접적으로 느낄 수 있었다.

옥동자든 옥동녀든 그 산고의 결과가 금번 『하도·낙서·천부삼인』으로 출간되었다.

주역과 하도, 낙서를 위시한 다양한 동양학 이론은 이 분야에 흥취가 있지 않는 한 감히 접근조차 어려운 학문이다. 더구나 기존의 동양학 서적들이 과거 학자들의 주석(註釋)에 또다시 주석을 다는 형식인 데다가 또한 상투적이며 어렵기 짝이 없는 한문 문어체(文語體) 형식으로 되어 있으니 어지간한 근기(根氣)가 있지 않고는 이 학문에 지속적으로 매달릴 학자는 그리 많지 않다고 본다.

그래서 본서에서는 기존의 난해성을 혁파하기 위한 방편으로 또 누가 봐도 명명백백한 이해를 위해 수리적(數理的)인 기법을 도입하기로 하였다. 하지만 쉽게 하려고 도입한 수리가 오히려 옥상옥(屋上屋)이 되지나 않았는지, 숫자에 기겁하는 독자들에게 아예 눈길조차 받지 못할 난독서(難讀書)가 된 것이 아닌지 하는 걱정이 앞선다. 그렇지만 언제까지 구태를 답습할 것인가? 동양학의 학(學)의 방법에 혁명을 도입할 시기가 도래하였다고 생각하였고 그 혁명적 방법의 일환으로 위상을 가진 도형을 채택하기로 한 것이다.

우리 머릿속에 개념화된 동양학은 음·양 그리고 하도·낙서에 그 근간을 두고 있다는 것에 대부분 동의할 것이다. 그러나 많은 학자들이 장황하게 그것들을 부르짖지만 막상 뚜껑을 열고 그 속을 들여다보면 속 빈 강정인 경우가 대부분이다. 특히 하도와 낙서에 수리(數理)가 숨어 있다고 주장하는데 실제로 그들의 논리를 보면 수리에 관한 것이란 게

고작 손가락으로 꼽을 정도에 불과한 것이 사실이다. 논리가 틀린 것은 아니지만 그 정도의 숫자 놀이를 가지고 동양학의 근간이 숫자라고 운운하는 것은 태산명동 서일필(泰山鳴動 鼠一匹)이요, 소문난 잔치에 먹을 것 없다는 표현이 제격일 것이다.

본서에서 주장하는 장전8괘는 하도에서 8괘가 도출되는 이치를 기하학과 차원을 접목하여 새롭게 탄생한 것이다. 주자(朱子)의 사후 800여 년 만에 8괘에 숫값을 대입하여 정치(精緻)하게 풀어낸 것으로 이것을 바탕으로 하도8괘도와 선천8괘도, 낙서8괘도와 후천8괘도의 원리를 수리적으로 밝혔으며 오운육기를 형성하는 삼음삼양의 원리 역시 장전8괘의 수리를 도입하여 풀어내서 그것을 바탕으로 12경락의 명칭에 대한 해설을 새로이 시도하기에 이른 것이다.

더구나 이제껏 한 번도 시도한 적이 없는 '역상규론과 정다면체'는 말할 것도 없고 '한글의 제자원리'는 국어학자들조차 착안하지 못했던 기발한 발상이라고 감히 자부한다. 또 주사위에 들어 있는 원리를 이용하여 제3의 역(易)인 부인도(符印圖)를 소개한 것은 역학사(易學史)의 새로운 지평을 연 것으로 뜻있는 독자 여러분의 많은 관심과 연구를 기대한다.

우리 민족 고유의 천부경에 대해서도 할 말이 있다. 본문에서도 밝혔듯이 천부경은 세계에서 가장 짧은 경전(經典)에 속하는 글이다. 더구나 천부경은 중국을 포함한 동아시아 지역에서는 그 존재조차 알려지지 않을 만큼 초라하기 그지없다. 신비주의를 표방하는 일부 신흥종교의 탐독서에 불과하고 한국역사에서도 단군왕검과 더불어 단지 제목 정도를 소개하는 데 그치고 만, 그야말로 우리들의 일그러진 초상(肖像)이다. 그도 그럴 것이 천부경의 내용을 제대로 알고 있는 사람이 없기 때문일 것이다. 하긴 우리나라를 대표하는 태극기에 담긴 뜻도 정확히 알지 못하는데 천부경의 심원한 뜻을 요구하는 것 자체가 무리한 요구일 것이다. 단 81자에 불과한 경전의 뜻을 하도와 낙서를 근간으로 한 천부수리에 근거하여 풀이한 것은 본서를 빼고 현재까지는 전무(前無)하다. 그렇지만 후무(後無)하지는 않을 것을 기대한다. 왜냐하면 본서의 출간을 계기로 눈 밝은 후학들이 대거 쏟아져 나올 것이기 때문이다.

본서에서 사용한 천부수리는 본수와 단수의 개념을 정립하여 자연수의 체용관계를 밝힌 것으로 이것을 다시 기하학적 차원론과 접목시켜 천부삼인 속에 숨어 있는 원방각의 원리까지 밝혀내었다. 특히 천지인 원방각도와 원방각 64괘도는 천부경으로부터 64괘가 도출된다는 원리를 밝힌 것이며 그 외 바둑판과 천부수리와 729궁도의 원리는 천부경을 여는 열쇠라고 말할 수 있다. 또 천부수리를 통해서 드러난 인각단군천부(人角檀君天符)는 천부삼인의 하나인데 정8면체 원리를 바탕으로 처음 밝혀내게 되었다. 장전 선생님과 본인은 정8면체의 원리에 심취하여 연구한 결과 드디어 단군도와 피라미드의 비밀까지 파헤치게 되었다.

끝으로 독자들이 꼭 유념해 주었으면 하는 사항이다.

본서에서 추구하는 일관된 논지는 수리에 바탕을 둔 것이다. 그러면 수리에 맞지 않는다고 그 모든 것을 폐기처분해야 하는 것인가? 그렇지 않다는 것을 당부드린다.

동양 학문의 특징은 송곳처럼 한 곳을 특정하여 지적하지 않고 오히려 넓은 범위를 흐릿하게 지시한다는 데 있다. 다시 말해 동양학의 특징은 명백성에 있지 않고 함축성에 있다는 말이다. 예컨대 81자로 된 천부경은 자체가 한편의 아름다운 시구(詩句)라고 할 것인데 여기에 엄밀한 수리를 적용하여 해석하는 순간, 글자들이 가지고 있는 광의의 함축미는 축소되고 무너진다. 소위 너무 명확한 것만을 고집하다 보면 다양하게 해석될 수 있는 가능성이 사라지고 심하면 원의(原義)까지 왜곡, 훼손될 소지가 있다는 말이다. 그러므로 수리(數理)만이 만능이라는 생각을 버리자. 장자『外物篇』에 "통발[筌]은 고기를 잡기 위해서 있을 뿐, 고기를 잡았으면 통발은 잊어야 하는 것"이라는 경구를 곱씹어 볼 일이다.

수리를 이용하여 날카롭게 분석하면 이해는 쉽지만 편협한 해석에 그치고 만다. 수리를 통해 본질에 대한 분석적 이해가 끝남과 동시에 수리는 잊어버리자. 다만 그 의미에 살을 붙이는 부연(敷衍) 연습이 필요하다. 수리를 적용하는 순간 의미가 분명해지지만 그 대신 언외(言外)의 뜻을 잃고 행간(行間)을 놓칠 수 있다는 말이다.

본인은 본서가 하도 낙서와 천부경에 관한 수준 높은 해설서라는 평가와 함께 늘 독자의 곁에 놓여 본의(本義)가 확실치 않을 때, 마치 사전을 펴 보듯 본서를 열어 그 뜻을 확인하는 용도로 사용되기를 간절히 기원한다.

2011년 7월 23일 大暑

한의학 박사 如淵 兪漢鐵

참고문헌

고전천문역법과 정해: 김동석 저, 한국학술정보(주).
역법의 원리분석: 이은성 저, 정음사.
천문유초: 김수길 · 윤상철 공역, 대유학당.
구장산술 · 주비산경: 차종천 역, 범양사 출판부.
태양의 코드: 문주희 저, 이담.
도 닦는 법: 연상원 지음, 글도깨비.
동의수세보원주해: 한동석 저, 성리회 출판사.
우주변화의 원리: 한동석 저, 대원출판.
인간세상 그리고 체질의학: 이의원 저, 삼화출판사.
격치고: 박석언 역, 태양사.
의학입문: 남산당.
오행은 뭘까?: 어윤형 · 전창선 저, 세기.
황극경세서: 소강절 저, 대원출판.
주역의 과학과 도: 이성환 · 김기현 공저 정신세계사.
주역전의 대전: 김석진 역해, 대유학당.
대산주역 강의: 김석진 저, 한길사.
아산의 주역강의: 김병호 저, 소강.
주역사전: 정약용 저, 민창사.
하락연의: 동주 최석기 저, 백산.
주역 · 정역: 한 장경 저, 삶과 꿈.
역경래주도해: 중국 공학회.
주역 원론: 초운 김승호 저, 선영사.
역사상 사전: 김승동 편저, 부산대학교 출판부.
성리대전: 경문사.
경서: 성균관대학교 대동문화연구원.
주역해의: 남동원 저, 나남출판.
주역계사강의: 남회근 저, 부키.
천부경: 최동환 저, 지혜의 나무.
삼일신고: 최동환 저, 지혜의 나무.
천부경강전: 최동원 저, 천지성지사.
금척천부경: 송래선 천부도원.
천부경과 우주의 원리: 신완묵 저, 동녘출판기획.
정신철학통론: 전병훈 저.
한민족의 천부경: 최재충 저.
천부경과 동학: 이찬구 저, 모시는 사람들.
환단고기: 코리언북스.
겨레얼삼대원전: 송호수 저, 겨레얼 연구회.
단기고사: 대야발 한뿌리.
규원사화: 북애노인, 한뿌리.

천민의 나라: 김백만 저, 명문당.
천도 아리랑학: 김무덕 저, 세명문화사.
도통하는 천부경: 최의목 저, 신성.
기의 여행: 이경숙 저, 도서출판 구름.
우주의 모든 신비: 이완석 저, 우주과학 출판사.
시천주 친필 현무경: 한국민족종교협의회.
천지인신 현무경: 왕의선 한국학술정보.
피라밋 파워 히란야 파워: 조문덕 저, 문덕출판사.
2012 지구차원 대전환과 천상의 메시지들: 박찬호 편저, 은하문명.
성명학: 최국봉 저, 선진출판사.
과학으로 보는 조선왕조실록: 이성규 저, 살림Friends.
주도: 장전 김윤식 저, 육음문화원.
전도경전: 장전 김윤식 저, 육음문화원.
역상규론: 장전 김윤식 저, 육음문화원.

長田 김윤식(金允植) ────────────────────────────────

  건국대학교 경영학과 졸업
  현대그룹 20년 근무
  35년간 주역과 선도(仙道), 조력법(造曆法) 연구

  『우주력(宇宙曆)』
  『육음영공(六音霙功)』
  『전도경전(佺道經典)』
  『주도(酒道)』
  『명요제강(命要提綱)』 全 5권
  현재 『부인도(符印圖)과 과학정역(科學正易)』 집필 중

  email: nachully@hanmail.net

如淵 유한철(俞漢鐵) ────────────────────────────────

  대전대학교 한의과 대학 졸업
  대전대학교 한의과 대학원 박사과정 졸업
  상지대학교 의사학(醫史學) 출강(2005)
  대전대학교 의역학(醫易學) 출강(2006-2010)

  「牛蒡子의 抗 Allergy에 대한 연구」
  「口眼喎斜의 원인에 대한 문헌적 고찰」
  「이중재(李中梓)의 생애와 의학사상에 관한 연구」

  현재 인천광역시 서구 경희한의원 원장

  카페 http://cafe.daum.net/juyeoklove

하도 · 낙서 · 천부삼인 上

초판인쇄 | 2012년 1월 5일
초판발행 | 2012년 1월 5일

지 은 이 | 김윤식·유한철
펴 낸 이 | 채종준
펴 낸 곳 | 한국학술정보㈜
주   소 | 경기도 파주시 문발동 파주출판문화정보산업단지 513-5
전   화 | 031) 908-3181(대표)
팩   스 | 031) 908-3189
홈페이지 | http://ebook.kstudy.com
E-mail | 출판사업부 publish@kstudy.com
등   록 | 제일산-115호(2000. 6. 19)

ISBN   978-89-268-2971-4 93150 (Paper Book)
        978-89-268-2972-1 98150 (e-Book)